权威·前沿·原创

皮书系列为
"十二五""十三五""十四五"时期国家重点出版物出版专项规划项目

BLUE BOOK

智 库 成 果 出 版 与 传 播 平 台

安徽蓝皮书
BLUE BOOK OF ANHUI

安徽数字法治发展报告
No.1（2025）

ANNUAL REPORT ON DIGITAL RULE OF
LAW DEVELOPMENT OF ANHUI No.1(2025)

主　编／程雁雷
副主编／郭亚光

社会科学文献出版社
SOCIAL SCIENCES ACADEMIC PRESS (CHINA)

图书在版编目(CIP)数据

安徽数字法治发展报告 . No.1，2025 / 程雁雷主编 . 北京：社会科学文献出版社，2025.4. --（安徽蓝皮书）. --ISBN 978-7-5228-5067-2

Ⅰ.D927.540.174

中国国家版本馆 CIP 数据核字第 2025D4L370 号

安徽蓝皮书

安徽数字法治发展报告 No.1（2025）

主　　编 / 程雁雷

出 版 人 / 冀祥德
责任编辑 / 刘　芳
责任印制 / 岳　阳

出　　版 / 社会科学文献出版社·法治分社（010）59367161
　　　　　 地址：北京市北三环中路甲 29 号院华龙大厦　邮编：100029
　　　　　 网址：www.ssap.com.cn
发　　行 / 社会科学文献出版社（010）59367028
印　　装 / 天津千鹤文化传播有限公司

规　　格 / 开　本：787mm×1092mm　1/16
　　　　　 印　张：23　字　数：341 千字
版　　次 / 2025 年 4 月第 1 版　2025 年 4 月第 1 次印刷
书　　号 / ISBN 978-7-5228-5067-2
定　　价 / 128.00 元

读者服务电话：4008918866

版权所有 翻印必究

《安徽数字法治发展报告（2025）》学术委员会

主　任　马怀德

副主任　马长山　陈义平

成　员　（以姓氏笔画排序）

　　　　　冯子轩　朱　庆　杨　华　吴椒军　宋　伟
　　　　　宋华琳　郑春燕　曹　鎏　章志远　蒋红珍
　　　　　熊樟林

《安徽数字法治发展报告（2025）》
编　委　会

主　任　汪海燕

副主任　李　静　毕金平

主　编　程雁雷

副主编　郭亚光

成　员　（以姓氏笔画排序）

马锦涛　尹　权　李胜利　张　娟　汪迎兵
郑文阳　钟　芳　曹树青　彭斗超　储陈城
蔡　磊　戴　旸

主编简介

主编 程雁雷 法学博士,二级教授。曾任安徽大学党委常委、副校长,法学院院长,安徽省法官检察官遴选委员会主任。现任安徽省法学会副会长兼学术委员会主任,教育部高校法学类专业教学指导委员会委员,中国法学会行政法学研究会常务理事兼学术委员会副主任。在《法学研究》《政法论坛》《中外法学》等发表论文40多篇,主持国家社科基金项目、省部级科研项目30多项。荣获安徽省首届"十大优秀中青年法学法律专家"、安徽省学术与技术带头人、第七届国家教学成果奖二等奖等称号或奖项。

副主编 郭亚光 合肥工业大学管理学院电子政务发展研究所副所长,博士。长期从事数字政府、数据治理、数据开放、绩效评估等领域研究工作。主持安徽省软科学计划项目2项,参与国家社科基金、国家自然科学基金课题6项;在数字政府领域参与编制安徽省地方标准8项,授权发明专利5项;"十四五"以来,先后主持多个地市智慧城市与数字政府规划编制工作。

摘　要

　　数字技术已全面渗透至社会生活的各个领域，对法治建设产生了深远影响。2023年是全面贯彻落实党的二十大精神的开局之年，也是深入实施数字中国战略的重要推动之年。2024年被定位为数字中国建设的关键之年，预示着数字中国的发展将步入提质增速的新阶段，旨在通过更高水平的数字化转型，进一步推动法治建设的高质量发展。安徽省积极响应国家号召，深入学习并贯彻党的二十大精神，将数字化与法治化视为相辅相成的双轮驱动，致力于实现两者的深度融合与相互促进。通过系列创新举措与实践探索，安徽省在高质量立法与制度供给、依法行政和数字法治政府建设、智慧法院建设、数字检察建设和新一代数字信息基础设施推进布局等方面均取得卓越成绩。在保持强劲发展建设势头的同时，数字法治安徽建设依然面临数字科技赋能法治政府建设仍有较大空间、智慧法院信息化体系建设总体水平仍有限、数字检察存在"技术—工具"的潜在风险、数字信息基础设施建设仍有待提升以及融入长三角一体化发展战略存在制约因素等现实挑战。应采取精准优化制度供给、开发一体化行政执法平台、探索数据授权运营、创新智慧庭审应用、深化实施数字检察战略、打造安徽省数智法务区、推进长三角一体化、加强核心技术攻关和推进政企合作机制来应对现实挑战，保障数字法治安徽建设的稳步有序持续推进。

　　在数字执法篇，本报告聚焦于数字技术在执法领域的应用与影响。安徽省公共政策兑现及政府履约践诺行动通过数字技术的精准运用，不仅展现数字赋能法治化营商环境的核心理念，还实现了技术势能到法治动能的有效转

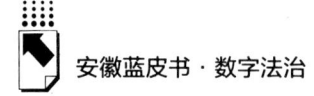

化，为优化营商环境提供强有力的法治支撑。基层综合执法改革的数字化变革促进执法流程的规范化、标准化和智能化。作为社会治理的重要手段，行政处罚的智慧化转型，有效提升监管效能与精准度，为构建更加公正、高效的执法体系提供有力支撑。

在数字政务篇，本报告围绕数字技术在政务管理中的应用展开。应通过联动发挥线上线下政务公开与政务服务平台协同作用、规范化引领基层政务公开标准体系构建和借助平台、评估双向促进党务信息公开见行见效等路径推动数字驱动政务公开制度化、标准化建设，实现政务信息的透明化和公开化，增强政府决策的民主性和科学性。数字公共法律服务体系建设，是全面建设数字法治政府的基础性、职能性和保障性工作。"12348安徽法律服务网"作为安徽省数字公共法律服务体系建设的代表性成果，面临着技术与法治融合局限、"数字鸿沟"加深、相关制度规范缺位等现实挑战，应分别从数字治理能力、实质平等以及数字制度规范等维度入手予以应对。应围绕加强开放平台数据资源体系建设、加速公共数据对市场主体的开放、推进政府首席数据官制度试点工作等方面强化公共数据治理和高质量供给，推动构建公共数据开放共享与开发利用的高效运行机制。

在数字法院篇，本报告聚焦于数字技术在法院系统中的应用与创新。安徽法院系统推进"5G+庭审"在线诉讼模式的发展路径，为庭审活动提供更加高效、稳定的技术支持，为远程庭审、跨域诉讼等新型诉讼模式的推广提供有力支撑。通过智慧诉服平台的构建，实现诉讼服务的线上化、便捷化，有效缓解法院"案多人少"的矛盾。集无纸化、云庭审、AI辅助于一体的智慧审判模式，在提高审判效率、确保审判公正、促进司法公开等方面有着积极作用。移动终端、机制联动、阳光公开等新技术的应用，为构建更加高效、透明的执行体系，破解执行难问题提供新思路。

在数字检察篇，本报告关注数字技术在检察系统中的应用与变革。数字检察法律监督平台涵盖数据治理中心、线索研判中心、办案指挥中心、模型创新中心、学习研判中心和能力支撑中心，实现从被动监督到主动监督、个案办理到类案监督、片面监督到高效监督的新跨越。黄山市利用数字技术解码公益诉讼高质量发展的"工具箱",通过数字技术发现、收集、固定证据,提升公益诉讼的办案质量和效果。检察智能辅助系统的研发与应用,为检察工作的提质增效提供有力支持。

在典型经验篇,本报告总结安徽省在数字法治建设中的实践探索与成功案例。以合肥市为例探讨数字化改革引领知识产权强市建设,分析数字技术在知识产权保护、运用、管理和服务等方面的应用与成效。滁州市数字法治政府建设的实践经验包括顶层设计、规范标准与具体策略的制定与实施,为其他地区提供可复制和可推广的借鉴模式。合肥市庐阳区法治与数智"双向奔赴"的实践探索,以及黄山黟县以"数"促"治"解锁千年古县"善治密码"的成功案例,展示了数字技术助力传统县域治理的现代化转型和高质量发展。

关键词: 数字法治 数字执法 数字政务 数字司法 公共数据

目 录

Ⅰ 总报告

B.1 2023~2024年数字法治安徽建设：成就、挑战与举措
　　………………………………………… 程雁雷　马锦涛 / 001
　　一　2023~2024年数字法治安徽的建设成就 ………………… / 003
　　二　2023~2024年数字法治安徽建设的现实挑战 …………… / 019
　　三　中国式现代化命题下数字法治安徽的应对策略 ………… / 027

Ⅱ 数字执法篇

B.2 数字赋能优化法治化营商环境
　　——以安徽省公共政策兑现和政府履约践诺行动为例
　　………………………………………… 程雁雷　张行健 / 042
B.3 基层综合执法改革的数字化变革 ………… 钟　芳　张文杰 / 058
B.4 行政处罚的智慧化革新与实践
　　——以市场监管部门为例 ………………… 毕金平　张文杰 / 075

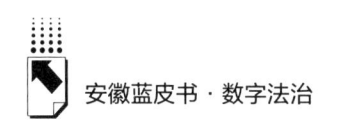

Ⅲ 数字政务篇

B.5 数字驱动政务公开制度化、标准化建设
　　　　——以合肥市为例 ………………………… 尹　权　徐安生 / 092

B.6 智慧法治:"12348安徽法律服务网"建设的内生逻辑
　　　与外部路径 ……………………………………… 程雁雷　徐安生 / 111

B.7 公共数据开放、共享与利用的安徽实践 ……… 郭亚光　张林轩 / 128

B.8 人脸识别技术嵌入安徽政府治理中的实践与法治路径
　　　………………………………………………… 汪迎兵　张林轩 / 148

Ⅳ 数字法院篇

B.9 安徽法院系统推进"5G+庭审"在线诉讼模式发展路径
　　　………………………………………………… 程雁雷　李新怡 / 161

B.10 "云"模式助力调解速裁解纷争：智慧诉讼服务治理新思路
　　　　………………………………………………… 余昊哲　李新怡 / 178

B.11 集无纸化、云庭审、AI辅助于一体：打造智慧审判安徽模式
　　　新动能 …………………………………………… 隋世锋　叶丙玉 / 197

B.12 移动终端、机制联动、阳光公开：打造智慧执行新链条
　　　　………………………………………………… 蒋　艳　叶丙玉 / 213

Ⅴ 数字检察篇

B.13 数字检察牵引法律监督模式变革升级
　　　　——以数字检察法律监督平台为例 ……… 储陈城　杨琳娜 / 230

目录

B.14 数字检察解码公益诉讼高质量发展"工具箱"
　　——以黄山市为例 ………………………… 张　娟　杨琳娜 / 253

B.15 智能技术助力检察业务提质增效
　　——以检察智能辅助系统为例 …………… 李敏瑞　刘乐沛 / 272

Ⅵ 典型经验篇

B.16 以数字化改革为引领推进合肥知识产权强市建设 …… 汪迎兵 / 290

B.17 数字驱动滁州法治政府建设：顶层设计、规范标准
　　与具体策略 ……………………………… 戴　雯　陈冀敏 / 299

B.18 法治与数智"双向奔赴"合肥首善庐阳构建最强"城市大脑"
　　………………………………………………… 韩　艳　余瑶瑶 / 305

B.19 黄山黟县以"数"促"治"解锁千年古县"善治密码"
　　………………………………………………………… 江松雪 / 314

后　记 ………………………………………………………………… / 324

Abstract ……………………………………………………………… / 326
Contents ……………………………………………………………… / 328

总报告

B.1
2023~2024年数字法治安徽建设：
成就、挑战与举措

程雁雷 马锦涛[*]

摘 要： 数字法治建设是中国式法治现代化命题下的时代主题。2023年是全面贯彻落实党的二十大精神的开局之年，也是深入实施数字中国战略的重要推动之年。以习近平同志为核心的党中央深刻洞察数字化发展趋势，积极响应时代呼唤，以前瞻性的战略眼光和坚定的政治决心，不断完善顶层设计，强化统筹协调，致力于将数字技术的创新成果与法治建设深度融合。安徽省认真学习贯彻党的二十大精神，以数字化和法治化双向赋能，切实提升数字法治安徽建设水平。近年来，数字法治安徽建设在高质量立法与制度供给、依法行政和数字法治政府建设、智慧法院建设、数字检察建设和新一代数字信息基础设施推进布局等方面均取得卓越成绩。在保持强劲发展建设势头的同时，数字法治安徽建设依然面临数字科技赋能法治政府建设仍有较大空间、

---

[*] 程雁雷，安徽大学法学院教授，法学博士，博士生导师，主要研究方向为数字法学、行政法学等；马锦涛，安徽大学法学院博士生，主要研究方向为数字法学、行政法学。

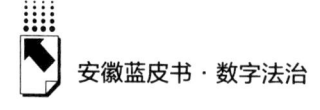

智慧法院信息化体系建设总体水平仍有限、数字检察存在"技术—工具"的潜在风险、数字信息基础设施建设仍有待提升以及融入长三角一体化发展战略存在制约因素等现实挑战。应采取精准优化制度供给、开发一体化行政执法平台、探索数据授权运营、创新智慧庭审应用、深化实施数字检察战略、打造安徽省数智法务区、推进长三角一体化、加强核心技术攻关和推进政企合作机制来应对现实挑战，保障数字法治安徽建设的稳步有序持续推进。

关键词： 数字法治　数字立法　数字法治政府　数字司法　数据要素

　　随着数字技术的发展与深度应用，新一轮科技革命和产业变革方兴未艾，人类进入全新的数字时代。这场数字革命不仅从根本上挑战并重构了依托于传统物理空间的生产生活模式、思想观念体系、行为方式以及社会制度架构与秩序[1]，而且催生了现代法治文明的新形态——数字法治，这一范式成为中国式法治现代化进程中不可或缺的时代议题。[2] 当下，数字经济展现出强劲的增长势头，数字要素深度交融，各类数字应用场景多元迸发，不仅为中国式法治现代化的推进提供了崭新的动力源泉，也为其开辟了实现路径上的新维度。

　　党的十八大以来，以习近平同志为核心的党中央深刻洞察科技革命发展趋势和规律，审时度势、因势而谋，就加快推进法治中国、数字中国、网络强国建设，推进数字治理体系和治理能力现代化作出系统谋划，提出一系列具有原创性贡献的新思想新观点新论断，形成了习近平法治思想的数字法治观。[3] 2023年2月，中共中央、国务院印发的《数字中国建设整体布局规划》提出到2025年"数字治理体系更加完善"的建设目标，并明确要求

---

[1] 参见马长山《数字社会的治理逻辑及其法治化展开》，《法律科学》（西北政法大学学报）2020年第5期。
[2] 参见姜伟《数字时代的法治模式》，《数字法治》2023年第1期。
[3] 参见周尚君《习近平法治思想的数字法治观》，《法学研究》2023年第4期。

"建设公平规范的数字治理生态"①。习近平总书记指出,"加快数字经济、互联网金融、人工智能、大数据、云计算等领域立法步伐"②,"加强重点领域、新兴领域、涉外领域立法,统筹推进国内法治和涉外法治,以良法促进发展、保障善治"③,深刻阐明了数字立法工作的深远意义。《法治政府建设实施纲要(2021—2025年)》明确要求,"坚持运用互联网、大数据、人工智能等技术手段促进依法行政,着力实现政府治理信息化与法治化深度融合,优化革新政府治理流程和方式,大力提升法治政府建设数字化水平",从而"全面建设数字法治政府"。在2024年3月召开的十四届全国人大二次会议上,最高人民法院工作报告提出"以数字法院助力提质增效",最高人民检察院工作报告则强调检察机关须深入实施数字检察战略。2024年7月15日至18日召开的党的二十届三中全会明确提出,要加快构建促进数字经济发展体制机制,完善促进数字产业化和产业数字化政策体系。④ 基于数字治理的整体建设目标以及数字立法、执法、司法和数字基础设施建设的理论和政策背景,安徽省委、省政府以数字化和法治化双向赋能,不断深化数字法治建设实践。有必要回顾近年来数字法治安徽建设的发展情况,直面发展挑战,明确应对策略,以新姿态和新理念全方位推进数字法治安徽建设。

一 2023~2024年数字法治安徽的建设成就

近年来,安徽省深入贯彻习近平总书记关于推进长三角一体化发展战略的重要论述与指示精神,秉持"上海龙头引领,苏浙皖紧密跟进、各扬所

---

① 参见《中共中央 国务院印发〈数字中国建设整体布局规划〉》,中国政府网,https://www.gov.cn/xinwen/2023-02/27/content_5743484.htm,最后访问日期:2024年3月21日。
② 《习近平著作选读》第二卷,人民出版社,2023,第570页。
③ 《习近平著作选读》第一卷,人民出版社,2023,第34页。
④ 参见《中共中央关于进一步全面深化改革 推进中国式现代化的决定》,《人民日报》2024年7月22日,第1版。

长"① 的原则，充分发挥自身优势，积极主动对接，精准高效融入，实现从长三角区域合作的"边缘参与者"到"核心成员"的华丽转身，展现出"高质量发展"的显著成效、"一体化进程"的深度推进以及"区域协同棋局"的生动活力。

（一）遵循数字治理规律稳步推进高质量立法与制度供给

法与时转则治，治与世宜则有功。构建数字法治安徽之基石，在于高质量立法之坚实支撑。党的十八大以来，全国人大及其常委会响应党中央关于建设数字中国的战略部署，积极推进数字立法工作，持续完善相关法律法规，初步形成科学规范的数字法律体系。② 这标志着我国在数字立法领域取得斐然成就，为加速推进数字强国战略奠定坚实的法治基础。近年来，安徽省紧随数字时代浪潮，积极践行网络强省、数字江淮的宏伟蓝图，先后印发《安徽省新一代人工智能产业发展规划（2018—2030年）》《"数字江淮"建设总体规划（2020—2025年）》《安徽省"数字政府"建设规划（2020—2025年）》《安徽省通用人工智能创新发展三年行动计划（2023—2025年）》《安徽省数字基础设施建设发展三年行动方案（2023—2025年）》《加快推进数字经济高质量发展行动方案（2024—2026年）》《安徽省数字经济人才培育方案（2024—2027年）》《安徽省人形机器人产业发展行动计划（2024—2027年）（征求意见稿）》等一系列文件。

首先，新兴领域立法护航数字技术规范发展。安徽省积极响应新科技革命的时代召唤，致力于在数据要素与数字产业等核心领域推进立法创新，旨在通过法治力量保障人民权益、增进民生福祉。具体而言，在数据要素管理方面，安徽省紧密围绕"数字江淮"战略部署，出台了《安徽省大数据发展条例》（2021年），该条例清晰界定数据资源的管理职责，推动建立江淮

---

① 参见《统筹龙头带动和各扬所长（评论员观察）——推动长三角一体化发展取得新的重大突破》，环球网，https://china.huanqiu.com/article/4FlYF0NAIIF，最后访问日期：2024年12月14日。
② 参见程雁雷、马锦涛《中国式现代化进程中的数字法治政府建设》，《江淮论坛》2024年第5期。

大数据中心平台，旨在促进大数据资源的有效开发与利用，加速数字经济蓬勃发展。同时，配套制定了《安徽省数据资源登记管理办法（试行）》（2023年）与《安徽省公共数据授权运营管理办法（试行）》（2023年），探索性地构建了数据资源持有权、数据加工使用权、数据产品经营权等权能分离的产权运行机制，旨在激活数据要素潜能，保障数据资源在合规框架内高效流通与利用。在数字产业促进方面，安徽省制定了《安徽省企业技术改造促进条例（草案征求意见稿）》（2024年），该条例草案将企业的技术改造与新兴生产力的培育紧密结合，鼓励采用大数据、云计算、人工智能等数字技术，对传统产业实施数字化、智能化改造升级，旨在通过立法手段引导和支持产业转型升级，壮大战略性新兴产业，超前布局未来产业，因地制宜发展新质生产力，建设具有国际竞争力的先进制造业集群。[1]

其次，推动标准化工作改革，夯实标准化发展基础。2022年，安徽省委、省政府印发的《关于全面推进标准化发展的实施意见》（以下简称《实施意见》）清晰界定了安徽省标准化工作的长远发展目标及实施路径。《实施意见》强调，安徽省须致力于促进标准化与科技创新的互动发展，助力打造具有重要影响力的科技创新高地，着重加强国家战略科技领域核心技术标准的研究与制定，依托科技创新驱动标准化水平的全面提升，建立健全科技成果向标准转化的高效机制。同时，还须提升产业标准化水平，助力打造具有重要影响力的新兴产业聚集地，具体措施包括：加速基础标准的研究与制定，推动传统产业转型升级与提质增效；积极研制先进标准，赋能新兴产业蓬勃发展；加强数字经济领域标准体系建设，保障数字产业健康有序发展；深化现代服务业标准研究，推动服务业向标准化、品牌化方向迈进；同时，加大对现代基础设施标准研制的投入，为构建高质量的基础设施网络体系贡献力量。

最后，加快建设"数字江淮"，建立健全大数据辅助科学决策和社会治

---

[1] 参见《敢打头阵 守好根基 加快科技创新和产业转型升级》，《安徽日报》2024年10月20日，第3版。

理机制。2020年6月，安徽省正式发布《"数字江淮"建设总体规划（2020—2025年）》，不仅为安徽省经济社会各领域的数字化转型提供根本遵循，也为后续的数字治理工作奠定坚实基础。进入2023年，安徽省持续深化数字化发展，以激发"数字江淮"产业活力、构建新型数字产业链为目标，进一步推进大数据在辅助决策与治理中的应用。第一，大数据增强政府决策的科学性。大数据技术的海量数据处理能力，使政府能够基于历史与实时数据的深入分析更准确地把握社会发展趋势与民众需求，从而制定出更加科学、合理的政策。例如，合肥市公安局交通警察支队利用人工智能、大数据、云计算等先进技术，构建覆盖全市2380个路口、3844条路段、202个网格区域全市的"交通超脑"系统，通过精准识别交通高峰时段与拥堵点，使高峰时段的城区交通拥堵指数同比下降4.81%，展现了大数据在辅助决策中的巨大潜力。① 第二，大数据提升社会治理的精准性。通过大数据技术的深度挖掘与分析，政府能够实现对社会服务和管理的精细化、个性化管理。除此之外，通过大数据，政府可以对社会运行的各个方面进行实时监管，及时发现和预警潜在的问题和风险。如安徽省生态环境厅构建的"数字江淮—智慧环保"分平台推动了大数据统一应用实现"随时查"、探索重点排污单位智慧监管实现"随时管"、提高管理服务效率实现"随时办"和强化闭环管理实现"随时调度"，精准实时地查询环境质量和污染排放实时状况，使安徽生态环境管理全业务进一步实现"数字转型"，并预计到2025年，基本建成安徽省"数字江淮—智慧环保"2.0版综合平台，完成生态环境管理全业务数字化改革。② 第三，大数据推进社会治理协同性。安徽省在数字治理中注重打破部门间的信息壁垒，通过大数据技术的信息共享与协同治理机制，显著提升治理的协同性与整体效能。例如，安徽交警总队、省气象局以公安部、中国气象局、交通运输部联合挂牌督办省级恶劣天气高影响

---

① 参见《合肥："城市大脑"来指挥》，腾讯网，https：//news.qq.com/rain/a/20231016A02WZS00，最后访问日期：2024年12月14日。
② 参见《安徽省打造"数字江淮—智慧环保"2.0版》，环球网，https：//yrd.huanqiu.com/article/45Xc1CVuZB2，最后访问日期：2024年12月14日。

路段优化提升工程为抓手，着力推动交通气象信息共享应用，探索建立网络边界系统传输、前置硬件设备传输和政务防火墙直接传输等3种公安视频专网和气象专网的对接模式[①]，实现高速公路监控图像数据的实时、顺畅、高效互通，为应急响应与协同作战提供有力支撑。第四，大数据提供社会治理的新模式。当前，精准治理和预防型治理成为建设"数字江淮"的治理新模式。通过智慧城市平台的构建，实现对城市运行数据的全面实时采集、智能分析与快速处理，为政府提前预测并应对潜在的城市问题提供可能。如在交通管理与城市安全领域，通过大数据技术的运用，政府能够实时监测车辆流量、交通事故等数据，预测并应对可能出现的极端天气等突发事件，有效降低突发事件的影响，展现大数据在提供社会治理新模式中的重要作用。

（二）多维发力扎实推进依法行政和数字法治政府建设

第一，打造"慧办事、慧审批、慧监管"的智慧政务新模式。"慧办事"：安徽省倾力打造的"皖事通"App，是一个高度集成的移动政务服务平台。该平台支持居民在线完成社保缴费、个人公积金查询、生育服务证申请等多元化服务，真正实现"一网通办"与"掌上办事"的无缝对接，显著优化办事流程，提高服务效率。"慧审批"：安徽省加速推进电子证照库建设，构建了统一标准的电子证照共享服务平台，该平台将身份证、营业执照、户口本等关键证照信息数字化存储，使居民及企业在办理政务服务时，系统能自动调用相关证照数据，无须提交实体证件复印件，极大地简化审批流程，降低行政成本，促进政务服务的高效便捷化。"慧监管"：在税收管理领域，安徽省税务局引入智能税务系统，实现税务审批与监管的智能化升级。该系统运用大数据分析技术实时监测企业纳税动态，自动审核税务申报材料，不仅提升税务管理的精确性与高效性，还通过智能识别高风险企业并实施针对性监控，有效防止税收漏失，强化了税收征管的科学性和严谨性。

---

① 参见《安徽：跨部门深度融合 齐发力共筑平安》，澎湃新闻网，https://m.thepaper.cn/baijiahao_25388349，最后访问日期：2024年12月14日。

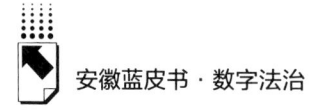

第二，持续优化营商环境，激活经营主体内生动力。安徽省通过多项措施持续优化营商环境，旨在激发经营主体的活力，推动经济高质量发展。一是深化"放管服"改革。安徽省不断推进"放管服"改革向纵深发展，通过简化行政审批流程、削减非必要行政许可项目以及优化升级政务服务系统等提升企业的运营效率。例如，安徽省积极推进"一网通办"与"一次办好"改革实践，依托全省一体化的政务服务平台，使企业及民众能够在线高效办理各类行政事务，显著降低企业在行政审批环节的时间成本与经济负担。二是推进"证照分离"改革。安徽省全面实施"证照分离"改革，进一步简化市场准入程序。通过分离营业执照与经营许可，减少了企业设立前的审批障碍。同时，积极探索审批转备案、实行告知承诺制等创新制度，有效降低了市场准入门槛，促进了市场主体的多元化发展。三是优化企业设立与退出机制。安徽省大幅简化企业设立与注销流程，实现企业设立"一窗受理、一网通办"，将设立时间缩短至一个工作日以内。[1] 在注销方面则推出简易注销程序，大幅减少企业退出市场的流程复杂度与时间成本，为企业提供更加高效便捷的服务环境。四是强化融资服务与支持体系。针对中小企业融资难的问题，安徽省构建了包含政府、银行、企业在内的多层次融资服务体系。具体而言，设立了中小企业融资担保基金，为中小企业提供融资增信支持；同时，推动"银企合作"平台建设，促进金融机构与企业间的有效沟通与合作，为中小企业获取金融服务提供更加便捷的渠道。五是优化法治化营商环境。近年来，安徽省积极响应"公共政策兑现与履约践诺"行动，以政府法治诚信为核心，全面推动法治化营商环境的整体升级。通过细化惠企政策条目、建立惠企政策服务平台以及运用大数据技术进行法律监督等措施，安徽省致力于构建法治重商、安商、亲商、暖商、护商的良好生态，为打造诚信政府形象、优化法治化营商环境提供坚实的数字支撑。

---

[1] 参见《安徽：深化"放管服"改革 释放发展新动能》，中国政府网，www.gov.cn/xinwen/2021-11/19/content_ 5651965.htm，最后访问日期：2024年12月14日。

第三，打造安徽省合法性审查、备案审查智能辅助系统。安徽省合法性审查、备案审查智能辅助系统全面覆盖省、市、县三级司法行政机关，为安徽省的法治建设提供强有力的技术支撑与效能提升。此系统精心设计，涵括"两库、一平台、双系统、五模块"[①]："两库"即法律法规资源库和法律法规层级关联索引库；"一平台"即法制基础支撑平台；"双系统"即重大合法性审查系统和备案审查系统；"五模块"即审查管理模块、智能审查模块、平台查阅模块、历史办件管理模块和互联互通管理模块。此智能化辅助体系深度融合大数据、人工智能等前沿技术，聚焦重大决策的合法性审查与规范性文件的备案审查两大核心业务领域，构建了一个高效、智能的工作平台。该平台囊括从法律、行政法规、地方性法规、部门规章、政府规章、司法解释，到各级人大常委会、政府及其部门发布的规范性文件等全方位的法律资源，为人大、政府、监察、法院、检察院等五大系统的工作人员提供便捷、高效的查阅服务。同时，系统规划了适时向社会公众开放的机制以增强法治透明度，促进公众参与。

第四，建立安徽省行政执法与刑事司法衔接系统。安徽省行政执法与刑事司法衔接系统于2023年4月1日起试运行，按照网络环境准备、平台系统登录、系统操作学习、系统运行使用四个阶段，明确有关行政执法机关办理涉嫌犯罪的行政执法案件，通过登录安徽省行政执法综合管理监督平台"行政执法与刑事司法衔接系统"模块进行移送，公安机关通过系统接受并反馈是否给予立案，同时检察机关和司法行政机关通过系统实现对涉嫌犯罪的行政执法案件移送和接受等情况进行监督，构建起线索通报、案件移送、信息共享、信息发布等行政执法与刑事司法衔接工作机制。

第五，建立安徽省公共法律服务信息化平台。上线运行的安徽法律服务网即"12348安徽法网"，是安徽省公共法律服务信息化平台的二期平台。一期平台于2015年启动建设，主要实现全省各市司法局与政府数据中心的

---

① 参见《安徽省合法性审查、备案审查智能辅助系统》，法安网，www.faanw.com/zhihuisifa/18268.html，最后访问日期：2024年12月14日。

数据共享交换，建立数据共享区，全省法律服务工作者可通过网络平台直接从政府大数据中调用有关数据进行信息核查和取证，一举改变以往上门跑腿的传统工作模式，利用信息化大幅提高了工作效率。目前，全省有15个市均已完成一期平台建设并投入应用。据统计，2017年以来，全省通过一期平台查询政府大数据中心数据达16万余次，取得了初步成效。二期平台（"12348安徽法网"）主要是引入"互联网+"思维，打造一个"互联网+公共法律服务"平台，面向群众建立多渠道、一体化的"12348"公共法律服务体系。二期平台于2018年8月15日先期上线进行内部试运行，于2021年3月正式上线运行。"12348安徽法网"以全省政务服务平台为支撑，重点加强为民服务能力建设，对网页风格、栏目设置和功能布局进行了优化重组，特别是新增了"在线赔偿款计算""法律文书""法律咨询意见书"自动生成功能，并提供"自助式服务""电商式服务""互动式服务"三种在线法律服务，开展法治宣传，为公众提供在线预约、网上店铺、网上法律服务产品、互动式服务、法治地图、信用信息查询、意见与建议以及法律法规、法律服务机构基础信息、信用信息、典型案例查询、智能咨询和人工咨询服务。新版"12348安徽法网"与"12348"法律服务热线、实体平台基本实现"三台融合"应用，并与律师、公证、法律援助、司法鉴定、视频会见、行政复议、司法所、基层工作等业务系统、安徽司法行政综合指挥平台、安徽司法微信公众号、短信平台（安徽短信通）、安徽省政务服务网、皖事通、中国法网等对接联动，实现"一网通办"，及时发布相关政策、服务动态。

第六，打造安徽刑事案件智能辅助办案系统。安徽刑事案件智能辅助办案系统实现了申请法律援助、委托司法鉴定、律师会见、律师阅卷、提请公安追查追捕等18项具体司法业务的网上协同办理。以申请法律援助业务为例，公安机关、人民检察院、人民法院等办案机关以及看守所、强制隔离戒毒所、监狱等监管场所依法通知或者转交法律援助申请的，只需由工作人员登录业务系统，上传相应文书材料，在线移送至法律援助机构即可；法律援助机构在收到相应材料，作出是否援助决定后，同样由工作人员登录法律援助系统，上传"法律援助公函"并在线发送给上述单位即可，若需要变更法律援助人员、办案机关对法律援助人员的评价均可以在系统上进行操作。同时，在案件智能辅助办案系统上的法律文书与纸质法律文书具有同等效力，除有必要外，各协作单位之间不再互相提供纸质材料。安徽刑事案件智能辅助办案系统可以完成法律援助业务申请受理、指派办理、办理后评价全系统闭环工作，该系统完全成熟运行后，将避免各单位之间的纸质文书传送，缩短路程周期，极大地提高工作效率，有效节约司法成本，积极助力推动法律援助事业高质量发展。

第七，打造安徽创新法务区。经过长期努力，安徽已初步聚集一批精品法务资源。在新的情境下，高质量建设运营创新法务区，可以引领带动司法政务、律所、资产评估、仲裁、专利、司法鉴定、税务等核心法务机构和各类泛法务资源加速集聚，形成司法事务与公共法务伴生成长、双向赋能的良好生态，并不断反哺其他产业和事业发展。通过建设创新法务区，做大做强法律服务功能，进而形成高能级、高尖端的法律服务产业群，对于提升营商环境的市场化、法治化与国际化水平不可或缺，能够直接服务于安徽建设"七个强省"战略目标，实现法务、政务、商务等三务合一。2024年8月19日，上海自贸试验区临港新片区管委会与安徽自贸试验区芜湖片区管委会签约，共建上海临港国际法务区（芜湖）综合服务中心，芜湖市作为全国首个跨省域合作"云上法务区"，接入了上海临港国际法务区，充分利用上海临港新片区高水平开放及法律服务业集聚优势，全方位对接具备国际水平的法务资源为企赋能。①

（三）以精细化服务打通智慧法院建设"神经末梢"

首先，数智技术赋能调解审判执行工作。安徽省各级人民法院以智慧法院建设为驱动，以"脱薄"工作为契机，为调解审判执行质效和科学决策

---

① 参见《全国首个跨省域合作"云上法务区"落户芜湖》，芜湖新闻网，https://tzcjzx.wuhu.gov.cn/zsdt/gzdt/8634336.html，最后访问日期：2024年10月7日。

提供数智支撑，推动信息技术和审判执行深度融合，促进审判体系和审判能力现代化。第一，在云调解方面。通过建设线上调解平台，各级法院实现了多方在线参与、实时交流的调解模式。借助人工智能技术和大数据分析，平台能够自动匹配案件类型并推荐合适的调解员，大大提高了调解的成功率。云调解系统还支持案件进程的全程记录和数据追踪，确保了调解过程的透明与可追溯性。此外，调解协议达成后，可以直接通过线上签署并生效，避免了传统线下调解烦琐的手续，加快了调解进程。第二，在云审理方面。安徽省智慧法院建设的云审理平台为法院提供了跨地域、跨时空的审判便利。通过该平台，法官、当事人及律师可以在异地参与庭审，实现了"让数据多跑路，群众少跑腿"的目标。云审理平台支持电子卷宗的实时查看、证据的在线交换及庭审直播等功能，提升了审理效率和司法透明度。同时，平台的智能审判辅助系统能够根据案件特点自动生成裁判文书的初稿，帮助法官提高文书撰写的速度和质量。安庆市中院搭载智慧庭审系统的"6+1"智慧庭审融合法庭是云审理的典型案例。该院通过庭审业务流程全优化、信息推送主动化、系统操作设计自然化、庭审内容生产自动化、流程流转平顺化和智辅工具丰富化的"6个智能化"和实现大数据应用一体化的"1个一体化"，打造了跨网络、跨场景、跨空间的全新智能法庭。第三，在云执行方面。安徽省智慧法院通过云执行平台有效解决了传统执行工作中的难题。该平台集成银行账户查询、房产信息查询、车辆信息查询等多种查询功能，极大地提升执行财产的查控效率。同时，该平台还支持财产拍卖的在线竞价功能，确保拍卖过程的公平、公正和透明。此外，云执行系统能够智能跟踪案件执行进展并自动生成执行报告，帮助执行法官实时掌握案件动态，避免执行拖延和效率低下的问题。

其次，省高院打造全方位智慧运维管家。智慧运维管家系统涵盖运维管理、系统监控、安全保障等多个方面，为全省法院的信息化工作提供了强有力的支持。在智慧运维管理层面，智慧运维管家系统通过集中管理和智能分析，实现全省法院信息化设备和系统的统一运维。运维管家能够自动监测设备的运行状态，提前预警故障风险，并及时通知运维人员进行处理，从而减少了设备故障导致的工作中断和效率降低。系统还具备自动化运维功能，通过预设的规则和流程，自动完成日常的系统维护和升级工作，极大地减轻人工运维的负担。在系统监控与故障处理层面，智慧运维管家系统实现对全省法院各类信息化系统的全天候监控。通过大数据分析和智能诊断技术，系统能够实时发现潜在的风险和异常，并立即进行预警。同时，系统具备自动故障修复功能，能够在故障发生时迅速定位问题并进行修复，确保系统的高可用性和稳定性。对于复杂的故障问题，运维管家还支持远程诊断与协作，帮助各级法院快速解决问题，保障司法工作的连续性。在安全保障层面，安徽省高院的智慧运维管家系统通过多层次的安全防护机制，确保法院信息化系统的安全运行。系统采用了先进的防火墙技术、入侵检测系统以及加密传输等多种手段，防止网络攻击和数据泄露。同时，运维管家还具备完善的数据备份与恢复功能，在发生意外时能够迅速恢复数据，保障司法数据的完整性和安全性。

最后，"5G+庭审"开启线上诉讼新模式。2022年，合肥市中院在全国率先融合量子加密技术打造"5G+庭审"，在提升在线庭审便捷性的同时也保障了安全性。该项目入选法治蓝皮书《中国法院信息化发展报告（2023）》，并在2022年度人民法院重大科技创新成果评选活动中获评二等奖。2024年9月30日，《安徽法治报》头版报道合肥市中院在智慧法院建设中的成果。[①]"5G+庭审"依托5G网络的高速和低延时优势，确保庭审过程中的音视频传输质量。合肥市中院通过这一技术，实现了庭审过程中高清、实时的音视频传输，避免了传统网络庭审中可能出现的画面卡顿、声音延迟等问题。这种技术保障了庭审的顺畅进行，无论是法官、律师，还是当事人，都可以在不同地点参与庭审，享受如同现场一样的体验。同时，该"5G+庭审"模式实现了庭审全流程的线上化，通过集成的线上庭审平台，法官可以在线调取电子卷宗、查看证据，律师能够即时提交证据、发表意见，当事人则可以通

---

① 参见吴文珍《安徽法院坚持问题导向推进改革行稳致远》，《安徽法治报》2024年9月30日，第1版。

过视频连接参与庭审。整个庭审过程，包括开庭、辩论、宣判等环节，均可在云端完成，大大减少了案件审理的时间成本，同时也降低了当事人的诉讼成本。此外，合肥市中院的"5G+庭审"平台不仅支持音视频传输，还集成了多种智能辅助功能。例如，语音识别技术可将庭审过程中的发言自动转化为文字，并同步生成庭审记录；平台支持证据展示、电子签章等功能，使庭审更加高效。

（四）以数字检察加快激活社会治理"新质生产力"

首先，出台《全省检察机关开展"检护民生"专项行动方案》。安徽省检察院印发实施的《全省检察机关开展"检护民生"专项行动方案》（以下简称《方案》）特别强调要注意发挥数字赋能检察监督的作用，充分激活、用足用好检察内部数据，主动拓展、合理使用外部数据，推动解决民生领域类案监督和深层次监督等问题。为做实"检护民生"专项行动，《方案》结合安徽实际，提出聚焦民生重点，推动数字赋能监督，要求以专项行动为抓手，围绕民生治理难点、人民群众关注焦点等做好模型创建、应用等工作，积极组织推广经过实践检验、有助于提升办案质效的大数据模型，使其在更大范围、更广领域内发挥作用。《方案》不仅对最高检部署的11项行动重点逐一细化具体举措，还增加了"深入推进民事检察和解息诉和行政争议实质性化解工作"这一重点任务，要求各地在专项行动中坚持打造新时代"枫桥经验"检察版，在民事和行政检察履职中注重畅通群众诉求表达、利益协调、权益保障渠道，综合运用监督纠正、以抗促调、促成和解、司法救助、释法说理等方式，在办案各环节全过程推进民事和行政矛盾纠纷法治化实质性化解。

其次，以效果为导向构建集约化数字监督平台。安徽省检察机关以数字化转型赋能法律监督效能提升，构建集约化数字监督平台过程中，立足"效果导向"与"集约统筹"原则，重点推进以下方面建设。一是创新"1+N"平台架构模式。在吸收长三角地区先进经验基础上，采取"薄平台、轻建设、重应用、重办案"路径，形成"1个省级统建平台+N类监督模型"的体系化框架。其中,"1"指由省检察院统一搭建的全省三级检察机关共用平台,实现数据资源、算力支撑与安全管理的集约化;"N"涵盖诉判不一监督、刑事立案监督、刑拘下行案件监督等11个专项模型,通过模型叠加应用扩展监督场景。二是集成六大核心功能模块。平台深度融合数据汇集治理、线索研判分析、办案督办指挥、模型场景创新、计算能力支撑及学习研究推广功能,提升了监督质效。

再次,进一步深化大数据法律监督模型的办案实践应用。一是推进行政非诉执行法律监督模型的深度应用,推动检察监督模式从个案监督向类案监督转型。相较于传统个案监督,类案监督聚焦于基本事实、争议焦点及法律适用相似的案件,重点审查裁判标准与尺度的统一性。二是拓展刑事立案法律监督模型的实践场景,促进检察监督从被动响应向主动防控转变。安徽省检察院以落实最高检"八号检察建议"为切入点,研发刑事立案监督模型,对接省应急管理平台执法系统,整合执法对象、行为及重大危险源等核心数据,实现跨部门信息共享与监督渠道贯通。2022年以来,该省检察机关通过该模型已提前介入安全生产类案件24件,制发检察建议258件,监督立案28件。三是创新外卖平台合规监督模型的社会治理应用,推动检察监督从办案环节向社会治理延伸。自2019年起,安徽省某基层院研发外卖平台监督模型,通过解析网址结构、抓取证照信息及OCR技术识别,自动筛查证照缺失、超期未更新等违规线索。依托该模型开展"舌尖安全"公益诉讼专项活动,对1500余家餐饮商户实施滚动排查,发现经营不规范线索40余条。检察机关分类汇总线索后,向市场监管部门制发检察建议,推动诉前监督与源头治理相结合,实现从被动处置到主动预防的监督模式升级。

最后,开展检察办案增效减负的应用探索。一是案卡回填技术的实践应用。案卡填录是检察业务应用系统的核心环节,对检察官而言至关重要。以一审刑事案件为例,案件管理部门在受理阶段需填录约180项案卡,审查起诉阶段再增220项。安徽省检察院通过本地化案卡回填技术,对移送文书进行智能解析、识别与提取,自动生成对应案卡项,有效减少重复性劳动,确保信息完整准确。该技术应用以来,全省累计自动填录案卡逾3.3万次,基层检察院受理阶段回填率达90%以上，显著降低了一线检察官的工作负荷。二是危险驾驶案件文书自动生成技术探索。安徽省检察院运用人工智能技术开发文书自动生成系统，2021年起在部分基层院试点。系统通过自然语言识别技术解析电子卷宗，自动生成审查报告，使200页左右的案件处理时间从传统方式的耗时压缩至10分钟内，效率提升约80%。此举为检察官腾出更多精力办理疑难复杂案件。三是移动阅卷技术应用创新。移动阅卷技术融合电子卷宗识别、智能批注及语音辅助示证功能，支持检察官在外出办案时通过平板电脑实时审阅、批注卷宗，并自动生成退查提纲等文书。在刑事案件单轨制背景下，政法部门通过一体化平台流转电子文书，实现全流程无纸化办案。检察官仅需一台内置移动阅卷系统的平板电脑，即可完成从受案到出庭公诉的全链条工作，数据集中管理与举证可视化有效打破信息壁垒，为单轨制改革提供实践支撑。四是量刑辅助技术深化应用。量刑辅助系统依托大数据分析同类案件，结合《关于常见犯罪的量刑指导意见（试行）》等规范，针对危险驾驶、盗窃等高发罪名，通过犯罪事实与情节匹配，规范计算刑期范围。系统在认罪认罚协商阶段实时演示量刑结果，减少嫌疑人与辩护律师的疑虑，提升制度适用率，同时降低检察官重复协商的时间成本。①

（五）有序推进和整体布局新一代数字信息基础设施

作为长三角成员之一的安徽，近年来加快"数字江淮"的建设步伐，致力于推进城市的交通、能源、水利、铁路、医疗、教育等传统设施的数字化改造升级，全面提升经济社会发展的数字化水平。同时，加大新型基础设施建设力度，加快实施一批5G网络、数据中心等重大工程，谋划建设全国一体化算力网络长三角枢纽节点，协同建设长三角工业互联网示范区，共同争创国家数字经济创新发展试验区。除此之外，为抢抓通用人工智能发展战略机遇，加速其赋能千行百业，推动率先进入通用人工智能时代，打造通用

---

① 参见鲁建武《安徽：数字化应用场景一处破冰多点开花》，安徽省人民检察院网，http://www.ah.jcy.gov.cn/kjqj/202308/t20230804_5874402.shtml，最后访问日期：2025年3月27日。

人工智能产业创新和应用高地，安徽省作为聚力打造科技创新策源地和新兴产业集聚地，正通过构建"大模型+大算力+大数据+大场景"的产业发展格局，加速描绘人工智能赋能高质量发展的新图景。

第一，"皖事通"App启动鸿蒙原生应用开发。"皖事通"作为安徽省打造的一体化政务服务移动端，服务涵盖社保医保、公积金、教育考试、公安户政、交通出行等多个领域，为企业和群众提供更加智能、安全的一站式办事服务，助力构建更加智慧和高效的政务服务体系。HarmonyOS NEXT鸿蒙星河版"皖事通"利用HarmonyOS全场景互联、多分布式特性和原生智能能力，实现了应用的高效运行和智能交互。同时，鸿蒙原生应用极致的数据安全和隐私保护能力，将确保居民个人隐私信息得到更充分的尊重和保护，让用户在政务、生活缴费、企业开办、交通医疗等多个领域享受到真正安心、便捷的"掌上办""指尖办"的智能体验。

第二，加快5G网络建设和赋能行业应用创新。截至2023年底，安徽累计建成5G基站11.3万个，数量居全国第9位。协调解决疑难站址，聚焦5G建设"进场难""进场贵"等问题，近两年来共解决5G疑难站址3526个，解决率达到98%以上。安徽省深入挖掘5G典型应用场景并加快示范推广，形成5G与工业互联网融合发展的创新态势，截至2023年底，在全省建成500多个5G典型应用场景，打造了海螺水泥、马钢南山矿业、安徽中烟和芜湖港等多个5G行业应用首创及标杆项目，已为省内超2000家企业建设了"5G+数字工厂"。

第三，数据资源体系初步建立。数据是数字经济发展的关键生产要素，是国家基础性战略性资源，是发展新质生产力的重要基础。安徽省按照"省级总平台、部门分平台、各市子平台"的架构建设省公共数据汇聚和存储平台——江淮大数据中心，构建了政经社一体的"数字江淮"数据底座。省市两级人民政府数据资源主管部门分别负责本级江淮大数据中心总平台和子平台，以及省市两级政务云平台、电子政务外网、灾难备份中心等的建设和运行管理，省政务部门负责江淮大数据中心分平台的建设和运行管理。数字产业化快速发展，产业数字化深入推进，全省数字经济增加值已过万亿元，数字社会建设加快推进。教育、医疗、养老等民生领域智慧化水平稳步提升，全省16个市全面启动"城市大脑"建设，4个县入选首批国家数字乡村试点。为聚焦重点行业领域，打通堵点痛点难点，发挥数据要素乘数效应，赋能经济社会高质量发展，安徽省积极贯彻落实《"数据要素X"三年行动计划（2024—2026年）》文件精神，举办"数据要素X"大赛安徽分赛，对高质量申报项目实施激励政策，做好投资对接和成果转化。

第四，智能算力基础设施建设逐步推进。长三角等级最高、规模最大智算中心——长三角（芜湖）智算中心正式揭牌，其立足芜湖、服务全省、辐射长三角，首期规划建设3000P智算能力，随着芜湖集群智算项目持续落户园区，将逐步推进人工智能芯片国产化，为新一代信息技术产业高质量发展注入活力，吸引更多社会资本和企业深度参与芜湖数据中心集群建设，推动重点智算项目加快建成运营。

第五，促进人工智能技术加速发展。2023年发布的《安徽省通用人工智能创新发展三年行动计划（2023—2025年）》认真落实习近平总书记关于发展新一代人工智能的系列重要指示精神，发挥安徽认知智能大模型先发优势，立足国际视野，服务国家战略，贡献安徽力量，力争到2025年，充裕智能算力建成、高质量数据应开尽开、通用大模型和行业大模型全国领先、场景应用走在国内前列、大批通用人工智能企业在皖集聚、一流产业生态形成，推动安徽率先进入通用人工智能时代。首先，模型主要性能保持国内领先。依托充足的智能算力和高质量数据资源，研发千亿级参数通用大模型和多模态大模型，推动大模型具备人类反馈数据的闭环能力，持续提升大模型各个维度的智能水平。其次，"1+N+X"生态体系初步构建。基于通用大模型（"1"）迭代升级，重点打造行业领域应用示范（"N"），在全国率先推出新能源汽车、智慧营销、智慧办公、智能交互、工业互联网、工业设计、智慧政务、智慧教育、智慧医疗、智慧政法等多个行业大模型，依托行业头部企业，以"科大硅谷"为核心，以"中国声谷""中国视谷""中国传感谷"为侧翼，推动省、市、县及园区开展试点，催生海量生态层应用创新（"X"），实现全产业链的深度融合、应用推广和全面发展。再次，实施全时全域场景应用行动，全力推动行业示范。在政府投资的重点项目中，积极支持通用人工智能技术场景创新应用。推动省属企业围绕企业智能管理、关键技术研发、新产品培育等主动设计人工智能技术创新场景，同时面向全社会开放创新场景项目建设。依托国家新一代人工智能开放创新平台，适时开放安徽省认知智能大模型应用编程接口（API），围绕科学研究、智慧教育、智慧医疗、智慧办公、智慧政务、招商引资、智慧政法、智慧警务、智慧农业、新能源汽车、工业、工厂流程优化、智慧采购、智慧营销、智能家居、用户端软硬件、智慧养老、机器人等，发挥行业头部企业的牵引作用，跨领域改造海量场景，加速在细分产业生态中的应用与迭代。推动通用大模型能力率先赋能智慧政务、智慧教育、智慧医疗、智慧政法、智慧办公、工业互联网等有应用基础的领域，形成成熟产品，列入省内"三新"产品目录。对获评"三首"产品的，列入"三首产品推广应用指导目录"，适合政府采购的推荐进入安徽省"三首"产品馆，按规定享受相关采购支持政策。最后，打造安徽省通用人工智能产业应用标杆，力争逐步在全国范围内推广应用。高规格举办通用人工智能创新应用大赛，努力打造成全国性知名赛事，在省级层面支持合肥、芜湖等市举办人工智能算法大赛暨开发者大会。省市协同对创新能力强、市场前景广、应用成效显著的项目和团队通过提供项目启动资金、孵化基地、应用场景、公共算力等方式提供支持，吸引项目在安徽落地。通过面向大学生举办"挑战杯"安徽省大学生创业计划竞赛、"创青春"安徽省青年创新创业大赛以及合作举办专门赛事等方式支持通用人工智能领域青年创新创业。

二 2023~2024年数字法治安徽建设的现实挑战

（一）数字科技赋能法治政府建设仍有较大空间

首先，信息化产品应用场景不全面。2023年12月，安徽省出台《安徽省数字政府大模型场景应用清单（第一批）》。清单包括政务咨询、辅助办理、城市治理、机关运行、辅助决策、专业工具等6类共18个场景应用。然而，从应用场景的覆盖面来看，依然存在缺漏，例如"12345"热线智能化应用仅完成基于大模型的框架搭建，依然处于部分应用系统测试阶段；省生态环境厅牵头建设的企业环保助手、执法助手（生态环境业务）和生态环境指标查询助手等场景应用对学习所需基础数据资源进行整合，应用设计开发工作尚未开展。

其次，数据共享与协同措施不成熟。《安徽省"数字政府"建设规划（2020—2025年）》指出，数据整合共享有待加强。政府部门信息化系统分散建设，缺乏统筹管理和统一规范，导致网络难互联、系统难互通、数据难共享、业务难协同。互联网数据、企业数据、行业数据等社会数据整合进展缓慢。尽管近年来安徽省数字政务建设发展较快，但目前依然存在着系统壁垒和"信息孤岛"问题。基层数字化赋能水平不高，国家垂管系统和省建系统的政务服务事项数目在基层占比达90%以上，但垂管系统与地方政务服务平台实质性开放对接的比例依然不高，导致场景创新应用原动力不足。

最后，地方政府之间的信息化水平不平衡。合肥市在省内数字法治政府建设方面较强，网上政务服务能力实现重大突破，市县乡村14.2万项事项全部网上办理，实现长三角（G60科创走廊）45项企业事项、65项个人事项"跨省通办"。建立"超时即同意"的数据共享申请审核机制，为"智慧审计"等提供1483类数据资源的批量授权。但部分信息化覆盖水平较低的地市政务平台服务能力依然较弱。

（二）智慧法院信息化体系建设总体水平仍有待提高

首先，数据互通水平有待提升。在智慧法院建设中，数据共享是一个重要的环节。安徽省智慧法院建设取得了一定的成就，但是，目前一些地区的数据共享程度仍然不够，法院之间、法院与其他政府部门之间的数据共享存在障碍，这可能会影响司法决策的准确性和效率。且受限于各地信息化水平的差异，难以做到数据精准与高效互联。

其次，智能技术应用有待拓展。一方面，数字化应用水平差距较大，尽管智慧法院建设已经取得了一定的进展，但在一些地区，技术应用仍然不够广泛。一些法院可能仍然使用传统的纸质档案管理方式，而未能充分利用信息技术进行电子化管理。数字化应用集成度可以进一步提高，例如安庆市2022年全市共完成诉讼费缴退费46871笔，网上缴退费率达97.96%，全市法院共缴退费金额22020万元，安庆法院持续升级"宜费通"功能。可以考虑将宜费通功能纳入线上诉讼，进行线上诉讼全过程功能整合，提升当事人满意度，避免不同诉讼阶段应用不同平台。另一方面，尽管智慧法院提供更加便捷、高效的服务，但一些用户可能由于技术不熟悉或操作习惯等原因，对智慧法院的使用存在抵触心理。因此，加强用户培训和推广智慧法院的应用成为一项重要任务。以浙江省为例，温州、衢州等地法院都已深化适老扶弱诉讼机制，推行"陪同诉讼""大字版裁判文书"等措施，填平"数字鸿沟"[1]。相比之下，安徽省各级法院的适老化及无障碍类措施仍然具有提升空间。

再次，先进技术应用不够全面。江苏省高院深化国家级区块链创新应用试点，三级法院全部上链，存证数据1.1亿份，为证据固定和网上诉讼提供更加安全可靠的保障。[2] 而目前安徽省的区块链司法应用集中于合肥、芜湖等地的中级法院及定远、谯城等地的少数基层法院，且基层法院应用多处于执行阶段[3]，先进技术应用普及率有待提升。

最后，传统司法流程衔接不畅。技术应用与传统流程不匹配体现在诉讼各环节与数字诉讼要求的脱节上，在文件归档与整理方面，裁判文书的公开与文件的电子送达等环节依然存在可提升之处。省内较为先进的是安庆市中

---

[1] 参见《浙江省高级人民法院工作报告》，杭州网，https://news.hangzhou.com.cn/zjnews/content/2024-01/31/content_8682990.htm，最后访问日期：2024年10月7日。
[2] 参见《江苏省高级人民法院工作报告》，江苏法院网，http://www.jsfy.gov.cn/article/97430.html，最后访问日期：2024年10月7日。
[3] 参见《谯城法院：以"区块链"新技术助力执行保全》，亳州市中级人民法院网，http://bzzy.ahcourt.gov.cn/article/detail/2022/11/id/7018723.shtml，最后访问日期：2024年9月15日。

院，安庆市中院2022年度集约送达中心共承办58785个案件送达任务，有效完成送达任务267626人次，电子文书占比达91.09%，送达成功251959人次，送达成功率达94.15%。自开展法院文书集约送达工作以后，电子送达平均耗时0.4天，邮寄送达平均耗时1.2天，比之前缩短3~7天，实物邮寄送达占比下降到33%以下，成功压降送达运营成本，缩短送达时间，大大提高送达效率。① 深化智慧法院建设应当注重建成全业务上网、全流程公开、全方位智能的智慧法院。② 根据安庆中院工作报告，法官事务性工作减轻30%，庭审效率提高20%。诉讼文书集中送达中心实现全覆盖，首次送达成功率上升到83.6%。③ 全省法院网上立案62.9万件，跨域立案808件；全面落实法律文书集中送达，持续破解送达难，半数以上实现线上即时送达。

（三）数字检察面临"技术—工具"的潜在风险

2023年以来，安徽全省三级检察院共设计并投入办案实践监督模型395个，智能办案4400余件。④ 在市县一级检察工作也有成果，淮北市检察机关的网络销售伪劣消防灭火器检察监督案例获全国一等奖，安徽检察数字法律监督平台获评全国政法智慧检务创新案例。检察机关在运用大数据技术进行法律监督时，面临着"技术—工具"的潜在风险，这些风险不容忽视。

从技术层面来看，大数据技术的应用虽然为检察机关提供了更广阔的法律监督视野和更高效的工作方式，但同时也带来一定的潜在风险。由于大数据技术的关联性强和数据价值密度低的特点，检察机关在监督过程中可能会不加区分地收集大量司法数据。这不仅增加了数据处理的复杂性和难度，还

---

① 参见《安徽安庆中院：打造科创实验室 科技赋能"智"司法》，澎湃新闻网，https://www.thepaper.cn/newsDetail_forward_22650117，最后访问日期：2024年8月29日。
② 参见《江苏省高级人民法院工作报告》，江苏法院网，http://www.jsfy.gov.cn/article/97430.html，最后访问日期：2024年10月7日。
③ 参见《安徽安庆中院：打造科创实验室 科技赋能"智"司法》，澎湃新闻网，https://www.thepaper.cn/newsDetail_forward_22650117，最后访问日期：2024年8月29日。
④ 参见《安徽：召开推进会部署数字检察工作》，最高人民检察院网，https://www.spp.gov.cn/dfjcdt/202404/t20240401_650785.shtml，最后访问日期：2025年3月27日。

可能使敏感数据暴露于风险中，如数据泄露、数据被篡改等。此外，过度依赖大数据技术而忽视人的作用，也可能导致监督结果的偏颇或不准确，从而影响法律监督的公正性和权威性。为了应对这些技术风险，检察机关需要加强技术研发和应用培训。首先，要加大对大数据技术研发的投入，推动技术创新和进步，提高技术的稳定性和安全性。其次，要加强检察人员的技术培训，提高数据分析能力和技术应用水平，确保他们能够有效地运用大数据技术进行法律监督。

从数据安全的角度来看，数字检察同样也面临着重要的挑战。在行使检察权的过程中，检察机关通过大数据技术对非结构化数据和孤立数据进行碰撞比对、分析处理，可能会使敏感数据暴露于风险中。同时，在数字检察建设过程中，检察机关需要向第三方获取数据，并将数据存储在第三方平台，这增加了数据泄露的风险，也加大了数据保护的难度。此外，利用特定的算法模型在未立案前预测犯罪风险并锁定特定人员，从个人角度出发，也削弱了用户对数据的知情权和控制权。这种数据使用方式可能引发公众对数据隐私和安全的担忧。

为保障数据安全，检察机关需要采取一系列严格的管理措施。首先，要加强数据安全保护意识，建立健全的数据安全管理制度和技术防范措施，确保数据的完整性和保密性。其次，要加强对第三方数据提供方的审查和监管，确保他们遵守相关法律法规和合同约定，保护数据的安全和隐私。此外，还需要加强与其他部门的协作配合，形成合力，共同应对数字检察面临的各种风险挑战。典型案例如2021年底，浙江省义乌市检察院依托检校合作机制，在中国人民公安大学专家团队指导下，创设"区块链技术检察应用研究中心"，探索运用集现代密码学、去中心化、点对点传输等优势于一体的区块链技术，为提档升级后的"行刑衔接案件闭环管理"应用构筑防火墙。① 安徽省目前的数据安全措施是在数字检察监督平台在网络安全、数

---

① 参见《数字检察赋能监督促进治理》，最高人民检察院网，https://www.spp.gov.cn/llyj/202207/t20220721_566128.shtml，最后访问日期：2024年10月7日。

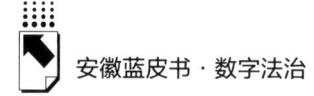

据安全层面进行重点建设，做好身份认证及访问控制、系统备份及恢复等层面的加固和保障，提升针对非法入侵、数据泄露、恶意攻击等的防御能力。平台建设了入侵检测、数据库防火墙、数据库审计等安全设施，不断加强对相关人员的安全培训，确保数字检察法律监督平台应用运行稳定。[1]

总之，数字检察在运用大数据技术进行法律监督时，需要充分认识到"技术—工具"的潜在风险，并采取严谨管理措施来应对，确保数字检察工作的顺利进行，提高法律监督的效率和准确性，维护社会公平正义和人民群众的合法权益。

（四）数字信息基础设施集约化程度仍有待提升

数字信息基础设施作为数字经济的基石，其集约化程度的高低直接关系到经济社会的数字化进程和可持续发展能力。安徽省近年来在数字基础设施建设上取得显著成就，但仍面临重复建设、资源利用率低、运维分散等挑战，这些问题成为制约数字经济高质量发展的因素。《加快推进数字经济高质量发展行动方案（2024—2026年）》中明确提出，到2026年，安徽数字经济综合实力、创新力、竞争力显著提升，新一代信息技术、人工智能等数字产业竞争力达到全国领先水平，企业数字化转型能力、"上云用数赋智"发展水平保持全国前列，重点领域关键核心技术加速突破，数字治理效能明显提升，数字基础设施建设水平跻身全国先进行列，数字生态更加优化。然而，目标实现仍需跨越重重障碍，其中，数字技术创新平台支撑不足与新一代信息基础设施待提升两大问题尤为突出。

一方面，数字技术创新平台须实现从"独木桥"到"立交桥"的突破。数字技术创新平台是数字经济发展的"加速器"，对于推动技术创新、产业升级、人才培育具有不可替代的作用。安徽省在智能语音、量子信息等前沿技术领域已构建起一批具有国际影响力的创新平台，如科大讯飞的智能语音

---

[1] 参见《以效果为导向构建集约化数字监督平台》，最高人民检察院网，https://www.spp.gov.cn/llyj/202207/t20220721_566128.shtml，最后访问日期：2024年10月7日。

开放平台、合肥本源量子的量子计算云平台等，这些平台在推动科技成果转化、培育新兴产业方面发挥重要作用。然而，面对大数据、云计算、网络信息安全等数字经济核心领域的快速发展，安徽省的数字技术创新平台布局显得相对单一，难以满足多元化的创新需求。以大数据为例，安徽省虽已有多家企业和研究机构涉足数据挖掘、分析应用，但据不完全统计，全省专注于大数据技术研发与应用的创新平台数量不足50家，且多数平台规模较小，服务能力有限，难以形成有效的创新生态。云计算方面，尽管阿里云和腾讯云等国内领先云服务提供商已在皖布局，但本土化的云计算解决方案和服务能力尚待加强，特别是在政务云和工业云等领域的定制化服务上，本土企业市场占有率不足20%，难以满足政府和企业数字化转型的迫切需求。

另一方面，新一代信息基础设施须实现从"跟跑"到"领跑"的突破。5G、IPv6、工业互联网等新一代信息基础设施，是数字经济时代实现"万物数联"和推动经济社会全面数字化转型的关键。安徽省在推动新一代信息基础设施建设方面虽已取得一定进展，但距离实现"领跑"仍有不小差距。在5G网络建设方面，截至2024年6月，安徽省已建成5G基站12.1万个，实现重点城市和重点区域的5G网络覆盖，但相较于广东、江苏等发达省份，安徽省5G基站密度和网络质量仍有提升空间，特别是在偏远地区、农村地区以及部分行业应用场景的深度覆盖上，还存在盲区，这成为制约乡村数字经济发展的重要因素。IPv6作为互联网的"下一代协议"，在安徽省的部署和应用也尚处于起步阶段。IPv6在网络、应用、终端等各环节的全面升级，对于提升网络性能、保障数据安全、促进数字经济创新发展具有重要意义，安徽省需加快IPv6的部署和应用，为数字经济的长远发展奠定坚实的网络基础。工业互联网作为制造业转型升级的重要引擎，在安徽省的发展同样面临挑战。多数工业互联网平台功能单一，服务能力有限，难以满足制造业企业数字化转型的多样化需求。在智能工厂建设、生产流程数字化改造和工业数据安全保障等方面，安徽省还需加大投入力度，推动工业互联网平台的升级与应用，助力制造业高质量发展。

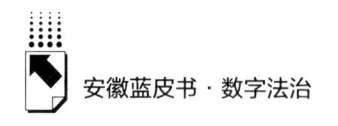

（五）融入长三角一体化发展战略存在制约因素

数字法治安徽建设在融入长三角一体化发展战略的过程中，面临着一系列现实挑战和制约因素。尽管长三角一体化为安徽带来巨大的发展机遇，但从数字法治的角度来看，跨区域协作与统筹推进仍然存在许多亟待解决的问题。第一，数字法治基础设施的区域发展不均衡。安徽省在长三角一体化战略中的定位是"承东启西"，地理位置优越，但从数字法治的建设水平来看，整体相对滞后。上海和江苏等地的数字基础设施相对完善，法治数字化推进力度大，技术手段先进。而安徽数字化起步稍晚，许多偏远地区的数字基础设施建设相对薄弱，导致跨区域合作和数据共享的实际操作中存在瓶颈。这种基础设施的不均衡发展，限制了安徽与长三角其他地区在数字法治领域的深度融合，影响统一的信息系统和公共服务平台的建设进程。第二，法律法规体系和政策协调存在障碍。数字法治建设的核心是法律体系的完善与协同，而在区域一体化背景下，安徽与长三角其他省市之间的法律法规差异成为重要的制约因素。数字法治的很多领域，如数据共享、信息安全、隐私保护等，都需要通过法律法规的协调来实现跨区域的无缝对接。然而，当前安徽的数字法治体系建设尚不健全，与江苏、浙江、上海等地的法律规范存在差异，特别是在数据流通、跨区域执法等方面缺乏统一的法律框架，难以形成有效的合作机制。第三，数字法治建设中的人才与技术存在短板。数字法治的建设不仅依赖于政策和法律的制定，更需要依靠信息技术的支撑和高素质的人才队伍。然而，安徽在信息技术、人工智能、大数据等关键领域的人才储备稍显匮乏，尤其是在基层法治数字化管理中，专业技术人员的短缺成为制约数字法治建设的关键因素。相比之下，上海、苏州等地聚集大量高端技术人才，具备较强的数字法治应用能力。安徽在吸引人才、技术创新以及建立自主知识产权等方面与长三角发达地区相比存在差距，人才流失和技术资源的匮乏使安徽在数字法治领域的竞争力不足。第四，跨区域协同治理存在制度性障碍。长三角一体化发展战略的目标是实现区域治理一体化和协同发展，但在实际操作中，安徽省与长三角其他发达省市在行政体制、管理模式上存在差异。数字法治建设需要各地政府在信息共享、公共服务、执法合作等方面实现统一标准和流程，而安徽现行的管理模式与长三角其他省市并未完全接轨。具体表现在信息化平台的接口标准不一致，行政审批流程不同步等方面，严重影响数字法治的协同推进。这些制度性的障碍，导致跨区域合作的效率不高，数字法治在实际执行中难以形成有效合力。第五，经济发展水平差距限制资源投入。经济发展水平的差距直接影响安徽在数字法治建设中的资源投入。安徽相较于长三角的其他发达省市，经济基础较为薄弱，公共财政在数字法治方面的投入有限。在数据平台搭建、技术设备升级、网络安全保障等领域，安徽的投资力度相对较小，导致数字法治建设进展缓慢。此外，数字法治建设所需的大规模信息系统建设、基础设施维护和后续的技术支持都需大量资金投入，而这些也给安徽在融入长三角一体化中的数字法治建设带来较大压力。第六，社会认知与公众参与度不足。数字法治建设不仅是政府主导的过程，社会各界的参与也是关键环节。然而，安徽省内公众对数字法治的认知和参与度相对较低，社会对数字法治的接受和应用能力还稍显不足。这在一定程度上制约了数字法治建设的推进速度，也影响了其融入长三角一体化的进程。相比之下，长三角核心地区的数字法治建设已逐步走向全民参与的模式，公众的数字化素养较高，数字法治项目更易获得社会的广泛支持。

三 中国式现代化命题下数字法治安徽的应对策略

（一）精准优化制度供给，积极适应数字时代发展需求

首先，依托现有政策法规。安徽目前已经有多部涉数字技术立法。《安徽省大数据发展条例》通过地方立法明确数据资源、大数据平台建设及数据资源开发应用、促进措施、安全管理、法律责任等，规定数据资源主管部门负责统筹推进大数据发展工作，建立健全数据资源统筹管理机制，推动数据资源在各领域各行业发展应用，培育发展数据要素市场，统筹设立数据交

易服务机构等。该条例还强调政府投资的政务信息系统应当实现互联互通，构建江淮大数据中心平台，并以此为依托筹建区域公共数据共享交换平台和开放平台。《安徽省政务数据资源管理办法》则通过政府规章明确了大数据平台开发建设及政务数据归集、共享、应用、开放、监督管理和法律责任等各项制度，强调政务数据汇聚融合、共享应用和安全管理，强化政务信息化项目源头管控。《安徽省公共信用信息管理办法》旨在规范公共信用信息的征集、共享、披露和使用，推动社会信用体系建设。办法明确了公共信用信息的定义、范围、征集方式、共享机制、披露和使用等方面的要求，并规定了相关主体的责任和义务。亦有其余表述散见于各地不同条例如《合肥市优化营商环境条例》中第21、22条关于数据资源与电子平台的规定。

其次，数字立法层级构建。根据立法法规定，地方人大常委会可以根据本行政区域的具体情况和实际需要，在国家法律、行政法规授权的范围内，制定地方性法规。即使发展数字法治需要设计创新性措施，但地方立法规范既不能与上位法抵触，因此不能过于激进，也要注意在遵从上位法或政策倡导性条款的同时避免形成照搬上位指示的情况。在省一级进行省内数字发展立法统一规划，各地级市针对本地方内确实存在的问题各自针对性立法，通过政府规章或规范性文件予以调整；对于尚未达到立法要求但对数字法治发展有所影响的事项，可以发布政策性文件先行指导，或在交叉领域立法时作补充。形成跨越省、市、区（县）三级的含数字政府、数字经济多方面的立法体系。

最后，重点领域先行突破。当前，安徽省数字技术立法多围绕大数据或政务数据资源，例如《安徽省大数据发展条例》针对本省大数据相关发展工作作出规定，但省内尚缺对数字化智能化细分领域的针对性立法立规。以合肥市为例，针对人工智能领域，合肥市出台了《合肥市加快建设国家新一代人工智能创新发展试验区促进产业高质量发展若干政策》《合肥市"十四五"新一代信息技术发展规划》，尚无正式法规对该行业进行规制。与其制定宽泛的综合类数据立法和促进发展类立法，不如将本地区内数据开放、地方数字产业、行业数据应用等实用方面率先列为地方立法的优先选项，进行选择性、阶段性的专项立法突破，节约立法资源。制定更适合本地实情和需要的数据立法。安徽省目前的地方立法基本围绕大数据这一主攻方向，而人工智能专章立法缺失，区块链运行等则缺乏专章规定，下一步立法计划可以从省内各地的优势新型数字产业着手，进行细分领域的地方立法。

（二）开发一体化行政执法平台，创优法治化营商环境

首先，构建一体化行政执法平台。要构建一体化行政执法平台，需要设计一个模块化、可扩展的架构，以适应不同部门、不同层级的执法需求。平台的核心功能应包括案件管理、信息共享、执法监督、智能分析、数据存储和安全管理。案件管理模块来支持行政执法案件的全流程管理，包括立案、调查、审理、执行等环节，实现执法的规范化和透明化。信息共享模块来打破"信息孤岛"，实现各行政执法部门之间的数据共享与协同作业，增强执法的效率和效果。执法监督模块通过实时监控、智能预警和反馈机制，确保执法行为的合法合规，防范滥用职权和腐败问题。智能分析模块利用大数据和人工智能技术，对执法数据进行深入分析，支持精准执法决策，提高执法科学性。数据存储和安全管理模块构建安全、可靠的数据存储系统，确保执法数据的完整性和安全性，并防止数据泄露。

其次，智能化执法应用与创新。平台应集成各种智能化工具和应用，通过技术手段提高执法效率，减少人为因素对执法公正性的影响。利用智能巡查系统，实现对重点区域、重点案件的实时监控和非现场执法，减轻一线执法人员的负担，提高执法覆盖面和精确度。运用人工智能技术，分析海量执法数据，提供智能辅助决策支持，帮助执法人员作出更加科学、合理的执法判断。通过对历史执法数据的分析，预测未来的执法趋势和潜在风险，为政府提供决策支持，提前防范和处置可能出现的执法问题。

最后，优化法治化营商环境。首要任务是简化行政执法流程，降低企业的合规成本，可采取集中管理与透明化操作、减少不必要的执法环节和优化资源配置等方式。通过一体化平台，实现执法事项的集中管理和操作透明化，避免多头执法、重复检查，减少对企业正常经营活动的干扰。简化执法流程，将类似或相近的执法事项整合在一起，减少企业接受检查的次数，提高执法

效率。营商环境的优化不仅需要规范执法，还需要提供优质的法律服务，帮助企业更好地应对法律风险。通过一体化平台提供法律咨询服务，为企业提供及时、准确的法律指导，帮助企业化解法律风险，减少因法律问题造成的经营障碍。定期发布政策解读和法律培训资源，帮助企业理解最新的法律法规，确保企业在经营过程中依法合规。为中小微企业提供法律援助和纠纷调解服务，降低企业的法律维权成本，帮助企业解决经营中的法律纠纷。

（三）探索数据授权运营，构建数据要素市场法治保障

数据授权运营，是指通过合法合规的授权机制，实现数据资源在不同主体之间的共享、流通和利用。它的核心在于数据权利的明确和数据使用权限的合理分配，使数据这一新型生产要素能够在安全的框架下充分释放其经济价值。数据授权运营是促进数据资源高效配置的必要手段。数据作为一种无形资产，具有可复制性和非排他性，若缺乏有效的授权机制，可能会导致数据资源的闲置或低效使用。通过数据授权运营，可以在确保数据所有权人合法权益的基础上，实现数据的广泛应用，推动社会经济的创新发展。此外，数据授权运营有助于降低数据交易的风险。通过明确数据的使用权限和范围，可以有效防范数据滥用、隐私泄露等风险。同时，授权机制的存在为数据的合法流通提供了法律保障，减少了数据交易的不确定性，提高了数据市场的交易效率。

数据要素市场是数据资源交易和配置的关键平台，其建设需要从法律、技术、经济等多个方面入手。安徽省作为全国数字经济的重要阵地，应从以下路径探索数据要素市场的构建。

第一，完善数据确权机制。数据确权是数据要素市场建设的基础。安徽省应加快建立数据确权的法律框架，明确数据的所有权、使用权和收益权等关键权益。通过构建科学的确权机制，保障数据权利人的合法权益，推动数据要素市场的健康发展。第二，建立数据交易平台。构建一个透明、公正、规范的数据交易平台是数据要素市场建设的核心环节。安徽省可以依托现有的互联网基础设施，打造省级数据交易中心，为数据供需双方提供安全、高

效的交易渠道，并通过技术手段确保数据交易的合法性和安全性。第三，推行数据标准化。数据标准化是实现数据资源高效流通的前提。安徽省应积极推动数据的标准化建设，制定统一的数据格式、接口规范等标准，提升数据的可互操作性，降低数据流通的技术壁垒。第四，培育数据运营企业。数据要素市场的繁荣离不开专业的数据运营企业。安徽省应通过政策引导和资金支持，培育和扶持一批具有数据分析、数据治理等专业能力的数据运营企业，助力数据资源的开发和利用。

数据要素市场的健康发展离不开完善的法治保障体系。安徽省应从法律法规、监管机制、执法体系等方面入手，为数据授权运营和数据要素市场的构建提供坚实的法治基础。首先，健全数据保护法律体系。数据的安全与隐私保护是数据要素市场法治保障的核心内容。安徽省应加快制定与完善地方性的数据保护法律法规，尤其是针对数据采集、存储、使用、交易等环节，建立严格的法律规范。同时，需与国家层面的《中华人民共和国数据安全法》《中华人民共和国个人信息保护法》等法律相衔接，形成多层次的数据保护法律体系。其次，建立数据监管机制。数据要素市场的运营需要强有力的监管机制予以支撑。安徽省可以设立专门的数据监管机构，负责对数据交易行为进行监督，防范数据滥用、隐私泄露等风险。同时，监管机构应建立数据安全审查制度，定期对数据交易平台及数据运营企业进行检查，确保其运营行为符合法律规定。最后，完善数字责任体系。为了有效遏制数据滥用行为，安徽省应建立完善的法律责任体系，对违法使用数据的行为施以严厉惩罚。具体而言，可以通过立法明确数据权利侵害的责任划分和处罚措施，增强法律的震慑力。此外，针对数据要素市场中的合规运营企业，应制定激励机制，鼓励其守法经营。

（四）创新智慧庭审应用，深度融合司法业务与信息技术

智慧庭审的实现依赖于多种信息技术的集成与创新应用。安徽省在推动智慧庭审建设中，可以从以下技术路径进行探索。第一，人工智能与大数据。利用人工智能技术，智慧庭审可以实现对庭审过程的实时分析和智能辅助决

策。例如，通过自然语言处理技术，实现庭审记录的自动转录与关键点提取；通过大数据分析，预测案件判决趋势，辅助法官决策。第二，区块链技术。区块链的不可篡改性为智慧庭审提供了数据安全保障。通过区块链技术，可以确保电子证据的真实性和完整性，从而提高证据的可信度。第三，云计算与边缘计算。云计算可以为智慧庭审提供强大的数据处理和存储能力，支持庭审过程的全程视频录制、实时转录等功能；边缘计算则能够在庭审现场实现数据的快速处理与响应，提升系统的即时性和稳定性。第四，物联网与智能设备。通过物联网技术，智慧庭审可以实现对庭审现场环境的智能监控与管理。例如，通过智能摄像头和传感器，实时监控庭审现场的秩序和安全情况。

在推动智慧庭审的过程中，司法业务与信息技术的深度融合是确保应用效果的关键。安徽省可以通过以下措施实现这一目标。第一，定制化技术解决方案。根据安徽省各级法院的实际情况，开发和应用定制化的智慧庭审技术解决方案。结合法院的审判流程、案件类型和地域特点，量身打造符合实际需求的技术应用，确保智慧庭审技术的适应性和可操作性。第二，加强技术培训与人才培养。智慧庭审的推广需要法官和司法工作人员具备一定的信息技术素养。安徽省应加大对司法人员的信息技术培训力度，提升他们对智慧庭审系统的操作能力。同时，可以引进和培养一批既懂法律又精通信息技术的复合型人才，为智慧庭审的顺利实施提供人力保障。第三，构建标准化操作流程。为确保智慧庭审的高效运行，有必要制定标准化的操作流程和规程。例如，明确庭前准备、庭中操作、庭后管理的各项具体步骤和要求，确保智慧庭审的各环节紧密衔接、无缝运作。第四，推进司法数据共享与协同。智慧庭审的高效运行离不开司法数据的充分共享与协同。安徽省应建立全省统一的司法数据共享平台，实现各级法院之间、法院与其他司法机关之间的数据互通，促进跨部门、跨区域的司法协作。第五，强化数据安全与隐私保护。智慧庭审涉及大量的敏感数据，数据安全与隐私保护至关重要。安徽省应制定完善的数据安全管理制度，加强对庭审数据的加密存储与传输，防范数据泄露与滥用。

随着技术的不断进步和应用的深化，智慧庭审将逐步向全流程智能化、智能辅助判决、远程庭审常态化和公众参与度提升等几个方向发展。未来，智慧庭审将不仅局限于庭审环节，而是贯穿案件办理的整个流程，包括立案、庭前准备、审判、执行等环节，实现全流程的智能化管理。随着人工智能技术的发展，智慧庭审将能够提供更加精准的智能辅助判决建议，帮助法官在复杂案件中作出更为公正、合理的裁决。远程庭审技术将进一步成熟，成为智慧庭审的重要组成部分，尤其是在应对突发公共事件或跨区域案件时，远程庭审的优势将更加明显。通过智慧庭审的透明化和便捷化，公众对庭审过程的参与度将大大提升，进一步增强司法公信力和社会认同感。

（五）深化实施数字检察战略，推进检察工作机制现代化

首先，以协作机制促进数据流通。2021年党中央印发的《中共中央关于加强新时代检察机关法律监督工作的意见》特别指出，"加强检察机关信息化、智能化建设，运用大数据、区块链等技术推进公安机关、检察机关、审判机关、司法行政机关等跨部门大数据协同办案，实现案件数据和办案信息网上流转"。因此，推进数据流动，打破单位及地域间数据壁垒是促进数字检察工作进一步开展的必要措施。目前，省内数字检察相关数据及文件的流转已经初见成效，既有基础数据的互通，也有检务业务互动。例如，芜湖市与滁州市的市际案卷互传，对便利律师行使阅卷权具有积极作用。然而，数据流动及部门协作仍存在局限性，业务互动多数仅存在于检察系统内部，因此法检之间、府检之间应寻求更为有效的数据互通机制。一方面，政法系统间须实现数据流动。通过建立纵向贯通全国各级检察机关、横向覆盖检察机关各部门的检察数据资源交换和共享机制，实现内生数据资源全域全量全时采集，有效发掘内部数据的价值。安徽省检察院在开展大数据法律模型竞赛时将"挖掘内部数据价值"作为竞赛专题之一，充分体现检察机关对内部数据的重视。[1] 安徽省内目前促进政法系统数据资源流动的做法是在省政

---

[1] 参见《安徽第三届大数据法律监督模型竞赛"检察护企"专题模型竞赛举行》，安徽省人民检察院网，http://www.ah.jcy.gov.cn/jcyw/202406/t20240626_6531281.shtml，最后访问日期：2024年7月1日。

法机关，为把"信息孤岛"连成"数据大陆"，由省委政法委牵头，以建设应用安徽政法跨部门一体化办案平台为抓手，致力推进政法机关信息资源共享。① 2022年，安徽省检察院积极与安徽省司法厅等单位强化协商，推动信息共享平台建设，通过将"行刑衔接"模块纳入行政执法综合管理监督信息系统的形式，实现数据衔接，扩大数据共享种类，提升共享质量，实现案件数据信息互通共享。② 在法检数据共享方面，可以通过法检协作框架协议实现一定限度内的数据信息共享，例如可借鉴天津市、湖北省检察院与法院出台的司法协作框架协议。也可以通过某专一领域案件的合作，率先在该领域实现区域内法检案件数据信息共享制度。2022年合肥知识产权法庭与合肥市检察院开展的知识产权保护法检联动交流，建立涉知识产权恶意诉讼数据共享和线索通报制度便是从知识产权案件出发实现一域的法检数据共享。另一方面，府检部门间须实现数据共享。各级地方政府应当结合当地实际，坚持地方立法先行，在法定空间内探索跨部门和跨机关的合作方式，避免在协同过程中出现越权行为或消极被动等不利后果；同时可以通过协议方式与检察院开展数据领域合作，增强检察院监督能力，在社会治理领域实现行政机关与检察机关的合力治理。安徽省内已有较为完整的、覆盖三级的府检联动机制，可在已构建的府检联动机制基础上，逐步拓宽府检数据合作范围。

其次，以技术发展筑牢数字基座。加强技术支撑在于筑牢数字检察技术应用底座，以全面扎实的信息化支撑机制为数字检察提供稳定的技术基础。第一，提升数字平台数据处理能力。从当前司法实践来看，大数据赋能法律监督尚未形成体系，仍然停留在基于部分案件形成的个性化模型定制层面。应强化技术研发，开展与科研机构和科技公司等技术团队的合作，不断优化、迭代算法，对法律监督模型进行深度训练与定期更新，同时也能够为数字检察提供日常检察业务的技术支持。第二，加强司法数据安全保障。从技

---

① 参见《检察事业插上"智慧翅膀"》，安徽科技网，http://www.anhuinews.com/ahkj/qwfb/202303/t20230316_6730050.html，最后访问日期：2024年7月1日。

② 参见《"府检联动"为法治安徽建设添智赋能》，最高人民检察院网，https://www.spp.gov.cn/spp/zhuanlan/202301/t20230102_598716.shtml，最后访问日期：2024年7月1日。

术角度减少数据流动中可能出现的潜在风险，确保不同主体提供的相应数据不被泄露或挖掘性使用。在保障数据安全和数据权益的前提下，可以实现多源异构数据的协同处理，经过隐私计算、多方安全计算等加密机制对数据进行计算和分析，在确保数据安全的前提下最大限度发挥数据的价值。

最后，以检后措施保障检察实效。数字技术赋能下的检察机关一方面通过法律监督对社会治理总体工程进行推进，另一方面也要在履职后关注社会治理重点薄弱领域，确保检察监督能够在该案领域发挥治理实效。这是个案监督向类案治理转变的重要途径。第一，根据检察建议及时总结经验。检察机关可以对移送的线索、制发的检察建议及时进行清理与总结，发现社会治理薄弱区域。通过统一数字检察平台或系统使检察官对已办案件和制发的检察建议等业务工作进行深入挖掘和分析，便于市、县（区）检察院迅速厘清可能的监督点和监督规则，易于实现从个案到类案的应用推演。归纳出行政机关部门具有共性的履职薄弱环节及监管领域，形成一套行动指导方案，对社会影响重大或关系到公共利益的线索可以向党委或人大进行报备，也可依赖党委的协调与领导实现检查监督的有效社会治理。第二，增强府检合作实现社会治理。数字检察通过数据赋能，极大地提升了检察机关研判线索的能力，当前检察机关的工作独立性主要体现在干预手段上。在多数检察监督过程中，检察机关通过制发检察建议对行政机关履职起到提醒与帮助作用。当下检察机关通过数字平台参与社会治理依然处于探索阶段，如何厘清检察机关能动检察与行政机关管理服务的边界仍然有赖于检察人员在个案办理中自行归纳总结，缺乏明确的上位规范指导。在府检数据流动与数据共享之余，可以在社会治理薄弱领域进一步加强检察机关与政府的合作，在数据共享、行刑衔接之外探索府检合作的新方式，实现社会治理领域行政机关与检察机关的合力，以促进检察机关通过从事检察监督实现对社会的有效治理。

（六）打造省数智法务区，指引优质法律服务落地生根

首先，推进高效率司法活动。数智是指数字化与智能化相结合，数智法务区是一个利用现代信息技术手段，实现法律服务新模式的区域，是现代科

技与法律服务的深度融合。通过运用大数据、云计算、人工智能等前沿技术，司法机关可以更加精准地分析案件数据，实现立案、调解、送达、庭审等各环节全部线上完成，提高司法效率，预测案件走势，并为法官提供科学的决策支持；通过线上平台，当事人可以随时随地提交材料、查询案件进展，与法官进行实时沟通，极大地提高了司法服务的便利性和互动性。例如，长春市智慧法务区集合六个专业法庭，运用智能AI助理、虚拟数字法官、融合法庭、智慧合议室等进行智慧审判。以其中的互联网法庭为例，长春互联网法庭集中管辖吉林省范围内应由基层法院审理的第一审互联网案件，充分运用现代信息技术手段，实现立案、调解、送达、庭审等各环节全部线上完成，目前已受理互联网纠纷案件1618件，审结1448件。[1] 安徽省建立数智法务区，要发挥司法机关作用，使数字司法与法务区相结合。

其次，提供多种类法律服务。除了技术层面的优势外，数智法务区还注重用户体验和服务质量，提供一站式的法律解决方案。企业可以通过数字技术得到惠企政策和发展扶持，形成民商事、融资、股权、合规等法律服务全链条。此外，数智法务区还提供了多样化的纠纷解决方式，如在线调解、仲裁等，为当事人提供了更加灵活和高效的选择，提高了法律服务中当事人的满意度。典型案例如"青岛中央法务区数字法务平台"，是运用大数据、云计算、人工智能等现代科技手段，赋能政法工作而打造的政法"云平台"。平台整合律师、公证、司法鉴定、仲裁、人民调解等法律服务资源，为广大市民和社会各界提供"全流程、全业务、全时空"的智能化、便捷化法律服务。[2] 云南昆明呈贡区打造数字法务平台示范中心的建设思想为"1+1+1+N"，即一个中心、一个平台、一个企业、N个服务机构，这意味着企业

---

[1] 参见《长春智慧法务区：深耕智慧法务"试验田"打造一流营商环境新高地》，人民网，http://jl.people.com.cn/n2/2023/0223/c349771-40313475.html，最后访问日期：2024年8月29日。

[2] 参见《青岛中央法务区：塑强高质量发展法治引擎》，青报网，https://www.dailyqd.com/guanhai/309846_1.html，最后访问日期：2024年8月29日。

可以在一个中心解决多种问题，极大地提高了企业运营效率。①为企业提供法律咨询、合规审查、法律风险防范、诉讼业务、非诉讼业务、民商事调解等服务。以上述案例为借鉴，安徽建立数智法务区应当坚持用户导向，引入多项法律服务，构建全面的法律解决方案。

最后，形成规模集聚效应。数字法务区是一种创新的法律服务模式，它能够提高法律服务的效率和质量，降低企业运营成本，推动数字法务产业的进一步发展，为社会提供更多元化、更高质量的法律服务。安徽省数字经济产业基础较好，作为人工智能领域和科技创新与产业发展最活跃的城市之一，合肥等城市具有实现数字化智能化与法律服务相结合的基础条件。通过数智法务区的构建和高水平法律服务的提供，吸引更多技术导向型产业落户。以高规格法律服务促进高水平技术发展，以高水平技术反哺省内数字法治建设。

（七）推进长三角一体化，积淀更具韧性的法治化动能

长三角地区是中国经济发展最为活跃、开放程度最高、创新能力最强的区域之一。在国家战略层面，长三角一体化发展已成为中国区域经济协调发展的重要引擎。作为长三角区域的重要组成部分，安徽省不仅要积极融入这一一体化进程，还要通过这一契机积淀出更具韧性的法治化动能，以促进数字安徽的全面建设。通过法治化的推进和创新，安徽可以在数字经济、政府治理、社会服务等多个方面取得突破，为数字法治安徽的高质量发展提供坚实的法治保障。

首先，构建区域一体化的法律法规体系。第一，协同立法，统一市场规则。在推进长三角一体化过程中，安徽省应积极参与区域性的法律法规制定，特别是在涉及市场准入、数字经济、知识产权保护等领域，推动形成统一的法律法规体系。这种协同立法的方式，不仅能够消除区域之间的法律障碍，还能够为数字经济的发展创造一个更加公平、透明的市场环境。第二，

---

① 参见《呈贡区打造数字法务平台示范中心，赋能企业高质量发展》，搜狐网，https://www.sohu.com/a/762247023_543377，最后访问日期：2024年8月29日。

标准化监管，保障数据流通安全。数据作为数字经济的核心要素，其自由流通和安全使用至关重要。安徽省应联合长三角其他省市，共同制定数据流通与安全的标准化监管框架。通过统一的数据标准和法律规范，保障区域内数据的安全流通，为数字安徽的建设奠定坚实基础。

其次，推动跨区域司法与执法合作。第一，建立跨区域司法协作机制。在长三角一体化的背景下，安徽省应积极推动跨区域司法合作，建立健全区域内的司法协作机制。例如，通过区域法院之间的案件信息共享和协同审理机制，解决跨区域的法律纠纷，提高司法效率和公正性。这将为企业和个人提供更为稳定的法律预期，增强数字经济的发展信心。第二，强化区域联动执法。数字经济的发展离不开有效的执法保障。安徽省可以与长三角其他地区加强联动执法，特别是在打击跨区域的网络犯罪、保护知识产权等方面，建立联合执法队伍和执法平台。通过这些举措，增强区域法治的统一性和协调性，为数字产业的发展保驾护航。

再次，加快法治化公共服务平台建设。第一，构建区域公共法律服务平台。安徽省应与长三角其他省市共同建设区域公共法律服务平台，提供包括法律咨询、纠纷调解、合同审查等在内的全方位法律服务。这个平台不仅可以通过线上方式提供便捷服务，还能利用大数据和人工智能技术，实现智能化的法律服务推荐和风险预警，为数字安徽的企业和居民提供更优质的法律支持。第二，推进智能政务服务法治保障。在数字安徽的建设过程中，安徽省应加大对智能政务服务平台的法治保障力度。通过引入区域一体化的法律法规，确保跨区域政务服务的法律一致性和数据安全性，使数字政务服务能够更加高效、透明，为企业和公民提供更便捷的服务体验。

最后，培育区域法治人才和加强法治研究。第一，建立法治人才培养与交流机制。高素质的法治人才是推进数字法治建设的重要支撑。安徽省可以与长三角其他省市联合建立法治人才培养与交流机制，定期开展区域性的法律培训、研讨和实务交流活动。通过培养和引进既精通法律又熟悉数字技术的复合型人才，提升区域内法治建设的整体水平。第二，设立数字法治研究中心。为更好地服务于数字安徽建设，安徽省应推动设立长三角区域的数字法治研究中心，专门研究数字经济、智能制造、人工智能等领域的法治问题。通过深入的理论研究和实践探索，为数字安徽建设中的法治需求提供智力支持和创新思路。

（八）加强核心技术攻关，政企合作提升社会治理效能

在政府信息化建设的进程中，政企合作是一种新兴的促进社会治理效能的方式，良性的政企合作关系能够有效促进治理效能的提升。目前的政企互动中还面临着政企合作权责利不对等、数据协同共享力度不足、运营团队效率较低、运营评估体系缺乏以及数字化思维转变等诸多问题。2022年，安徽省人工智能产业"双招双引"落地项目共818个，总投资额近6000亿元。而在全省十大新兴产业投资引导基金中，也率先组建了规模60亿元的安徽省人工智能主题母基金，预计5年基金总规模将达到200亿元以上；截至2023年9月底，超过60家管理机构申报子基金，申请子基金规模近500亿元，省外机构占比超过90%，携带可落地安徽项目意向超过160个。①

安徽提出实施智算平台加速行动，建设公共算力，支持市场算力，打造算力统筹调度平台，补助算力使用方式，确保2023年全省智能算力规模达到5000P、2024年12000P目标，保障通用大模型的持续迭代升级和行业大模型的快速开发。

首先，促进数字智能技术的进一步研发。政府可以提供政策支持和资源投入，而企业则可以利用其技术研发优势，共同推动人工智能技术的突破和进步。通过合作，可以加速技术的研发速度，提高技术的实用性和可靠性。以重庆市为例，"全渝数智法院TV版"已在重庆累计上线终端1000余万台，畅通了司法数智便民服务的"最后10米"。自2022年开始，重庆法院着手谋划"全渝数智法院TV版"建设，提出"全渝数智法院通过电视屏幕走进千家万户"的目标，并写入《重庆法院信息化建设与实施五年规划（2021—2025）》。两年来，重庆法院与多家运营商共同推进建设"云上共

---

① 参见《去年安徽人工智能产业"双招双引"总投资额近6000亿元》，安徽省科学技术厅官网，https://kjt.ah.gov.cn/public/21671/121907421.html，最后访问日期：2025年2月1日。

享法庭"有线电视版，使其普及率与满意度都取得了一定的成果。因此，可通过政企合作推进技术发展，创新技术应用。

其次，推动先进技术在社会治理中的应用。企业可以利用自身的市场渠道和推广经验，将人工智能技术普及到更多的领域和场景中。同时，政府也可以加大对人工智能技术的宣传力度，提高公众对人工智能技术的认知度和接受度。典型事例有安徽省人民政府与华为技术有限公司在合肥签署的深化新基建战略合作协议。华为在深化与安徽省产业合作、助力各行业数字化转型与智能升级等方面，取得了长足进步。安徽"新基建"在华为等 ICT 企业的助力下发展迅速。2020 年 6 月安徽省内的 5G 基站就已经建成 13100 个，居于全国中上游水平。[①] 其中安徽省内企业上云质量居全国上等。同时，安徽的"5G+"工业互联网应用场景不断拓展，智慧城市发展也取得全新突破；同年华为在安徽省 4 个地市共建设 4 个城市云创新中心，并帮助省政府及 8 个地市打造高效、统一的政务云平台，形成一批科技创新示范点；在信息化产业人才培养方面，华为与安徽 20 余所院校建立合作关系，全年培养数字化人才超过 1000 人。同时，华为将 5G、云、AI 等新技术应用到安徽省水利、交通、制造、教育、医疗、能源等领域，助力各行业高质量发展。

最后，形成平等互利的政企互动良性关系。第一，重视法规引导作用。2021 年 11 月 17 日，安徽省第十四届人大常委会第五次会议表决通过《安徽省优化营商环境条例》，提出推动双向建立亲清统一的新型政商关系，明确畅通常态化政企沟通联系渠道，规范政商交往行为。第二，丰富大数据在各领域各行业的发展应用。坚持市场化导向，加快培育数据要素市场，推进数字产业化、产业数字化，培育数字产业集群。近年来，安徽各地根据自身发展规划分别建立了数字产业集群，如合肥"光谷"、科大"硅谷"、芜湖"数谷"等。第三，高效推进惠企服务，确保惠企政策能够落地。合肥建立产业政策综合服务平台"合企来"，集合各部门涉企服务能力，整合近 2000

---

① 参见《安徽加速推进数字化"新基建"》，中国科技网，https：//www.stdaily.com/index/kejixinwen/2020-07/12/content_ 972090.shtml，最后访问日期：2025 年 2 月 1 日。

项企服务，依托合肥市大数据平台已汇聚150余万家市场主体信息，1076项涉企数据，数据总量1.8亿余条，开通188个涉企服务数据支撑接口，数据互通129万余次，有效提供政策咨询及落实等服务，对构建良好的营商环境。① 安徽省应当借鉴江苏的"苏企通"服务系统，归集各类涉企惠企政策，对入库政策实现结构化、标签化处理，一站式推送直达市场主体。②

---

① 参见《合肥稳居数字经济"新一线"》，安徽经济和信息化厅网，https://jx.ah.gov.cn/zzqs/szjj/147833591.html，最后访问日期：2024年8月29日。
② 参见《省政务办2021年度法治政府建设工作报告》，江苏省政务服务管理办公室网，https://jszwb.jiangsu.gov.cn/art/2022/1/14/art_ 83491_ 10339104.html，最后访问日期：2024年8月29日。

数字执法篇

B.2
数字赋能优化法治化营商环境

——以安徽省公共政策兑现和政府履约践诺行动为例

程雁雷 张行健[*]

摘　要： 数字赋能是优化法治化营商环境的重要手段。以安徽省公共政策兑现和政府履约践诺专项行动为例，安徽省将惠企政策"颗粒化"录入免申即享平台，通过大数据模型主动比对适格企业信息，实现了"政策找人"的自动化给付行政转型。安徽省高院与省信用办利用省信用平台实现了国家机关败诉和结案信息实时共享，推动被执行人案件执结。省检察院自主研发的"公共政策兑现和政府履约践诺督察监督模型"，以检察建议的形式监督履约践诺行动。由此，形成了数字化的从政策落实到败诉案件执行的全流程履约践诺闭环管理机制。数字赋能法治化营商环境的理念践行与场景应用，有助于将数字科技的技术势能更好地转化为优化营商环境的法治动能。

---

[*] 程雁雷，安徽大学法学院教授，法学博士，博士生导师，主要研究方向为数字法学、行政法学等；张行健，安徽大学法学院硕士生，主要研究方向为数字法学、行政法学。

关键词： 数字赋能　营商环境　诚信政府　履约践诺　自动化行政

在数字政府建设和优化营商环境的双重背景下，安徽省自2021年开展公共政策兑现和履约践诺专项行动，利用大数据、云计算等前沿科技，助力实现以政府的法治诚信促进营商环境不断优化。数字赋能作为"公共政策兑现与履约践诺"行动的核心动能，驱动着惠企政策实现深度"颗粒化"解构与精准录入，建设了一座集政策全面汇聚、智能精准匹配、全程一网通办功能于一体的数字化惠企政策服务平台。这一平台不仅有效实现了给付行政的自动化，更为企业开辟了一条高效快捷的免申即享政策兑现通道。在政府失约问题的诉前调解上，省高院会同省信用办等部门利用省信用平台及时共享行政败诉案件信息，督促被执行人及时履行完毕；安徽省检察机关利用自主研发的"公共政策兑现和政府履约践诺督察监督模型"，对问题类型、兑现履约情况、检察监督意见实现全流程监控、动态化管理。

一　建设背景

（一）"数字营商环境"概念的提出

2020年11月，习近平主席在亚太经合组织第二十七次领导人非正式会议上发表重要讲话，首次提出了"数字营商环境"的概念，强调"倡导优化数字营商环境，激发市场主体活力，释放数字经济潜力，为亚太经济复苏注入新动力"[1]。2021年7月，习近平主席在该组织的会议上再次强调要"努力构建开放、公平、非歧视的数字营商环境"[2]。同年12月，"数字营商环境更加优化"被明确写入国务院印发的《"十四五"数字经济发展规划》中。数字

---

[1] 习近平：《习近平在亚太经合组织第二十七次领导人非正式会议上的讲话》，人民出版社，2020，第15页。
[2] 《习近平外交演讲集》第二卷，中央文献出版社，2022，第363页。

化不仅是实现营商环境不断突破的关键方法，更是我国营商环境持续优化的核心驱动力。在推进全国统一大市场的构建、促进市场公平竞争、保护民营企业权益、增强投资者信心等方面，数字化均发挥着不可替代的作用。

（二）世界银行评估体系中"数字营商指标"的加入

2023年5月，世界银行正式发布名为"营商环境成熟度"（Business Ready，B-READY）的新营商环境评价体系，新的B-READY评估体系中新增了"数字营商指标"的相关内容。在B-READY评估体系十大主题中，除劳动就业以外，其余市场准入、市场竞争、破产办理等九大主题中均新增了数字技术应用的相关内容。如在市场准入主题中，新增了政府利用数字技术加快市场主体信息互通和电子身份验证的评价标准。这就要求参评地区能够利用数字技术，将企业信息做到在部门之间的有效互通、互联。2024年5月，世界银行发布了题为《政务服务数字化中国营造更好营商环境：浙江省改革经验案例研究》的专刊报告，报告中指出："浙江省是推动电子政务发展和营商环境改革的先行省。浙江的改革展示了如何积极利用数字技术来提高行政效率和改善用户体验及对营商环境产生的积极影响。"[1] 数字政务平台是构建现代化、法治化营商环境的基础性工程，不仅能够促进企业与政府之间的无缝交互，还能够节省政务流程的时间，保证行政行为实施时的中立性。

（三）打造长三角国际一流营商环境的必然要求

2022年11月，国家发展和改革委员会发布《长三角国际一流营商环境建设三年行动方案》，该方案指出，到2025年，长三角区域资源要素有序自由流动，行政壁垒逐步消除，统一开放的市场体系基本建立。技术赋能助力政务数据共享开放，推动区块链、人工智能、大数据、物联网等新一代信息

---

[1] 参见 *Digitalization of Government Services for a Better Business Environment in China : A Case Study on the Reform Experience of Zhejiang Province*，世界银行官方网站，https://documents.worldbank.org/en/publication/documents-reports/documentdetail/099032824040019241/p1799851ce9f6700a1883e1d5b633507a22，最后访问日期：2024年10月5日。

技术在政务服务领域的应用,推广免申即享、政务服务地图、"一码办事"、智能审批等创新模式,支持有条件的城市建设基于人工智能和5G物联的城市大脑集群。新一代信息技术是促进区域间要素流动、行政壁垒消除、市场统一开放的重要工具。实现长三角四省市彼此之间的政务数据共享、涉企政务协同等长三角营商环境协调并进工作,关键在于利用好数字技术破除四省市之间行政事项的壁垒。

(四)安徽省以"政府的法治诚信促进营商环境优化"

2022年4月,安徽省省长王清宪在国务院第五次廉政工作会议上以"政府的法治诚信促进营商环境优化"为主题作交流发言。王清宪省长在发言中指出,安徽省正在全面推进"改进工作作风、为民办实事、为企优环境"工作,更加注重以政府的法治诚信带动营商环境整体优化。为了满足企业等市场主体日益增长的对法治化营商环境的需求,安徽省落实《法治政府建设实施纲要(2021—2025)》的法治政府建设理念,推动政府信用法治建设,通过信用法治政府建设带动政务诚信强化,并以数字技术赋能为契机,搭建免申即享平台、省公共信用信息共享服务平台等数字化平台,推动政策跨部门统筹、资金跨部门整合、工作跨部门协同、数据跨部门共享。《安徽省优化营商环境条例》(2024年)基于安徽省营商环境的现状,在第32条明确规定了国家机关和事业单位等公法人主体不得以内部人员变更等理由违反与行政相对人签署的行政协议。该条款为公法人主体履约践诺设置了强制性义务,为履约践诺专项行动提供了制度性保障。2021年以来,安徽省深入推动公共政策兑现和履约践诺专项行动,实现了惠企政策落实到位、政府承诺兑现到位、政府和国企对民营企业欠账清欠到位,全方位提高了公共政策实效和政府公信力,为安徽省打造一流法治化营商环境奠定了基础。

二 建设思路

在推进公共政策兑现与政府履约践诺的实践中,安徽省采取了以点到面的"四步走"战略。2021年,在芜湖市率先进行试点,积累数字技术融入公共政策兑现与政府履约践诺的经验,进而在全省范围进行推广,致力于在全省范围内形成以高效协同、精准施策为核心,全方位、多层次的自动化给付行政与监管体系。

第一,试点启航,全省响应。为推动履约践诺行动的有效落实,安徽省采取了"试点+推广"的渐进模式。在2021年,选取芜湖市作为先行试验区,探索公共政策和政府履约践诺的数字化路径。芜湖市在全省率先打造了惠企政策网上超市与公共政策兑现大数据监督模型,在全省率先做到政策兑付"在线直达",初步构建了公共政策兑现与政府履约践诺的数字化雏形。2022年,公共政策和政府履约践诺行动在全省范围内推广,省委依法治省办发布了《安徽省依法推进公共政策兑现和政府履约践诺专项行动工作方案》,并逐年深化,于2023年推出专项行动3.0版本。省委、省政府将此列为重点工作,通过省委常委会、深改委及依法治省委的高位推动,各市政府纷纷建立起各自的"免审即享"政策兑现平台,并以"皖企通"App为链接点,建立起了一站式的安徽省免申即享平台。

第二,问题导向,精准施策。全省上下遵循"减存量、控增量、提效率"的原则,全面排查并分类梳理公共政策未兑现与行政协议未履行的问题。通过设立线上线下服务渠道,在线上搭建为企服务中心、"12345"热线营商环境监督分线等,构建全方位的问题收集与处理体系。同时,在线下借助专家团队与法律服务机构的力量,组织开展"惠企暖企 普法先行""贸法皖企行"等活动,在2023年,实地走访企业12000余家,撰写法治体检报告3500余份,深入分析政府失约的问题根源,制定相应的法律责任清单与兑现履约计划,确保问题一追到底,建立了公共政策兑现与政府履约践诺闭环管理机制。[1]

第三,数字赋能,便捷兑现。安徽省将大数据技术引入法治化营商环境

---

[1] 参见《优化法治化营商环境 安徽何以位居全国第一方阵?》,百度网,https://baijiahao.baidu.com/s?id=1791645310526702125&wfr=spider&for=pc,最后访问日期:2024年10月5日。

的提优中，打造公共政策兑现数字平台，实现政策"颗粒化"拆解与"一键式"推送。通过"皖企通"平台，企业等行政相对人可享受免申即享、即申即享等便捷服务，实现惠企政策精准推送、审批流程一网通办、政策资金直达企业账户等功能。省检察机关利用大模型技术打造的公共政策兑现和政府履约践诺专项监督系统整合各个政务平台的数据资源，通过库间数据的整合分类、关联碰撞，实现失约问题的高发地带的精准定位并开展监督，灵活运用检察建议手段，督促行政机关履约践诺，推动公共政策兑现问题的诉前调解。

第四，强化联动，协同共建。在横向层面，安徽省整合多部门资源，形成发改、工信、司法、财政等多部门间的协调联动机制，共同推动政策制定、审查、发布及资金兑付等工作。深化"府院联动""府检联动"，借助司法权保障政府履约的严肃性与连续性。安徽省高院与省信用办通过建立政务诚信诉讼执行协调机制，依托省公共信用信息共享服务平台，相关人民法院将定期推送政府等部门被执行人信息到政务诚信责任部门。安徽省检察系统搭建涉企政策兑现大数据监督模型，及时发现政府失信风险并发出检察建议进行预警。在纵向层面，构建省市县三级联动的政策兑现体系，明确责任分工，强化工作调度与督办问责，确保政策红利直达基层，有效避免了"上热中温下冷"现象的发生。这一系列举措有力推进了政府诚信建设，为优化营商环境、激发市场活力、建设全省统一大市场奠定了坚实的基础。

三　数字赋能政府履约践诺的具体内容

（一）数据录入：惠企政策"颗粒化"分解

为了更好地将惠企政策接入惠企政策平台中，安徽省聚焦减税降费、科技创新、产业发展、就业创业等重点领域，目前已经贯通全省22个部门和16个地市，对现行有效的惠企政策进行全面梳理，并进行数据分类录入，明确规定原则上所有的惠企政策都应做到免申即享。确需申报条件的，应当尽量减少申报材料、优化申报流程,做到"即申即享"。对于"免审即享"的惠企政策,企业只需要提供准确的相关信息,就可以实现高效审批,资金快速到账。对于"即申即享"的惠企政策,要将惠企政策中的涉企申请条件进行分解,并转化为数据录入至"皖企通"App中。如针对《安徽省发展改革委 安徽省财政厅关于降低我省药品及医疗器械产品注册收费标准的通知》,将全文就政策依据、申报条件、兑现标准、申报材料和办理流程五个方面进行拆解,明确相对人为"医疗器械生产企业",并将政策的核心内容"2024年1月1日至2024年12月31日,医疗器械产品注册费在现行收费标准上降低50%"直接呈现给企业,让企业能在"皖企通"平台直观感受惠企政策的力度。对于政策"颗粒化"分解确有困难的,由相应的主管部门制定更为详细的实施细则,待实施细则制定完成后,再将其录入惠企政策平台中。

(二)数字平台:惠企政策平台搭建

安徽省紧扣"联""集""智""效",搭建了具有"横向到边、纵向到底"特征的集成式免申即享平台,实现了流程简化、存量协同、数据匹配和数据整合的统一,打造了系统集成的"免审即享"自动化给付行政体系。"联"就是以"皖企通"为链接点,主动打通预算管理一体化、涉企系统与主管部门项目申报系统和"皖企通"等20多套系统之间的数据通道,让多平台、多部门间业务流、数据流跨平台协同共享、互联互通。"集"就是把政策条款、企业信息等数据流归集起来,为"政策找企业"提供大数据支撑。"智"就是在智能技术加持下,简流程、优服务、提效率,让数据多跑路,企业少跑腿、不跑腿。"效"就是依托平台的大数据分析功能,综合评价政策实施前后企业变化情况,为完善政策、改进管理提供参考。

以合肥市惠企政策平台为例,该平台深度整合了各级政府发布的产业政策,涵盖了多个产业领域和细分行业,确保企业能够第一时间获取到最新、最全面的政策资讯。利用大数据和人工智能技术,平台实现了政策与企业的精准对接,企业只需简单操作,即可获得量身定制的政策推荐,大幅提升了企业获取政策资金支持的效率和精准度。在申报流程上,合肥市惠企政策平台进行了全面优化，推行"一网申报"模式，打破了烦琐和冗长的传统申报方式。企业只需在惠企政策平台上提交一次材料，即可实现跨层级、跨部门的联合审批，有效缩短了审批周期，提高了为企服务的效率。同时，平台还提供了详尽的申报指南和材料示例，帮助企业准确理解政策要求，避免因材料不全或不符合要求而导致的退件或延误。在政策兑现环节，合肥市惠企政策平台运用大数据技术，通过数据集成和智能分析，使平台能够精准识别符合免申即享条件的企业，并自动完成资金拨付流程，真正实现了企业"零跑腿"享受政策红利。此外，平台还提供了资金兑付进度查询功能，企业可以实时掌握资金到账情况，增强了政策兑现的透明度和公信力。

（三）府院联动：依托省公共信用信息共享服务平台

政务诚信诉讼执行协调机制是指通过政府与法院的协同联动，共同建立诚信法治政府，从源头化解政府失信风险，不断优化营商环境的重要举措。2022年，安徽省信用办和安徽省高院联合发布了《关于建立政务诚信诉讼执行协调机制的通知》，旨在通过建立法院与政府之间关于失信风险信息互联互通的协调机制来配合履约践诺行动开展，安徽省高院与省社会信用体系建设联席会议办公室之间，依托安徽省公共信用信息共享服务平台，实时共享全省行政败诉案件与结案信息。《安徽省优化营商环境条例》中明确规定该项机制，为履约践诺行动提供制度性保障。针对已经败诉的国家机关，法院将会同同级信用监管、司法行政等部门组成督导小组，以发送预惩戒通知单、现场督导、通报批评等方式督促其在限定时间内履行相应义务。在推动政府失信风险的诉前调解上，安徽省高院与省总工会、省工商联和省人社厅等13家省直单位共同建立了线上协调机制。2023年，安徽省高院开展诉前调解提升年活动，全省范围内法院共委派诉前化解涉企纠纷12万件，有效控制了涉企行政案件的增幅，芜湖和黄山等五个设区的市实现了负增长。在保障民营企业胜诉权益及时实现上，安徽省法院聚焦涉企案件执行力度，组织开展惠民暖企集中执行行动，2023年6月至8月期间，共执结涉企案件61695件。

（四）模型监督：大数据法律监督模型

安徽省检察机关通过坚持依法履职、综合履职和能动履职，提升公共政策实效和政府公信力，助力打造一流法治化营商环境。检察机关积极创新，强化大数据在监督办案中的应用，将大模型技术应用到检察监督工作中，在安徽数字检察法律监督平台行政检察模块增设公共政策兑现和政府履约践诺专项子模块，对问题类型、兑现履约情况、检察监督意见实现全流程监控、动态化管理。通过整合政府公开网、"市民心声"等平台数据资源，组成"基础政策库""兑现政策库""涉政府履约问题库""兑现企业信息库"。推动监管数据共享和资源合理配置，实现政务数据系统归集、深度挖掘在大数据分析技术的加持下，开展平台间数据比对分析，通过数据录入、运算检索进行数据碰撞分析，实现案件精准定位、精准监督。截至2023年底，安徽省检察机关共梳理履约践诺问题清单649条，制发检察建议73件，督促兑现金额超过1.2亿元。[①] 检察机关采取灵活措施督促兑现履行，并通过大数据在监督办案中的应用，实现全流程监控和动态化管理，保障公共政策兑现和政府履约践诺行动有效落实。

芜湖市鸠江区检察院通过自主研发的"公共政策兑现和政府履约践诺督察监督模型"，有效提升了政策执行和监督的效率。通过库间数据的整合分类和关联碰撞，该模型能够精准监督政策兑现和企业履约情况。利用省、市、区（县）三级检察监督系统，对所有预警线索进行全方位分析研判，并通过实地走访、调取卷宗、联席会议等方式开展监督办案，有效推动了公共政策资金快速兑现和政策执行流程的优化。该模型实现了税务、社保、市场监管等部门的信息互通，减少了人工操作的误差，提升了监督工作的效率与中立性。蚌埠市禹会区人民检察院也通过构建"涉企公共政策兑现和政府履约践诺"大数据法律监督模型，收集并核实奖补政策数据，督促政府

---

① 参见《安徽检察深入开展督察监督》，https：//baijiahao.baidu.com/s？id＝1789113250185475615&wfr＝spider&for＝pc，百度网，最后访问日期：2024年10月5日。

兑现政策，维护企业合法权益，营造良好营商环境。禹会区检察院与多部门联动，健全线索移送、核查和反馈机制，针对拖延兑现的情况及时制发检察建议。截至2024年5月，通过数据筛查、整合，禹会区人民检察院共获得政府及其相关部门奖补政策25项，涉企奖补线索4626条；共向相关职能部门制发17份检察建议，督促行政机关积极兑付奖补政策。[1]

四 公共政策兑现和政府履约践诺行动的建设成效

（一）涉企政务数字化水平全面提高

传统的惠企政策申报流程步骤烦琐、环节冗长，企业在申报补贴时需要准备大量的纸质材料，不利于实现惠企政策对企业的帮扶与营商环境的优化。数字技术的引入有效提高了为企服务质效，实现了政策供给全流程重塑。安徽省实施公共政策兑现和履约践诺行动三年以来，通过数字惠企平台的搭建，推动涉企政务工作的现代化进程，缩短企业申报政策补贴等优待的周期，有助于提高行政效率和行政程序的优化。通过实施数据协同、信用承诺在线兑付模式，能够有效杜绝政策资金兑付中可能存在的人为干预因素，提高了政策扶持的中立性。以芜湖市为例，原来968项惠企政策累计需要提交的3868份申报材料精简为755份、精简率80.5%，原来968项政策申报办理平均所需90个工作日压缩到现在平均18.2个工作日、压缩率80.9%。[2]

（二）诚信法治政府建设不断突破

政府诚信是法治政府建设评估的重要指标，公共政策兑现和履约践诺行动旨在严格兑现向行政相对人依法作出的政策承诺。政府履约践诺行动致力

---

[1] 参见《数字检察"模"力破题——禹会检察深入推动涉企政策兑现》，http://www.bengbuyh.jcy.gov.cn/jcyw/202405/t20240520_6472435.shtml，蚌埠市禹会区人民检察院网，最后访问日期：2024年10月5日。

[2] 参见《芜湖："免申即享"让惠企政策"全程零跑"》，https://baijiahao.baidu.com/s?id=1781768280660052271&wfr=spider&for=pc，百度网，最后访问日期：2024年10月5日。

打造法治政府、诚信政府，让法治化成为安徽营商环境的鲜明特质。政府履约践诺行动运用法治思维与数字赋能，线下建立覆盖各市县、开发区的172个为企服务中心（窗口），线上通过省为企服务平台，协同省、市、县、乡6000多个部门联动办理各类企业问题，开通"12345"热线"营商环境监督分线"，设立政策兑现专席，形成线上线下企业诉求"一口收办"闭环办理体系，并通过组建政府履约践诺复杂问题专家组，打通法治服务公共政策兑现"最后一公里"。仅2023年，全省就组建专项法律服务团482个，实地走访企业3358家，开展政府履约践诺"法治体检"1714场次。[1]

（三）法治化营商环境不断优化

公共政策兑现和履约践诺行动把企业需求作为第一信号，通过履约践诺为企业减负担、破堵点、解难题，有效提振了市场主体发展信心。不断提优的营商环境让越来越多的企业看好安徽、投资安徽、期待安徽。在全国工商联发布的2022年度万家民营企业评营商环境调查结果中，安徽省营商环境排名由全国第16位上升至第8位，其中法治环境由全国第20位跃升至第3位，市场主体的法治获得感和满意度显著提升。2021年以来，安徽省累计整治履约践诺问题2381件，推动兑现政策资金46亿元。[2] 该项工作于2022年被中央依法治国办命名为全国法治政府建设示范项目，2023年入选中央组织部全国干部学习培训教材和国务院办公厅政务服务效能提升典型经验案例。

五 公共政策兑现和政府履约践诺行动中存在的挑战

（一）惠企政策红利尚未得到叠加释放

由于规范性文件的自身抽象性，部分惠企政策在细化为具体可行的

---

[1] 参见《482个专项法律服务团为企业"法治体检"1714次》，https://sft.ah.gov.cn/zhzx/mtbd/56945941.html，安徽省司法厅网，最后访问日期：2024年10月5日。

[2] 参见《安徽：积极打造"一诺千金"的法治政府》，https://www.moj.gov.cn/pub/sfbgw/qmyfzg/fzgzzffz/202401/t20240112_493495.html，司法部网，最后访问日期：2024年10月5日。

"颗粒化"时面临着一定的困难。在政策制定方面,部分惠企政策未能详尽到足以提供明确的量化标准,使企业在判断自身是否符合政策条件时感到困惑。例如,阜南县财政局发现,在农业保险政策中,虽明确了省市县共同承担补贴的原则,但具体分担比例的不明确性给企业的实际操作带来了不确定性。

在政策发布环节,"颗粒化"分解并上线的标准和时间框架尚缺乏制度性的规范,导致部分政策在分解过程中显得笼统,难以直接应用于实际操作。在政策密集发布的时期,部分重要文件因未能及时完成"颗粒化"并上线,未能及时惠及企业。在执行过程中,部分政策存在缺乏足够的连续性和时效性等问题。企业依据政策导向进行投资与规划,却可能在即将符合条件时遭遇政策变动或过期,这种不确定性给企业带来了困扰,影响了企业的稳定预期和长远发展信心,也间接地对政府公信力的提升构成了一定的挑战。因此,提升政策制定的明确性、加强政策发布的规范性并确保政策的稳定性与合理时效,是当前亟待重视和改进的桎梏。

(二)市域间数字基础设施建设水平不平衡

数字基础设施是包括 5G 网络、云计算、人工智能、大数据中心等在内的现代基础设施,具有创新性、综合性、系统性、动态性等特征。数字基础设施建设对政府公共服务具有显著的促增效应。[1] 相较于传统基础设施,数字基础设施不仅是构建免申即享平台的基础工程,其发展水平也直接制约着该平台的应用成效。在安徽省内,合肥、芜湖等经济发展较为迅速的城市,其数字基础设施建设相对完善。特别是芜湖市,作为 2021 年公共政策和履约践诺行动的试点城市,在"免审即享"平台及其他数字技术的投入使用上,相较于其他地市发展脚步较快。然而,各级地方政府及部门间存在财力差异,导致在 5G 网络、大数据中心等数字基础设施建设方面的进度参差不

---

[1] 参见庞萌、梁树广、赵斌《数字基础设施建设对政府公共服务水平影响的实证分析》,《统计与决策》2023 年第 24 期。

齐，难以实现数字营商环境所需的信息互联互通、数据全面采集的目标。此外，部分地市政府目前缺乏数字政府建设的专业人才储备，这使得在海量数据的采集、存储、计算处理及深度挖掘等方面面临诸多挑战，进而影响了当地免申即享平台的建设与法治化营商环境的推进与发展。

（三）营商环境中的"信息壁垒"和"信息孤岛"现象亟待消除

在现代信息及数字技术时代，数字营商环境建设中的数据唯有实现政府、企业、公众之间真正意义上的互联互通才能发挥效用。推动政府数据开放共享有助于"盘活"政府数据资源，实现政府治理能力现代化，构建智慧型政府。[①] 在实践中，营商环境相关数据和政务服务数据在区域间、省内各地市间以及各部门间的互认互联程度仍然较低，信息无法有效共享和利用已成为进一步优化营商环境的瓶颈。以长三角区域为例，四个省市间的数据互联互认渠道尚未有效打通。数据流通不畅导致了一系列问题，如企业信用评价不能及时更新、企业信用贷款难度大、额度小、多头执法等，这些问题持续困扰中小型企业。在数据共享方面，许多惠企政策与企业税收、用电等信息高度相关，但由于税务、电力等部门的数据链路尚未完全打通，企业重复填报基础信息的现象时有发生。此外，由于数据无法有效共享，政府在监管问题企业时无法形成联动效应，"一处违法、处处受限"的惩戒效果难以构建，也影响着全国统一大市场的构建。

六 发展与展望

（一）坚持高位谋划顶格推动

2024年，安徽省的"新春第一会"的主题为创建一流营商环境暨推进

---

① 参见刘嘉琪、任妮、刘桂锋《政府数据开放共享政策的内容体系构建研究》，《数字图书馆论坛》2022年第8期。

民营经济高质量发展大会。要将政府履约践诺作为法治化营商环境率先突破的牵引性工作列为各级党委、政府"一把手"工程，以更高站位、更大力度系统谋划提升。省委全面依法治省委员会要加强顶格统筹推进履约践诺专项行动，以诚信政府建设带动诚信营商环境发展。省委依法治省办（省司法厅）、省委改革办要固化提升工作成效，全面加强宣传推介，持续擦亮我省诚信法治政府建设的营商环境"金字招牌"，必须将持续优化营商环境、推进民营经济高质量发展摆在更加突出的位置。

（二）履约践诺问题：减存量与控增长

深入剖析并持续解决历史遗留的存量问题，当前，需进一步强化市、县两级政府作为属地责任主体的担当意识。对于已具备履行条件的承诺与义务，应迅速而有效地予以兑现，确保公信力落地生根。针对短期内难以克服的复杂难题，采取"一事一议、精准施策"的原则，设立专项跟踪机制，强化督办力度，确保问题不悬置、不拖延。对于已进入诉讼程序或复议程序的事项，要依法积极应诉、合理答辩，并严格执行法院及复议机关作出的生效裁判与裁决，维护法律权威与社会公平正义。

在诉前调解上，需要更紧密聚焦于政策制定与合同签署这两个环节，构建起更为严密的前置性合法合规性审查体系。特别是在招商引资活动中，要更加注重项目的科学论证与风险评估，避免因急于求成而作出过度、违规或越权的承诺，在源头上杜绝"言而无信"的现象，从而有效防止引发的新一轮问题与矛盾发生，确保招商引资活动健康有序进行，为地方经济社会的高质量发展奠定坚实基础。

（三）统筹推进各市免申即享平台建设

加速"皖企通"平台迭代升级，强化省级统筹引领，对市县平台构建实施精准指导，确保平台技术与数据标准全省统一，构建起企业"一键触达政策、便捷办理业务、助力发展规划、畅通诉求反馈"的全省性综合涉企服务枢纽。要继续秉持"全面覆盖、快速响应"的原则，明确时间节点、设定高标准、压实责任链条，将各项惠企政策进行精细化拆解，确保政策红利以最快速度全面上线，惠及广大企业。同时，不断深化政策兑付流程的创新与优化，解决政府、银行、税务等部门间的"数据孤岛"的问题，实现财政、银行与支付平台间在线支付技术的无缝对接，构建高效的数据共享与调用机制，跨越层级、贯通部门、联通政企，让数据多跑路、企业少跑腿。通过这一系列举措，将"政策找企业"的精准度提升至新高度，真正实现惠企政策"一键申请、即时享受"乃至"无须申请、自动享受"的极致便捷，为企业发展注入强劲动力。

（四）加快构建行政协议履约监管系统

加大数字赋能法治化营商环境的力度，建立覆盖省市县三级的行政协议履约监管应用平台。这一平台的构建，能够实现对行政合同协议全生命周期的监督管理。在前期阶段，通过数据资源管理部门与司法行政部门的合作办公，规范化、数据化事前合法性审查，确保所有合同协议均经过严格法律与政策审查，并统一进行备案，为后续监管奠定坚实基础。进入实施阶段后，该平台将实现政企双向的实时监管与分级管理，通过数字化手段动态追踪合同执行情况，确保双方严格按照约定履行义务。在合同的分类监管上，根据合同的重要性和性质，实施差异化监管策略，既保证了监管的全面覆盖，又提高了监管的精准度和效率。在项目完成后，该平台应当引入事后合同评估与总结提升机制。通过对合同执行效果的深入分析与评估，提炼经验教训，为未来合同的制定与执行提供有益参考。除此之外，要建立可溯源、可追踪的档案系统，确保合同管理的每一个环节都能留下清晰记录，为政府决策提供坚实的数据支撑。加快构建合同履约监管系统，不仅能够显著提升政府合同协议的履约到位率，更将推动政府治理朝更加规范化、智能化、高效化的方向发展，为构建诚信政府、优化法治化营商环境贡献数字力量。

（五）数字平台支撑长三角法治化营商环境从"有界"走向"无界"

2024年3月，习近平总书记在参加十四届全国人大二次会议江苏代表团审议时强调,要持续建设市场化、法治化、国际化一流营商环境,塑造更高水平开放型经济新优势。① 这为长三角地区全面打造稳定、公平、透明、可预期的法治化营商环境提供了根本遵循和行动指南。打造长三角地区一流法治化营商环境需要强化数字赋能,高标准建设一体化数据基础平台。在坚持上海龙头带动、紧跟苏浙的基础上,积极扬皖所长,参与长三角地区各类平台共建共享。积极开展营商环境数据共享工作,整合长三角三省一市的数据资源,进一步打通"信息孤岛",着力推动信息跨区域互通共享、校验核对、深度整合。充分吸收浙江省在数字化营商环境建设上的先进经验,着力建立"用数据说话、用数据决策、用数据管理、用数据创新"的管理机制。利用场景应用牵引,从"小切口"入手,将"高效办成一件事"和"皖政通"平台建设有机结合,通过政府侧改革带动行业、企业侧的经营条件不断优化,从而助力长三角法治化营商环境从"有界"走向"无界"。

---

① 参见孟月明《持续建设一流营商环境》,《人民日报》2024年3月19日,第9版。

B.3
基层综合执法改革的数字化变革

钟 芳 张文杰*

摘 要： 在信息化快速发展的时代背景下，数字化建设已全方位融入基层综合执法改革中。安徽省积极投身于数字化改革的时代大潮，从上级赋权的精准调控到队伍建设模式的创新，从新型智能执法终端的研发重塑到执法平台的搭建，在基层综合执法数字化建设中取得了令人瞩目的成就。尽管数字化建设成果显著，但立法保障缺失、数字形式主义的束缚、执法信息公开力度不足、数字技术在执法活动中利用率不高等问题始终是深化改革道路上的阻碍。未来安徽省可通过加强专门领域立法、多渠道整治形式主义、强化行政执法监督数字化建设、大力推行非现场执法等方式破解改革难题，推动安徽基层综合执法改革不断向纵深推进。

关键词： 综合执法改革 基层治理 数字平台

完善基层治理是国家治理体系和治理能力现代化的基础，行政执法是推动基层治理的关键支撑。近年来，综合执法改革作为行政执法体制改革的关键一环而备受瞩目，其对基层执法现状提出了新的要求，明确乡镇①应逐步实现"一支队伍管执法"，以完成对现有执法力量的整合与优化。随着科技的飞速进步，数字技术已成为推动社会进步不可或缺的关键力量，并被广泛渗透于社会治理的各个环节。在此背景下，各级政府积极将数字技术融入基

---

* 钟芳，安徽大学法学院副教授，法学博士，硕士生导师，主要研究方向为行政法学等；张文杰，安徽大学法学院硕士生，主要研究方向为数字法学、行政法学。
① 为方便行文，本文中"乡镇"均指"乡镇及街道"。

层综合执法改革中,以期能够进一步深化改革,破解改革中的难点、堵点。安徽省高度重视基层综合执法数字化建设,发布诸多文件用以指导数字化建设具体工作,通过精准赋权、创新执法队伍建设模式、研发新型执法终端、搭建高效执法平台等一系列手段,全面推动数字技术在执法改革全链条的渗透与应用,通过科技赋能实现执法效能的实质性提升。

一 建设背景

乡镇行政执法作为法治政府建设的重要力量,处于执法力量下沉基层的第一线,不仅直接关系到行政执法工作的整体效能,还深刻影响着基层治理现代化进程。长期以来,基层治理面临权责不匹配、"权小责大"、"小马拉大车"等难题,严重制约了基层经济发展、社会管理和公共服务水平的提升。为适应乡镇和街道工作特点及便民服务需要、改革和完善基层管理体制,使基层各类机构、组织在服务保障群众需求上有更大作为,行政执法体制改革的重心从横向集中向纵向下放转变,执法权下放基层、乡镇开展综合行政执法成为新时代建设法治政府的重要议题。

党的十八大以来,全国各地综合行政执法体制改革稳步推进。2015年,中央编办印发了《关于开展综合行政执法体制改革试点工作意见的通知》,选定22个省(自治区、直辖市)的138个城市作为综合行政执法体制改革的先行试点区域,为后续大面积推广积累经验。[1] 2019年中共中央办公厅、国务院办公厅印发的《关于推进基层整合审批服务执法力量的实施意见》明确提出,推进行政执法权限和力量向基层延伸和下沉,逐步实现基层一支队伍管执法,标志着基层综合执法改革在全国范围内的全面铺开,对我国当前的行政执法层级、行政权配置结构提出了全新的要求。《法治中国建设规划(2020—2025年)》要求进一步整合行政执法队伍,推动执法重心向市

---

[1] 参见《深化综合行政执法改革研究》,https://www.shbb.gov.cn/llysj/8882.jhtml,上海机构编制网,最后访问日期:2024年3月1日。

县两级政府下移，加大执法人员、经费、资源、装备等向基层倾斜力度。

当前，改革已进入攻坚阶段，互联网、云平台、区块链等数字技术的日趋成熟，在给基层综合执法工作提供破解思路、创新治理路径的同时，也对其未来发展方向、模式演变及能力建设提出了新的要求。围绕加强行政执法数字化建设这一重点任务，中央层面发布众多政策文件加以推动。《法治政府建设实施纲要（2021—2025年）》将健全科技保障体系作为法治政府建设的重要部分进行谋篇布局，明确指出："深入推进'互联网+'监管执法。积极推进智慧执法，加强信息化技术、装备的配置和应用。推行行政执法APP掌上执法。"2022年6月发布的《国务院关于加强数字政府建设的指导意见》提出，要充分运用数字技术支撑构建新型监管机制，加快建立全方位、多层次、立体化监管体系，实现事前事中事后全链条全领域监管，以有效监管维护公平竞争的市场秩序，明确了"互联网+"监管执法工作的发展方向。

安徽省制定了诸多执行性文件用以落实数字技术融入行政执法领域。《安徽省"数字政府"建设规划（2020—2025年）》以形成"数据决策、数据服务、数据创新"的现代化治理模式为目标，在社会治理方面要求不断完善安徽省"互联网+监管"系统功能，拓展监管业务范围，促进政府监管规范化、精准化、智能化。《安徽省法治政府建设实施方案（2021—2025年）》要求："创新行政执法方式。加强行政执法信息化建设，强化大数据关联分析，配备运用智能化执法终端，探索推进非现场执法，逐步加大执法案件电子化办理力度。积极推进智慧执法，加强信息化技术、装备的配置和应用。建设全省统一移动监管平台，接入部门监管业务，推动监管执法业务向移动端延伸。"

各类政策文件为数字技术深度融入行政执法领域绘制了宏伟蓝图，加之各地区积极的探索与实践，安徽省基层综合执法的数字化建设成果颇丰。但也应清醒地看到，改革进程中还存在不少突出问题，应当引起高度重视，并采取有力举措加以解决。

二 数字技术在基层综合执法中的应用举措

安徽省充分运用数字技术赋能基层综合执法,利用大数据评估准确把控赋权内容,在全省范围内大力推广统一基层智能执法终端,运用数字技术创新执法队伍建设模式,通过线上执法平台的搭建实现事件处理闭环监督,为全国的基层综合执法改革进程贡献了安徽智慧、提供了安徽方案。

(一)精准调控上级赋权

在深化基层综合执法改革的进程中,明确什么样的权力可以赋予基层,是推进改革的源头问题。行政执法涉及专业领域众多,盲目进行跨领域的执法权力和执法主体整合,容易产生"巨无霸式的全能执法机构"。[1] 为确保赋权事项放得下、接得住、管得好,安徽省通过运用数字技术、实地评估以及专题研讨等多种方式,对基层治理亟需的行政权力进行了深入细致的分析,经过审慎筛选于2023年1月3日编制了《安徽省赋予乡镇街道部分县级审批执法权限指导目录》(以下简称《目录》),确定了下放基层的471项审批执法权限(数据统计见图1),其中行政许可20项、行政处罚427项、行政强制6项、行政确认1项、其他权力17项;[2] 形成了《安徽省人民政府关于赋予乡镇街道部分县级审批执法权限的决定》(以下简称《决定》),指导各县(市、区)组织辖区乡镇通过"基本盘+自选"方式在《目录》中确定承接赋权事项。

通过利用大数据技术对下放的权限进行持续的跟踪和评估,安徽省构建

---

[1] 参见胡仙芝《综合行政执法体制改革的实践探索与对策建议——基于成都、嘉兴的调研分析》,《中国行政管理》2016年第7期。
[2] 参见《安徽省人民政府关于赋予乡镇街道 部分县级审批执法权限的决定》,https://www.ah.gov.cn/group1/M00/02/0B/wKg8TWOzh5iAA1R9ABK91e8X_Sk912.pdf,安徽省人民政府网,最后访问日期:2024年5月1日。

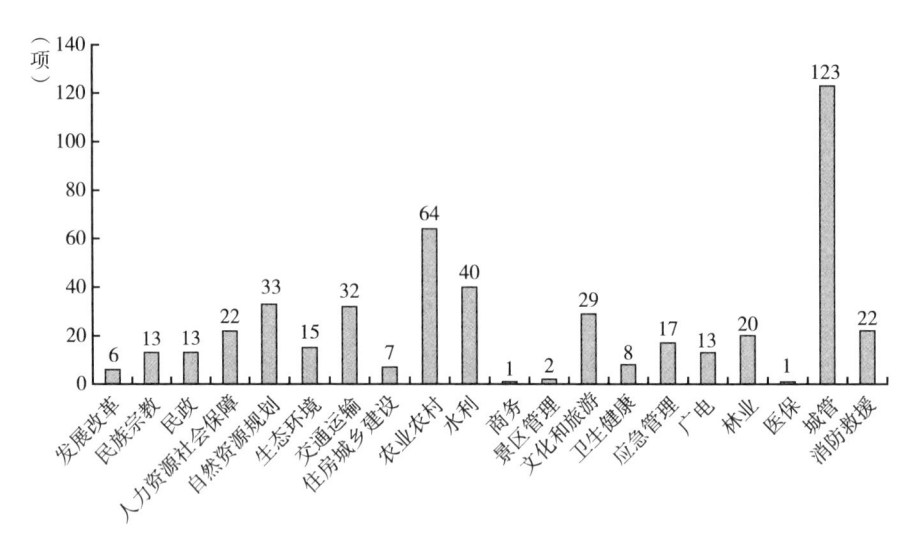

图1　安徽省赋予乡镇街道部分县级审批执法权限数据统计（2023年1月）

资料来源：《安徽省赋予乡镇街道部分县级审批执法权限指导目录》，https：//www.ah.gov.cn/group1/M00/02/0B/wKg8TWOzh5iAA1R9ABK91e8X_Sk912.pdf，安徽省人民政府网，最后访问日期：2024年5月1日。

起赋权事项动态调整机制。对于那些易引发行政争议、专业性强的行政权力，一旦发现问题，便及时收回，以确保赋权建立在基层能够有效承接的基础上；对于少数无实际管理对象或长期无办件的事项，安徽省允许基层在《目录》中调换相等数量的其他事项，以满足当地实际管理的需要。这一谨慎而灵活的赋权方式，有效规避了"任意赋权"和"过度赋权"的风险，为基层综合执法改革的顺利推进提供了有力的保障。

（二）大力推行智能执法终端

智能执法终端作为一种便携设备，能够有效辅助执法人员，为其提供数据采集、实时通信、文书生成、细化裁量、流程提示、过程留痕等功能，是推动行政执法信息化建设必不可少的一环。安徽高度重视执法部门智能执法装备配置工作，公安、市场监管等部门均有相关设备辅助本系统业务工作，但基层综合执法因具有执法领域广、涉及事项多、专业人员少等特有问题，需要单独开辟赛道，开发适合基层工作的智能执法终端。

以池州市为例，池州市在法治建设领域成绩突出、成果丰硕，市本级、石台县分别创成安徽省第二批法治政府建设示范市、县；"五免之城"建设获省推荐全国法治政府建设示范创建项目；在池州市法治领域取得的众多荣誉中，"执法导航"信息系统作为数字化助力基层综合执法的重要成果，被列入2024年度安徽省司法行政推广改革事项。通过对池州"执法导航"系统的深入分析，我们可以从中窥见安徽省在基层综合执法数字化建设方面所取得的重大突破。

"执法导航"是池州市创新研发的集执法记录仪、对讲机、智能手机于一体的执法辅助设备，"执法导航"系统包括信息化执法平台和手持移动执法终端。执法导航能有效明确执法依据、规范执法程序。除此之外，执法导航手持终端直接连接执法平台，并通过执法平台与安徽省行政执法综合管理监督平台联通。"执法导航"通过采取四项举措，有效破解了基层综合执法"能力提升难、规范行为难、信息联通难、执法监督难"的"四难问题"。

第一，明确执法依据。池州市通过"执法导航"共梳理省级乡镇赋权行政处罚事项目录427项，将其与常见执法场景相匹配，划分出高频事项、普通事项。本着先易后难的原则，对233个高频事项逐项明晰法律依据316条，导入"执法导航"后台法规数据库。[1] 现场执法时，执法人员通过语音或文字唤醒，手持"执法导航"智能提示，执法人员不再为法条"记不住、记不全、记不准"所困扰。

第二，规范执法流程。对赋权行政处罚事项，细化裁量基准，逐一规范编制操作流程、办事指南。上级职能部门对乡镇赋权事项中每一项行政处罚事项自由裁量权基准进行梳理量化，并在"执法导航"中直观展示给每一个基层执法人员，执法人员直接将系统中的裁量情节与现场情况进行对比，选择适用，有效规避了基层执法人员执法不一、执法不细、执法随意等问

---

[1] 参见《安徽池州以"执法导航"破解乡镇综合执法四大难题》，中国长安网，http://www.chinapeace.gov.cn/chinapeace/c100007/2023-12/28/content_12703840.shtml，最后访问日期：2024年5月28日。

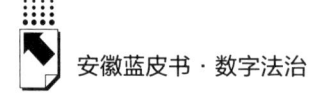

题，从而实现一个基层执法"标尺"量到底。基层执法人员由于人少事多、法治意识不足，加之我国传统的"重实体、轻程序"倾向，因而在执法活动中跳跃程序阶段、简化程序要求等现象时有发生，不利于保护当事人权益、维护执法权威。"执法导航"根据行政执法"三项制度"及行政程序相关规定，将案件处理过程编制成简单易看的操作流程图、详细明确的办事指南，呈现在"执法导航"中。按照先简易、后一般的思路，梳理出14个执法部门适用简易程序行政处罚事项35项、轻微免罚事项已达426项[1]，通过"执法导航"，实现信息化展现和引导。

第三，增强执法监督。"执法导航"运用互联网、大数据等技术，推动行政执法全过程网上流转，联通全省执法监督平台，建立基层行政执法数据库，同时正在依托市县两级城市大脑建设综合指挥平台，实现执法信息归集、联通共享、实时监控、模型监测、研判预警，提高监管执法效率。

第四，实现执法效果最大化。该系统通过智能辅助，实现了执法流程的自动化与文书的即时生成，大幅减轻了基层执法人员的工作负担，同时显著降低了执法过程中实体与程序上的失误，确保了执法活动的高效、规范运行。此外，系统引入的全过程记录与可回溯管理机制，不仅促进了监督的可视化与扁平化，提升了监督效能，还构建了透明、严谨的执法环境。尤为值得一提的是，"执法导航"集成的语音播报法条功能，有效落实了"谁执法谁普法"的工作要求，既增强了执法的权威性，又加深了群众的法律认知，实现了执法效果与社会认同的和谐统一。

"执法导航"系统的推出，标志着安徽省基层综合执法数字化建设取得重大进展，有力推动了数字法治政府建设战略全局。通过技术手段赋能基层综合执法，安徽省不仅提高了执法效率和规范性，充分体现了数字化发展在推动法治政府建设中的重要作用，也彰显了安徽省在推进依法行政和提升政府治理能力方面的积极探索和实践，为其他地区提供了可借鉴的经验和模式。

---

[1] 参见《"以执法导航推进乡镇综合执法规范化"入列全省司法行政推广改革事项》，池州市人民政府网，https://www.chizhou.gov.cn/News/show/691528.html，最后访问日期：2024年6月1日。

（三）创新队伍建设模式

乡镇街道财政支持不足、专业领域人员缺乏等原因造成的办案能力欠缺、粗暴简单执法始终是基层执法规范化建设的短板。提高执法人员综合素质、加强队伍建设对于行使县级部门职权的基层综合执法工作尤为重要。在安徽省司法厅、编办联合制定的《关于加强全省乡镇街道综合行政执法规范化建设的意见》（以下简称《意见》）中，明确要求乡镇街道、县级司法行政部门、赋权的行政执法部门三方共同出力，采取多样化的形式全方位加强对行政执法人员的培训。

以芜湖市为例，作为安徽省法治建设的标兵城市，同时拥有全国法治政府建设示范地区和项目两项荣誉，充分利用数字技术创新学习载体，在保留并发展传统现场教学、网络培训、分派执法骨干进行包片指导以及组织基层执法人员跟班学习等模式的基础上，构建出了一套"自学+听课+练习"的新型行政执法人员技能提升模式。构建政策文件查询板块，统一链接至国家行政法规库、政府规章库，归集市本级政府规章11件、各级规范性文件770件以及具体任务部署等其他文件8009件，实现"一网通学"；[①] 运用全市行政执法导师资源，陆续更新近年来录制的行政执法人员培训课程，构建线上、线下相结合的培训体系；设立"模拟试题库"，覆盖了行政执法工作的各个领域和关键环节。通过"每日一练""顺序练习""错题练习""模拟考试""集中考试"等多种功能模块的灵活运用，行政执法人员能够在不断的练习与测试中巩固知识、查漏补缺，最终达到以考促学、以学促练的目的，全面提升执法能力和水平。

（四）推动搭建数字平台

随着数字技术在行政案件中的广泛应用与不断深化，以及公民对自身权利

[①] 参见《芜湖市：打造智慧监督平台 推动行政执法监督提质增效》，安徽新闻网，http：//fzr.ahnews.com.cn/news/2024/09/04/c_585164.htm，最后访问日期：2024年9月5日。

意识的日益增强，行政案件的办理流程正经历着一场由传统向数字化转型的深刻变革。公民的举报、投诉作为案件线索的重要来源，其形式不再局限于传统的线下到场举报，网络平台亦能高效受理此类投诉。在这一过程中，数字化平台的建设在整合群众诉求、优化执法力量配置等方面发挥着至关重要的作用。《意见》指出，应充分运用互联网、大数据等技术手段，推动乡镇街道综合行政执法全过程网上流转。鼓励市县建立一体化信息系统和综合指挥平台，完善乡镇街道行政执法数据库，对行政执法的信息化建设提出了进一步的要求。

作为科大国创数字化政府标杆案例，六安市金安区的"数字金安"建设旨在规范数据应用、完整保存并共享全区范围内的大数据信息，进而提升全区整体信息化水平。该系统内部的"一网统管平台"致力于构建常态化的事件协同体系，实现对全区各类事件的全面汇聚与高效处理，目前已整合"12345"热线上报事件、领导交办事件、网格事件、城管事件、环保事件以及各委办局在城市管理中遇到的疑难事件等，后续会根据部门权责清单将上述事项分配给职能部门处置，这种"平台统一派单"模式有利于明确执法责任主体，明晰权力边界。"一网共治平台"在不改变原有业务模式的前提下，对事件处理过程进行闭环管理与督办管理，充分利用AI能力对城市事件进行智能化处置、回访，建立健全考核指标标准体系，实现统一考核评价。此外，该平台还可以实时监控热点事件，运用大数据分析，将同一群众多次反映、不同群众共同反映以及同一问题被重复反映的诉求进行特殊标记、分类显示。区级工作专班在此线索来源基础上结合实际，优先就民生痛点问题进行分析研判，梳理需要系统治理的事项清单，推送有关部门研究后提出工作方案报区研究实施，实现回应一个诉求解决一类问题、提升一个领域的工作目标。

三 建设过程中存在的问题

（一）立法保障缺失

鉴于法律法规所具备的稳定性与权威性特质，其能为基层综合执法数字化的规范推进与高效建设提供强有力的制度支撑。然而通过相关资料的收集发现，当下安徽省的乡镇综合执法数字化建设主要由各级党委、政府通过发布规范性文件加以推动，该领域法律法规体系尚未构建。截至 2024 年 9 月 11 日，笔者在安徽省法规规章规范性文件数据库中以"执法"作为关键词对地方性法规进行题名检索，发现安徽省尚未出台（基层）综合执法领域的省级地方性法规，与综合执法工作有所关联的《安徽省行政执法监督条例》也没有要求将数字技术融入执法监督工作中。在市级立法上，目前尚无地市专门立法规范（基层）综合执法工作，只有《蚌埠市城市管理行政执法条例》、《淮南市城市管理行政执法条例》和《六安市城市管理行政执法条例》通过对城市管理行政执法行为的规范，间接调整承接大量城管部门事权的乡镇执法工作，而在这当中，只有淮南市和六安市的条例在"执法保障"一章中提及完善数字化城市管理平台，建设综合性城市管理以及行政执法数据库，实现公共数据资源互联互通和开放共享。由此观之，安徽省在基层综合执法数字化建设领域相关立法缺位，未能充分发挥立法的引领和推动作用，缺乏法律的明确规定和责任要求，地方政府在执行数字化建设相关政策时不免会出现走形变样打折扣等情形。

（二）数字形式主义仍然存在

自中央提出加强数字政府以来，地方各级政府通过建设数字基础设施、开发数字平台等方式，积极提升所属区域内政务服务与行政管理的智能化水平。然而，在政府数字化转型的进程中，部分地区出现了过分追求表面效果，忽视实际效能的形象工程、政绩工程，导致数字赋能反成"数字负能"。"指尖上的形式主义"作为形式主义问题在数字化背景下的变异翻新，不仅偏离了数字化转型的初衷，也成为加重基层负担的原因之一。

通过实地走访调研发现，在基层综合执法数字化建设中，数字形式主义的表现形式有以下两种较为常见，一是平台建设过程中，部分政府重数量轻质量，缺乏全局规划与统筹协调，导致多头并进、重复建设平台，进而引发了平台间功能冗余、信息重复报送等问题。在各级政府与各职能部门普遍建立本系统内部办公平台、线上监管系统的现状下,由于乡镇综合执法的执法领域跨度大、执法事项数量多,工作人员在办理日常事项时有时往往需要通过多个平台或操作系统来满足各级业务指导单位及上级领导单位的要求。二是平台使用过程中,功能设计重形式轻实效。具体表现为:在必要执法环节外,过度要求执法留痕,设定不合理的签到拍照;追求纸面效率,压缩正常案件办理、反馈回复时限;机械地将各类政府事务、收到的信息数据搬到数字平台上,忽视了数字技术本应发挥的整合优化作用,未能充分发掘其在提升治理效能、促进信息共享方面的巨大潜力。

(三)执法信息线上公示力度不足

依据《关于进一步完善行政许可和行政处罚等信用信息公示工作的指导意见》的要求,行政许可与行政处罚信息须在行政决定作出后7个工作日内,通过各级信用门户网站的"双公示"专栏及具备相应权限的行政机关门户网站同步公开。安徽省规范基层综合执法的《意见》和规范全省行政公示工作的《安徽省行政执法公示办法》(以下简称《办法》)同样强调乡镇街道需全面贯彻落实行政执法公示制度,确保执法事项、执法人员、执法决定及执法辅助人员等信息及时向社会公开。《目录》赋予基层的471项权力中,高达447项涉及行政许可与行政处罚,按上述文件要求这些权力的行使情况必须依法公开,接受社会监督,然而实际公开情况却不尽如人意。

《政府网站发展指引》明确规定,乡镇、街道原则上不单独设立政府门户网站,仅依托上级政府门户网站进行政务公开与政务服务,但在线上查询区级政府官网的信息公开板块时发现,其虽设有"行政权力运行"栏目,但内容多聚焦于区直部门,乡镇(街道)级的执法信息往往被忽略;信用门户网站的"双公示"信息查询功能存在局限性,依赖于企业名称、信用代码等特定关键词,难以直接获取基层执法部门的全面执法数据,这在一定程度上削弱了信息公开的监督效能;依据《办法》搭建的安徽省行政执法公示平台(见图2),虽然平台主体架构已经搭建,涵盖了执法主体信息

（包括执法主体及执法人员）、受委托组织公示、行政职权、程序信息、执法结果以及执法人员查询等多个核心板块，还可以通过城市、部分区域、部门切换功能，允许用户访问并查询各级政府及其部门的行政执法公示信息，但在实际操作中发现部分乡镇执法的公示面板上，相关词条存在空白或信息录入不完整的现象，造成公示信息的严重缺失，削弱了平台的整体效能。

图2 安徽省行政执法公示平台

综上，安徽省基层综合执法信息公开工作现状与政策导向及民众期望之间尚存差距，面对全省1522个乡镇（街道）的庞大基数，全面推行执法信息公开工作无疑面临重大挑战。

（四）执法活动中数字技术利用率不高

部分经济发达地区早已开始探索将数字技术运用到具体执法过程中，旨在通过数字赋能实现执法增效，但仍有部分乡镇在具体执法活动上依赖于传统人工模式，旧模式不仅阻碍了执法效率的提升，也难以满足执法改革新形势下的需求。具体而言，传统执法模式主要存在以下几个方面的问题。第一，案件线索获取的滞后性。当前，案件线索的搜集工作仍高度依赖传统的执法队员巡逻模式及群众线下的直接举报，执法部门主动发现问题、提前介入能力不足，未能充分发挥数字技术在信息收集与分析上的独特优势。第二，执法方式的现场依赖性过强。执法活动主要集中在现场进行，包括即时固定证据、面对面确认违法行为并作出执法决策，这种方式虽保证了执法的直观性与即时性，但缺乏灵活性与远程处理能力，难以适应复杂多变的执法环境及公众对高效便捷服务的需求。第三，案件处理流程的线下繁重性。案件处理过程中，从现场询问笔录、处罚决定书的编制与送达到罚没款的缴纳与收据开具，各环节均需当事人频繁线下参与，不仅增加了当事人的负担，也降低了执法效率，与数字化时代所倡导的"数据多跑路，群众少跑腿"理念相悖。第四，执法装备配置更新速度较慢。尽管执法车辆与执法记录仪等基础装备得到了一定程度的普及，但诸如PDA执法终端、无人机、电子探头等现代化、智能化执法工具的覆盖率与使用率却显得不尽如人意，这直接制约了执法过程的科技化水平，影响了执法效率和精准度。

四 未来展望

（一）立法推动基层综合执法数字化建设

习近平总书记强调："要加强重要领域立法，确保国家发展、重大改革于法有据，把发展改革决策同立法决策更好结合起来。"[①] 在各级"红头文件"推动基层综合执法数字化改革疲态初显的情况下，充分发挥高质量立法的引领和推动作用显得尤为重要。浙江作为全国唯一的"大综合一体化"行政执法改革国家试点，在综合执法改革领域积累了诸多经验，在全国范围内率先出台了综合行政执法领域省级地方性法规——《浙江省综合行政执法条例》，其中明确提出"以数字化改革为牵引、组织建设和管理全省统一的数字化行政执法平台、推行非现场执法、移动执法等相关执法基础设施的统筹建设和共享使用"等诸多行政综合执法数字化建设要求。在长三角一体化深入发展的今天，安徽可以浙江经验为参考，制定"安徽省综合行政

---

① 习近平：《在庆祝全国人民代表大会成立60周年大会上的讲话》，人民出版社，2014，第9页。

执法条例",通过专门法规规范(基层)综合执法行为,并在总体建设思路以及"执法保障"专章中对数字化建设提出具体要求。在法规起草过程中应注意以下几点:首先,应成立专门机构统筹综合执法改革,对各地综合执法数字化建设实况,起草条款加以引导规范;其次,应尽量避免倡议性条款,明确数字化建设的责任主体和具体要求,确保法规落到实处;再次,加强保障支持,要求各地加大数字化建设投入,将建设成效作为行政执法绩效考评中的重要指标;最后,鼓励各级政府及职能部门参照该法,制定本行政区域或本业务领域内部数字化转型方案,将法规落到细处。

(二)多手段并举,整治数字形式主义

数字政府建设的初衷本是便利政府、服务群众,但数字形式主义的出现使得各类平台、App不仅没有实现为基层减负,反而成为将基层执法人员困于屏幕前的"数字枷锁"。为让数字赋能得以真正实现,多渠道并举整治数字形式主义刻不容缓。

首先,应当严格贯彻中央最新发布的《关于防治"指尖上的形式主义"的若干意见》《整治形式主义为基层减负若干规定》等文件精神,在全省范围内启动数字形式主义专项整治行动。通过公开通报一批典型案例,形成强大的警示效应,对滥建数字平台、滥用数字技术等现象形成有效震慑。同时,鼓励各级政府、各类职能部门积极开展自查自纠,全面掌握自身数字化建设实况,针对问题精准施策。

其次,建立全省统一基层综合执法数字平台,实现执法业务集成和流程统一。相较于既有格局,此举不仅能够破除功能重叠、平台并存造成的低效情况,减轻基层因多头管理、重复建设而承受的额外压力,开创"一个平台管执法"的新模式;同时能够促进上级政府信息渠道的畅通,确保了政策自上而下的顺畅传达与基层情况的即时反馈,构建了高效的上下联动体系,有效治理"数据孤岛""数字壁垒"等情形。

最后,需加强对各级领导干部的宣传教育。重点聚焦两大方面,一方面,引导各级领导干部树立正确的政绩观。习近平总书记强调:"形式主义实质是主

观主义、功利主义，根源是政绩观错位、责任心缺失"①。数字形式主义出现的原因不乏对数字化建设的认识存在模糊与不足，但更多的是部分领导干部过分追求政绩的显性化，倾向于堆砌数字项目，而忽视了项目的实际效用与长远价值。这种重数量轻质量、重形式轻实效的作风，在绩效考核的指挥棒下被进一步放大，导致数字建设层层加码，最终成为压垮基层的沉重负担。另一方面，深化各级领导干部对数字技术的认知。通过加强相关培训与学习，深化其对数字技术发展趋势、应用场景及潜在价值的理解，引导他们摒弃数字崇拜，明确数字化建设的工具属性，在数字化建设过程中坚持"人的主体地位"。

（三）加强行政执法监督数字化建设

2024年5月印发的《关于加强行政执法协调监督工作体系建设的意见》指出："推进行政执法和行政执法监督数字化建设。"《中共中央关于进一步全面深化改革、推进中国式现代化的决定》进一步要求："深化行政执法体制改革，完善基层综合执法体制机制，健全行政执法监督体制机制。"行政执法监督数字化建设应当从两个层面同时推进。

第一，加强基层综合执法信息公开力度。通过向社会公开乡镇执法事项、执法人员、执法决定，贯彻"阳光是最好的防腐剂"这一理念，借此加强人民群众对执法的监督。虽然当下安徽省行政执法公示平台已经建立，部分地市也构建了本行政区域内的执法信息公示平台，如合肥市行政执法信息公示平台，然"一分部署，九分落实"，实践中乡镇执法相关词条存在空白或信息录入不完整的现象普遍存在。鉴于这一问题的严重性，当前迫切需要省级权威部门出台更具针对性的政策措施，以强有力的手段推动各行政机关积极履行信息录入职责，同时，明确公示不到位的责任归属，确保执法信息的全面、准确、及时公示。

第二，推行亮码执法制度。亮码执法作为数字时代执法监督的创新模式，其原理在于借助先进的数字执法平台，给每一个具体行政行为、每一次

---

① 《习近平关于全面从严治党论述摘编》，中央文献出版社，2021，第311页。

执法活动生成独一无二的电子识别码，以"事前赋码以明责、事中亮码促透明、事后扫码强监督"为核心理念，构建从源头到终端的全链条、闭环式执法监督体系。相对人仅需简单扫码，即可获取包括检查部门、执法人员信息、检查任务详情及最终检查结果在内的执法全链条信息，并享有对执法行为进行评价与反馈的权利。执法监督部门亦能通过扫码功能，实现执法活动的实时在线监督或回溯复查。此举有效遏制了重复检查、多头执法等对企业正常运营造成的不必要干扰，精准打击"不规范执法"与"选择性执法"现象。目前，这一创新模式已在浙江省全省及深圳市等地成功实施，取得了显著成效。安徽省应紧抓数字化建设的历史机遇，积极借鉴并推广亮码执法制度，以科技赋能法治，推动执法工作更加公正、高效、透明，进一步优化营商环境，助力经济社会高质量发展。

（四）大力推行非现场执法、移动执法

"人少事多"的现象一直是制约基层综合执法现代化进程的一大障碍。大量乡镇由于执法设备落后、数字技术运用率不高、覆盖面不广等原因，仍以单纯依赖人力的传统执法模式为主，在面对日益复杂和繁重的执法任务时显得力不从心。随着数字技术的飞速发展，非现场执法与移动执法模式的兴起为破解这一难题提供了新的路径。

非现场执法是指行政机关依托"互联网+监管"平台、网络巡查、远程监控等手段收集、固定违法事实，采用信息化等方式进行违法行为告知、调查取证、文书送达、罚款收缴等活动的执法方式。在基层执法中大力推进非现场执法，能够将执法人员从烦琐的线下执法流程中解放，对提升执法效率、降低执法成本具有重要意义。在实施过程中，必须严格遵循法定程序，充分保障相对人的陈述申辩权，在方便执法活动与保障当事人合法权益中寻找平衡。

移动执法系统预设有单位资料、检查内容、规范用语、法律法规数据、各类文书的标准格式，对于事实清楚、证据确凿、当事人主动积极认错认罚的简易案件，鼓励行政机关采用移动执法方式，利用智能执法终端当场固定证据、作出处理决定、生成法律文书，并借助便携式打印设备现场交付给行

政相对人，此举能够有效缩短执法周期，实现"当场执法、当场完结"。

当前，非现场执法与移动执法模式在生态环境保护、交通运输以及道路交通管理等领域得到了广泛应用，且成效显著。鉴于其在上述领域的成功实践，若安徽省能在乡镇层面的综合执法活动中大力推广，无疑将极大地加速基层综合执法向数字化、智能化转型的总体进程，为构建更加高效、精准的基层治理体系奠定坚实基础。

B.4 行政处罚的智慧化革新与实践

——以市场监管部门为例

毕金平 张文杰[*]

摘　要： 行政处罚作为社会治理的重要手段，为市场秩序与公共利益的维护提供了强有力的支持。在当下市场监管工作日趋呈现"基层化+综合化"的大背景下，传统处罚模式面临着法律法规迭代频繁、违法行为日趋隐蔽、执法跨地区协作不畅、监管任务繁重等诸多挑战，数字赋能成为推动行政处罚转型升级的关键之策。安徽省市场监管部门积极响应国家号召，以科技创新为引领，积极探索行政处罚的智慧化转型之路，通过监管手段的创新强化前端治理、依托数字平台重塑执法流程、推行"三化监管"新模式、充分利用全国市场监管系统"两化建设"项目与长三角一体化发展战略的契机，实现行政处罚的智慧化升级，有效提升了监管效能与精准度。展望未来，安徽省市场监管部门可通过进一步完善执法数字平台、加大智慧化建设投入、完善跨部门、跨区域协同治理机制等方式，推动构建高效、智能、协同的市场监管体系，为经济社会持续健康发展提供有力保障。

关键词： 市场监管　行政处罚　智慧监管　长三角一体化

随着经济的迅速发展与国内统一大市场的构建，市场监管作为维护市场秩序、保障消费者权益的重要手段，其重要性日益凸显。市场监管部门，作

---

[*] 毕金平，安徽大学法学院教授，法学博士，主要研究方向为竞争法、市场监管等；张文杰，安徽大学法学院硕士生，主要研究方向为数字法学、行政法学。

为政府序列中专司市场秩序维护、消费者权益保障、市场活动监管的权威机构，其职能的有效发挥对于构筑现代化、高效能的市场监管体系具有全局性的影响。行政处罚是引导市场主体合规经营、营造公平竞争市场环境的关键工具，被市场监管部门广泛应用，然而面对政府治理理念的革新及市场监管领域涌现的新挑战，传统的行政处罚手段在实现有效监管上显得捉襟见肘，难以全面应对复杂多变的监管需求。在此背景下，数字技术的蓬勃发展——特别是互联网、大数据、云计算、区块链、人工智能等前沿技术的深度融合与广泛应用，为市场监管部门的行政处罚模式革新开辟了新路径。如何利用数字技术实现更加科学、更为高效的监管，赋予现代化市场监管体系建设强大动能，成为当下的市场监管工作的重要命题。

安徽省市场监管部门积极探索行政处罚的智能化革新路径。通过创新监管手段加强前端治理、构建执法平台、积极落实"三化监管、两化建设"、深度融入长三角市场监管一体化建设，不断提升行政处罚的智慧化水平，成为数字法治安徽建设的标志性典范。这些创新实践不仅为安徽省的市场监管工作注入了新活力，提高了监管效能，也为其他地区提供了有益的参考与借鉴。

一 建设背景

国家高度重视数字技术的运用和数字化的整体发展，在"十四五"规划中将"加快数字化发展　建设数字中国"单独成篇，把数字建设提到了前所未有的高度。当下数字经济已成为新的经济增长点，数字技术在创新政府治理理念和方式、推进国家治理体系和治理能力现代化方面发挥着不可替代的作用，将数字技术深度融入市场监管领域更是创新监管方式、构建现代化市场监管体系的题中应有之义。

中央发布诸多政策文件推动市场领域的数字监管转型。2022年1月发布的《"十四五"数字经济发展规划》将"政府数字化监管能力显著增强，行业和市场监管水平大幅提升"作为重点发展目标加以谋篇布局，要求强化政府数字化治理和服务能力建设，有效发挥对规范市场、鼓励创新、保护消费者权益的支撑作用；紧随其后发布的《"十四五"市场监管现代化规划》强调通过创新丰富监管工具，优化监管资源配置，强化科技支撑，不断增强监管效能，将运用互联网、云计算、大数据、人工智能等现代技术手段定性为推进智慧监管、增强市场监管基础能力的重要手段；同年3月，国家市场监管总局在此前政策的基础上出台《"十四五"市场监管科技发展规划》，全面深入推进市场监管科技发展，从提升市场监管创新基础能力、科研攻关能力、科技服务能力三个角度强化市场监管战略科技力量。

安徽省从数字政府建设全局及市场监管部门数字监管能力提升两个维度，对市场监管的数字化建设进行了全面布局。《安徽省"数字政府"建设规划（2020—2025年）》中，要求在市场监管方面创新政务应用体系，从创新监管机制、提升监管能力、共享监管数据三个方面加以推进。2021年12月安徽省发展改革委与省市场监管局联合发布的《安徽省"十四五"市场监管规划》，部署了"十四五"期间安徽省市场监管主要任务，成为当下市场监管工作的重要指引。全篇将"充分发挥科技对市场监管的支撑作用，广泛运用数字技术提升市场监管效能"的基本要求贯穿始终，提出加强"数智化"市场监管信息化建设，全面实现市场监管"单点登录、一屏通办、一屏统管"。

在国家与省级战略框架的指导下，安徽省各级市场监管部门正稳步推进数智化监管，力求在数字时代对传统执法模式进行适时更新与变革，以实现更高效、精准的市场监管。

二 "综合化+基层化"背景下传统处罚体系的挑战

（一）"综合化+基层化"——市场监管工作发展趋势

行政执法体制改革要求下沉执法力量，省级原则上不再设立执法队，市区原则上只设立一个执法层级，加之安徽省并未将市场监管领域的执法权直接下放至乡镇，因而区县级市场监管部门成为执法的主力军，依据《安徽省市场监督管理行政事权划分指导意见》承担了大量的具体行政执法职责，通过在乡镇设立市场监管所作为其派出机构来实现基层监管。2023年1~9月，安徽省12315平台共接收举报91323件，其中，核查91076件，按期核查率99.73%，立案13680件，办结87473件，按时办结率95.87%。罚款金额642.15万元，没收金额6362.54万元①（监督检查、其他部门移送、上级交办等案件除外）。各级市场监管部门处罚案件数虽无直观数据，但不难推断出大多数处罚行为是由县区一级的市场监管部门作出，这一现象明显指向了市场监管执法的基层化特性。

行政执法体制改革的另一项重要要求便是推进综合执法体制改革。《中共中央关于全面推进依法治国若干重大问题的决定》中指出："推进综合执法，大幅减少市县两级政府执法队伍种类，重点在食品药品安全、工商质检、公共卫生、安全生产、文化旅游、资源环境、农林水利、交通运输、城乡建设、海洋渔业等领域内推行综合执法，有条件的领域可以推行跨部门综合执法。"为整合监管职能，加强监管协同，形成市场监管合力，2018年《深化党和国家机构改革方案》将国家工商行政管理总局的职责、国家质量监督检验检疫总局的职责、国家食品药品监督管理总局的职责、国家发展和改革委员会的价格监督检查与反垄断执法职责、商务部的经营者集中反垄断执法以及国务院反垄断委员会办公室等职责整合，组建国家市场监督管理总局，作为国务院直属机构。②新修订的《中华人民共和国行政处罚法》也阐明国家市场监管领域推行建立综合行政执法制度，相对集中行政处罚权。这一系列举措对科学理顺监管体制、合理配置执法资源、建立现代市场体系具有重要意义，综合性成为市场监管工作的另一显著特点。

---

① 参见《2023年1—9月安徽省12315平台投诉举报咨询数据分析报告》，安徽省市场监督管理局网，https://amr.ah.gov.cn/sjfb/tjsj/xfwqzk/148856371.html，最后访问日期：2024年6月16日。

② 参见《中共中央印发〈深化党和国家机构改革方案〉》，中国政府网，https://www.gov.cn/zhengce/202203/content_3635301.htm#2，最后访问日期：2024年6月16日。

（二）现有行政处罚体系面临的挑战

1. 法律法规的频繁更新与衔接难题

近年来，市场经济的迅猛进步驱动着社会关系的深刻变革，为克服法律固有的滞后性，发挥行政立法的引领和推动作用，国家高度重视立法工作。《法治政府建设实施纲要（2021—2025年）》指出："坚持科学立法、民主立法、依法立法，着力实现政府立法质量和效率并重并进，增强针对性、及时性、系统性、可操作性，努力使政府治理各方面制度更加健全、更加完善。加强重要领域立法。"市场监管领域，因其行业林立、经营主体数量庞大且社会关系繁杂，新法频出，旧法亦大量废止或修订。2022年底，"市场监管法律法规规章数据库"正式上线，其中包括法律121部、行政法规153部和部门规章244部。[①] 除各级国家机关出台的法律法规外，各地党委、政府还发布了诸多旨在优化营商环境的涉企政策。完备的法律法规体系在为政府监管赋予合法性的同时，也给执法工作带来了极大的挑战。在传统模式下，一方面，执法人员需不断学习和掌握新的法律条款从而确保执法行为的合法性，这对他们的专业知识与法律素养提出了极为严格的要求；另一方面，各类规范性文件之间的衔接问题日益凸显，如何准确界定新旧法规的适用范围，如何妥善把握法律与政策的平衡，成为执法实践中的一大难题。

2. 违法行为隐蔽性与跨地区、跨部门协作不畅

随着信息技术的飞速发展，市场主体的经营行为日益网络化、隐蔽化，电商经济与"直播带货"腾飞带来的巨大经济效益更"诱使"无数市场主体以身试法。相较于传统的线下"面对面"监管模式，当前商标侵权、虚假宣传等违法行为更多地借助网络平台进行，这无疑增加了监管部门发现和打击此类行为的难度。由于网络平台案件往往涉及众多主体，且实际经营地、企业注册地、商品生产地以及消费者所在地可能各不相同，这必然要求

---

① 参见曾明、张亚华《生成式人工智能在行政执法领域的应用实践与探索》，《中国市场监管研究》2024年第6期。

多地、多部门之间进行协同监管。然而，不同地区和部门在执法标准、程序以及资源分配上存在的差异，导致跨地区、跨部门执法协作过程中可能出现不畅或效率低下等问题，这不仅削弱了执法工作的整体效果，也严重制约了市场监管效能的充分发挥。

3.执法资源有限与监管任务繁重

经营主体的快速增长和市场业态的日益复杂使得市场监管任务越发繁重。精简机构、压缩编制等为政府"瘦身"等措施虽然在明确责任主体、破解"九龙治水"、形成监管合力上发挥了重要作用，但也在客观上加重了执法机构及工作人员的负担。当下网络市场、反不正当竞争、知识产权保护等领域不法行为数量激增，加上配合属地政府开展大量日常工作，市场监管部门的监管压力倍增，有限执法资源与庞大监管需求之间的矛盾日益突出，如何在有限的资源条件下实现高效监管，成为市场监管部门亟待解决的问题。此外，由于市场监管局当下刚经历机构重组、职能变迁，部分原先部门的执法人员对于新划入或调整的业务领域尚不熟悉，这在一定程度上影响了执法效率和治理效能。

三 智慧化转型的标杆措施

（一）强化前端治理，推动"事后处罚"向"事前预防"转变

习近平总书记强调："法治建设既要抓末端、治已病，更要抓前端、治未病。"[①] 长期以来，我国行政执法体系在前端治理层方面存在短板，具体表现之一便是忽视对市场主体早期行为的规范和指引，过度依赖于事后的行政处罚手段。随着政府治理理念的转变，坚持关口前移，将监管执法工作重心放在前端，探索预防为主的服务型执法模式成为推进政府职能转变的一项重要任务。安徽省市场监管部门利用数字技术积极推动治理重心前移，以六

---

① 《习近平著作选读》第二卷，人民出版社，2023，第384页。

安市金安区为例，金安区市场监管局借"数字金安"建设"东风"，与科大国创团队密切合作，成功开发特设数据研判预警、学校食堂"互联网+明厨亮灶"AI智能监测等诸多"微应用"场景，通过数字赋能强化日常监管，实现违法风险事先预警、事先介入，大大减少了行政处罚案件数。

特种设备超期未检引发的行政处罚案件数量众多，为加强预防，金安区市场监管局工作人员在特种设备使用单位自行检查之外，还得通过"特种设备安全监管系统"逐个查询设备到期年检情况，手动筛选出临近检验期限的设备，然后线下逐个电话通知该设备使用单位负责人，才能完成这一特种设备监管领域的基础性业务。然而，目前金安区在用的特种设备多达12541台（其中电梯就有9640台）[①]，这种方式不仅效率低下，而且操作过程易发生错误。如今通过"数字金安一网通管"，在依托原有数据的基础上，建设"特设数据研判预警"微应用，系统将自动筛选即将到期或已过期的信息，通过系统储存的使用单位负责人联系方式，以短信的形式通知相关负责人，不再需要人工监测和线下通知。自该微应用投入实施以来，金安区特种设备监管领域的行政处罚案件数量显著下降，有效减轻了基层工作人员与市场主体的时间与精力负担。

"明厨亮灶"项目作为食品安全领域社会监督体系构建的核心工程，由市场监督管理部门积极倡导并强力推进。追溯其发展历程，早在2014年，国家食品药品监督管理总局便已对该项工作进行了全面规划与部署，其中，校园食堂作为保障学生饮食安全的关键环节，其"明厨亮灶"的实施进展与相关数据统计被单独列出，凸显了其在食品安全工作中的重要地位。2021年六安市金安区投建了学校食堂"互联网+明厨亮灶"监控系统，社会公众可以通过"皖事通"App平台，观看学校食堂后厨的实时操作过程，有效拓宽了学校食品安全社会共治的边界，显著增强了校园食品安全监督的效能与深度。时至2024年，金安区在全面实现食堂监控系统覆盖的基础上，进

---

① 参见《"微应用"赋能 智慧监管提速——"数字金安"在市场监管领域的全系体验》，安徽网六安新闻，http://luan.ahwang.cn/zixun/20240308/2650075.html，最后访问日期：2024年7月20日。

一步依托"数字金安"战略,运用AI技术赋能视频监控系统。该系统凭借强大的人工智能分析能力,能够自动识别并记录后厨中诸如厨师未佩戴厨师帽与口罩、餐厨垃圾未规范处置、垃圾桶未密闭以及后厨区域吸烟等不规范行为,并将预警信息发送至学校食品安全管理员的手机上,引导管理员及时发现问题并加以介入。通过将不规范操作及时遏制在萌芽阶段,有效实现了食品安全管理的前端治理,显著增强了提前预防与风险控制的能力。

(二)平台助力,重塑执法活动全过程

为深化"放管服"改革,加速政府职能的转型与升级,国务院于2019年正式颁布了《关于加强和规范事中事后监管的指导意见》(以下简称《指导意见》)。《指导意见》明确要求,除特定行业与关键领域外,市场监管领域内涉及企业的所有常规性检查活动,原则上均需遵循"双随机、一公开"的监管机制执行,即随机确定被检查对象、随机分配执法检查人员,并确保检查过程及查处结果的及时、全面公开,此举旨在在全国范围内推广并实践一种更为高效、透明、公正的市场监管新模式。安徽省市场监管局积极推进安徽省事中事后监管系统建设,用以贯彻落实"双随机、一公开"模式,同时在平台内建成"一单两库一细则"(随机抽查事项清单、检查对象名录库和执法检查人员名录库,制定随机抽查工作细则)并动态调整。安徽省市场监管部门的"双随机、一公开"抽查工作计划分为省统一组织发起的抽查计划和市、县自行组织发起的抽查计划两种类型,在此过程中,各级市场监管部门积极发挥牵头协调作用,按照"能联尽联"的原则,加大对同一行业领域涉及多个部门监管事项的整合力度,通过统筹开展一次综合性的检查,取代以往的多头重复检查,实现"进一次门、查多项事、一次到位"。随机抽查清单以及抽查计划在各级市场监管部门官网、国家企业信用信息公示系统等平台同步公布,抽查检查结果则按照"谁检查、谁录入、谁公开"的原则,在抽查任务完成后20个工作日内录入监管平台向社会公示。

在抽查过程中,若发现市场经营主体存在需立案处罚的违法行为,案件

办理环节将全面依托安徽省"互联网+市场监管"平台。安徽省"互联网+市场监管"平台是安徽省市场监督管理局为了推动市场监管的现代化、智能化而建设的重要项目，该平台通过整合各类市场监管资源、集成各类市场监管业务平台，实现信息的共享和互通，提高监管的精准度和效率，为市场主体的合法经营和消费者的权益保护提供有力保障。平台设计多个子系统和功能模块，包括政务服务（审批许可系统、综合业务系统、企业信用公示系统、安徽省企业登记全程电子化系统、省级企业开办平台、电子营业执照受理系统）、智慧监管（行政处罚系统、网络交易监管与服务系统、两库一平台系统、行政执法平台、冷链食品追溯平台、食品安全工作评议考核系统、特种设备安全检查系统、食品安全快速检测信息共享平台、企业电子档案系统、事中事后综合监管系统、行政执法与刑事司法信息共享平台、全国12315平台、食品抽检信息系统、广告监测平台）、决策指挥（可视化监管中心、智慧监管中心、应用软件能力平台、数据分析系统）、综合管理（综合办公平台、数据中心共享门户），行政处罚系统是其中的重要组成部分。

行政处罚信息系统集成了执法基础信息管理、案源管理、处罚办公等多个功能模块。在执法基础信息管理方面，系统整合了法律法规、职权项目及单位职权等内容，为执法活动提供了明确的指导和依据；案源管理模块则负责线索的收集、处理与查询，确保案件能够及时得到关注和处理；处罚办公流程涵盖了从审批到归档的各个环节，包括案件奖励管理、案件补录管理以及信用错误数据管理等，确保案件处理的全面性和规范性；同时，系统支持相关文书的电子化上传与归档，以及处罚卷宗的在线管理，实现了案件处理全过程的可追溯性。这一囊括全省市场监管工作的业务集成平台能够实时收集和分析市场主体的经营数据、消费者投诉信息、网络舆情等多源数据，通过预设的算法模型，自动识别出潜在的违法风险点和异常行为模式，实现对违法行为的早期预警。此外，根据违法行为的性质、情节严重程度和社会影响等因素，平台可以自动对违法行为进行分类和分级，为执法人员提供清晰的执法优先级指导，这有助于执法资源的高效配置，确保重点领域和关键环节得到优先关注和处理。

（三）全面推行"三化"监管、深入推进"两化"建设

"三化"监管指的是智慧化、信用化、网格化监管，2021年7月以来，安徽省市场监管局在宿州、芜湖、黟县等地试点建立"智慧化+信用化+网格化""三位一体"新型监管模式，有效整合监管资源，改进监管方式。在前期试点的基础上，2022年省市场监管局出台《安徽省市场监督管理局关于全面推行"智慧化+信用化+网格化"监管的实施意见》，决定在全省市场监管部门全面推行"智慧化+信用化+网格化"监管。

首先，智慧化监管作为核心驱动力，通过运用大数据、云计算、人工智能等现代信息技术，实现了对市场主体行为的实时监测、预警和智能分析。这一过程中，监管部门能够迅速捕捉违法线索，精准定位违法行为，为行政处罚提供强有力的数据支撑和智能决策辅助，显著提升了行政处罚的效率和准确性。例如，在铜陵市铜官区，市场监管局通过细化分类、优化监管效能，对经营主体年报工作进行了智慧化改造。他们根据往年各经营主体的年报申报时间及状态，将2023年度应年报主体细化为"积极申报类"、"期后补报类"和"多年不报类"三大类，并建立了年报精细化管理台账。通过短信发送提醒、召开年报工作培训会、上门服务等方式，有效提高了年报工作的效率和覆盖面，这一举措不仅减轻了人工干扰，还确保了年报工作的高质量、全覆盖。淮北市市场监管局的广告智慧监管则是智慧化监管运用于广告领域的真实写照，其通过开发建设"传统媒体+互联网媒体"一体化广告监测系统，重点监测药品、医疗器械、保健食品、房地产、旅游、医疗等广告，对市本级、县级传统媒体开展广告监测，对全市重点网站、各大电商平台、视频平台等互联网媒体广告发布情况开展合理范围内的数据监测，与总局和省局广告监测体系形成有效互补和衔接，初步建成全市广告监测整体架构。2022年1月至7月，全市共监测传统媒体发布的各类广告127783条次，监测互联网媒体发布的各类广告35428条次，监测条次违法率为0.21%。查办广告违法案件26起，同期增幅120%，罚没款53万元。安徽省某商贸有限公司违法广告案被省局

列为虚假违法广告典型案例进行公布。①

其次,信用化监管构建了以信用为基础的新型监管机制。安徽省市场监管部门在工作中树立企业信用风险分类管理的理念,运用企业信用风险分类结果科学配置监管资源,依托企业信用信息公示系统,推动从无差别、粗放式监管向差异化、精准化监管转变。通过收集各类信用风险信息,将企业分为信用风险低(A)、信用风险一般(B)、信用风险较高(C)、信用风险高(D)四类进行差异化监管,对守信者无事不扰,对失信者严格监管,有效发挥了信用在行政处罚中的约束和惩戒作用。例如,在安徽北泰汽车底盘系统有限公司生产不合格汽车用制动器衬片一案中,市场监管部门在责令当事人停止生产不合格产品的同时,依法对当事人作出没收不合格产品、没收违法所得、罚款等行政处罚,同时,依据《市场监督管理严重违法失信名单管理办法》第二条和第七条的规定,将当事人列入严重违法失信名单,通过国家企业信用信息公示系统向社会公示,并实施相应管理措施。

最后,网格化监管为行政处罚的及时准确实施奠定了基础。通过划分监管网格,明确网格责任人,依靠网格员在日常巡查中发现并上报违法线索,能有效实现违法行为的早发现、早报告、早处置,推动对市场主体的属地化、精细化监管。为加强对全省网格化建设的规范和指导,2022年省市场监管局发布了《安徽省市场监督管理部门网格化监管工作规范(试行)》(以下简称《工作规范》)和《安徽省市场监督管理部门网格化监管清单(第一版)》(以下简称《监管清单》),其中《工作规范》共23条内容,明确了推行网格化监管的工作目的、适用范围、工作原则、责任分工、工作任务、工作流程、工作纪律、监督考核等具体要求,作为加强和规范网格化监管的工作制度。《监管清单》包含食品生产、食品流通、餐饮服务、药品及医疗器械、特种设备、产品质量、计量、登记注册、反不正当竞争、打击传销、广告、价格

---

① 参见《淮北市市场监管局推行广告智慧化监管模式》,中安在线淮北频道,http://ah.anhuinews.com/hb/sh/202208/t20220808_6284228.html,最后访问日期:2024年6月28日。

等12类监管事项共142项监管内容，作为落实网格化监管任务的参考依据。①

"两化"建设是指标准化、规范化市场监管所建设，其在全国范围内的全面推广，为实现行政处罚智能化革新提供了坚实的物质保障。基层市场监管所作为县（市、区、旗）市场监督管理部门的派出机构，处于市场监管执法的第一线，其标准化、规范化建设对夯实市场监管基层基础、提高市场监管现代化水平具有重要意义。2022年1月发布的《"十四五"市场监管现代化规划》指出："加强基层基础能力建设。加快市场监管所条例立法工作，推进基层市场监管标准化规范化建设。统筹各方资源，改善基层市场监管部门业务用房、执法车辆、检验检测和执法装备等监管条件，提升基层监管现代化水平。"同年4月，国家市场监管总局发布《关于加强市场监督管理所标准化规范化建设的指导意见》和《市场监督管理所建设规范（暂行）》，对全国范围内市场监管所标准化规范化建设进行全面部署。安徽省实施市场监管所"两化"建设3年行动计划以来，通过加强执法人员培训、配置必要执法设备、完善办公场所等方式，大大提升了基层市场监管执法水平，全省共有14个市场监管所获评全国首批五星市场监管所，98个市场监管所获评安徽省首批四星市场监管所。②

（四）深度融入长三角市场监管一体化战略

长三角区位条件优越，经济基础雄厚，在社会主义现代化建设全局中具有十分重要的战略地位。安徽省作为长三角一体化发展的重要组成部分，紧跟国家战略，积极融入区域协调发展进程，于2019年签订《长三角地区市场体系一体化建设合作备忘录》。五年来，长三角市场监管一体化合作成果不断，从合作初期成立的10个专项合作组发展到业务条线全覆盖，市场监管一

---

① 参见《安徽市场监管部门全面推行"智慧化+信用化+网格化"监管》，安徽省市场监督管理局网，https：//amr. ah. gov. cn/xwdt/mtjjx/twbd/146782831. html，最后访问日期：2024年6月30日。

② 参见《中国质量报：安徽推进市场监管所"两化"建设提档升级》，安徽省市场监督管理局网，https：//amr. ah. gov. cn/xwdt/mtjjx/twbd/149259581. html，最后访问日期：2024年7月16日。

体化合作事项从9个拓展至58个。① 同时，为进一步推进审慎包容监管、优化营商环境、市场协同监管，2023年三省一市市场监管部门共同发布了《长三角地区市场监管领域轻微违法行为不予处罚和从轻减轻处罚规定》，统一长三角区域内市场监管行政处罚的裁量标准，确保执法尺度的公正性与一致性。

2024年6月，长三角市场监管联席会议暨深化共建"信用长三角"活动在温州召开，聚焦经营主体信用体系建设，三省一市市场监管局局长共同签订推进共建"信用长三角"框架协议，围绕信用信息共享、标准规则统一、"双随机、一公开"、跨部门综合监管、信用体系建设等领域开展合作共建。② 此外，会议还将推动长三角市场监管一体化数字化转型作为未来五年的重点合作项目，明确提出依托长三角数据共享交换平台和三省一市数据资源平台，汇集三省一市经营主体库、行政许可、行政处罚、企业年报、特种设备等各类市场监管基础数据，在经营主体跨省迁移、食品安全信息追溯、消费者权益保护信息共享、网络交易数字化协同监管、三品一械广告审查协同、计量协作、药械化产品跨省委托生产协同监管、信用监管协同等8个方面开展数智协作。③

四　市场监管行政处罚智能化革新完善路径分析

（一）进一步完善执法数字平台

执法数字平台作为推进行政执法数字化的重要技术，在智慧管理、执法监督方面发挥着重要作用。《法治政府建设实施纲要（2021—2025年）》指出，应深入推进"互联网+"监管执法，积极推进智慧执法，加强信息化技术、装备的

---

① 参见《打造长三角市场监管一体化升级版》，安徽省人民政府网，https：//www.ah.gov.cn/zwyw/ztzl/zstjzsjythfz/ythcx/565342171.html，最后访问日期：2024年7月16日。
② 参见《长三角市场监管一体化合作启动"新的五年"》，国家市场监督管理总局规划和财务司网，https：//www.samr.gov.cn/zhghs/zzqgh/art/2024/art_b8e2b68ae133463c9d51424f59437614.html，最后访问日期：2024年7月8日。
③ 参见《打造长三角市场监管一体化升级版》，安徽省人民政府网，https：//www.ah.gov.cn/zwyw/ztzl/zstjzsjythfz/ythcx/565342171.html，最后访问日期：2024年7月6日。

配置和应用。《安徽省"十四五"市场监管规划》指出："推进集科学监管、智慧监管、信用监管、阳光监管和综合监管于一体的'数智化'市场监管信息化建设，全面实现市场监管'单点登录、一屏通办、一屏统管'。"

作为安徽省"数智化"市场监管建设的重点工程，"互联网+市场监管"系统的设计构想是推动全省准入许可、信用监管、特种设备安全监管、质量监管、广告监管、网络交易监管、知识产权保护、价格监管、消费维权和投诉举报、公平竞争、标准、计量、认证和检验检测等各主题服务监管为一体。（见表1）然而，实际运用过程中发现诸多独立的子系统建设仅停留于界面布局，并未被整合进统一系统，仍散布于各单一监管平台，缺乏统一的调度与协同，导致监管"信息孤岛"现象依旧存在，实践中执法人员需登录数个执法门户方能实现案件的办理，距离市场监管业务全覆盖、数据全入库的目标尚有一定距离。此外，系统的实际应用水平尚待提升，尤其是在基层，不少工作人员对系统内的丰富功能及众多板块知之甚少，操作不熟练，这直接削弱了智慧监管应有的效能，使得其在提升监管效率、优化营商环境等方面的潜力未能充分发挥。因此，进一步完善"互联网+市场监管"系统迫在眉睫，需重点聚焦于业务整合、系统优化及人员培训，确保智慧监管的每一个环节都能紧密衔接、高效运转，真正实现市场监管的智能化、精准化和全覆盖。

表1 安徽省"十四五"市场监管规划——专栏9节选内容

专栏9 "数智化"市场监管建设工程
智慧监管中心建设。汇聚归集市场监管各类相关信息数据，对各类业务数据分析、挖掘，进行可视化展示。建成市场监管工作情况实时展示，重点工作动态掌握、监管资源灵活调配，市场主体发展趋势监测和风险预警、突发情况应急处置以及在线决策指挥调度为一体的"智慧监管数据中心"。
"互联网+市场监管"平台建设。统筹全省准入许可、信用监管、特种设备安全监管、质量监管、广告监管、网络交易监管、知识产权保护、价格监管、消费维权和投诉举报、公平竞争、标准、计量、认证和检验检测等各主题服务监管为一体的"互联网+市场监管"平台建设，实现市场监管业务全覆盖、数据全入库。
智慧食品安全监管平台建设。加快物联网、大数据、区块链和人工智能等新一代信息技术在食品安全监管中的综合应用，建设覆盖食品产业全链条生产、流通、销售、消费全过程的智慧食品安全监管信息化平台。

资料来源：《安徽省"十四五"市场监管规划》，安徽省人民政府网，https://www.ah.gov.cn/public/1681/554102031.html，最后访问日期：2024年7月22日。

在推进省级执法数字平台构建之余，鉴于当前各地区市场监管数字化平台建设成效存在明显差异的现状，安徽省可参考江苏省苏州市在强化基层数字化监管平台构建方面所发布的《基层市场监管数字化监管平台建设指南》，依托指导意见、建设指南等统一规范的引领作用，推动各地市场监管部门在数字化改革进程中实现协同发展与一体化构建。

（二）加大智慧化建设投入

数字技术的应用不仅优化了行政处罚的执法流程，还显著提高了执法效率和精准度，为构建公平、透明、高效的市场环境奠定了坚实基础。然而，要全面实现市场监管的智能化转型，并持续推动其效能提升，我们不得不正视当前存在的深层次问题：智慧化建设因投入不足而受阻，这一困境具体表现为人力资源、财政资源及关键物资设备的全面短缺。资金匮乏直接制约了项目的持续深化与升级步伐，而执法装备等核心资源的短缺则削弱了智慧化系统在实际执法场景中的效能发挥。以国家市场监管总局全力推动的"两化"建设项目为例，这一项旨在加强基层监管所执法力量、配置完备执法设备、改善办公环境的全国性政策仅由国家市场监管总局单方面推动，未与财政部门联合发布，导致在资金筹措上缺乏强有力的支持机制。政策文件仅在组织实施环节提出"积极争取支持"的倡议，要求各级市场监管部门自行争取同级党委、政府及相关部门的重视与援助，这在一定程度上造成了"两化"建设初期即面临严峻的资金瓶颈。此外，专业人才队伍的短缺不仅限制了新技术在行政处罚中的快速融合与应用，也影响了智慧化转型的整体进程与效果。

为解决上述问题，必须进一步加大智慧化建设的投入，从多个维度入手，形成全方位、深层次的推动力量。首先，在财力资源方面，应积极拓宽融资渠道，争取政府专项资金的持续支持，并探索与社会资本的合作模式，如PPP项目等，以多元化的投入机制为智慧化建设提供坚实的财务保障。其次，在专业人才队伍建设上，要高度重视人才引进与培养工作。通过制定优惠政策、搭建发展平台等措施，吸引更多具有信息技术、数据分析等背景的高层次专业人才加入市场监管队伍；同时，加强内部培训与交流合作，提升现有监管人员的专业素养和技术应用能力，确保他们能够熟练掌握并运用智慧化监管系统，发挥其最大效能，在这一过程中要注重发挥线上教学平台、云课堂等辅助培训。最后，在具体执法活动中强化科技支撑。移动执法作为推动监管智能化升级的新型手段，其对于弥补监管短板、提升监管效能具有重大意义。浙江省作为全国市场监管数字化试验区，率先打造了无纸化办案系统，对传统执法模式进行了变革。该系统集成了身份识别、电子捺印、电子签名及数据加密技术，执法人员通过移动执法平板可进行无纸化办案，现场完成调查取证、立案、现场笔录、询问笔录、证据提取单、地址送达确认书等执法文书的制作，审核人员远程在手机端实时审核，执法效率提升50%以上。[1] 未来安徽省市场监管部门亦可学习浙江经验，自上而下积极推动非现场执法模式，深度整合数字技术于移动执法设备研发与承载平台构建的每一个环节，引领监管方式的智能化转型。

（三）加强跨部门、跨区域合作，推动执法数据互认共享

市场监管部门作为市场主体的登记机关及综合行政执法机关，其监管模式及制度对企业的发展、营商环境的优化具有重要影响。为打破行政壁垒，打通"数据孤岛"，促进市场要素自由流通，必须加强区域市场监管协同性，推动监管数据互通共享，形成监管合力。

合肥市已开展先行先试，建立合肥市场监管数据中心，依托"合肥市企业法人基础数据库"，对接省市场监管局、相关市直部门业务系统数据，推动了数据汇聚融合，消除信息烟囱，打通各层级、各部门数据壁垒，解决数据分散、"数据孤岛"、数据低质问题，为市场监管业务数据应用提供了有力支撑，也为政府部门决策提供数据支持和参考。[2] 在此基础上，安徽省

---

[1] 参见《雨线穿越！浙江市场监管这支"飞行战队"比武上演黑科技》，微信公众号"浙里好市监"，2024年9月25日。

[2] 参见《"合肥市场监管数据中心"上线试运行》，安徽省市场监督管理局网，https://amr.ah.gov.cn/xwdt/dszc/146701381.html，最后访问日期：2024年7月4日。

市场监管局可以牵头组建，联合公安、税务、环保、海关等多个部门，共同打造"安徽省市场监管大数据中心"。集成各部门的监管数据资源，通过云计算、大数据等现代信息技术手段，实现涉企数据的集中存储、统一管理和高效共享。除此之外，为确保数据共享的高效性和规范性，应对信息共享方式、范围、标准等作程序化规定，明确数据共享的范围、格式、频率、安全要求等，为跨部门、跨区域的数据共享提供制度保障。

党的二十届三中全会通过的《中共中央关于进一步全面深化改革　推进中国式现代化的决定》明确指出，深入推进依法行政，推动行政执法标准跨区域衔接。在此背景下，安徽省市场监管部门应更加积极地融入长三角市场监管一体化建设的进程，充分利用数字技术，推动三省一市市场监管信息的共享与互通。针对当前跨省网络平台案件频发的情况，安徽省市场监管部门应当重点推进执法卷宗的数字化与标准化管理进程，促进案件线索的线上高效流转。同时，积极探索并建立跨区域案件证据的互认机制，通过确立清晰的证据标准、优化互认流程，旨在减少重复调查，切实为企业减负，并加速案件的审理进程。

数字政务篇

B.5
数字驱动政务公开制度化、标准化建设
——以合肥市为例

尹 权 徐安生*

摘 要： 加强政务公开制度化、标准化、信息化建设，是数字法治政府建设的题中应有之义。紧跟中央关于"全面主动落实政务公开"政策文件的精神指引，安徽省完善公开制度环节，打造政务公开链式管理模式；培育政务公开特色专栏，充分发挥政务公开的利企便民效用；数驱建设政务地图，实现"7×24小时"不间断智能化政务服务；集约化带动党务信息公开，推动依法治国、依规治党有机结合。上述推动政务公开数字化转型的创新举措，为安徽省政务公开能力和水平的提升创造了良好的实践环境。结合党的二十届三中全会"促进政务服务标准化、规范化、便利化"的全新要求，未来一是要联动发挥线上线下政务公开与政务服务平台协同作用；二是要规范化引领基层政务公开标准体系构建；三是要借助平台、评估双向促进党务

---

* 尹权，安徽大学管理学院副教授，法学博士，主要研究方向为行政法学等；徐安生，安徽大学法学院硕士生，主要研究方向为数字法学、行政法学。

信息公开见行见效，从而为进一步全面深化改革、推进中国式现代化提供安徽智慧、安徽方案。

关键词： 政务公开　政务服务　数字法治政府

政务公开是政府推进政策实施、保障行政透明的基础性工作，是法治政府建设的必然要求。《法治政府建设实施纲要（2021—2025年）》（以下简称《纲要》）指出，"全面主动落实政务公开。坚持以公开为常态、不公开为例外，用政府更加公开透明赢得人民群众更多理解、信任和支持。加强公开制度化、标准化、信息化建设，提高政务公开能力和水平"。随着互联网、大数据、人工智能等技术手段的迅速普及，政务公开制度化、标准化建设正迎来一次全新的发展机遇。《中华人民共和国国民经济和社会发展第十四个五年规划和2035年远景目标纲要》（以下简称《"十四五"规划》）提出，要从"加强公共数据开放共享""推动政务信息化共建共用""提高数字化政务服务效能"三个方面"提高数字政府建设水平"。由此可见，政务公开作为衡量法治政府建设成效的重要指标之一，其数字化转型的过程不仅涉及数字技术在政府治理领域的创新应用，更涉及一系列制度规范的调整建构。在当前全面建设数字法治政府的联动背景之下，利用数字技术驱动政务公开制度化、标准化的政策愈加明显。

近年来，安徽省为贯彻落实《国务院办公厅印发〈关于全面推进政务公开工作的意见〉实施细则的通知》的要求，深入开展决策、执行、管理、服务、结果公开（以下简称"五公开"）、加强政策解读、回应社会关切、扩大公众参与、公开平台建设等工作，用心擘画政务公开制度化、标准化的安徽图景。2020年10月，安徽省人民政府印发《安徽省"数字政府"建设规划（2020—2025年）》，要求从行政办公、经济调节、市场监管、社会治理、公共服务、生态环保、区域协同等七个方面，建设具备"数据决策、数据服务、数据创新"现代化治理模式的数字政府，继而为安徽省政务公开和政务服务的数字化转型提供了基本遵循。据此，本文将以数字法治安徽背景下的政务公开制度为研究对象，通过总结和透视合肥市政务公开的数字创新实践，探讨数字法治政府建设对政务公开所提出的全新要求，以期为安徽省政务公开制度化、标准化建设的高质量发展提供理论智识。

一 政策演进：2008~2023年安徽省政务公开的基本取向

（一）政务公开以政府信息公开为起点

政务公开和政府信息公开是两个独立的行政法概念：政务公开是指国家机关和执政党对整个国家公权力运作的动态活动和静态信息的公开；而政府信息公开仅指行政机关对行政权运作的静态信息和运作过程中获取信息的公开。[①] 但自2016年2月，中共中央办公厅、国务院办公厅印发《关于全面推进政务公开工作的意见》，并将每年的"政府信息公开要点"改为"政务公开工作要点"以来，政务公开就正式替代政府信息公开成为我国政务公开制度的代名词。但不可否认的是，我国的政务公开以政府信息公开为起点，早期主要围绕政府信息公开展开的政务公开工作仍属于政务公开的一种初级形态。

为统一规范政府信息公开工作，2007年4月国务院颁布《中华人民共和国政府信息公开条例》（以下简称旧《条例》），通过明确政府信息公开的主体、范围、渠道以及监督和保障机制，强化了行政机关在政府信息公开方面的责任，对于保障人民群众依法获取政府信息，促进政府职能转变、建设法治政府具有积极意义。但随着改革的深入和信息化的快速发展，旧《条例》在实施过程中也出现了一些新问题。2019年4月，修订版本的《中华人民共和国政府信息公开条例》（以下简称新《条例》）得以公布。新《条例》在遵循"公开为常态，不公开为例外"原则的基础上，不仅通过制

---

① 参见姜明安《论政务公开》，《湖南社会科学》2016年第2期。

度约束进一步深化了政府信息公开的规范程度,还结合数字法治政府建设和国家信息化发展的要求,特别规定了三项便民服务措施:一是要求各级人民政府加强政府信息资源的规范化、标准化、信息化管理,加强互联网政府信息公开平台建设;二是依托政府门户网站,逐步建立具备信息检索、查阅、下载等功能的统一政府信息公开平台;三是要求在政务服务场所设置政府信息查阅场所,并配备相应的信息化设施、设备,为公民、法人和其他组织获取政府信息提供便利。

2014年11月,安徽省人民政府第37次常务会议通过了《安徽省政府信息公开办法》(以下简称《办法》)。虽然《办法》现已被废止,但在整体上其与新《条例》的精神要旨和体例内容高度契合。如《办法》在公开方式上增加了"政务微博等新媒体方式"作为主动公开政府信息的创新途径,同时配套要求"建设互联网政务信息数据服务平台、便民服务平台,为公民、法人或者其他组织提供信息公开咨询服务和政策解读服务",与新《条例》特别规定的便民服务措施存在一定相似性。此外,相较于新《条例》56条、7202字的内容篇幅,《办法》32条、4352字的立法技术操作显得更加简洁,且内容依据安徽省政府信息公开实务予以制定,更具针对性、操作性。

(二)政务公开数字化转型是数字法治政府建设的题中应有之义

2010年10月,国务院颁布《关于加强法治政府建设的意见》,提出要从"加大政府信息公开力度""推进办事公开""创新政务公开方式"三个方面"全面推进政务公开"。《法治政府建设实施纲要(2015—2020年)》和《法治政府建设实施纲要(2021—2025年)》也分别作出"全面推进政务公开"和"全面主动落实政务公开"的政策论断,在坚持"以公开为常态、不公开为例外"的基础上,进一步提出"创新政务公开方式,加强互联网政务信息数据服务平台和便民服务平台建设,提高政务公开信息化、集约化水平""加强公开制度化、标准化、信息化建设,提高政务公开能力和水平"的数字化构想。至此,政务公开与法治政府建设间的联结获得充分显现。

随着政务公开法治地位的不断上升,一系列专门针对政务公开编制的政策文件也相继公布。2016年2月，中共中央办公厅、国务院办公厅印发《关于全面推进政务公开工作的意见》，明确要求到2020年实现"公开内容覆盖权力运行全流程、政务服务全过程，公开制度化、标准化、信息化水平显著提升"。基层政府直接联系服务人民群众，是党中央、国务院决策部署的重要执行者。2019年12月，国务院办公厅出台《关于全面推进基层政务公开标准化规范化工作的指导意见》，要求"基层政府要加强政府信息资源的标准化、信息化管理，充分发挥政府门户网站、政务新媒体、政务公开栏等平台作用，更多运用信息化手段做好政务公开工作"。2022年6月，国务院发布《加强数字政府建设的指导意见》，在数字法治政府建设背景下，进一步明确政务公开数字化转型所需直面的"优化政策信息数字化发布""发挥政务新媒体优势做好政策传播""紧贴群众需求畅通互动渠道"等各项具体要求。由此可见，政务公开数字化转型，不仅是我国政务公开制度化、标准化工作的一大典型趋势，更是数字法治政府建设的题中应有之义。

（三）安徽省政务公开特色政策

在贯彻中央有关政务公开工作各项文件精神的基础上，安徽省结合本地实践也出台了一系列富有特色的政策文件。

1. 量化考评政务公开既有成效

2008年9月，安徽省人民政府办公厅印发《安徽省政务公开考评暂行办法》，要求通过采取自评、网上测评、民主评议和考核打分相结合的方式，从组织领导、公开方式、监督保障等多个维度对各地级市人民政府、省政府各部门及各直属机构、中央驻皖有关单位的政府信息公开和政务公开工作进行量化考评，并将考评结果通过适当形式通报或函告有关部门，倒逼省内各类行政主体切实承担政务公开的责任义务。2018年起，安徽省政务公开办公室结合当年工作重点与绩效考核目标，制定印发政务公开工作年度考评方案、部署工作细节，全速推进安徽省政务公开制度化、规范化基础建设。

2. 递次推进政务公开系列工作

2012~2016年，安徽省政务公开办公室先后发布《全省政务公开政务服务标准化建设年活动方案》《全省政务公开政务服务标准化实施年活动方案》《全省政务公开政务服务标准化提升年活动方案》《全省政务公开政务服务标准化深化年活动方案》系列文件，通过拓宽政务公开领域、创新政务公开形式、深化政务公开内容等多种方式，带动安徽省政务公开工作年年推进、层层深入、步步提升，持续推动安徽省政务公开政务服务在制度化、标准化建设道路上不断走实走深。

3. 数字驱动政务公开法治转型

2020~2022年，安徽省人民政府在承接中央政策意旨的基础上，先后制定印发《安徽省"数字政府"建设规划（2020—2025年）》和《安徽省法治政府建设实施方案（2021—2025年）》。两份文件围绕"数字法治政府建设"的共同主线，在"全面主动落实政务公开"法治要求的基础上，进一步融入"数据决策、数据服务、数据创新"的现代化治理模式，从而为安徽省政务公开和政务服务的数字化转型提供基本遵循和依据。2023年3月，安徽省市场监督管理局发布《县级政务公开专区建设规范》（DB34/T 4440-2023）和《乡镇（街道）政务公开专区建设规范》（DB34/T 4439-2023），要求"运用信息化手段，有效整合政府网站、政务新媒体等政务信息系统的政务公开和政务服务数据资源"，为安徽省基层政务公开标准化规范化工作的推进提供数字化发展指引。

二 典型示例：数字法治政府建设时代合肥市政务公开的实践亮点

为实现全面依法治国工作中法治政府建设的率先突破，2019年起中央依法治国办每两年开展全国法治政府建设示范创建活动，发挥示范城市辐射带动作用，递次推进全国法治政府建设纵向深入。在安徽省法治政府建设示范创建活动中，合肥市创建成果颇丰：连续13年位居全省法治政府建设考核第一、2020年获评首批"全省法治政府建设示范市"、2022年获评"全国法治政府建设示范市"。2022年3月，合肥市人民政府印发

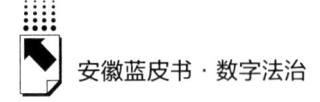

《合肥市"十四五"数字合肥发展规划》，在"1136"工作思路的基础上[①]，通过数字赋能经济、政府、社会的多位一体模式，全面推进城市数字化转型，迈出安徽省数字法治政府建设的领先步伐。因此，本部分将紧扣合肥市数字法治政府建设的总体脉络，对合肥市政务公开的实践亮点进行总结归纳。

（一）着力打造政务公开数字化链式管理模式

目前，合肥市已形成覆盖前、中、后全阶段的政务公开链式管理模式。

1. 前端：类型化收纳公开内容，保证公开事项选题精准、查阅方便

自 2019 年"合肥市政务公开网"并入"合肥市人民政府网"以来，合肥市政府就对市政府门户网站中有关政务公开模块的内容进行了全方位升级：一是类型化设置政务公开专题。目前，合肥市人民政府网分别以"五公开""重点领域信息公开""专题专栏"为分类依据，类型化汇集各类政务公开信息，实现了动态运行信息与静态收集信息的全覆盖。二是建立市级政策文件库。截至 2023 年，市级政策文件库共归集公开历史文件 60176 件、现行规章 64 部、现行有效文件 442 件[②]，涉及行政法规、行政规章、规范性文件等全样态文件类型，同时按照主题、文件类型、发布机构、服务对象等要素对文件进行分类整理，有效提高了文件查询效率。三是设置政策解读专栏，并依据政策类型进行分类索引，共计集成化发布动漫、视频等多种形式政策解读材料 800 余篇。[③]

[①] "1136"框架体系，即围绕建设"数字中国"领先城市 1 个总体目标，将"城市大脑"作为"数字合肥"建设的 1 个总抓手，围绕数字经济、数字政府、数字社会 3 条主线，在数字筑基、数字驱动、数字赋能、数字智治、数字惠民、数字协同等 6 个方面重点发力，全面推进城市数字化转型。

[②] 参见《合肥市人民政府 2023 年政府信息公开工作年度报告》，合肥市人民政府网，https://www.hefei.gov.cn/public/1741/109941467.html，最后访问日期：2024 年 6 月 25 日。

[③] 数据来源于合肥市人民政府官网，https://www.hefei.gov.cn/public/column/1741?type=4&catId=6715261&action=list，最后访问日期：2024 年 12 月 5 日。

2. 中端：深度加强平台建设，全面优化提升政府网站暨政务新媒体

合肥市高度重视政府网站和政务新媒体受众广、传播快、效率高的特点，一是加强政府门户网站的信息化、集约化建设。根据《安徽省政府网站集约化试点工作实施方案》的要求，截至2019年底，合肥市就已完成全市政府网站IPv6升级改造，并确保IPv6改造与政府网站集约化工作一并部署、同步推进。二是进一步优化市政府门户网站电子政府公报栏目，完善页面检索查询功能，全年刊发《政府公报》12期，内容与纸质版同步并实现上网公开。三是规范政务新媒体运行管理。加强值班值守，坚持每天早6点到晚12点轮流读网，单日发布次数不少于5次。2023年，"合肥市人民政府发布"共计发布信息1492次、2772条，其中阅读量超10万人次信息34条，累计阅读量超过8000万人次，微信公众号订阅人数达87.5万人，多年蝉联全省政务新媒体影响力排行第一位。此外，合肥市另清理关停政务微信公众号158个，优化提升政务微信公众号28个[1]，形成了全市政务新媒体规范运行的良好效应。

3. 后端：监管、考核、评选"多管齐下"，再度拔高政务公开总体质效

合肥市主要利用正反双向机制，推进全市政务公开质效再上新台阶。一是正向加强日常监管考评。根据合肥市人民政府办公室《关于2023年合肥市政府网站与政务新媒体绩效考核指标的通知》的要求，全市政府网站与政务新媒体检查工作以季度为单位进行，并创造性提出政府网站和政务新媒体工作周提醒、月督查、季度通报、重难点问题挂牌督办机制。为督促整改提升，检查结果需通报有关单位，直观推动了合肥市政务公开常态化监督检查工作深入开展。二是反向做好评选激励机制。合肥市人民政府办公室每年组织开展"优秀政策解读"评选活动，通过网络投票的方式，调动政策惠及人群广泛参与，并将评选结果作为政务公开年度考评的加分依据。反向鼓励全市各单位运用客观数据、生动实例，采取图表、动漫、视频等方式进行形象化、通俗化解读，提升全市政务公开实施的现实效果。

---

[1] 参见《合肥市人民政府办公室2023年政府信息公开工作年度报告》，合肥市人民政府网，https://www.hefei.gov.cn/public/1741/109851810.html，最后访问日期：2024年6月25日。

（二）特色培育政务公开模块化专题专栏

2024年，合肥市人民政府网站已设置市场消费信息公开、财政预决算等24个政府信息公开专题专栏，且各专题设置醒目、选题独到、针对性突出，在运行效果上真正实现了政务公开红利由公民和企业共享。本文现结合时政热点与省内特色，选取"优化营商环境"与"全面推进基层政务公开标准化规范化"专题，并对其利企便民成效进行简要介绍。

1. 优化营商环境专题

合肥市聚焦优化营商环境，推动政府信息公开与政务服务体制重塑性变革，实现企业办事省时、省心、省力。首先，释政策、增便利。合肥市政府官网设置"政策文件及解读"专栏，从部门负责人、新闻发布会、专家、媒体等多个解读主体视角发布相关政策文件及解读，推动政策落地"看得见""听得懂"。其次，简流程、提效率。合肥市持续优化办事流程，开办企业"照、章、税、银、保、金、医"全部事项1天办结，年度纳税次数压减至3次，流程为全国最简。深化"一件事一次办"，实施一次告知、一表申请、一套材料、一端受理、一网联办，设置线上专区、线下专窗、多端共进，不断创新办事方式。最后，赋数据、激活力。截至2023年底，合肥市搭建"政务云+城市中台+典型应用"城市大脑体系，实现政务数据100%归集、社会数据60%归集，为招商引资、住房保障等580个业务场景提供数据支撑，减少跑动及材料提交1.8亿余次。同时，加强电子证照和电子印章推广应用，累计完成398类、6398万套电子证照制证工作；收集制作政务部门电子印章8671枚，在招投标、不动产登记等领域已广泛应用，累计被应用调用457万次。[①]

2. 全面推进基层政务公开标准化规范化专题

全面推进基层政务公开标准化规范化，旨在保障政策落地的"最后一公里"。近年来，合肥市庐阳区作为首批国家级基层政务公开标准化规范化试点单位，政务

---

① 参见安徽省创建一流营商环境工作领导小组办公室《合肥市以"营商"促"赢商"打造营商环境升级版》，安徽省人民政府网，https://www.ah.gov.cn/zwyw/ztzl/ssyfsqgc/gzjb/564280361.html，最后访问日期：2024年6月25日。

公开能力和水平获得显著提升，而且将政务公开的便民效应延伸至基层。

一是打造线下政务公开专区。庐阳区政务公开专区是合肥市首个区（县）级专区。除具有政府信息查询、依申请公开受理、办事服务咨询等基础功能以外，庐阳区政务公开专区还另设置政策解读咨询、公众意见征集、等候休憩等场所。自2017年基层政务公开标准化规范化试点工作以来，庐阳区深入推进"一网一门一次"改革、"互联网+政务服务"等各项工作，实现政务服务做"加法"，群众办事做"减法"，为全区创优全省"四最"营商环境作出贡献。二是搭建网上办事平台。庐阳区网上办事平台主要包括"看、办、查、问、评"五大板块："看"即信息查阅功能，帮助用户梳理办理流程、时限、法律依据、所需材料等相关信息；"办"即在线申办功能，用户在实名注册后按照要求上传电子材料即可完成业务申办；"查"即办件查询功能，允许用户申办后实时查询办件进度；"问"即智能询问功能，利用智能技术回应用户需求疑问；"评"即服务评价功能，及时反馈用户办理体验。

（三）高规格推进"7×24小时"智能化政务服务

合肥市依托"皖事通"合肥分站、"皖事通办"合肥分厅，上线"7×24小时"政务服务地图，分别从透明度、便利度、满意度三个方面提高政务服务的办理质量。

1."政务服务地图+服务资源"，提高服务透明度

政务服务地图完整录入全市各级政务服务场所及自助办事网点，包括各县（区）政务服务中心、乡镇街道、村社区为民服务大厅及银行自助网点等，并根据统一标准编辑空间地址、作息时间、门牌照片等信息，做到全方位、立体式公开。截至2020年底，地图已关联省内各类服务场所2.2万余处、自助服务终端4300余台，上线各类服务事项103万余项。① 同时，随着

---

① 参见《安徽上线"政务服务地图"》，中央人民政府网，https://www.gov.cn/xinwen/2020-09/04/content_5540416.htm，最后访问日期：2024年12月11日；《政务服务如何实现7×24小时"随时办"》，中安在线网，http://ah.anhuinews.com/mssh/202011/t20201104_4899737.html，最后访问日期：2024年12月5日。

数据资源和政务服务的不断深度融合，地图也正朝着公共服务资源"电脑端、移动端、窗口端、自助端、电视端"五端协同的方向全面迈进。

2. "政务服务地图+智能应用"，提高服务便利度

政务服务地图还围绕各类政务服务事项，提供多种场景化、精准化、智慧化的技术服务。一是智能搜索。地图依托大数据、人工智能等技术，在传统搜索引擎的基础上，结合事项图谱、历史搜索、办件数据等信息为用户提供千人千面的搜索内容，由原来平均搜索3次、切换5个页面变为最多点击3次就能完成。二是智能推荐。通过与政务服务事项库、服务场所库、办理情形库等进行智能匹配，地图可以结合用户当前时间、位置、需求，对搜索内容进行语义分析，智能化推荐最佳的办事渠道和办理方式，实现政务服务"私人订制"。三是智能交互。地图配备集成统一智能客服系统，通过"电话机器人+人工"模式，实现"7×24小时"服务机制。支持企业群众办事评价，将评价结果纳入政务服务"好差评"系统。大数据分析用户办事数量、路径轨迹、习惯、评价、热点事项等要素，为用户科学调配服务资源，优化用户办事体验。

3. "政务服务地图+流程再造"，提高服务满意度

政务服务地图通过与各部门业务系统深度对接、业务数据实时共享，做到公共服务统一接入、统一管理、统一发布，政务服务事项平台内统一申报、统一流程监控、统一结果反馈，实现"零填报、秒申办""机器审、秒办理"。如在一级注册消防工程师资格证书发放业务中，通过政务数据资源共享，系统将自动调取、核验用户相关资格考试成绩信息，并对符合条件的办件进行受理办结，办理结果还会通过短信实时告知申请人，最终实现网上申请、审核、办结、送达、反馈"一次办结"。目前，该项技术已适用于财政、人社、住建、新闻出版、人防、科技、体育等涉及企业、群众量大面广的高频事项。

（四）立足党群关系集约化实现党务信息公开

2017年11月，中共中央政治局审议通过《中国共产党党务公开条例

（试行）》（以下简称《条例（试行）》）。《条例（试行）》按照从宏观到微观的逻辑顺序，逐层规范党务公开的具体内容，严谨划定党务公开的不同范围。对于普通群众而言，《条例（试行）》扩大了国家公权力信息的披露范围，推动公民知情权获得更为全面的保障；而对于党员同志而言，《条例（试行）》则突出了党员主体地位这一关键命题，督促广大党员积极参与党内事务、履行党员义务。面对党中央以身作则、以上率下的强烈担当，合肥市以"安徽先锋"系列信息平台为主要抓手，通过拓宽上下沟通渠道、类型化公开党务信息等方式，集约建设覆盖全省的党务信息公开平台。

"安徽先锋"系列信息平台，是省委组织部主办的权威信息发布平台，目前主要包括安徽先锋网、安徽先锋网微信、安徽先锋手机报三大组成部分。借助互联网、大数据等信息技术，"安徽先锋"系列信息平台现已成为开展党员教育、党建宣传、党务公开等工作的有效载体。从结构来看，平台以安徽先锋网为主网站，在网站首页开设省内各市站口，作为各市独立的党建网站；后以各市先锋网为分支，在各市网站首页开设所辖各县（市、区）站口，作为各县（市、区）的独立党建网站。再由此，向乡镇、村和街道、社区、机关企事业单位、城乡党员家庭延伸，从而形成全省"安徽先锋"系列信息平台。目前，"安徽先锋"系列信息平台已经形成1个省级主网站、16个市级分站和106个县（市、区）级分站的网站群[1]，在全省搭建出"一站式"综合信息平台，为各级党组织提供了有效的信息沟通渠道。从内容来看，网站设置"时政要闻""基层党建""干部工作""人才工作""党风廉政"等固定栏目，涉及党员教育与管理、纪律检查、宣传统战、人事流动、考察监督、预决算公开等多项内容。且与《条例（试行）》第10条所规定的"本地区经济社会发展部署安排、重大改革事项、重大民生措施等重大决策和推进落实情况，以及重大突发事件应急处置情况；党内政治生活情况；重要会议及人事情况；党建情况"等公开事项高度重合，充分展现出安徽自觉自信、开放透明的精神面貌。

---

[1] 数据来源于安徽先锋网首页，https：//www.ahxf.gov.cn/，最后访问日期：2024年7月23日。

三 路径分析：数字法治安徽背景下安徽政务公开高质量发展的对策建议

党的二十届三中全会旗帜鲜明地指出"法治是中国式现代化的重要保障"。不仅如此，全会立足于高质量发展的时代命题，进一步阐释法治领域全面深化改革的各项目标任务："完善覆盖全国的一体化在线政务服务平台""坚持党中央对进一步全面深化改革的集中统一领导"等。本文现结合党的二十届三中全会以及数字法治政府建设等政策指引，为安徽省政务公开制度化、标准化建设工作的高质量推进提出以下三点建议。

（一）联动发挥线上线下政务公开与政务服务平台协同作用

2024年8月，党的二十届三中全会提出"促进政务服务标准化、规范化、便利化，完善覆盖全国的一体化在线政务服务平台"这一行政法治要求。近年来，安徽省认真落实党中央、国务院决策部署，依托全国一体化政务服务平台建设，实现安徽省政务公开与政务服务从"能"向"好"的飞跃性转变。但面对政务公开制度化、标准化、信息化的高质量要求，安徽省政务公开与政务服务还面临着线上线下思维方式不一致、服务资源不统一、整体效能不理想等困境。国务院办公厅《关于依托全国一体化政务服务平台建立政务服务效能提升常态化工作机制的意见》指出，要"强化政务服务渠道统筹和线上线下协同服务机制，更好发挥公共入口作用"。联动发挥线上线下政务公开与政务服务平台协同作用，需要围绕高效、多元、经济三项目标，推动业务、数据、应用、技术四个层面的融合，最终通过实施治理与评估规范，建立起线上线下融合的政务公开与政务服务体系。[1] 线上线下融合政务服务体系架构见图1。

---

[1] 参见《全国一体化政务服务平台线上线下融合工作指南》，全国标准信息公共服务平台网，https://std.samr.gov.cn/gb/search/gbDetailed?id=D1E86BE73A9F430EE05397BE0A0A206B，最后访问日期：2024年6月25日。

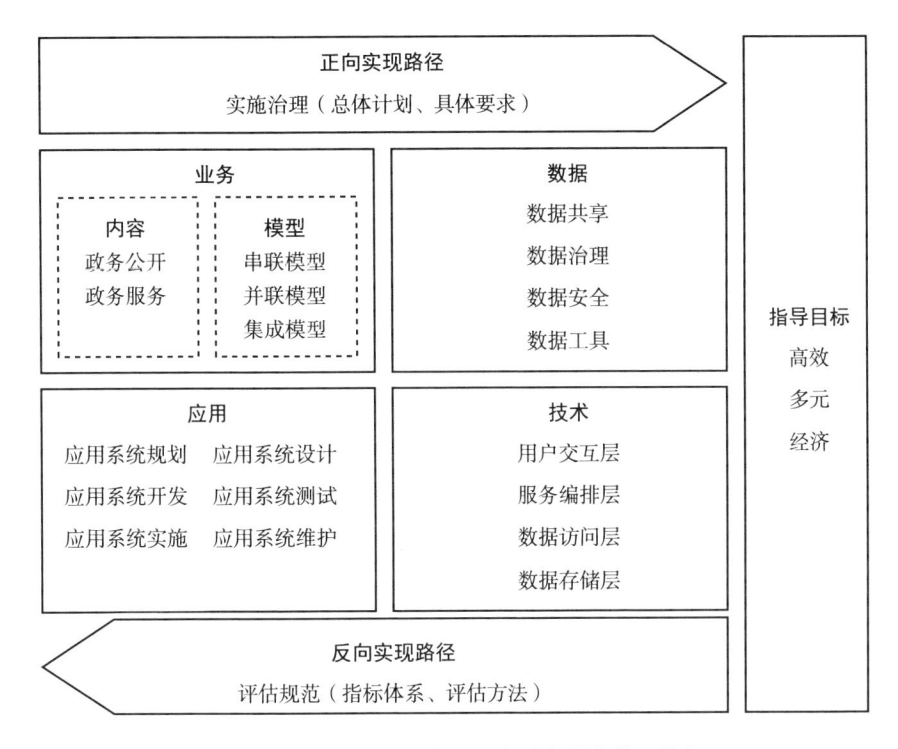

```
┌─────────────────────────────────────────────────────┐ ┐
│              正向实现路径                            │  │
│         实施治理（总体计划、具体要求）               ├─▶
└─────────────────────────────────────────────────────┘ ┘

  ┌─── 业务 ──────────────┐   ┌─── 数据 ──────────┐
  │ ┌─内容──┐ ┌─模型──┐  │   │   数据共享        │
  │ │政务公开│ │串联模型│  │   │   数据治理        │
  │ │政务服务│ │并联模型│  │   │   数据安全        │
  │ │       │ │集成模型│  │   │   数据工具        │
  │ └───────┘ └───────┘  │   │                   │
  └──────────────────────┘   └───────────────────┘     指导目标
                                                        高效
  ┌─── 应用 ──────────────┐   ┌─── 技术 ──────────┐    多元
  │ 应用系统规划 应用系统设计│   │   用户交互层     │    经济
  │ 应用系统开发 应用系统测试│   │   服务编排层     │
  │ 应用系统实施 应用系统维护│   │   数据访问层     │
  │                       │   │   数据存储层     │
  └──────────────────────┘   └───────────────────┘

◀┐                                                    ┌
 │            反向实现路径                              │
 │       评估规范（指标体系、评估方法）                 │
◀┘                                                    ┘
```

图 1　线上线下融合政务公开与政务服务体系构架

高效、多元、经济，是建设线上线下融合政务公开与政务服务体系的指导目标。高效，即以线上虚拟政务公开与政务服务平台为基础、以实体政府大厅和服务门户为后台，实现政务公开与政务服务的响应敏捷、无缝衔接；多元，即通过数据流通共享，推动政务公开与政务服务的业务逻辑重构，使政务公开与政务服务指向更加精准、模式更加集成、渠道更加多样；经济，即充分运用信息化手段最大限度消除信息壁垒、压缩决策层级，简化政务公开与政务服务的流程模式，实现当事人面对部门更少、获取成本更低。

业务、数据、应用、技术，是建设线上线下融合政务公开与政务服务体系的基本架构。业务，内容上包括政务公开业务与政务服务业务，模式上包括串联、并联、集成等基本模型，最终目标为建立起运行更高效、供给更多元、成本更低廉的融合业务架构;数据,从数据共享、数据治理、数据安全、数据工具等多个方面,构建起跨区域、跨部门、跨平台的数据共享网络;应用,采用模块化的设计理念,对应用系统的规划、设计、开发、测试、实施、维护等生命周期进行统一管理;技术,包括用户交互层、服务编排层、数据访问层、数据存储层四个层次,通过一定的网络协议实现各类硬件、软件、数据等政务公开和政务服务资源的整合互联、相互通信。

实施治理、评估规范,是建设线上线下融合政务公开与政务服务体系的对向路径。实施治理,即从总体计划、具体要求两个方面,对政务公开与政务服务线上线下融合工作进行正向推进;评估规范,即借助相应的指标体系和评估方法,对政务公开与政务服务线上线下融合工作的实施效果进行反向测评。二者对向设置、相辅相成。

(二)规范化引领基层政务公开标准体系构建

目前,安徽省虽然形成了以县级政府门户网站为节点的基层政务公开网络,但各地区基层政务公开的标准化规范化程度参差不齐,基层政务公开网络还有待织紧、织密。2020年6月,安徽省人民政府办公厅印发《安徽省全面推进基层政务公开标准化规范化工作实施方案》(以下简称《实施方案》),明确指出要从"编制公开目录""规范工作流程""推进公开平台规范化"等五个方面推动安徽省基层政务公开标准体系构建。具体而言,如表1所示,就是要依托统一的信息技术平台,构建起以"公开什么""如何公开""在哪公开"为核心内容的统一标准体系,进而实现安徽省基层政务公开标准化规范化的工作目标。

1."公开什么"——基层政务公开内容标准体系

根据《实施方案》的要求,各基层政府应当结合本级政府权责清单和公共服务事项清单,对重大建设项目、公共资源交易、义务教育、户籍管理、社会救助、养老服务等26个试点领域业务主管部门编制的指引目录,进行公开事项、公开依据、公开主体、公开时间、联系方式等要素的全方位梳理;对于26个试点领域外的其他领域,各基层政府应当在省直部门指引

表 1 基层政务公开标准体系构建

基层政务公开标准体系构建	1."公开什么"——基层政务公开内容标准体系	按公开领域划分	·扶贫领域　·义务教育领域 ·涉农补贴领域　·税收管理领域 ·环境保护领域　·医疗卫生领域 ·户籍管理领域　·财政预决算领域 ·食品药品监管领域　·公共法律服务领域 ·公共文化服务领域　·安全生产、救灾领域 ·国有土地上房屋征收、保障性住房、农村危房改造、城市综合执法、市政服务领域 ·重大建设项目、公共资源交易领域 ·国土空间规划、征地补偿领域 ·社会救助、养老服务领域 ·就业创业、社会保险领域
		按公开要素划分	(1)公开事项 (2)公开依据 (3)公开主体 (4)公开时间 (5)联系方式
	2."如何公开"——基层政务公开流程标准体系		(1)主动公开流程及工作规范 (2)依申请公开流程及工作规范 (3)政策解读制度及工作规范 (4)回应关切制度及工作规范 (5)基层行政决策公众参与机制及工作规范 (6)考核评议机制及工作规范 (7)信息发布与保密管理规范
	3."在哪公开"——基层政务公开方式标准体系		(1)政府门户网站管理规范 (2)政务服务平台管理规范 (3)电子政府公报发布规范 (4)"12345"热线管理规范 (5)微博、微信、移动客户端等政务新媒体管理规范 (6)政务公开栏管理规范 (7)政务宣传册发布规范

目录编制完成后，及时将有关公开事项纳入公开目录，从而为"公开什么"形成标准化解答。

2."如何公开"——基层政务公开流程标准体系

结合政府信息公开理论和《实施方案》的具体要求,基层政务公开的主要流程包括主动公开流程、依申请公开流程、政策解读制度、回应关切制度、基层行政决策公众参与机制、考核评议机制、信息发布与保密管理机制等。通过对基层政务公开全生命周期的梳理与规范,"如何公开"这一问题将重新在基层政务公开流程中获得解决。

3."在哪公开"——基层政务公开方式标准体系

根据《基层政务公开工作指南》(GB/T 42418-2023)的要求,同时考虑到现代传媒方式的数字式、信息式变革,目前适宜应用于基层政务公开的技术载体包括政府门户网站、政务服务平台、电子政府公报、"12345"热线、微博、微信、移动客户端等政务新媒体,以及公告栏、宣传册、政务服务大厅等传统公开平台。针对上述公开方式制定标准化的管理规范,将有助于"在哪公开"环节的多元化实现。

(三)平台、评估双向推动党务信息公开见行见效

推进党务公开,是坚定不移全面从严治党,提高党的执政能力和领导水平的重大举措。2004年9月,党的十六届四中全会通过的《中共中央关于加强党的执政能力建设的决定》首次明确提出了"党务公开"的概念,并要求"逐步推进党务公开,增强党组织工作的透明度,使党员更好地了解和参与党内事务"。2017年11月,中共中央政治局审议通过《中国共产党党务公开条例(试行)》,进一步明确了党务公开的概念、内容范围、程序方式、监督追责等工作机制,标志着党务公开工作全面走上制度化、规范化、程序化轨道。伴随着数字化时代的来临,未来党务公开工作不应仅局限于会议、文件、公告等传统形式,还应结合互联网、大数据、云计算、人工智能等信息化手段,深入开发党务信息公开的全新平台[1],同时辅之以常态化评估机制,继而推进安徽党务公开工作质量再度拔高。

---

[1] 参见徐行、于亚杰《试论党务公开建设的成效、现存问题与优化路径》,《理论与现代化》2019年第5期。

一是依托数字技术建立统一的党务信息公开平台。《中国共产党党务公开条例（试行）》第 17 条规定："有条件的党的组织可以建立统一的党务信息公开平台。"面对互联网、大数据、云计算、AI 等数字技术的广泛运用，建立统一的党务信息公开平台，已成为推动党务公开制度化、规范化、程序化发展的重要举措。以大数据技术在党务信息公开平台建设中的运用为例，其优势在于：一是能够将分散在不同部门和业务领域的数据进行集中管理，实现数据的统一存放归集；二是打破"数据孤岛"，将不同来源、格式的数据进行标准化处理，推动数据的多方互联互通；三是可以借助可视化与呈现技术，运用图片、表格、地图等多种形式，将分析结果直观展示给受众，帮助受众更好地理解公开内容。此外，数字技术还可以创新运用于党员管理、组织绩效评估、宣传教育、决策支持、党员行为分析等具体场景中，但其同样必须在保证数据安全的前提下进行。对此，则需要出台合法、合理的信息统一规范，逐步推动实现用户数据"一数一源一标准"，并适时减少或禁止平台对用户人脸、指纹等生物信息的过度收集和利用。

二是借助常态化评估机制显化党务公开工作质效。一方面，由各级党组织结合公开信息的数量、类别、方式、反馈内容等要素，定期开展自我评估，以便针对性解决公开存在的问题与不足；另一方面，发挥第三方主体在评估环节、技术实现方面的专业性，着力提高评估工作的科学化水准。例如，针对目前安徽省存在的"宣传与公开不分"混同问题，一是要在今后的党务公开工作中调整过去"数量为王"旧有观念，转而着重考察各级党组织公开信息的实质内容，真正将人员、财力倾注到党员、群众真正的问题中；二是要结合"质量先行"的最新工作要求，与第三方主体通力合作，将涉及信息内容识别的技术性环节交由其进行操作，继而从观念和操作上整体推动党务公开评估机制的顺利开展。综上所述，党务信息公开平台与常态评估机制在设置上相辅相成，上述举措不仅将带动党务公开理念方式的创新，更将压实各级主体的党务公开责任，推动安徽省党务公开工作扎实有效开展。

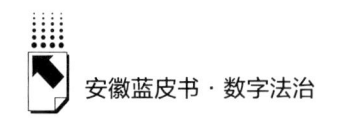

四 未来展望：数字驱动安徽省政务公开制度化、标准化建设的趋势构想

随着法治政府建设与国家信息化发展战略的全速推进，政务公开数字化转型的显著趋势及重要程度日益凸显。加强政务公开制度化、标准化、信息化建设，既是"坚持以公开为常态、不公开为例外"的必然要求，也是数字法治政府建设的题中应有之义，更是我国实现数字化发展治理的重要抓手。

在当前数字法治安徽建设的工作背景下，安徽省利用数字法治政府建设的宝贵机遇，引领政务公开数字化链式管理模式、"7×24小时"政务服务地图等典型成果，带动全省数字公共服务能力飞跃性提升、人民数字生活幸福指数空前式增长。随着高质量发展要求的深入贯彻，未来安徽省政务公开制度化、标准化建设或将呈现出以下三大发展趋势：一是注重顶层规划与现实探索的巧妙结合，即在遵循安徽省数字法治政府的顶层设计，鼓励地方政府与部门进行政务公开数字化转型的自主探索与创新；二是重视运用大数据、人工智能、区块链等技术手段，实现从"人找政策"到"政策找人"的转型升级，带动提升全省数字治理体系建设的现代化水平；三是着重发挥企业的技术服务优势，集约打造数据中心、线上政务平台等数字基础设施，使政企合作成为安徽省数字法治政府建设的重要路径。

据此，安徽省必须在认真贯彻落实中央"全面主动落实政务公开"要求的基础上，坚持以制度化、标准化、信息化为轴心，于实践中创新政务公开的数字化发展模式，于理论中筑牢法治政府公开透明的制度底色，做到立足长远、开拓创新，为实现国家治理体系和治理能力现代化，推进数字法治政府建设提供安徽智慧、安徽方案。

B.6 智慧法治:"12348安徽法律服务网"建设的内生逻辑与外部路径

程雁雷 徐安生*

摘　要： 数字公共法律服务体系建设，是全面建设数字法治政府的基础性、职能性和保障性工作。新中国成立以来，公共法律服务体系建设分别历经了"理念先行"、"量变累积"和"质变增效"的阶段转向。在当前全面建设数字法治政府的背景下，"12348安徽法律服务网"作为安徽省数字公共法律服务体系建设的代表性成果，具有治理模式扁平化、产品数字化、规则法治化、效果精准化等内生逻辑。着眼于人民日益增长的法律服务需要，"12348法律服务网"却也面临着技术与法治融合局限、"数字鸿沟"加深、相关制度规范缺位等现实挑战。对此，需要结合安徽实际，分别从数字治理能力、实质平等以及数字制度规范等维度入手，着力开辟出智能化程度高、包容性覆盖强、制度规范健全的公共法律服务体系数字建设路径。

关键词： 司法行政　公共法律服务　数字化

中国特色社会主义公共法律服务体系，是以满足人民群众日益增长的法律服务需要为中心，集律师、公证、调解、仲裁、法律援助、司法鉴定等内容于一体，进而推动国家治理体系和治理能力现代化的基础性、服务性和保障性举措之一。2019年1月，习近平总书记在中央政法工作会议上指出：

---

* 程雁雷，安徽大学法学院教授，法学博士，博士生导师，主要研究方向为数字法学、行政法学等；徐安生，安徽大学法学院硕士生，主要研究方向为数字法学、行政法学。

"政法机关承担着大量公共服务职能，要努力提供普惠均等、便捷高效、智能精准的公共服务。""要深化公共法律服务体系建设，加快整合律师、公证、司法鉴定、仲裁、司法所、人民调解等法律服务资源，尽快建成覆盖全业务、全时空的法律服务网络。"[1] 2024年8月，党的二十届三中全会也明确树立了"完善推进法治社会建设机制。健全覆盖城乡的公共法律服务体系，深化律师制度、公证体制、仲裁制度、调解制度、司法鉴定管理体制改革"的任务目标。由此可见，公共法律服务建设是当前我国法治总体构建的重要环节之一。

近年来，随着大数据、人工智能、区块链、云计算等数字技术在公共法律服务领域的推广运用，政府公共法律服务供给能力获得显著提升。面对数字公共法律服务体系建设这一重大课题，《法治中国建设规划（2020—2025年）》明确指出："充分运用大数据、云计算、人工智能等现代科技手段，全面建设'智慧法治'，推进法治中国建设的数据化、网络化、智能化。优化整合法治领域各类信息、数据、网络平台，推进全国法治信息化工程建设。加快公共法律服务实体平台、热线平台、网络平台有机融合，建设覆盖全业务、全时空的公共法律服务网络。"目前，数字公共法律服务体系建设已成为理论与实务界的共识。

2018年9月，为推动安徽省公共法律服务信息化工作的深入开展，"12348安徽法律服务网"正式上线运行。网站以智能化、互联化、物联化为方向，整合多项法律服务资源和便民功能，把公共法律服务信息化平台纳入政府公共服务网络体系建设，推进司法行政信息化与智慧城市、服务型政府建设深度融合，并成为安徽省构建现代公共法律服务体系的重要砖石。因此，本文以"12348安徽法律服务网"为切入视角，结合我国公共法律服务理论与实践的阶段转向，剖析安徽省在公共法律服务信息化建设进程中所面临的现存挑战，同时结合行政法与数据法理论前沿，为安徽省数字公共法律服务体系建设提供创新路径。

---

[1] 参见《习近平谈治国理政》第三卷，外文出版社，2020，第354页。

智慧法治:"12348安徽法律服务网"建设的内生逻辑与外部路径

一 溯源:我国公共法律服务理论与实践的阶段转向

我国公共法律服务体系的构建,源于新中国成立初期社会治理的需要。党的十一届三中全会召开后,由于受到改革开放和经济体制改革的影响,我国政府职能定位继而发生了从"管理型"向"服务型"的关键转变。在此过程中,公共法律服务则汲取了大量时代经验与本土资源,形成了独具一格的社会治理模式。党的十八大以来,以习近平同志为核心的党中央高度重视中国特色社会主义公共法律服务体系建设,从全面依法治国的战略高度,对公共法律服务的价值取向、制度构建、实践部署等内容作出重要安排。至此,公共法律服务在我国正式获得独立的制度地位,并在近几年逐渐发展出数字化转型的实践格局。

(一)"有实无名"彰显公共法律服务理念先行

新中国成立初期,党和政府最重要的工作就是要为国家建设创造一个稳定、良好的制度环境。随着《中国人民政治协商会议共同纲领》以及1954年《中华人民共和国宪法》的颁布,我国先后形成了"人民司法制度""辩护制度""公开审判制度"等现代司法制度的雏形。[1] 但基于当时特殊的时代背景,新中国成立初期的公共法律服务主要围绕为上述司法工作提供保障性服务展开,尚未形成目前司法行政统辖下的公共法律服务概念。

例如,为配合1954年《中华人民共和国宪法》和1954年《中华人民共和国人民法院组织法》关于辩护制度的规定[2],1956年国务院批准司法部《关于建立律师工作的请求报告》,对律师的性质、任务、工作机构等作出原则规定,并于当月颁布《律师收费暂行办法》,进而推动律师制度在我国的迅速成立。[3] 又如,在"人民司法"理念的影响下,1954年政务院颁布

---

[1] 参见《中国人民政治协商会议共同纲领》第17条、1954年《中华人民共和国宪法》第76条。
[2] 参见1954年《中华人民共和国人民法院组织法》第7条。
[3] 参见谭世贵主编《律师法学》,法律出版社,2013,第20页。

《人民调解委员会暂行组织通则》，其不仅为公民合法权益保护铺设了非诉讼解决路径，而且与诉讼制度共同形成了保障司法工作正常运转的制度合力[1]，还为日后司法行政统辖下公共法律服务体系的建立奠定了制度基础。

但需要注意的是，尽管现阶段的"司法保障服务"已经触及了当下"公共法律服务"的部分内涵，但这并不是经过充分学理讨论或者实务验证形成的最终结果，而是在国家建立初期为解决制度缺失问题带来的附随产物。但可圈可点的是，现阶段政治架构中"人民"这一概念的摄入，为后续司法行政统辖下公共法律服务体系的构建提供了有力的价值导向。

（二）"服务型政府"带动公共法律服务量变累积

在很大程度上，经济秩序现代化与基本公共服务现代化及公共法律服务现代化具有制度同构性。[2] 党的十一届三中全会召开后，全党的工作重点转移到社会主义现代化建设上来。全会指出，要在改革开放历史任务的基础上，采取一系列新的重大经济措施，对国家经济体制进行改革。伴随着市场经济体制在我国的逐步确立，原计划经济体制下政府"无所不包、无所不办"的全能形象与日渐充满活力的市场氛围发生碰撞，社会对政府职能转型的呼声也越来越强烈。与此同时，我国公共法律服务体系建设也迈入了全新的发展阶段。

首先，公共法律服务体系建设与经济、法治建设交织前行。2003年10月，党的十六届三中全会通过《中共中央关于完善社会主义市场经济体制若干问题的决定》，指出要"切实把政府经济管理职能转到主要为市场主体服务和创造良好发展环境上来"。2005年3月，温家宝总理在十届人大三次会议上作政府工作报告时再次强调，要"努力建设服务型政府。创新政府管理方式，寓管理于服务之中，更好地为基层、企业和社会公众服务"。其次，公共法律服务在基本公共服务中的定位逐渐清晰。2017年1月，国务院印发《"十三

---

[1] 参见1954年《人民调解委员会暂行组织通则》第3条。
[2] 参见杨凯《习近平法治思想中的公共法律服务理论》，《东方法学》2022年第6期。

五"推进基本公共服务均等化规划》，从统筹协调、财力保障、人才建设、多元供给、监督评估等多个方面，对包括公共法律服务在内的共计81项基本公共服务作出具体制度安排，推动公共法律服务体系建设，以促进人民群众在获得公共法律服务方面的机会平等。最后，公共法律服务体系整体建设初见成效，但仍存在法律服务需求供给不平衡等问题。受城乡二元结构的影响，我国城镇地区与乡村地区公共法律服务目前存在资源配置不平衡、硬件软件不协调、服务水平差异较大等问题，还需进一步提高城乡、区域、人群之间基本公共服务的均等化程度。

在此阶段，"公共法律服务"这一概念虽然还没有被正式提出，但相较于新中国成立初期的"司法保障服务"，建设中国特色社会主义公共法律服务体系已经成为党和政府积极追求的导向目标。同时，伴随着"基本公共服务"概念的普及，"公共法律服务"作为"基本公共服务"的重要组成部分，其在形式概念、实质内容、制度建设等方面也取得了长足进步，为日后中国特色社会主义公共法律服务的理性建构奠定了良好的基础。

（三）"数字化转型"促进公共法律服务质变增效

党的十八大以来，以习近平同志为核心的党中央高度重视公共法律服务体系建设。2014年10月，党的十八届四次全会通过《中共中央关于全面推进依法治国若干重大问题的决定》，要求"推进覆盖城乡居民的公共法律服务体系建设，加强民生领域法律服务"，并正式提出"公共法律服务"的具体概念。同年2月，司法部印发《关于推进公共法律服务体系建设的意见》，首次提出"大力加强法律服务信息化建设。积极推进司法行政工作与智慧城市建设迅速、深度融合，努力把公共法律服务网络平台纳入本地区公共服务网络平台"。由此可见，这一阶段的公共法律服务体系不仅拥有了更加清晰的建设路径，而且日渐衍生出数字化转型的发展趋势。

2018年2月，党的十九届三中全会通过《中共中央关于深化党和国家机构改革的决定》，首次指出要"推动教育、文化、法律、卫生、体育、健康、养老等公共服务提供主体多元化、提供方式多样化"。2019年7月，为

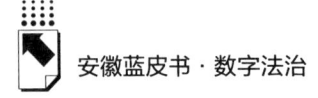

具体落实党中央关于公共法律服务供给侧结构性改革的总体要求,中共中央办公厅、国务院办公厅联合印发《关于加快推进公共法律服务体系建设的意见》,要求"推进'互联网+公共法律服务',构建集'12348'电话热线、网站、微信、移动客户端为一体的中国法律服务网,提供覆盖全业务、全时空的高品质公共法律服务"。2021年12月,司法部审议通过《全国公共法律服务体系建设规划(2021—2025年)》,其中专设"建成覆盖全业务全时空的法律服务网络"章节,为构建"统一用户认证、统一服务流程、统一受理指派、业务协同办理、服务全程监督、质效科学评价、智能大数据分析研判的公共法律服务网络平台"搭建具体框架。2022年6月,国务院印发《国务院关于加强数字政府建设的指导意见》,再次从顶层制度设计维度,对"全面提升公共服务数字化、智能化水平,推进基本公共服务数字化应用"作出总体部署。至此,利用数字技术提升公共法律服务供给能力,建设"覆盖城乡、便捷高效、均等普惠"公共法律服务体系的数字化趋势正式获得显现。

二 典型:"12348安徽法律服务网"

"12348安徽法律服务网"作为安徽省推进"互联网+政务服务"的重要实践,具有治理模式扁平化、服务场景数字化、服务规则法治化、服务效果精准化等显著逻辑优势。基于此,本文将在透视"12348安徽法律服务网"运转模式的基础上,对安徽省数字公共法律服务体系建设的内生逻辑进行着重梳理。

(一)"12348安徽法律服务网"的运转模式

在贯彻国务院"互联网+政务服务"决策部署的背景下,安徽省司法厅积极响应司法部《12348中国法网(中国公共法律服务网)建设指南》号召,于2018年9月上线"12348安徽法律服务网",初步形成覆盖全省、整体联动、部门协同、一网办理的"互联网+公共法律服务"体系。2021年3

月，"12348安徽法律服务网"经改版后重新上线，总体采用"1321"服务模式①，基本实现虚拟网站、电话热线、实体平台"三端融合"应用。具体而言，"12348安徽法律服务网"的运转模式及其功能特色见图1。

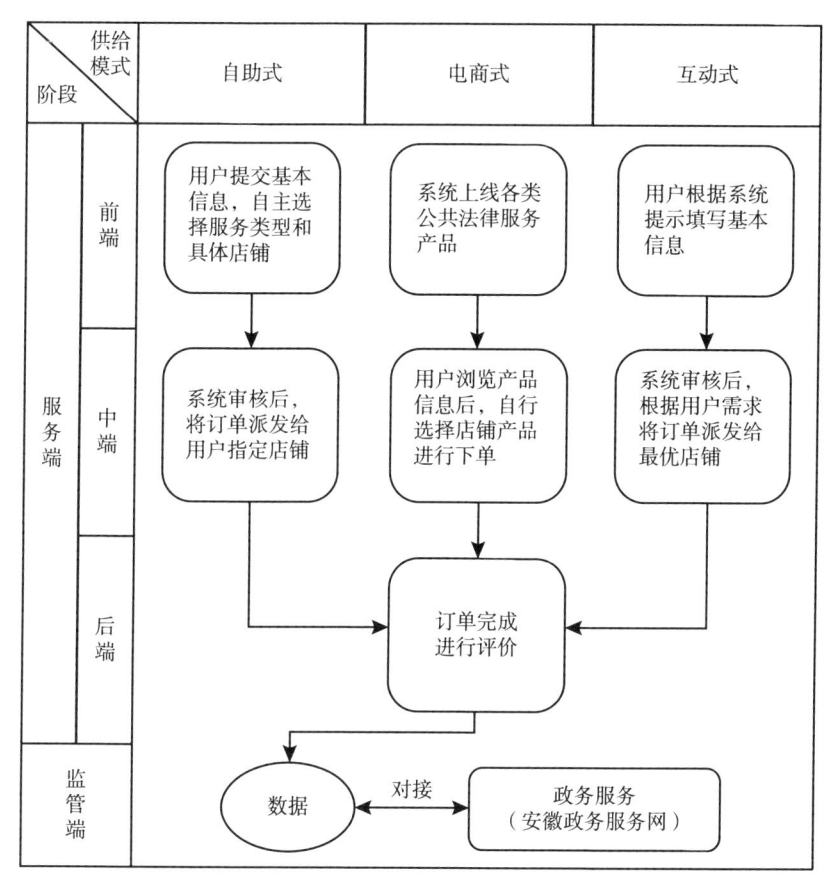

图1 "12348安徽法律服务网"运转模式示例

一方面，网站面向广大群众，重点引入人工智能技术与电商服务理念，为市民提供请律师、办公证、寻法援、找调解、要鉴定、远程探视、行政复议等全系列公共法律服务。近年来，网站通过学习全省"12348"热线语音

---

① "1321"服务模式，即"1套智能问答"、"3种服务方式"、"2类信息支撑"和"1个投诉建议渠道"。

117

和法律援助咨询数据,在对数据结果进行标准化处理的基础上,采用一对一问答模式自动匹配用户诉求,大幅提升了公共法律服务的智能化水平和效率。该项技术还延伸运用在法律文书撰写、法律咨询意见书生成、赔偿金额计算等功能上,不断推动安徽省公共法律服务向深层次扩展。同时,网站还配备自助式、电商式、互动式三种公共法律服务供给模式,既允许系统根据用户服务诉求、自动分配服务业务,也允许用户在了解多家法律服务产品的基础上货比三家、自助下单,创新实现了行政效率与用户个性化需求的"双向奔赴"。

另一方面,网站面向省内各级司法行政机关,采用社会化运行机制对法律服务机构实施监管,延伸和补充司法行政管理手段,并为各级司法行政机关管理提供数据支撑和决策依据。在网站设计上,"12348 安徽法律服务网"注重实现与安徽政务服务网在运行环境、身份认证、网上支付、服务窗口、电子证照、数字签名、电子监察、数据交换、地理信息九个方面的统一对接,推动全省各市司法局与政府数据中心的数据共享交换及分析处理,促进司法行政政务和服务监管迈上新台阶。

(二)安徽省数字公共法律服务体系建设的内生逻辑

数字法治政府建设强调实现治理模式、服务供给、规则运转、成效彰显的有机统一。而数字公共法律服务体系建设,作为安徽省数字法治政府建设的重要板块之一,其内生逻辑就是上述要素间相互作用的结果。因此,通过对安徽省数字公共法律服务体系建设的内生逻辑进行研究,能够更加有条理地展示安徽省数字法治政府的具体路径,从而为后文的现实挑战剖析以及外部路径探索作出理论铺垫。

1. 数字政府治理模式扁平化

智能化时代,信息技术(尤其是因特网)不仅是变化的赋能者,更是组织变化强烈的催化剂。[1] 传统官僚科层制经过长期发展,日渐衍生出组织

---

[1] 参见〔美〕简·E. 芳汀《构建虚拟政府:信息技术与制度创新》,中国人民大学出版社,2010,第168页。

规模膨胀低效、集体非理性群体决策、专业视角和部门利益狭隘、监督机制同化和失效等问题。① 数字平台的引入，不仅打通了各个部门之间的业务壁垒，促进政府组织机构的再生融合，而且还简化了服务和管理流程，形成全新的政府治理模式。

例如，在传统公共法律服务供给模式下，律师法律咨询、公证业务办理、寻求法律援助、申请人民调解、进行司法鉴定、申请亲属探视等服务分别由不同主体承担，且又在不同程度上横跨申请、预约、审核、处理乃至调解、诉讼等系列环节，这使得公共法律服务的获取和管理呈现出烦琐、碎片的特点。而"12348安徽法律服务网"则将上述服务进行统一整合，同时创造性增加在线赔偿款计算、法律文书生成、典型案例查询、法治地图等特色服务，通过对公共法律服务产品的数字化处理，再造服务流程和管理模式，促进政府司法行政工作管理由"层级化"向"扁平化"迭代升级。

2. 公共法律服务产品数字化

结合现代公众消费习惯，"12348安徽法律服务网"着重引入电商服务理念，采用全新服务供给模式：首先，由网站开设个性化公共法律服务店铺，将聘请律师、办理公证、进行司法鉴定、寻求法律援助等系列法律服务产品进行数字化处理和统一打包上线；其次，由用户自行选择服务类型，在浏览网页产品基本信息、办理流程、申请材料后，根据自身需求主动发起订单；最后，在订单完成后，由用户对服务产品进行满意度评价，实现对公共法律服务产品的商业化反馈。

截至2024年7月，"12348安徽法律服务网"共计上线法律服务店铺3666家（其中，律师事务所966家、公证处81家、司法鉴定机构100家、法律援助中心123家、基层法律服务所468家、人民调解组织1928家）、法律服务人员98182位（其中，律师17815位、公证员1041位、司法鉴定员2289位、法律援助工作者509位、基层法律服务工作者2524位、人民调解员74004位）②，几

---

① 参见何哲《官僚体制的悖论、机制及应对》，《公共管理与政策评论》2021年第4期。
② 数据来源于"12348安徽法律服务网"首页，http://ah.12348.gov.cn/，最后访问日期：2024年7月23日。

乎囊括全省司法行政对外服务业务。此外，公共法律服务产品的数字化和集中打包处理，不仅为社会公众提供了更为直观、快捷的公共法律服务获取渠道，同时也为全省公共法律服务机构的信息化、融合化发展作出技术贡献。

3. 公共法律服务规则法治化

尽管大数据、云计算、人工智能、物联网、区块链等数字手段具备超前于传统规则治理模式的技术优势，但随着国家治理体系和治理能力现代化进程的不断加快，为防止"技术先行、规则滞后"的倾斜局面愈演愈烈，《法治政府建设实施纲要（2021—2025年）》提出"全面建设数字法治政府"的创新概念，要求"坚持运用互联网、大数据、人工智能等技术手段促进依法行政，着力实现政府治理信息化与法治化深度融合，优化革新政府治理流程和方式，大力提升法治政府建设数字化水平"，进而实现技术与规则的并驾齐驱。

面对数字公共法律服务体系建设过程中潜在的数据丢失、数据失灵，公民隐私泄露等具体风险，仍需要通过传统的规则治理手段予以消解。目前，安徽省出台了《安徽省公共法律服务体系建设规划（2023—2025年）》《安徽省"十四五"公共服务规划》《安徽省政务数据资源管理办法》《市、县（市、区）公共法律服务中心服务规范》《乡镇（街道）公共法律服务工作站服务规范》等政策文件：一则用于强化技术支持，利用技术促进公共法律服务整体效能提升；二则用于完善规则体制，运用规则维护公共法律服务秩序标准；三则用于融合技术、规则嵌构，加速实现安徽省数字公共法律服务体系建设的法治构建。

4. 公共法律服务效果精准化

党的十九大以来，我国社会的主要矛盾已经转化为人民日益增长的美好生活需要和不平衡不充分的发展之间的矛盾。虽然社会分工带来的专业化程度提升，大幅刷新了政府公共法律服务的供给效率，但鉴于社会公共法律服务需求的多元性和复杂性，人民与政府之间还是存在一定的供需错位。因此，如何在数字法治政府建设过程中实现公共法律服务产品的"适销对路"，正成为推动数字公共法律服务体系建设的关键。

供给侧上，安徽省依托"12348安徽法律服务网"、"12348"法律服务热线以及线下实体平台，全面汇集省内公共法律服务信息系统数据，完善公共法律服务分析研判系统，并加强与人民法院、公安、民政等部门衔接联动，实现对各类风险矛盾的敏锐感知和精准化解。同时，深入推进法律服务供给侧结构性改革，扩大公共法律服务多元供给，如组织律师开展专项法律服务活动、鼓励公证机构积极拓展司法辅助、家事服务等业务领域、动员社会力量参与人民调解工作等。需求侧上，"12348安徽法律服务网"通过引入电商式服务供给模式，借助市场化运行手段，倒逼安徽省各类法律服务产品迭代升级，形成"公益+市场"特色服务机制，精准满足不同用户的差异化服务需求。

三 剖析：安徽省数字公共法律服务体系建设的现实挑战

建设数字安徽、数字政府、数字社会，就要紧抓数字化改革进程中出现的各种机遇。目前，安徽省数字公共法律服务体系建设正处在厚积薄发、动能强劲、大有可为的关键时期，但面对推动其深入发展仍需直面各种全新挑战，如公共法律服务技术应用能力有待优化、公共法律服务数字资源配置不均衡、公共法律服务数字体制机制尚需健全等，仍需予以重视并纠正。

（一）技术局限妨害公共法律服务智慧化之实现

从整体来看，虽然大数据、云计算、人工智能、物联网、互联网、区块链等数字技术已经渗透至经济社会发展的各个领域，并逐渐成为公共法律服务数字化升级的新动能。但相较于其他领域而言，法治领域的数字化、智慧化转型有着自身亟待解决的特殊问题。

首先，智慧化特征多体现于服务提供前端的申请环节。数字公共法律服务体系建设，不仅需要在横向上覆盖律师聘请、公证办理、法律援助咨询、进行司法鉴定、申请仲裁等全系列业务，也需要在纵向上深入公共法律服务申请、办理、完成等各个环节。目前，"12348安徽法律服务网"虽然已涵盖全省全品类公共法律服务业务，但由于技术限制，数字技术的运用几乎仅停留在用户寻求公共法律服务的前端环节，公共法律服务提供过程中的智慧化程度还有待提高。其次，技术难以破解"情理法"的伦理命题。传统的人工法律服务咨询实际兼具纠纷化解的独特功能，但"12348安徽法律服务网"配备的人工智能法律咨询，显然无法充分结合道德伦理、当事人情感解答部分较为复杂的法律问题，在纠纷化解的灵活性程度上表现相对欠缺。最后，网站部分技术瑕疵影响用户整体体验感。结合用户日渐多元的服务需求，"12348安徽法律服务网"偶尔出现的无法访问（404 Not Found）、服务店铺无法选择等技术问题，折射出网站目前可能仍存在技术框架不稳定、系统响应迟缓、维护质量不高等现实问题，进而影响群众对安徽省数字公共法律服务体系建设的整体观感。

（二）"数字鸿沟"挫伤公共法律服务包容性之覆盖

根据经济合作与发展组织的定义，"数字鸿沟"是指处于各种不同社会经济水平的个人、家庭、企业和地理区域在获得信息和通信技术以及使用互联网开展广泛活动的机会方面存在的差别。[1] 随着数字媒介以及信息与通信技术的发展，数字鸿沟逐渐呈现出"接入沟—使用沟—知识沟"的迭代趋势。[2]

从目前"12348安徽法律服务网"的运行现状来看，虽然其已在服务资源获取方面达成了"机会公平""接入平等"等形式正义目标，但在实现"结果公平"和"使用平等"等实质正义内涵上还存在着个体和地区差

---

[1] 参见 Understanding The Digital Divide，经济合作与发展组织官网，https://www.oecd-ilibrary.org/science-and-technology/understanding-the-digital-divide_236405667766，最后访问日期：2024年7月23日。

[2] 参见王也《数字鸿沟与数字弱势群体的国家保护》，《比较法研究》2023年第5期。

距。例如，在使用人群上，数字技术使用得心应手的年轻人可以在没有任何操作说明或专人辅助的情况下，完成用户信息注册与法律服务申请；但同等情况下，数字技术使用能力较差的老年人或存在身体障碍的特殊群体，就难以享受由于数字公共法律服务体系建设带来的操作便利。再如，在地区差异上，由于地方经济发展水平以及数字资源配置不均，公共法律服务使用的"数字鸿沟"还表现在城市/乡村、省会城市/非省会城市等地区中。上述现象均可以说明，安徽省公共法律服务数字化普及程度仍有待迈上新的台阶。

（三）制度缺位阻碍公共法律服务数字化之达阵

从总体上看，我国针对公共法律服务及其数字化转型进行的立法日渐趋向成熟。国家层面，存在由《律师法》《公证法》《人民调解法》《仲裁法》《法律援助法》等法律组成的公共法律服务专门立法，以及由《网络安全法》《数据安全法》《个人信息保护法》等法律组成的数字保障一般立法。"一般+特别"的双重制度护持为我国数字公共法律服务体系建设提供了良好的制度基础。

但在地方层面，涉及数字公共法律服务体系建设的具体制度规范则相对匮乏。以安徽省为例，首先，纵观《安徽省法律援助条例》《安徽省司法鉴定管理条例》《安徽省公证条例》等地方性法规，大多依照传统公共法律服务供给模式下总则、业务、程序、监督管理、法律责任等体例进行制定，其中几乎不存在关于数字公共法律服务体系建设的专门性规定。其次，在《安徽省互联网政务服务办法》《安徽省政务数据资源管理办法》等基础保障类的政府规章中，关于数字治理平台总体建构及其标准化管理的内容则相对粗略，并在一定程度上影响安徽省数字公共法律服务体系建设的总体进展。最后，从上述地方性法规、规章的内容来看，省人大和省政府制定政策文件内容差异较大、配套程度较低，这一缺陷不仅造成公共法律服务在其自身数字化转型过程中部分合法性的流失，也导致安徽省数字法治政府建设的整体绩效无法获得充分彰显。

四 提效：安徽省数字公共法律服务体系建设的外部路径

目前，安徽省已完成2020～2022年公共法律服务体系建设任务，并通过司法部评估验收。为持续推进安徽省数字公共法律服务体系建设，更好满足人民群众日益增长的法律服务需求，本文现根据《全国公共法律服务体系建设规划（2021—2025年）》《安徽省公共法律服务体系建设规划（2023—2025年）》等文件精神，结合安徽省公共法律服务体系建设和数字化发展实际，提出外部建设路径如下。

（一）提升数字治理能力，构建公共法律服务智能体系

纵观以"12348安徽法律服务网"为代表的安徽省数字公共法律服务体系建设成果，其中一个突出问题就是"技术"与"法治"间的融合程度不够。为解决智慧公共法律服务专业化不足的问题，法治人才与数字技术人才的合作应贯穿于平台建设的全过程。[1]

首先，在技术实现层面，深入完善公共法律服务网络平台功能。一是要提升自助下单、智能文本客服、智能语音等智能化应用水平，提高在线咨询服务质量和效率，强化信息查询功能，发布服务事项办事指南；二是要按照"7×24小时"全天候标准，实现"12348安徽法律服务网"与全国政务服务大平台、江淮大数据、司法行政管理指挥平台的有效对接；三是要推动实体、网络、热线三端服务数据信息有效汇聚，促进公共法律服务标准统一、整体联动、业务协同、资源共享，实现人民群众法律需求"一端发起·三台响应"。

其次，在人才加持层面，鼓励技术与法治人才多方联合参与。一方面，

---

[1] 参见陈林基《行动者网络视域下智慧公共法律服务体系建设的逻辑与优化——以"宜律帮"平台为例》，《湖北社会科学》2024年第2期。

在数据采集、清洗、加工、结构、标注等看似技术性较强的工作中，应允许法治人才的加入，并对数据进行法律逻辑式的解读，从而消化专业壁垒，实现技术与法治的双向交互，打造更具法律智慧的公共法律服务体系网络；另一方面，在数字治理实践中，要适时更新政府工作人员等法治人才的技术理念，鼓励其主动进行"数字试点""数字创新"，加快推进安徽省数字公共法律服务体系建设和数字法治政府建设的工作进度。

（二）坚持以人民为中心，实现公共法律服务实质平等

公共服务是政府为满足公民生存和发展需要，运用法定权力和公共资源，面向全体公民或特定群体，组织协调或直接提供的产品和服务。[①] 习近平总书记多次强调："要着力解决人民群众最关心最直接最现实的利益问题，不断提高公共服务均衡化、优质化水平。"[②] 党的二十届三中全会也明确提出，要"健全覆盖城乡的公共法律服务体系，深化律师制度、公证体制、仲裁制度、调解制度、司法鉴定管理体制改革"。因此，公共法律服务作为公共服务的重要组成部分，不仅关乎民生、连接民心，更要在数字化转型的过程中保留其应有的公益与服务属性，从而综合消弭公共法律服务中的"数字鸿沟"问题。

首先，坚持以人民为中心，切实保障特殊人群公共法律服务权益。重点将老年人、残疾人、低收入群体、进城务工人员等作为安徽省数字公共法律服务体系建设过程中需要特别关注的对象，结合数字化发展程度，提供网络绿色通道、上门服务、无障碍服务等个性化服务内容。其次，强化普惠共享理念，均衡配置地域公共法律服务数字资源。推进公共法律服务数字技术深入应用，通过网络咨询、远程视频、热线电话服务等模式，满足欠发达地区人民群众日益增长的公共法律服务需求。最后，适时推进互动协调，捕捉特殊群体公共法律服务需求。利用大数据、云计算、人工智能等数字技术，构

---

① 参见《安徽省"十四五"公共服务规划》，安徽省人民政府网，https://www.ah.gov.cn/public/1681/554113531.html，最后访问日期：2024年7月29日。

② 习近平：《在浦东开发开放30周年庆祝大会上的讲话》，人民出版社，2020，第11页。

建公共法律服务沟通与对话机制，及时了解老年人、残疾人、低收入群体、进城务工人员等特殊人群的需求意愿，保障其在数字公共法律服务体系建设过程中的参与感和话语权。

（三）完善数字制度规范，推动公共法律服务法治构建

目前，我国已初步建立起涉及数据生产、流通、使用、管理、安全等内容的法律制度框架，但地方在特定领域数字制度建构上仍存在部分症结。对此，安徽省则应当切实把握国家政策导向，结合数字公共法律服务体系建设现状，通过地方立法等工作处理好法治与技术、发展与保护之间的关系，率先通过制度健全促进安徽省数字公共法律服务体系建设的法治构建。

首先，适时研究制定《安徽省公共法律服务条例》。截至2024年7月，上海市、浙江省、江苏省、山东省、湖北省、四川省等省（市）均已出台《公共法律服务条例（办法）》。为推动数字公共法律服务体系建设、缩小省际差异，安徽省也需学习上述先进省（市）的有益经验，适时出台《安徽省公共法律服务条例》，赋予数字公共法律服务体系建设以制度合法性。其次，"小切口""小快灵"立法推动数字公共法律服务体系建设向细微处迈步。针对安徽省在数字公共法律服务体系建设过程中出现的标准化建设、政法衔接、隐私保护等问题，可尝试通过"小切口""小快灵"等立法模式推动上述问题予以针对解决，从而保证数字公共法律服务体系建设的顺利推进。最后，促进数字基础制度构建。有学者指出，数字治理基础制度包括数据产权保障、数据质量标准管理和数字治理平台构建、数据安全、数字隐私保护、数字技术应用等多个方面。① 因此，安徽省有必要从数据这一本体入手，结合前沿学理探讨，通过地方立法加强安徽省数字基础制度建设，提高公共法律服务数字化制度治理能力。

数字公共法律服务体系建设，不仅实现了数字技术与公共法律服务的有效衔接，而且开拓出数字法治政府建设的一条现实路径。因此，如何建设数

---

① 参见杨建军《数字治理的法治进路》，《比较法研究》2023年第5期。

字公共法律服务体系、实现公共法律服务数字化转型，正成为当前数字法治政府建设的一项重要议题。"12348安徽法律服务网"基于其治理模式扁平化、产品形态数字化、规则制度法治化、服务效果精准化等内在逻辑优势，为安徽省公共法律服务数字化转型提供了可复制、可推广的有益经验。但着眼于人民日益增长的美好生活需要，由此催生的技术与法治融合局限、"数字鸿沟"加深、相关制度规范缺位等治理迭代问题，也必须获得相应重视与纠正。在当前全面深化改革、推进中国式现代化目标的引领下，安徽省则需从提升数字治理能力、坚持以人民为中心、健全数字制度规范等外部路径切入，坚持内外兼修、标本兼治、质效兼具，最终实现安徽省公共法律服务体系与法治政府建设的数字化重塑。

B.7 公共数据开放、共享与利用的安徽实践

郭亚光　张林轩[*]

摘　要： 公共数据有序开放、共享与利用是数字法治政府建设的重要环节。近年来，我国加快建设数字中国，推动数据资源整合和开放共享，保障数据安全，更好地服务我国经济社会发展和人民生活改善。安徽省围绕"地市先行，需求导向""省级统建，地市接入""授权运营，赋能产业"的行动逻辑，推动制度规范、平台载体、授权运营等方面不断完善，形成了较为完备的公共数据开放、共享与利用的生态体系。未来，安徽省应围绕加强开放平台数据资源体系建设、加速公共数据对市场主体的开放、推进政府首席数据官制度试点工作等方面强化公共数据治理和高质量供给，以推动构建公共数据开放共享与开发利用的高效运行机制。

关键词： 公共数据　数据开放　数据共享　数据利用　开放平台

数字经济时代，数据要素已经成为与土地、劳动力、资本、技术等并列的生产要素之一，逐步融入生产生活各环节，深刻影响并重构着经济社会结构。近年来，地方政府充分认识到公共数据对创新驱动、产业升级和经济转型的重要性，相继建设并投入使用了统一化、标准化的公共数据开放平台，集成各地方政府部门的数据，为公共数据的开放、共享与利用提供了一体化

---

[*] 郭亚光，合肥工业大学管理学院电子政务发展研究所副所长，博士，主要研究方向为数字政府、数据治理等；张林轩，安徽大学法学院硕士生，主要研究方向为数字法学、行政法学。

服务。截至2024年7月，我国已有243个省级和城市地方政府上线了数据开放平台，其中省级平台24个（不含直辖市和港澳台），城市平台219个（含直辖市、副省级与地级行政区），开放的公共数据总集已增长到37万多个，无条件开放的数据集总量更是超过679亿个。[1] 其中，安徽省共计上线16个公共数据开放平台（1个省平台+15个地市级平台）[2]，对全省1.91万个开放目录、3210.80万条数据总量，3.20万个数据接口实施在线管理，累计下载量达70.05万次，累计调用量达198.59万次，推进各行业各领域公共数据集约建设、互联互通、协同联动。[3] 为充分发挥公共数据生产要素作用，安徽省抢抓机遇，扬皖所长，不断推动公共数据开放、共享与利用工作稳步前行。

一 背景

（一）政策背景

2015年，党的十八届五中全会首次提出"国家大数据战略"，同年8月，国务院出台《促进大数据发展行动纲要》，从国家大数据发展战略全局的高度提出了我国政府数据开放共享和资源整合的顶层设计，拉开了我国公共数据开放、共享与利用的序幕。2020年4月，中共中央、国务院发布《关于构建更加完善的要素市场化配置体制机制的意见》，将数据纳入除土地劳动力、资本、技术以外的第五大生产要素，提出加快培育数据要素市场，推进政府数据开放共享，提升社会数据资源价值。2021年3月，《国民经济和社会发展第十四个五年规划和2035年远景目标纲要》再次明确提出

---

[1] 参见《中国地方公共数据开放利用报告——省域（2024年度）》，复旦大学网，http://ifopendata.fudan.edu.cn/report，最后访问日期：2024年11月1日。
[2] 安庆市尚未建立地市级公共数据开放平台，其开放数据在省平台中调用，不再另建平台运营。
[3] 数据统计截至2024年12月31日，数据来源于安徽省公共数据开放平台门户网站，http://data.ahzwfw.gov.cn:8000/dataopen-web/index.html。

"加强公共数据开放共享",要求"激活数据要素潜能,推进网络强国建设,加快建设数字经济、数字社会、数字政府,以数字化转型整体驱动生产方式、生活方式和治理方式变革"。2021年8月,中共中央、国务院印发的《法治政府建设实施纲要(2021—2025年)》进一步强调"在依法保护国家安全、商业秘密、自然人隐私和个人信息的同时,推进政府和公共服务机构数据开放共享,优先推动民生保障、公共服务、市场监管等领域政府数据向社会有序开放"。2022年1月,国务院印发《"十四五"数字经济发展规划》,提出"建立健全国家公共数据资源体系,统筹公共数据资源开发利用,推动基础公共数据安全有序开放,构建统一的国家公共数据开放平台和开发利用端口,提升公共数据开放水平,释放数据红利"。2022年12月,中共中央、国务院发布《关于构建数据基础制度更好发挥数据要素作用的意见》出台,全文有16处提到公共数据,以大量笔墨对公共数据开发利用作出了系统部署,对公共数据要素价值释放具有里程碑意义。2023年7月,党的二十届三中全会强调"要深化经济体制改革,加快完善社会主义市场经济体制,特别是要培育和发展数据要素市场"。由此可见,公共数据开放、共享与利用已然成为社会各界关注的焦点。

(二)立法背景

法律法规是推进公共数据开放、共享与利用的法治基础和重要依据,只有基础牢固才能使数据开放走得远、走得稳。当前,国家尚未对公共数据开放、共享与利用进行单独立法,但散见于法律法规中。在法律层面,先后颁布实施《网络安全法》(2016年)、《数据安全法》(2021年)、《个人信息保护法》(2021年),在保障数据安全和个人隐私方面相互补充,共同构成了一个完整的法律框架。在行政法规层面,先后出台《关键信息基础设施安全保护条例》(2021年)、《网络数据安全管理条例(征求意见稿)》(2021年)、《互联网政务应用安全管理规定》(2024年)等,构成了一个相对完整的数据安全管理体系,通过技术和管理手段相结合,为保护关键信息基础设施和数据安全提供了有力的保障。

（三）实践背景

1. 不断完善组织架构体系

为加快公共数据开放、共享与利用工作的步伐，安徽省成立高规格的数字安徽建设领导小组，组建安徽省数据资源管理局，形成"一局（省数据资源局）、两中心（省大数据中心、省数字江淮中心）、一公司（数字安徽公司）、多点支撑（专家咨询委员会、数据空间研究院、各市数据资源局）"的数据资源管理工作体系，出台《数字安徽建设总体方案》，设立数字安徽专项资金，统筹推进数字安徽建设。《数字中国发展报告（2022年）》指出，安徽省数字化综合发展多项关键指标位居全国前列。

2. 加快构建数据基础制度

近年来，安徽省贯彻落实党中央、国务院决策部署，先后出台《安徽省大数据发展条例》（2021年）、《安徽省政务数据管理办法》（2021年）、《安徽省公共数据开放管理暂行办法（征求意见稿）》（2022年）、《安徽省公共数据授权运营管理办法（试行）（征求意见稿）》（2023年），研究制定数据资产登记、公共数据授权运营、数据流通交易等管理办法，通过隐私计算等安全可信方式开展公共数据授权运营试点，在构建数据基础制度方面进行了有益探索，取得了初步成效。

3. 积极探索数字化发展新模式

数字时代，安徽省坚持改革创新，积极探索数字化发展新模式。在打造政务信息化项目建设新范式方面，推动信息系统形态从"烟囱式"向"平台式"转变、建设模式从"承建厂商全程建设实施"向"设计、开发、运维分阶段实施"转变、资金支持方式从"审项目分资金"向"谋场景比项目"转变等"三大转变"，实施全省一体化数据基础平台迭代工程、数据工程、"皖事通""皖企通""皖政通"三端能力提升工程、场景创新工程等"四大工程"，开展省级部门数字化整体设计，有力支撑数据资源整合共享。在数字基础设施融合发展方面，抢抓"东数西算"重大工程机遇，加快建设芜湖数据中心集群，前瞻布局量子信息基础设施，为蓬勃兴起的数字经济强基赋能。

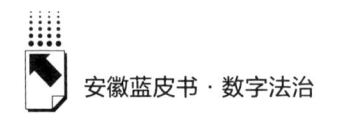

二 公共数据开放、共享与利用安徽实践的行动逻辑

（一）地市先行，需求导向

这一阶段重点任务是安徽各地级市在省级主管部门指导下陆续搭建自己的政府数据开放平台门户，呈现"地市先行，立破并举"的特征。2017年起，合肥、阜阳、六安、黄山等地陆续搭建起平台门户，各地市的平台门户集中体现了共性功能。第一，承担着政府数据开放、提供检索下载服务等功能涵盖经济建设、资源环境、教育科技、道路交通、社会发展、公共安全、文化休闲、卫生健康等政府部门可提供的数据资源和服务，为企业和个人对政府数据再利用提供支撑，鼓励企业或个人利用政务数据开发特色应用，在提升数据利用率的同时推动产业创新和增加就业机会，创造更多价值。第二，为政府开放数据提供良好的生态环境，提供与公众进行互动交流的平台，数据开放数据服务将作为智慧城市的数据中心，不断地为市民提供更优质的服务与更高质量的数据，并通过市民的要求不断地进行新数据的采集、开放，最终使其进入持续发展的良性循环中。第三，为开发者使用数据和服务提供支撑，帮助数据开发和分析人员更容易地开发App应用。平台提供数据的申请、使用、监控、App应用上传、App应用展示等功能，为基于开放数据的应用提供全方位的服务支撑。同时，各地市的平台门户也具有个性特色。如芜湖市政务数据"一目录三清单"，宣城市"诗意宣城""掌上公交"App应用，黄山市提供工业、商贸、旅游、进出口、金融存贷款等12个门类的月度、季度、年度数据指标统计等。

（二）省级统建，地市接入

2021年8月，安徽省公共数据开放平台正式上线运行，安徽省公共数据面向社会集中展示、免费开放。安徽省搭建统一的省级平台，旨在积极鼓励引导企业、社会组织和个人利用开放的数据资源，开展科技研究、咨询服务、产品开发、数据加工等活动，挖掘数据价值。上线之初，首批向社会开放的数据资源共556个，涉及科技创新、城建住房、资源能源、教育文化、生态环境等15个领域，包含了安徽生产总值信息、各市人口基本信息、各市城市空气质量指标信息、各市地方财政收入信息（年度）、商品房屋销售情况信息、城镇居民家庭基本情况等与公众生产生活息息相关的数据，并免费向公众开放，任何单位和个人经过实名认证后，即可享受服务。与此同时，各地市的公共数据逐步接入省平台，畅通省市链接，还未建立独立开放平台门户的地级市直接在省平台中应用，不予单独再建。

（三）授权运营，赋能产业

前两个阶段的重心在于打造公共数据开放与共享的规范体系，而这一阶段的工作重心则面向公共数据的开发利用，即探索公共数据授权运营的安徽模式。2022年9月，安徽省人民政府办公厅印发《关于加快发展数字经济行动方案（2022—2024年）的通知》，探索公共数据资产化管理，鼓励第三方深化对公共数据的挖掘利用，争取政府数据授权运营国家试点，积极探索可复制、可推广的政府数据授权运营安徽模式。2023年12月，安徽省数据资源管理局公布《安徽省公共数据授权运营管理办法（试行）（征求意见稿）》，预示着安徽省在公共数据开放利用领域迈出了重要的一步。该办法提出要遵循"三权分置"原则，将公共数据的产权分置为数据资源持有权、加工使用权、经营权等三个部分。其中，数据资源主管部门将授予运营主体公共数据的加工使用权和数据产品经营权，但并不涉及所有权、持有权的转移。这一政策明确了运营主体的权力和责任，为公共数据要素的市场化运作奠定了基础。在平台及授权主体方面，安徽省将建立全省统一的公共数据运营平台，由数据资源主管部门作为授权主体，选择符合条件的单位作为运营主体。这一平台将为公共数据的收集、整合、存储、加工、使用和经营提供统一的平台支持和保障。该办法还重点明确了运营主体在行使权力过程中的一系列权益，包括数据产品的登记、持有、加工、许可使用或经营等。

三 公共数据开放、共享与利用安徽实践的亮点特色

（一）完善机制，以制度规范保障数据开放有章可循

第一，在地方立法方面。2021年3月，《安徽省大数据发展条例》颁布，要求各级人民政府和有关部门、单位应当按照国家和省有关规定，通过公共数据共享交换平台、开放平台，有序共享开放公共数据。同时，建立健全全流程数据安全管理制度，明确数据采集、传输、存储、使用、共享、开放等各环节保障数据安全的范围边界、责任主体和具体要求，采取相应的技术措施，保障数据安全。2022年11月，《安徽省公共数据开放管理暂行办法（征求意见稿）》公布，明确了公共数据开放活动的概念、基本原则、开放条件、开放流程、平台建设管理责任等。2023年12月，《安徽省公共数据授权运营管理办法（试行）（征求意见稿）》公布，对授权机制、运营规则、运营流程和安全保障进行了详细指导，亮点包括：第一，面向省内主导产业，划分若干赛道，建立"赛道+合伙人"机制，开展公共数据授权运营；第二，建设全省统一的公共数据运营平台；第三，运营期限协商确定，一般不超过3年；第四，运营主体在公共数据运营平台上加工处理数据形成数据产品，在推广应用前进行数据安全审查；第五，运营主体在公共数据运营平台上，通过隐私计算、联邦学习、数据模型等安全、合规、可信的方式加工处理公共数据，实现"原始数据不出域、数据可用不可见"；第六，运营主体按照提供的公共数据产品的价值贡献获取合理收益。

第二，在政策文件方面。2020年2月，《合肥市数字经济发展规划（2020—2025年）》对数据管理制度、数据资产增值应用、市场数据流动进行了相关规定。2020年3月，《"数字铜陵"建设发展规划（2019—2023年）》提出"加强数据资源统筹管理，健全与数据资源采集、更新维护、共享交换、审核发布、分级分类管理相关的各项制度标准"。2020年5月，《六安市打造"皖事通办"平台加快政务数据归集共享工作方案》要求"持

续完善数据资源目录,动态更新数据资源,不断提升数据质量,扩大共享覆盖面,提高服务可用性"。2020年8月,《池州市"十四五"数字池州建设规划》提出"围绕公共安全、社会保障、政务服务、营商环境、市场监管、金融服务、交通出行、应急管理、生态环保等重点领域,推进行业主题数据库建设"。2020年10月,《"数字亳州"建设总体规划(2020—2025年)(征求意见稿)》提出"加快推动数据共享交换,制定数据共享责任清单,逐步建立'按需共享、统一流转、随时调用'的数据共享机制。完善市级数据共享平台,向上对接省平台,横向对接市级各部门,形成覆盖全市的一体化数据共享交换大平台"。

(二)搭建载体,归集整合数据资源体系建设

安徽省统筹建设省级公共数据开放平台,作为公共数据开放共享的核心枢纽,以数据服务接口调用和数据沙箱等模式,提供统一、便捷、易用的访问门户和开放通道,推动公共数据资源依法有序开放、开发、利用和创新。目前,省平台实现对科技创新、长三角高价值清单、人工智能产业创新应用、城建住房、教育文化、工业农业、机构团体、资源能源、交通运输、市场监管、气象服务、生活服务、社保就业、生态环境、医疗卫生、地理空间、商贸流通、公共安全、财税金融、法律服务、安全生产、社会救助等领域的数据建库。省数据资源局会同省统计局、省交通运输厅、省地方金融监管局、省司法厅、省药监局、省农业农村厅、省科技厅、省人力资源和社会保障厅等部门推进高频数据"一数一源一标准"治理工作,建成数据元标准库,确定每个数据的权威来源,加强数据高质量供给。安徽省各数据开放平台按照一本账编目、一站式浏览、一揽子申请、一平台调度、一体化开放、一张网管理的"六个一"要求建设,搭建开放数据、开放指数、地图服务、开发者中心、政策动态、互动交流、应用成果、开放大赛等功能板块,将数据按部门、领域、行业、服务等维度进行分类管理,向社会和公众无偿提供数据资源申请、数据检索、地图查询等服务。开放格式分为数据集和接口两种形式,其中数据集提供了可机读格式和非专

属格式，包括Excel、XML、CSV、JSON、RDF等五类，累计下载70.05万次，累计调用198.59万次。（见图1）

图1 安徽省公共数据开放平台

（三）以赛促用，以数据赛事活跃数据开放创新活力

为深入贯彻党的二十大和中央经济工作会议精神，落实《中共中央、国务院关于构建数据基础制度更好发挥数据要素作用的意见》，加快推进《"数据要素×"三年行动计划（2024—2026年）》，充分发挥数据要素乘数效应，赋能经济社会发展，国家数据局等有关部门将共同举办2024年"数据要素×"大赛。安徽省作为分赛区之一，积极发动社会力量，吸引了一大批有想法、懂技术、敢于创新的优秀企业和科研团队参赛，催生了一批经济社会效益明显、群众获得感强的优秀新应用，并持续推动项目落地转化，不断以"示范效应"带动应用孵化，推动数据要素合规高效流通利用，为经济社会高质量发展提供活力。2024年5~8月，"数据要素×"大赛安徽分赛围绕"数据要素×"三年行动计划，聚焦实际问题，突出数据要素价值，充分发挥安徽省新兴产业资源优势，选定工业制造、交通运输、金融服务、医疗健康、城市治理、空天信息、算力应用等7个赛道，吸引了全国共654支来自企业、事业单位、科研院所及高校的团队参与，涌现了一批具有示范标杆作用的特色项目（见表1）。

表1 "数据要素×"大赛安徽分赛金奖项目

赛区	赛道	项目名称	牵头单位
安徽	工业制造	基于大模型的新能源汽车智慧出行解决方案	奇瑞汽车股份有限公司
	交通运输	航空旅客出行服务项目	飞友科技有限公司
	金融服务	基于大数据应用的数字普惠金融服务平台	亳州药都农村商业银行股份有限公司
	医疗健康	医卫数据要素应用场景探索与实践	安庆市大数据资产运营有限公司
	城市治理	基于多元数据打造安徽省"1+16"城市生命线安全数字化监管平台	合肥泽众城市智能科技有限公司
	空天信息	多源数据融合的林业碳汇全域感知	滁州学院
	算力应用	创新算力编织网，支撑数据新动能	亚信科技（中国）有限公司

（四）先行先试，以授权运营探索拓宽数据开放范围

2023年12月7日，安徽省数据资源管理局向社会公布《安徽省公共数据授权运营管理办法（试行）（征求意见稿）》，其围绕"谁授权、怎么授权、授权什么、授权给谁、如何运营和如何监管"进行了规范，共包括总则、授权机制、运营规则、运营流程、安全保障、监督管理、附则七个部分。安徽省公共数据授权运营重点把握三个方面要求。一是坚持依法合规，确保安全可控。严格遵守《中华人民共和国网络安全法》《中华人民共和国数据安全法》《中华人民共和国个人信息保护法》《安徽省大数据发展条例》，统筹发展和安全，强调采用"原始数据不出域、数据可用不可见"的方式开展公共数据授权运营，严格管控未依法依规公开的原始公共数据直接进入市场，落实"一授权一预案"要求，每次授权都要结合具体的应用场景建立应急预案，加强公共数据全生命周期安全和合法利用管理，有效防范数据安全风险。二是坚持统筹规划，稳慎有序推进。强调省和试点的市、县政府要坚持统筹管理、需求驱动、管运分离、安全可控、非歧视、非垄断的

原则，确定授权运营的领域和单位，优先支持在与民生紧密相关、行业发展潜力显著和产业战略意义重大的领域开展公共数据授权运营。三是坚持试点先行，打造安徽特色。选择有条件的市、县和省级领域先行试点，推动试点地区在授权运营机制、授权运营场景、平台支撑能力、数据安全保护等方面积极探索、不断创新、逐步完善，促进公共数据合规高效流通利用，为国家数据要素市场化配置改革提供安徽经验。

（五）汇力于智，开展政府首席数据官制度试点工作

所谓政府首席数据官，是指政府在政府部门中负责数据战略的制定与执行，并通过提高政府部门的数据能力支持行政监管、公共服务、行政决策等行政活动的数据管理者。[①] 相应地，政府首席数据官制度则是对于政府首席数据官管理规范的总称，包括政府首席数据官的权、责、利、能关系，以及录用、考核、培训、薪酬、退出等管理规定。政府首席数据官制度遵循了数字法治政府的建设规律，契合数字协同治理的特征，与我国推行的政府数字管理部门在行政目标、行政职能、职责权限等方面有诸多相符之处，设置专业的政府首席数据官，并赋予其领导政府数字管理部门的权威地位，对我国政府数据治理能力的提升和"良善数据治理"的实现是大有裨益的，是值得探索开展的合适路径和具体形态。为推动公共数据开放共享工作，创新公共数据开发利用模式，安徽省在合肥、滁州等地率先开展政府首席数据官制度试点工作，并取得良好成效。

以合肥市为例，2022年8月1日，合肥市数据资源局正式印发《合肥市开展首席数据官试点工作方案》，在合肥市公安局、合肥市民政局、合肥市农业农村局、合肥市自然资源和规划局、合肥市卫生健康委员会、合肥市市场监督管理局6家市直部门，以及燃气集团、供水集团、公交集团3家市属国有企业开展试点工作。试点部门（企业）需设首席数据官一名，负责

---

① 参见张涛《数据治理的组织法构造：以政府首席数据官制度为视角》，《电子政务》2021年第9期。

推动本系统数据资源规划、采集、处理、共享开放和开发利用等工作；围绕"数字合肥"建设，原则上试点部门（企业）每年应打造3个以上的数据共享应用示范场景。目前，市卫健委以市第三人民医院新区等医院（或院区）信息化建设为契机，在市属医院中探索推进医疗卫生信息化统筹建设；市公安局进一步提升公安大数据中心计算和存储能力，积极推进智慧警务项目建设改革，加快"雪亮工程"二期等智慧警务整体设计；市农业农村局制定信息化系统整合方案，统筹信息化建设，加快提升农业农村信息化水平。同时，燃气集团、供水集团、公交集团围绕数据支撑便民服务，开展数据治理专项行动，强化海量业务数据应用，利用数据分析推动企业内部管理和生产经营智能化，以数据推动城市公共出行、供水供气服务便捷化。

以滁州市为例，2022年该市选取31个市直部门以及3家公共企事业单位开展试点。该市首席数据官由分管副市长担任，市首席数据执行官由市数据资源管理局局长担任，市直相关单位首席数据官由行政分管副职人员担任。该市明确政府首席数据官工作机制，建立会议制度、培训制度、述职制度、考评制度，部门（县级）首席数据官每年11月30日前形成工作述职报告，将政府首席数据官工作情况纳入"互联网+政务服务"考核，同时强化激励引导，及时在滁州市范围内推广好的经验和做法。由此，滁州市探索出市首席数据官、市首席数据执行官、部门（县级）首席数据官、数据专员四级联动协同机制，增强了数字化改革统筹能力，促进了数据由资源向资产转化，提升了场景应用深度和广度。

四 公共数据开放、共享与利用安徽实践的问题剖析

（一）数据资源体系亟待加强

当前，各政府部门在开放公共数据时普遍存在"重数量、轻质量"的现象，导致低容量、更新缓慢的数据集较为常见。这类数据在实用性和价值性方面相对较弱，社会公众在实际使用过程中往往面临较大的困难，距离通

过数据流动与开发利用实现经济与社会效益的目标还有很大的差距。一方面，一些部门在数据开放上存在明显的顾虑，不敢或不愿开放数据。风险规避文化在一些部门中盛行，导致工作人员的数据意识不足，进一步阻碍了数据的开放进程。此外，一些国有企业和事业单位由于其掌握的公共数据可能具有直接的经济价值，因而对数据开放持保留态度。例如，地铁客流信息、公交刷卡记录等数据可以为企业带来经济效益，因此这些企业在开放此类数据时更为谨慎。另一方面，随着国家统建、省级统建系统的逐步推进，数据更新的难度也随之增加。许多开放的数据在原有生产系统进行统建后，由于技术或管理方面的限制，无法保持持续供给，进一步限制了数据的开放深度和广度，制约了数据的应用价值。

（二）市场主体参与力度较低

社会公众作为公共数据开放的对象，包括从事数据开发的机构、学术研究人员以及数字科技企业。然而，当前社会公众对公共数据的参与方式主要局限于在安徽省公共数据开放平台上的数据下载、数据利用及有限的互动交流。尽管该平台提供了丰富的数据集和开放的数据接口，公众的实际参与和利用情况仍显不足。从相关数据指标来看，数据集的下载量、开放数据接口的调用次数以及平台上的互动交流频率均反映出公众对这一平台的实际使用情况不够活跃，社会关注度与参与度仍有较大提升空间。进一步分析，造成公众参与度不高的原因包括：一是平台在开放数据的实用性和多样性方面尚未能充分满足各类用户的具体需求，尤其是对于数据开发机构和数字科技企业而言，开放数据的质量与深度至关重要，但目前平台提供的数据资源可能存在深度不够或行业相关性不强的问题；二是公共数据授权运营试点进度稍显缓慢，限制了社会公众提出需求或反馈的积极性，进而影响了公共数据开放的良性循环。

（三）数据首席官制度待完善

政府部门首席数据官制度，旨在进一步打破数据资源及开发的碎片化模式，解决政府内部"数据孤岛"问题，进一步实现数据在公共治理层面的有效应用。2023年以来，合肥、滁州、黄山、阜阳、亳州等地纷纷开展首席数据官制度改革试点，如《黄山市开展首席数据官试点工作方案》《亳州市首席数据官工作方案》为确保本部门信息化高质量、集约化建设，充分授权首席数据官拥有本部门信息化项目建设、验收等工作"一票否决权"，数据汇集职能较为凸显。相比之下，外部服务能力稍显不足。虽然各地政府首席数据官建设方案中均提及考核评价环节，但由于缺乏科学的评估标准和系统的评价体系，在方案落实过程中关于"工作成效""创新特色"等维度的评价，容易划入简单的数据汇集数量比较，从而固化了政府首席数据官的数据汇集职能，不利于应用场景建设的开拓创新。此外，各地普遍没有制定相关规章制度对首席数据官的任职资格、职责范围、权限边界等加以明确规定，导致相应规则、机制供给不足。特别需要注意的是，数据协同等工作高度依赖组织权威，政府首席数据官在政府领导班子中的排名位次、数据局负责人的个人能力可能直接影响政府首席数据官制度运行效果。

五 长三角等地区公共数据开放、共享与利用的探索经验

在数字经济蓬勃发展的当下，公共数据作为核心生产要素之一，对于推动区域经济高质量发展、提升政府治理能力和公共服务水平具有重要意义。长三角地区作为我国经济最具活力、创新能力最强的区域之一，在公共数据开放、共享与利用方面走在了全国前列。上海、江苏、浙江进行了诸多有益的探索和实践，积累了丰富的经验。安徽省积极融入长三角一体化发展战略，学习借鉴长三角等其他省市的实践经验，有助于加快自身在公共数据领域的发展，增强区域整体竞争力。

（一）平台数据资源体系建设

上海注重打造综合性、智能化、高质量的公共数据开放平台。平台采用先进的技术架构，实现了多源数据的高效整合与管理。截至2025年2月1

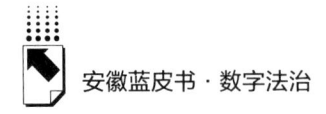

日，该平台已开放51个数据部门，141个数据开放机构，6002个数据集（其中2338个数据接口），83个数据应用，涵盖经济、交通、环境、教育、医疗等多个重要领域。[1] 例如，在交通领域，通过整合出租车运营数据、公交GPS数据和地铁客流数据，为市民提供了实时、精准的出行信息服务，还为交通规划部门优化线路、调配资源提供了有力支持。上海注重数据资源的动态更新和质量管控。平台建立了数据报送和更新机制，明确了数据提供部门的责任和义务，确保数据的及时性和准确性。同时，通过数据清洗、标注等手段，提高数据的可用性。

江苏省推进行业数据深度开放。江苏省在公共数据开放平台建设中，突出行业特色，深入挖掘各行业的数据价值。以金融和制造业为例，江苏的公共数据开放平台汇聚了金融监管、企业信用等多方面的数据，为金融机构开展风险评估、信贷审批提供了全面的数据支持。在制造业方面，平台开放了产业链上下游企业的生产数据、物流数据等，帮助企业实现供应链协同和智能制造。江苏还鼓励行业协会、产业园区与平台合作，在园区能源数据预处理、数据分析、数据建模、数据可视化等方面提供一系列可推广可复制的经验模式。例如，沃太能源产业园应用大数据和AI算法模型技术，建成全园区数字孪生系统，以全流程运营数智化带动各领域资源集约化，着力将厂区打造为"近零碳"园区。

浙江省构建一体化数据资源体系。浙江省依托"最多跑一次"改革，构建了全省一体化的公共数据资源体系。该体系将省市县三级政府部门的数据进行整合，打破了数据壁垒，实现了数据的跨层级、跨部门共享。浙江注重数据资源的标准化建设。制定了统一的数据标准和接口规范，确保不同部门、不同地区的数据能够有效对接和融合。通过建立数据质量评估体系，对数据资源进行定期评估和整改，保障了数据的质量和可用性。

---

[1] 数据来源于上海市公共数据开放平台门户网站，https://data.sh.gov.cn/，最后访问日期：2025年2月1日。

（二）首席数据官制度试点工作

当下，我国正大力推进数字化转型进程，且加快培育数据要素市场，这一过程中，首席数据官（Chief Data Officer，简称 CDO）这一新兴角色逐渐步入公众的视野。在数据治理与数字化转型的浪潮中，首席数据官肩负着统筹数据资源、推动数据价值挖掘与应用的关键职责，其重要性日益凸显。

从政府层面来看，广东省率先在全国范围内开展首席数据官试点工作。2021 年 4 月，广东省正式印发《广东省首席数据官制度试点工作方案》，精心选取省公安厅、省人社厅、省自然资源厅等六个省直关键部门，同时涵盖广州、深圳、珠海、佛山、韶关、河源、中山、江门、茂名、肇庆等十个地市，全面推进首席数据官制度的试点工作。这一举措旨在深入推动数据要素市场化配置改革，通过建立首席数据官制度，优化政府数据治理结构，提升数据资源的整合与利用效率。随后，广州、深圳、佛山、珠海等经济发达且数字化程度较高的城市，迅速响应并陆续发布了首席数据官制度试点实施方案，进一步细化和落实相关工作，为其他地区提供了宝贵的实践经验。

与此同时，长三角地区的浙江绍兴和杭州两地也积极推出首席数据官制度。绍兴市广泛鼓励各级党政机关、司法机关（包括法院、检察院）、民主党派、工商联、人民团体、国有企业以及其他单位（部门）设立首席数据官，旨在构建全方位、多层次的数据治理体系，充分发挥数据在社会治理、公共服务等领域的重要作用。杭州市滨江区则明确规定，区首席数据官由区数字化改革专班负责同志担任，街道、部门首席数据官由各单位分管负责人担任，通过明确职责分工，确保数据治理工作的有效推进。

在企业层面，江苏省在首席数据官制度的实践探索方面走在了前列。早在 2020 年 12 月，《江苏省工业大数据发展实施意见》就明确提出"推动具备条件的企业设置首席数据官（CDO）"，为企业数字化转型指明了方向。2021 年 6 月，江苏省工信厅进一步发布通知，要求在全省范围内推行企业首席数据官制度，并开展第一批企业 CDO 制度试点工作。此次试点对企业资质提出了严格要求，试点企业需在江苏省内注册，且近三年内未出现重大

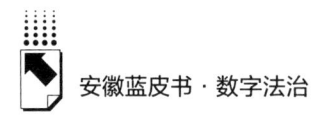

违法、违规行为及不良信用记录，必须是独立法人单位。这一系列举措有助于培育一批具有核心竞争力的数字化企业，推动江苏省工业大数据的发展和应用。

此外，上海市积极响应国家数字化转型战略，提出在公共部门和企事业单位建立首席数据官制度。《上海市数据条例》中明确提出"鼓励各区、各部门、各企业事业单位建立首席数据官制度"，并计划制定CDO制度指导性文件，在部分政府部门和企事业单位开展试点工作。这一举措旨在推动各行业建立健全数据治理体系，提升数据治理能力和水平，为上海的数字化转型提供坚实的制度保障和人才支撑。

六 公共数据开放、共享与利用安徽实践的完善路径

（一）加强开放平台数据资源体系建设

数据资源体系建设是数据高质量开放、共享与利用的基础。一是推动标准化数据分类入库。例如，江苏省实现数据目录系统与部门目录、地区目录实时同步更新机制，形成应编尽编、标准统一、动态更新的全省一体化公共数据目录体系，实现全省公共数据"一本账"管理。二是对数据质量提出明确要求。这主要是确保数据的准确性、完整性、一致性和及时性，因而指出要确定数据质量管理的制度、要求、主体、流程等，以形成高结构化、高可用、高价值的数据资源。同时也需要以数据开放平台为基础，提供相关数据服务等。如上海市公共数据开放平台可以为数据开放主体提供统计分析、风险判断、质量评估、合规服务等服务，为数据利用主体提供便捷的数据查询、数据预览、注册登记、开放申请、数据获取、应用展示、意见反馈等服务。三是继续加大公共数据免费开放的力度。例如，上海市在全国率先制定出台了《上海市公共数据开放分级分类指南（试行）》，对公共数据的开放级别从个人、组织、客体三个维度分别进行描述，并划分为无条件开放、有条件开放和非开放三种类型。坚持加大开放力度，对于有条件开放和非开放

的公共数据，可以通过匿名化技术、隐私技术、联邦技术、数据空间技术等处理后，以核验、模型、指数、数据包等方式，通过市场交易方式向社会提供，将数据免费开放与数据授权运营有机衔接起来。

（二）加速公共数据对市场主体的开放

第一，重视中小企业需求，促进良好的公共数据开放生态形成。一是鼓励市、县（区）两级在制定公共数据授权运营管理"细化办法"时，多考虑中小企业的需求和特点，多引入中小创新企业参与其中。二是高度重视数据开放生态的形成。鼓励探索企业数据授权使用新模式，发挥国有企业带头作用，引导行业龙头企业、互联网平台企业发挥带动作用，促进与中小微企业双向公平授权，共同合理使用数据，赋能中小微企业数字化转型，从而培育数据要素流通和交易服务生态。

第二，积极探索数据授权和安全运营。2023年底，财政部印发的《关于加强数据资产管理的指导意见》第8条提出"支持运营主体对各类数据资产进行融合加工"，第10条提出"探索建立公共数据资产治理投入和收益分配机制"。为了保证安全和运营并行发展，一是鼓励和支持数据安全技术与数据运营充分结合，提高数据安全防护能力，为数据的开放、共享和利用提供技术保障。例如，2024年8月，深圳市福田区与翼方健数（以下简称"翼方"）展开公共数据授权运营合作，翼方结合医疗行业应用，提供了安全、合规、开放、可扩展且高效的一站式数据运营解决方案，并率先建立并开通了城市医疗公共数据运营体系，达成了医疗健康领域的数据要素流通实践，安徽各地也可适当借鉴深圳"数据招商"的策略运用。二是引导各行业、各部门、各企业通过深入挖掘数据价值，明确数据资产价值实现路径，实现数据资产的流通运转。

第三，积极鼓励市场主体先行先试。一是支持更多的省内企业在区县一级等小范围先行先试，并通过不断总结经验，培育出更多的数据运营市场选手。对成功经验和做法进行总结，形成标准化、规范化的操作指南，为下一步安徽省更好地走向全国抢占数据运营先机打下坚实基础。二是支持第三方

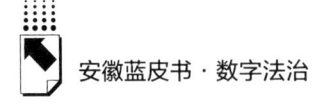

机构、中介服务组织加强数据采集和质量评估标准制定，推动数据产品标准化，发展数据分析、数据服务等产业，为逐步推广奠定基础。

（三）推进政府首席数据官制度试点工作

第一，明确政府首席数据官的权责配置。一方面，强化政府首席数据官在组织结构中的地位。政府数据治理是一项复杂的系统工程，亟须高效协调同一部门不同机构及跨部门之间的数据开放与共享问题。这一任务要求政府首席数据官及其领导的数据管理部门在政府体系中具备足够的权威性，以打破部门间的隐性壁垒。在今后的制度安排中，首席数据官不仅应当拥有特殊地位与身份，还需参与政府数据治理和战略规划的制定，并享有适度的资源配置权。目前，滁州市已在这方面取得了一定的成效，其首席数据官由分管副市长担任，市首席数据执行官则由市数据资源管理局局长担任，市直相关单位的首席数据官则由行政分管副职人员担任，以此强化对其他政府部门的协调能力。另一方面，妥善处理政府首席数据官的责任关系。安徽省的省级首席数据官直接对省级数据治理机构的负责人负责，并参与省级数据治理的决策。此外，上级政府首席数据官与下级首席数据官之间形成明确的领导与被领导关系，各政府部门的首席数据官应向本级政府或本部门的行政首长报告并负责。

第二，明确政府首席数据官的人才供给模式。一方面，通过增加配套人员，提高首席数据官的规模，以满足政府数据共享的现实需求。例如，江苏常州于2022年9月颁布的《常州市首席数据官制度建设实施意见》明确了首席数据官的基本职责与选任模式，同时设立了首席数据执行官岗位，由大数据管理部门负责人兼任，以协助首席数据官落实相关工作，全面推进全市首席数据官制度的建设。除此之外，应对现行首席数据官的"兼任"模式予以修正，面对政府数据开放共享的庞大需求，兼任形式的首席数据官能否全身心投入数据共享工作还有待进一步考察。因此，有必要实施首席数据官专任制，以解决由于人力资源短缺造成的能力不足问题。另一方面，需拓宽多元化的人才供给渠道，既可从行政机关内部挖掘具有大数据技术背景的人才，也可通过劳务派遣或政府服务合同方式，吸纳高新技术企业的相关人才。鉴于公共数据开放共享的安全性，不宜直接选任来自高新技术企业的技术人员担任首席数据官，而应考虑设置首席数据官专员岗位以妥善安置。此外，还应加强对首席数据专员的业务培训。比如，江苏南京玄武区数治中心已组织多场业务培训，通过专题讲座、现场考察和互动研讨等形式，重点提升其在平台操作、大数据应用、大模型构建和网络安全等领域的专业技能。

第三，加强与企业的合作，创造更多的数据治理场景，以提升数据治理的整体效能。目前，安徽合肥、江苏、四川等地已陆续出台企业首席数据官制度建设指南。政府首席数据官可以与企业首席数据官组建更广泛的首席数据官联盟。在此框架下，企业数据官负责将数据要素的隐性价值转化为企业的降低成本与提升效益的显性价值，而政府首席数据官则致力于挖掘数据治理的公共价值，从而全面推动内外部数据产品在公共部门的综合应用，丰富智慧城市等治理场景，形成汇聚云计算、大数据人才、数据资源与政府企事业单位的智慧信息中心。

B.8 人脸识别技术嵌入安徽政府治理中的实践与法治路径

汪迎兵 张林轩[*]

摘 要： 随着信息科技的发展，人脸识别成为应用最为广泛的人工智能技术之一，全方位形塑着整个社会的治理模式和运行方式。安徽省在公安、交通、税务、卫生等领域中广泛运用人脸识别技术，提升了数字政府建设的治理效能，对于推进国家治理体系和治理能力现代化具有重要意义。未来，安徽省应在以下方面完善人脸识别技术的法治路径：一是完善风险评估机制，对重点场景作出针对性设计；二是前移监管治理关口，加强备案审查制度和"人工审核+算法审核"的动态审核机制；三是构建责任闭环系统，明确人脸识别信息采集、存储和应用中的各方责任；四是审慎把握技术应用的合理限度，避免其在政府治理中过度或不必要的扩展。

关键词： 人脸识别 人工智能 政府治理 人脸数据

人脸识别技术是指利用公众个体的面部特征进行身份识别的新技术，它凭借非侵扰性、便捷性、非接触性、可扩展性等独特优势，成为人工智能领域应用最为广泛的生物识别技术之一，全方位形塑着整个社会的生产模式和

---

[*] 汪迎兵，安徽省法学会知识产权法研究会秘书长，安徽大学法学院讲师，法学博士，硕士生导师，主要研究方向为知识产权法、行政法学等；张林轩，安徽大学法学院硕士生，主要研究方向为数字法学、行政法学。

运行方式，宣告了"刷脸"时代的来临。① 在推进国家治理体系和治理能力现代化的背景下，人脸识别技术正在嵌入政府治理中，在深化"放管服"改革中起到了关键作用。

一　背景

人脸识别就是在治安管理、刑事侦查、交通执法、给付行政、政务服务、税务行政、公共交通、公共卫生等诸多政府治理场景中实现了广泛应用，呈现出其显著的应用价值。为了进一步把握人脸识别技术所带来的重大机遇，我国出台了一系列政策予以支持。2015年以来，我国相继出台了《关于银行业金融机构远程开立人民币账户的指导意见（征求意见稿）》《安全防范视频监控人脸识别系统技术要求》《信息安全技术网络人脸识别认证系统安全技术要求》等技术标准规范，为人脸识别技术的应用以及在金融、安防、医疗等领域的普及奠定了重要基础。2017年，人工智能首次被写入全国政府工作报告；同年7月，国务院发布了《新一代人工智能发展规划》；12月，工信部出台了《促进新一代人工智能产业发展三年行动计划（2018—2020年）》，其中对人脸识别有效检出率、正确识别率的提升作出了明确要求。2021年4月，《信息安全技术　人脸识别数据安全要求》这一国家标准出台，对人脸数据滥采，泄露或丢失，以及过度存储、使用等问题进行了详细规定。同年7月，《最高人民法院关于审理使用人脸识别技术处理个人信息相关民事案件适用法律若干问题的规定》公布，对各级人民法院正确审理相关案件、统一裁判标准、维护法律统一正确实施、实现高质量司法，具有重要的现实意义。2023年8月，国家互联网信息办公室发布《人脸识别技术应用安全管理规定（试行）（征求意见稿）》，对公共场所、社会救助、不动产处分等应用场景提出了特殊合规要求。作为人工智能主要细分领域，人脸识别获得的国家政策支持显而易见。

---

① 参见刘成、张丽《"刷脸"治理的应用场景与风险防范》，《学术交流》2021年第7期。

安徽省按照国家的决策部署和要求，结合本省工作实际，积极谋划人脸识别技术在政府治理中的应用。2020年10月，安徽省政府印发《安徽省"数字政府"建设规划（2020—2025年）》，提出"利用AI（人工智能）服务组件为部门应用提供人脸识别、文字识别、图像识别、视频识别、语音识别、自然语言理解等人工智能基础能力，快速满足业务场景需要，建设智能办公共服务平台，提升政府管理智能化、数字化和科学化水平"。2024年4月，安徽省政府印发《进一步优化政务服务提升行政效能推动"高效办成一件事"实施方案》，明确提出"持续加强新技术全流程应用。按照成熟稳定、适度超前的原则，推进大数据、区块链、人工智能等新技术融合和应用创新，推动政务服务由人力服务型、经验判断型向人机交互型、数据分析型转变"，进而为人脸识别技术的运用和快速推进创造了有利条件。

二 人脸识别技术在安徽省政府治理中的应用场景

（一）治安管理领域

2015年4月中共中央办公厅、国务院办公厅发布《关于加强社会治安防控体系建设的意见》，提出要"提升社会治安防控体系建设法治化、社会化、信息化水平，增强社会治安整体防控能力"。人脸识别技术作为一种新兴的生物识别技术，具有无须接触、无须配合等优点，被广泛应用于治安管理领域。安徽省合肥市依托人脸识别技术，全力推进智慧平安小区建设，充分利用"2+3"共建共治工作模式，联合社区、物业构建多模态社区安防感知网，通过搭建人脸识别、车牌识别、视频监控、智能门禁等模块，将"人防+技防"有效融合，有效提升小区居民平安指数。2023年以来，95%的智慧平安小区实现可防性案件零发案。[①]

---

① 参见《合肥已建成3824个智慧平安小区》，安徽省人民政府网，https://www.ah.gov.cn/zwyw/ztzl/fzshhfzzfjs/zxdt/564270781.html，最后访问日期：2024年7月1日。

（二）刑事侦查领域

公安机关在侦破刑事案件时经常面临的一个难点就是如何锁定抓捕犯罪嫌疑人。随着犯罪手段不断更新，刑事案件的侦查难度也越来越大，依靠人脸识别技术则可以大大提升刑事案件侦破的效率。"天网工程"是利用图像采集、传输、控制、显示等设备和控制软件，并结合计算机视觉和大数据，对固定区域进行实时监控和信息记录的视频监控系统。"天网工程"主要依靠动态人脸识别技术和大数据分析处理技术，对密布在各地摄像头抓拍的画面进行分析对比，能够准确识别人脸。[1] 2019 年 5 月以来，安徽省蚌埠市依托视频监控系统预防案件 226 起，提供线索 6882 条，抓获违法犯罪嫌疑人员 877 名，破获各类案件 1477 起，蚌埠市各地案件发生总量呈现不同程度下降。[2]

（三）交通执法领域

在交通执法领域，人脸识别技术除了用于监控行人闯红灯行为外，也可以应用于失驾行为的审查。传统的高速的"电子眼"只能抓拍车辆违法行为，而拥有人脸识别功能的"电子眼"却可以识别无证驾驶行为。拥有人脸识别功能的"电子眼"可清晰抓拍到驾驶人的面部信息，交警部门通过监控记录分辨，在系统中对驾驶人的信息进行匹配，从而识别驾驶人是否持有有效驾驶证。2018 年，安徽省庐江县交警利用"大数据+人脸认别"等手段，查处无证驾驶 2611 起，无号牌上路行驶 2298 起，一大批交通安全隐患消除在萌芽状态。在交通秩序整治中，庐江交警利用大数据、人脸识别等科技手段对"无证驾驶"机动车等违法行为进行了强有力打击，一线执勤民

---

[1] 参见周亮《"天眼"人脸识别系统 1 秒钟可以将全国人口筛选一遍，让犯罪无处可逃》，https://www.elecfans.com/consume/700245.html，电子发烧友网，最后访问日期：2024 年 7 月 1 日。

[2] 参见《蚌埠"天网工程"让违法犯罪无处遁形》，百度网，https://baijiahao.baidu.com/s?id=1717912373684788859&wfr=spider&for=pc，最后访问日期：2024 年 7 月 1 日。

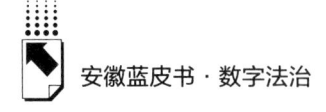

警只将PDA对当事人进行扫一扫,即可快速地查询到相关证件信息,与此同时,酒驾、套牌、假证等交通违法行为的查处也毫无难度。[①]

(四)社会保障领域

近年来,《关于印发〈领取社会保险待遇资格确认经办规程(暂行)〉的通知》《关于进一步加强领取社会保险待遇资格认证信息核实工作的通知》相继出台,人脸识别凭借精准、安全的身份认证功能,逐渐渗透到社会保障领域中,特别是在离退休人员养老金认领资格认证等相关行政活动中发挥着重要作用。面对传统认证方法中的低效率、易伪造和烦琐操作等弊端,各级社保机构开始采纳人脸识别技术,利用其唯一性、稳定性和非接触式特征[②],显著提升了资格认证的效率。2020年7月,马鞍山市人社部门在全市范围内推广养老金资格"人脸识别"网上自助认证。该市已参加养老保险并在社会保险经办机构领取养老保险待遇的人员,自7月1日至8月31日可注册并登录"皖事通"App马鞍山分站,点击首页社会保障专栏"马鞍山—养老金认证",启动"人脸识别"功能,可以自己完成认证,其子女、亲友也可帮助退休老人进行认证,不需要老人再到社区等经办机构去进行认证。[③]

(五)政务服务领域

在政务服务领域,传统的人工和指纹验证方式逐渐被人脸识别身份认证所取代。由于嵌入了人脸识别功能,政务服务实现了不用提供证件、只需"刷脸"便可办理各项业务的"刷脸即办"模式。2023年4月,芜湖市鸠江区对区政务服务中心7×24小时政务服务大厅进行了软硬件提质改造,增

---

① 参见《安徽庐江:"大数据+人脸识别"查处无证驾驶2611起》,中国安全生产网,http://m.aqsc.cn/news/201812/14/c94844.html,最后访问日期:2024年7月1日。
② 参见梁明、黄楠《人脸识别在退休金身份认证中的应用》,《计算机工程》2012年第15期。
③ 参见《马鞍山"刷脸"领取养老金》,安徽人民政府网,https://www.ah.gov.cn/zwyw/jryw/8338971.html,最后访问日期:2024年7月1日。

设了"人证合一"系统,通过身份证自动识别进入 7×24 小时政务服务大厅。[①] 新增设的"人证合一"系统,是基于居民身份证开发的"人证合一人脸识别系统",不再需要依靠人工判断持有人证件的真实性,此举不但消除了因忘带身份证而无法办理业务的问题,同时也大幅减少了身份冒用等违法活动的风险,提升了政务服务智慧化管理的能力,在一定程度上保障了公民信息和财产安全。

  此外,人脸认证模式还可通过支持远程身份验证,打破传统政务服务的地理空间限制,使公众足不出户、足不出区、身处异地也可办理政务事项。2020 年,"皖事通"App 率先在"不动产信息查询"服务事项中嵌入人脸识别技术,助力政务便民服务。[②] 同年,合肥市天鹅湖社区投入智慧自助一体机,居民可以在一体机上办理政务服务事项。自助服务一体机集人脸识别摄像头、打印机设备于一体,可自助办理临时身份证、社保各类业务查询办理、办事指南打印和已办理事项进度查询等;也可通过一体机参加社区活动报名、生活缴费,让居民不出社区就可享受到专业的政务服务,大大提升了政务服务的"整体智治"水平。[③] 2021 年,"国网安徽电力"微信公众号在"营业厅—我要办电"专区为低压过户、更名、居民新装(增容),以及低压非居民新装(增容)等 7 类业务提供办电便利,客户通过"一键刷脸",达成政企涉电信息共享,通过填写姓名、身份证号码,即可调取个人身份证、产权证明信息,实现零资料办电。[④] 2023 年 11 月,黟县水气公司推出了"皖事通"App"人脸识别"功能业务,改变了过去用户办理用水用气

[①] 参见《区政务服务中心 7×24 小时政务服务大厅智能化水平再提升》,芜湖市鸠江区人民政府网,https://www.jjq.gov.cn/jrjj/bmdt/18379321.html,最后访问日期:2024 年 7 月 1 日。
[②] 参见《安徽省:"皖事通"APP 打造人脸识别能力 助力政务便民服务》,微信公众号"东营市行政审批服务局",2020 年 7 月 6 日。
[③] 参见《安徽合肥:智慧社区建设 "织"出居民"幸福网"》,合肥市数据管理局网,https://sjzyj.hefei.gov.cn/xyqy/mtjj/17968243.html,最后访问日期:2024 年 7 月 1 日。
[④] 参见《铜陵办电业务开通远程"刷脸"》,百度网,https://baijiahao.baidu.com/s?id=17071132 25377005900&wfr=spider&for=pc,最后访问日期:2024 年 7 月 1 日。

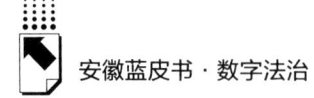

服务时准备过程烦琐、资料不完整等问题，大大提升了办件速度。① 2024年，蚌埠市怀远县在原有长三角政务服务跨省通办的基础上，依托长三角"一网通办"远程虚拟窗口，强化跨省联动机制，应用音视频通话、人脸识别、录音录屏、电子签名、线上支付等技术手段，结合专人帮办导办服务，实现跨空间、跨地域的异地"全程网办"服务，相关事项受理时限提升90%以上。②

（六）税务行政领域

2021年3月，中共中央办公厅、国务院办公厅印发《关于进一步深化税收征管改革的意见》，提出"加快推进智慧税务建设。充分运用大数据、云计算、人工智能、移动互联网等现代信息技术，着力推进内外部涉税数据汇聚联通、线上线下有机贯通，驱动税务执法、服务、监管制度创新和业务变革，进一步优化组织体系和资源配置"。当前，办税人员在前往实体办税服务厅办理规定范围内的涉税事项时，只需提供身份证原件，无须再提供税务登记证件、身份证复印件等资料，仅凭一张身份证就畅通无阻，真正开启了"刷脸办税"的时代。2023年2月，合肥市首个7×24小时智慧办税服务厅——国家税务总局合肥市瑶海区税务局自助办税服务厅运行，纳税人缴费人进入自助办税服务厅完成人脸扫描身份确认后，就能使用自助办税终端"一脸通办"报告类、发票类、申报类等六大类190多项涉税业务，确保纳税人缴费人从"最多跑一次"到"一次不用跑"，有效填补窗口"8小时以外"及节假日的服务盲区，打通了服务纳税人、缴费人的"最后一公里"。③

---

① 参见《黟县："刷脸办件"让服务再提速》，百度网，https://baijiahao.baidu.com/s?id=17837986 38597323608&wfr=spider&for=pc，最后访问日期：2024年7月1日。
② 参见《安徽怀远：远程虚拟窗口革新跨省服务新体验》，网易，https://www.163.com/dy/article/J52GP5ID05346936.html，最后访问日期：2024年7月1日。
③ 参见《8小时外办税不用愁，智慧服务一次搞定——运行以来，合肥首个智慧办税服务厅广受欢迎》，国家税务总局安徽省税务局网，https://anhui.chinatax.gov.cn/art/2023/2/10/art_21865_1044761.html，最后访问日期：2024年7月1日。

（七）公共交通领域

2019年9月，《交通强国建设纲要》提出要"打造一个安全、便捷、高效、环保且经济的现代综合交通网络"的宏伟目标。为达到该目标，人脸识别技术不断融入公共交通系统，在提高乘客使用体验和确保运输安全方面发挥着重要作用。2022年，铜陵市公交公司推出了"AI+公交"的全新模式，成为安徽省首个将"人脸识别"乘车系统在公交全线推广的城市，在全国公交智能化建设中居于先进行列。目前，1路至23路、25路等多条公交线的运营车辆均已安装刷脸设备。市民乘客只需下载"颜易行"App，将人脸信息录入并充值余额，在乘车时点击刷脸乘车，然后将脸对准设备等待识别，即可完成支付。随着刷脸乘车时代的到来，市民乘客不用手机二维码及公交卡等乘车凭证，只需一张脸就能在我市畅通无阻，乘坐公交出行将变得更加快捷、便利。①

（八）公共卫生领域

近年来，安徽省公共卫生管理部门不断推动人脸识别技术在公共健康服务领域的应用并取得显著成效。2023年，安庆市宜秀区医保结算全面开启"刷脸付"新模式。医保"刷脸"支付采用"人脸识别+实名+实人"安全核验技术进行窗口智能结算，所用医保终端设备和网络环境均通过国家医疗保障局数据库，杜绝了传统的医保卡结算和身份证结算冒名就医、盗刷、套刷医保卡等违法违规行为，确保了医保基金安全、有效使用。② 2024年，宁国市积极探索"刷脸"全流程运用，目前已为全市二级及以上医疗机构的主要业务场景增配140台"刷脸"终端设备，从建档、挂号、就诊、医保

---

① 参见《凭"面子"坐公交 铜陵刷脸乘车时代到来》，安徽省交通运输厅网，https://jtt.ah.gov.cn/ztzl/xyjtahz/gzdt/120835321.html，最后访问日期：2024年7月1日。

② 参见《【安庆市宜秀区】医保结算全面开启"刷脸付"新模式》，安徽省医疗保障局网，https://ybj.ah.gov.cn/ztzl/srxxgcxjpzsjscahzyjhjs/sxdt/148843011.html，最后访问日期：2024年7月1日。

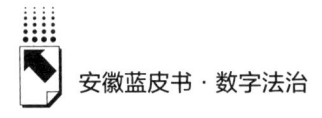

缴费到检验检查报告查询打印、入院办理、出院结算，全流程实现人脸识别。[1]

（九）公共资源交易领域

为不断优化营商环境，进一步提高评标评审质量效率，安徽省公共资源交易评标评审系统全面上线专家"人脸识别"签章功能。"人脸识别"签章是将评标专家姓名、身份证、人脸信息、电子签章统一存放于"安徽省综合评标评审专家库系统"的云端，在专家需要签章时，通过数据比对和信息反证，在"云端"实时调用的一种新型电子签章技术。借助人脸识别技术，通过桌面摄像头"刷脸"验证身份、提取信息，系统比对后绑定签名，实现了评标专家云数字证书和云电子签章的"合二为一"。专家评审无须携带实体CA数字证书，通过"刷脸"完成专家身份验证、系统登录、签章和评审报告签署等工作。例如，2024年7月1日，滁州市应用人脸识别设备，通过快速扫描识别人脸，分别与可信身份认证平台（CTID）、省专家库校验专家户口信息、参评信息，畅通系统登录、专家签章、项目经理答辩等事项。2024年8月1日，淮北市交易平台顺利启用安徽省专家库管理系统V4.0，实现了抽取终端人脸识别登录，优化了抽取设置、专家请假回避系统自动补抽、项目考评等功能。

三 人脸识别技术在安徽省政府治理中的完善思路

（一）完善风险评估机制

第一，评估应围绕人脸识别技术的应用场景和应用领域展开。风险评估之安全性，为维护公共安全所必需，需要根据不同场景和领域的应用作出具

---

[1] 参见《安徽宁国：信息化赋能医保服务跑出"加速度"》，微信公众号"央广网赵家慧阎鹏"，2024年5月16日。

体判断。例如，上海市《公共场所人脸识别分级分类应用规范（征求意见稿）》采用分类分级方式对风险进行赋值，按照特定的参数计算风险值，将人脸识别应用的常见公共场所按照应用场景和应用领域进行了划分。① 公共服务、司法、政务、公共服务、交通等社会管理场景中人脸识别技术的应用风险会预设低于金融、医疗、教育、建筑、房地产、商业、娱乐等行业应用场景，给予社会管理场景更高的宽容度以保障公共管理活动的正常进行。场景化的评估思路，根据应用场景可能存在的具体风险类型，这也与我国数据分级分类保护基础制度相契合，能够实现更为直接有效的规制效果。

第二，评估应围绕人脸识别技术的合规性展开。除了应用场景外，风险评估机制还应明确规定人脸识别应用的通用管理要求、通用技术要求等，并在此基础上细分了不同使用者、实施者主体。例如，上海市《公共场所人脸识别分级分类应用规范（征求意见稿）》在使用主体管理方面，要求组织并采用合法、合适的方式获得人脸识别对象的正式同意授权；在公共场所的显著位置，告知、设置人脸识别采集点位提示标识等。而在实施主体方面，则是要求人脸识别系统实施主体（包含集成商和系统供应商）建立并获得质量管理体系认证、信息安全管理体系相关资质以及其他相关政策法规、强制标准规定需要的资质等。公共场所、经营场所等场景中的远距离、无感式人脸识别设备由于其影响范围较广，外溢效应难以控制，其应用是否具有合法性基础易被质疑，需要设定更为严格的合规义务。

第三，评估应对风险及其告知形式进行全面分析。根据目前人脸识别技术发展的趋势，复合场景应用会带来较高风险。对复合场景中的人脸识别技术进行规制应坚持严格保护的路径，按照比例原则，将人格利益置于更高优先级。《最高人民法院关于审理使用人脸识别技术处理个人信息相关民事案件适用法律若干问题的规定》规定了人脸识别技术应用的例外情形②，在这些场景中使用者可以不经被识别者同意进行识别。但即便是为了维护公共安

---

① 参见《上海拟推出首部地方人脸识别规范：部分场景应提供替代方案》，微信公众号"AI前哨站"，2023年4月23日。
② 参见苏宇《算法规制的谱系》，《中国法学》2020年第3期。

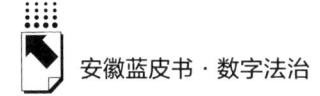

全，人脸识别技术也应经过相应评估后才可使用。此外，还需围绕技术应用告知的醒目程度及用户同意的便捷程度，组织开展风险评估，要求使用者明确向用户说明信息收集的范围和目的，通过设置同意勾选框等方式，获取用户的明确同意。

（二）前移监管治理关口

一是强化备案审查制度。在新兴技术监管体系中，政府是人脸识别技术应用的主要监管者，在立法过程中须明确数据资源管理部门、公安部门以及市场监管等相关机构的各自监管职能，对各领域各行业实施人脸识别技术的组织进行严格的备案审查，并设定人脸信息储存期限，推动监管机关前移治理关口、最大限度降低人脸识别技术应用安全风险水平。例如，《人脸识别技术应用安全管理规定（试行）（征求意见稿）》第16条对备案机制作出要求，规定"在公共场所使用人脸识别技术，或者存储超过1万人人脸信息的人脸识别技术使用者，应当在30个工作日内向所属地市级以上网信部门备案"。

二是加强"人工审核+算法审核"的动态审核机制。人工智能时代，算法不仅承担着重要的驱动功能，还需承担相应的责任。[①] 因此，对人脸识别算法的监管应从算法设计阶段入手，融入公正、透明、效率与响应的理念。通过在设计阶段进行价值观的引导，使人脸识别系统符合社会主义核心价值体系的要求，进而构建一个安全、可靠的决策生态。

（三）构建责任闭环系统

责任追究机制是确保公共行政行为合乎目的性、保证公共行政事务顺利进行、减除公共行政合法性危机的重要保障。[②] 在人脸识别等人工智能技术

[①] 参见郭林生、李小燕《"算法伦理"的价值基础及其建构进路》，《自然辩证法通讯》2020年第4期。
[②] 参见杨建武《人工智能嵌入政府治理的责任困境及其政策纾解》，《西南民族大学学报》（人文社会科学版）2022年第43卷第4期。

嵌入政府公共治理的过程中，常出现避责加剧、问责困难、追责不力等现实困境。[①] 建立明确的责任分配与追责机制，形成完整的明责履责担责追责的责任闭环系统，成为规制人脸识别技术风险的肯綮之所在。

第一，在人脸识别信息的采集方面，应分别针对识别、辨识和分析三种功能构建责任分配路径。对于"1∶1"人脸识别场景，由于信息主体通常主动同意接受识别，因此需要关注数据存储的安全风险。而在"1∶N"人脸辨识和分析场景中，由于这些功能旨在精准定位个人，其信息处理风险较高，因此在责任分配时应向信息处理者倾斜。[②] 如果技术开发者或使用者通过冒用或窃取人脸识别信息进行越权处理或非法活动，则需承担相应法律责任。

第二，在人脸识别信息的存储方面，《个人信息保护法》规定个人信息的保存期限应当为实现处理目的所必需的最短时间，但并未作出明确规定。人脸识别技术的场景化法律规制是一项系统工程，人脸识别信息存储的风险预防也应当在系统中进行，因而信息处理者存储信息的最短期限应根据信息主体的合理预期来判定。人脸识别技术将会为人脸标记多个特征向量，而这些向量无论个人的年龄如何变化都不会发生改变。如果不限制存储期限和方式，则始终存在信息泄露的风险。因此，一方面，应根据非必要不存储原则来规定不同场景中人脸识别信息的存储时间；另一方面，应根据场景特点限定信息的存储方式。具体可分为不存储、前端存储与后台存储三类，在实际应用中应尽量采取不存储或前端存储的方式。[③] 个人信息处理者在达到原初收集处理目的或保存期限到期时，应及时对这些信息进行删除或者脱敏处理，保证相关信息不再识别到特定主体。

[①] 参见郑跃平、梅宏、吴晗睿《基层政府数据治理缘何艰难？——基于多重堕距视角的分析》，《广西师范大学学报》（哲学社会科学版）2024年第2期。

[②] 参见王苑《敏感个人信息的概念界定与要素判断——以〈个人信息保护法〉第28条为中心》，《环球法律评论》2022年第2期。

[③] 目前，市场上通用的人脸识别信息采集系统都采用"前端收集信息，后台分析比对"的方式，这就要求信息采集系统必须接入网络。如果接入局域网，那么后台就由商家掌握，相对安全；如果接入云端（外网），那么就需要加密信息，整体安全性相对较差。参见于震、张鹏康《西安一超市寄存柜需人脸识别 市民担忧个人信息是否安全》，《华商报》2021年7月29日，第B2版。

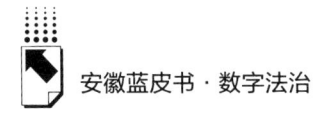

（四）把握合理应用限度

人脸识别技术犹如一把双刃剑，合理运用能提升政府的公共治理效能，而若被无底线地滥用，则可能导致信息泄露、财产损失乃至人身安全威胁。[1] 因此，在推动人脸识别技术发展的同时，要严格控制其在政府治理中的应用限度。根据《个人信息保护法》的相关规定，人脸信息作为生物识别信息，被列为敏感信息，处理和使用此类信息需具备明确的特殊目的和充分的必要性，并在严格的保护措施下进行。敏感信息需要具有特殊的目的和充分的必要性，并且在采取严格的保护措施的条件下才能进行处理和使用。实际上，人脸识别技术在政府治理中的应用应当把握一定限度。例如，在治安管理领域，目前我国法律、行政法规以及相关规定中，都没有要求旅客在入住的时候要通过人脸识别查验的规定。尽管《旅馆业治安管理办法》第6条要求"旅馆接待旅客住宿必须登记，登记时应当查验旅客的身份证件"，但身份查验并不等于人脸识别。在没有法律支持的情况下"强制刷脸"，不符合《个人信息保护法》的规定。

---

[1] 参见于晗《人脸识别技术应用规制的反思与重构》，微信公众号"中国上海司法智库"，2022年1月25日。

数字法院篇

B.9 安徽法院系统推进"5G+庭审"在线诉讼模式发展路径

程雁雷 李新怡[*]

摘　要： 国家政策高度重视司法信息化建设，安徽省借助 5G 技术的高速率和低延时特点，结合量子加密技术，搭建在线庭审系统，实现了远程庭审，保障庭审过程的安全性和稳定性。在"5G+庭审"在线诉讼新模式之下，安徽法院逐步提升审判工作效率，缓解了"案多人少"的矛盾，降低了诉讼成本，增强了当事人对在线诉讼模式的信任度，并实现了利用技术手段和制度保障维护庭审秩序，确保庭审过程的规范化和有序进行。安徽省将继续推进"5G+庭审"模式的发展，探索 5G 技术在司法领域的广泛应用，积极推进法院信息化 4.0 版建设，不断提升司法服务质量和水平。

关键词： 在线庭审　5G 技术　量子加密技术　智慧法院

---

[*] 程雁雷，安徽大学法学院教授，法学博士，博士生导师，主要研究方向为数字法学、行政法学等；李新怡，安徽大学法学院硕士生，主要研究方向为数字法学、行政法学。

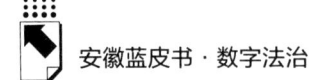

伴随现代科学技术的迅速发展，我国持续发挥和巩固信息通信业优势，以5G力量支撑经济社会高质量发展。从工信部发布的数据来看，截至2023年9月，我国累计建成5G基站318.9万个，千兆宽带用户达1.45亿户，网络基础设施不断夯实；网络服务能力持续升级，算力总规模达每秒1.97万亿亿次浮点运算，移动网络IPv6流量占比达58.4%。创新融合应用全面深化，5G应用已融入67个国民经济大类，全国"5G+工业互联网"项目超过7000个，移动物联网终端累计达22.2亿户。[①] 5G技术与法院审判执行工作融合已成必然趋势，安徽省各级人民法院积极运用新型信息技术，打造5G专网，推动线上庭审工作的开展，实现远距离审判，不仅便利了当事人，也减轻了法院开庭审判的负担。同时，以量子加密技术为5G庭审保驾护航，保障法院庭审网络及线上司法数据的安全，在线诉讼的高效安全性得到进一步发展。

一 "5G+庭审"在线诉讼模式发展背景

（一）政策背景

国家层面高度重视司法信息化建设，不断出台相关政策和指导意见，旨在提升司法效率和透明度。最高人民法院多次强调要依托现代科技手段，加快推进智慧法院建设，提升司法服务能力。2017年《最高人民法院关于加快建设智慧法院的意见》明确提出，要积极应用5G、人工智能、大数据等新兴技术，推动法院工作现代化[②]；2018年9月7日施行的《最高人民法院关于互联网法院审理案件若干问题的规定》，首次对在线诉讼作

---

① 参见中华人民共和国工业和信息化部《5G应用规模化发展推进会在宁波召开》，中华人民共和国工业和信息化部网，https://www.miit.gov.cn/xwdt/gxdt/ldhd/art/2023/art_0e605ec4257a4295be9c9c46b99b7c8e.html，最后访问日期：2024年7月15日。
② 参见《最高人民法院关于加快建设智慧法院的意见》，中华人民共和国最高人民法院公报，http://gongbao.court.gov.cn/Details/5dec527431cdc22b72163b49fc0284.html，最后访问日期：2024年7月1日。

出了完整规定①；《最高人民法院关于深化人民法院司法体制综合配套改革的意见——人民法院第五个五年改革纲要（2019—2023）》提出，要全面推进智慧法院建设的基本原则，深度运用语音识别、远程视频、智能辅助、电子卷宗等科技创新手段，健全顺应时代进步和科技发展的诉讼制度体系；新冠疫情防控期间，最高院发布了《关于新冠肺炎疫情防控期间加强和规范在线诉讼工作的通知》，为全国在线诉讼工作作出指引；《人民法院在线诉讼规则》《人民法院在线调解规则》《人民法院在线运行规则》在现行诉讼法律制度框架下对在线司法活动作出的全方位规范，从而保障司法有序在线运行；《中华人民共和国民事诉讼法》修改以后，进一步肯定了在线诉讼、电子送达等线上司法活动的效力。安徽省作为响应国家政策的先行者，结合自身实际情况，积极探索"5G+庭审"在线诉讼模式，力求通过科技创新推动司法服务的高质量发展。

（二）现实背景

1. 实践基础

（1）智慧法院建设基础

安徽省在智慧法院建设方面已有较为深厚的实践基础，多年来积累了丰富的经验和技术储备。早在"互联网+"时代，安徽省便积极推进法院信息化建设，建立了电子卷宗、网上立案、在线调解等一系列信息化应用。这些应用不仅提升了法院工作的效率，也为"5G+庭审"在线诉讼模式的实施奠定了坚实的基础。尤其是在疫情防控期间，安徽省法院系统通过远程视频庭审、在线调解等方式，有效保障了司法工作的正常进行，为全面推进在线诉讼模式积累了宝贵的实践经验。

（2）5G 和量子加密技术的快速发展

5G 技术具有高速率、低延时和大连接等特点，为在线庭审提供了坚实

---

① 参见《最高人民法院关于互联网法院审理案件若干问题的规定》，中华人民共和国最高人民法院公报，http://gongbao.court.gov.cn/Details/7e594961f195254a863d6cc90be5cd.html，最后访问日期：2024 年 7 月 1 日。

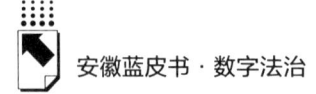

的技术支持，使得视频传输更加清晰、稳定，确保了庭审的顺利进行。同时，量子加密技术的引入，为在线诉讼过程中的信息安全提供了有力保障。量子加密技术以其高安全性和不可破解性，确保了庭审数据的保密性和完整性。这些技术的快速发展和融合应用，不仅提高了庭审效率，也增强了当事人对在线诉讼模式的信任和接受度，为"5G+庭审"模式的推广和应用提供了强有力的技术支撑。

2. 现实需求

（1）时代发展需要

随着信息化和智能化的不断深入，社会的各个领域都在积极拥抱新技术，司法领域也不例外。现代社会对司法服务提出了更高的要求，不仅要求审判公平公正，还要求效率与便捷。传统的诉讼模式已无法完全满足当今社会的需求，特别是在一些复杂案件中，传统模式下的诉讼周期长、诉讼成本高，导致当事人诉讼负担较重。此外，随着互联网的普及和移动终端的广泛使用，人们对在线服务的接受度和依赖度不断提高，在线庭审模式应运而生，正是顺应了这一时代发展趋势。通过引入5G技术和量子加密技术，在线庭审不仅能够实现审判过程高效、便捷，还足以保障数据的安全性和保密性，满足了现代社会对司法服务的多样化需求。

（2）"案多人少"矛盾有待克服

在传统庭审模式下，案件数量的不断增加与审判资源的有限性之间的矛盾日益突出。特别是在经济发达地区和人口密集的城市，法院面临着巨大的审判压力，法官的工作负荷极大，案件积压现象严重。这个"案多人少"的矛盾直接影响了司法效率和案件处理的及时性。通过在线庭审，可以有效缓解这一矛盾。在线庭审模式下，法官和当事人可以通过网络进行庭审，不再受限于地理位置和时间安排，大大提高了庭审的灵活性和便捷性。法官可以通过网络集中处理更多的案件，提升审判效率。同时，在线庭审还可以实现资源的优化配置，将不同地区的审判资源进行整合和共享，缓解某些地区的审判压力，确保案件能够及时、公正地处理。

(3) 便利诉讼及降低诉讼成本

传统诉讼模式下，当事人往往需要多次往返法院，进行立案、庭审、提交证据等一系列程序，耗费大量的时间和经济成本。对于一些偏远地区的当事人来说，前往城市的法院进行诉讼更是困难重重，交通和住宿等开销的负担也很大。而在线庭审模式的出现，则能够有效解决这些问题。当事人可以通过网络平台进行立案、提交证据、参与庭审等全部诉讼环节，无须频繁往返法院，极大地节省了时间和经济成本。此外，在线诉讼新模式还可以减少法院的运营成本，降低司法系统的整体诉讼成本。"5G+庭审"在线诉讼新模式的普及，使得诉讼变得更加便捷和高效，提升了司法服务的普惠性和可及性，让更多的群众能够方便快捷地享受到公平公正的司法服务。

安徽省推进"5G+庭审"在线诉讼新模式，是顺应时代发展、解决现实问题的重要举措。通过引入先进的5G技术和量子加密技术，不仅提高了庭审效率，解决了"案多人少"的矛盾，还便利了诉讼过程，降低了诉讼成本。这一模式的推广，为提升司法服务的质量和水平，助推人民法院信息化4.0版建设，提供了有力的技术和实践支撑。

二 "5G+庭审"在线诉讼新模式项目内容

（一）建设概况

安徽省在推进"5G+庭审"在线诉讼模式过程中，全面调动各方资源，结合本地实际情况，制定了详细的建设方案。项目整体目标是打造一个高效、安全、便捷的在线诉讼平台，通过5G技术和量子加密技术的应用，提升庭审效率，保障信息安全，实现司法公开和公正。该项目以合肥市中级人民法院为领跑者，积极推进在线庭审系统建设，针对庭审前网络调试费时费力，庭审过程网络不稳定等诸多问题，合肥中院与通讯公司签署战略合作协议，推动5G应用融入法院日常工作，切实解决线上开庭难题，以及发生不可抗力情况下应急通信系统的快速恢复问题，切实提升人民群众的司法感受。在5G专网建设完成的基础上，合肥中院联合通讯公司进一步探索量子加密技术与法院工作的有机融合，通过5G DNN（Data Network Name）切片技术与量子加密设备相结合，形成"5G+量子加密网"[①]，实现远程提讯系统提审线路冗余架构，即多条线路互为备份、自动切换。保证了当有线线路发生中断等异常情况时，仍能确保线上诉讼活动流畅、安全地进行，进一步强化了关键信息基础设施防护，增强了数据安全性，筑牢了网络安全防线。

（二）建设方向

在当前"5G+庭审"在线诉讼新模式的项目建设背景下，建设方向要向更广更深层次发展。第一，实现"5G+庭审"诉讼新模式全面覆盖。将5G技术应用于全省各级法院，确保所有法院均具备在线庭审的技术条件，实现全省范围内的庭审在线化。这意味着要在全省范围内铺设5G网络，确保网络覆盖的广泛性和稳定性。同时，各级法院需要配备相应的硬件设施和软件系统，以支持在线庭审的顺利进行。第二，技术创新。充分利用5G网络的高速率、低延时、大连接特点，结合量子加密技术的高安全性，打造一个高效、安全的在线庭审平台。新模式的成功离不开技术创新，必须不断引入和应用最新技术，确保在线庭审系统的先进性和竞争力。技术创新还包括对现有技术的改进和优化，确保系统的稳定性和可靠性。第三，完善系统功能。不断完善在线庭审系统的各项功能，包括视频会议、文件共享、证据展示、电子签名等，满足庭审过程中的各种需求。其不仅体现在系统的基本功能上，还包括优化和提升用户的使用体验。通过不断完善系统功能，可以提高庭审效率，减少庭审过程中的各种阻碍和问题。第四，建立健全在线庭审的管理制度和操作规程，确保庭审过程的规范化和有序进行。主要包括对庭审过程中的各个环节进行详细规定和标准化，确保庭审过程的公平、公正和透明，提高司法系统的整体运行效率和公信力。第五，利用多种渠道广泛宣传

---

① 参见《"5G+庭审"推进法治化营商环境"再提速"》，合肥市人民政府网，https://www.hefei.gov.cn/ssxw/ztzl/zt/yhyshj/dxal/108016634.html，最后访问日期：2024年7月1日。

和推广"5G+庭审"在线诉讼新模式,提高社会公众对这一新模式的认识和接受度。同时也要加强对司法人员进行培训和指导,保障在线诉讼新模式的落地落实。

(三)基本构架

安徽省打造"5G+庭审"在线诉讼新模式的基本架构主要在于搭建5G网络平台,利用5G网络的高速率、低延时等特点,确保庭审过程中的视频传输清晰、稳定,满足实时互动的需求;利用量子加密技术对庭审数据进行加密,确保数据在传输过程中的安全性,防止信息泄露和数据篡改;整合形成功能完备的在线庭审系统,包括视频会议、文件共享、证据展示、电子签名等功能模块,一站式满足庭审过程中的各种需求;辅以强大的后台支持系统,包括数据存储、备份、恢复等功能,确保在线庭审的顺利进行和高效管理。

1. 核心技术

(1)大数据云计算技术

云计算技术是"5G+庭审"在线诉讼模式的基础技术之一。随着互联网的普及和信息化程度的提高,司法系统需要处理的数据信息量大幅增加。云计算技术的应用,使得在线庭审系统能够承载大规模用户的同时使用,确保系统的高效运行和稳定性。大数据云计算技术通过将计算资源、存储资源和网络资源进行统一管理和调度,提供按需分配的计算服务,可以实现在线庭审系统弹性扩展,根据用户数量和系统负载的变化动态调整资源分配,确保系统的高效运行。[1]例如,在高峰时段,系统可以自动增加计算资源和带宽,确保用户的顺畅体验;在非高峰时段,系统可以减少资源分配,降低运营成本。

此外,云计算技术还提供了高效的数据存储和管理解决方案,在线庭审

---

[1] 参见《融科技之力,应时代之需——北京法院着力打造在线庭审新模式》,百度网,https://baijiahao.baidu.com/s? id =1735868302015282765&wfr = spider&for = pc,最后访问日期:2024年7月1日。

系统需要存储大量的庭审数据，包括视频、音频、文档等，该技术能够实现分布式存储和建立高效的数据管理机制，确保数据的安全存储和快速访问。用户可以随时随地通过网络访问庭审数据，提高庭审工作效率和便捷性。同时，通过多重备份和容灾机制，能够确保数据的安全性和可用性。即便在发生硬件故障或自然灾害的情况下，系统也能够快速恢复，保障庭审数据的完整性和连续性，确保用户数据安全。

（2）智能语音识别技术

语音识别技术是"5G+庭审"在线诉讼模式中的重要辅助技术之一。庭审过程中，记录庭审内容是非常重要的一环。传统的庭审记录依赖人工速录，不仅工作量大，效率低，而且容易出现遗漏和错误。语音识别技术的应用极大地提高了庭审记录的效率和准确性，通过集成语音识别技术将语音信号转化为文本，实时将法官、律师、当事人等的发言转化为文字记录，实现自动记录庭审内容，减少人工记录的工作量，当前合肥市中院的庭审语音识别技术已经可以做到识别不同地区的方言，并将其转化为普通话。该技术的应用不仅能够实现快速、准确地记录庭审内容，还可以自动标注和分类，方便后续的查询和管理。

语音识别技术的应用，不仅提高了庭审记录的效率，还提升了庭审的透明度和公正性。通过语音识别技术，庭审记录可以实时同步到系统中，供各方查看和核对，确保记录的准确性和完整性。即使在庭审过程中出现争议，各方也可以通过查看记录及时澄清和解决问题，提高庭审的公正性和透明度。

（3）远程视讯技术

远程视讯技术是"5G+庭审"在线诉讼模式的关键技术之一。传统的庭审模式要求各方当事人亲自到庭，受地理位置和时间安排的限制较大。远程视讯技术的应用，突破了庭审的空间限制，使得各方当事人可以通过网络参与庭审，极大地方便了诉讼过程。

远程视讯技术通过高清的视频和音频传输，实现实时的远程互动。在线庭审系统通过集成远程视讯技术，可以提供高质量的视频会议功能，确保庭审过程中法官、律师、当事人之间的实时互动和沟通，不仅支持清晰、流畅的画面和声音,还能够实现多方同时参与,支持大规模的在线庭审。此外,远程视讯技术还为庭审的公开和透明提供了技术支持。通过远程视讯技术,可以实现庭审过程的实时直播,让公众可以通过网络观看庭审过程,增强司法的透明度和公信力,并且可以记录和存储庭审过程的视频和音频,为后续的审查和复核提供可靠的依据。

当前,安徽各地市人民法院致力于将远程视讯技术与虚拟现实(VR)和增强现实(AR)技术结合,营造更加逼真和沉浸式的庭审体验,提高庭审的参与感和真实感,使得在线诉讼更具真实感。

(4)量子加密技术

量子加密技术是"5G+庭审"在线诉讼模式中至关重要的核心技术之一。随着信息技术的发展和网络环境的复杂化,司法数据的安全性面临严峻挑战。量子加密技术通过量子力学的基本原理,提供高安全性的数据加密和保护,确保司法数据在传输和存储过程中的安全性和保密性。

在"5G+庭审"在线诉讼新模式中,量子加密技术主要应用于数据加密、数据解密、密钥分发和数据监控等方面。首先,在数据传输前,利用量子加密技术对数据进行加密,防止数据在传输过程中被截取和篡改,确保数据的保密性和完整性。其次,在数据接收端,通过量子解密技术对数据进行解密,确保数据在传输过程中的一致性和可靠性,防止数据的丢失和篡改。再次,量子密钥分发技术利用量子态的不可复制性和量子纠缠的特性,确保密钥在传输过程中的安全性和保密性,防止密钥被窃取和破解。最后,量子加密技术可以对数据传输的过程进行实时监控,及时发现数据变化,在保障庭审数据的安全性的同时,进一步提升了庭审过程的透明度。量子加密技术的不断发展和应用,为"5G+庭审"在线诉讼模式的顺利实施提供了坚实的技术基础,为司法工作的现代化和信息化发展提供了强有力的支持。

2. 系统功能

"5G+庭审"在线诉讼系统能够满足庭审过程中的各种需求,全流程协助法官规范庭审程序,以多方视频开庭、文件共享、证据展示、电子签名等服务实现庭审管理智能化、简洁化。

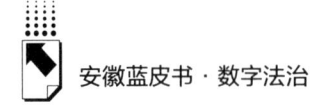

（1）多方视频开庭

利用大数据云计算技术以及 5G 网络的高速率、低延时特点，能够实现高清、稳定的视频会议功能，确保庭审过程中法官、律师、当事人之间的实时互动。视频功能可以支持多方同时参与，除原被告外可确保其他诉讼参与人便捷参与到庭审过程中。

（2）文件共享

提供便捷的文件共享功能，支持庭审过程中各方提交和查看证据材料，确保庭审顺利进行。文件共享功能还可以支持多种文件格式，提供快速、安全的文件传输和存储，确保证据材料的完整性和可用性。

（3）证据展示

互联网法庭配备电子屏幕和投影设备，能够实现证据的清晰展示，方便法官和律师进行审查和质证。且支持多种展示方式，包括图片、视频、文档等，保证证据展示得当，确保庭审过程的公正和透明。

（4）电子签名

在庭审过程中支持各方进行电子签名，确保电子材料的法律效力和完整性，电子签名与纸质签名具有同样的法律效力，极大地减轻了庭审负担，为当事人提供便捷。

（5）录音录像

在线庭审过程进行全程录音录像，庭审记录完整且可以查询，5G 网络系统下在线庭审中各方微动作、微表情皆清晰可见，庭审能够实现高质量的音频和视频记录，确保了庭审过程的真实和透明，可作为客观有效的庭审记录和证据材料。

三 "5G+庭审"在线诉讼模式建设成效

（一）保障线上庭审秩序

在推进"5G+庭审"在线诉讼模式过程中，保障庭审秩序是首要任务。

为了确保线上庭审的规范和公正，安徽省采取了多项措施。

首先，技术手段的应用至关重要。通过5G技术的高速率和低延时特性，确保了视频传输的稳定性和清晰度，减少了因网络问题导致的庭审中断和延迟。同时，引入量子加密技术，保障庭审数据在传输过程中的安全性和完整性，防止数据被截取和篡改。

其次，在制度保障方面，安徽省制定了详细的网上办案操作规程和行为规范，确保庭审过程的有序进行。这些规范对法官、律师和当事人的行为进行了明确的约束和指导，使得庭审过程更加规范和透明。[1] 此外，为了提高司法人员的操作技能和应对突发情况的能力，安徽省对法官、律师等相关人员进行了系统的培训，通过定期培训和模拟演练，确保司法人员能够熟练掌握在线庭审系统，保障庭审过程的顺利进行。

最后，为了确保庭审过程的透明和公正，安徽省人民法院还建立了完善的在线庭审监控系统。通过实时监控和记录庭审过程，可以及时发现并解决庭审中的问题，确保庭审记录的完整性和可查性，保障了线上庭审井然有序地开展。

（二）提升审判工作效率

"5G+庭审"在线诉讼新模式的运用显著提升了审判工作的效率。传统庭审模式下，地理位置和时间安排对审判效率造成了很大限制，而在线庭审模式则有效打破了这些限制，使审判工作更加灵活和高效。

首先，在线庭审模式下，法官和当事人无须亲自到庭，可以通过网络平台进行庭审，节省了大量时间。特别是在跨区域案件中，大大减少了当事人长途跋涉的时间，使得庭审安排更加灵活。

其次，审判资源的配置更加合理和高效。通过网络平台，法官可以处理来自不同地区的案件，实现跨区域审判资源的共享和优化配置，缓解了某些

---

[1] 参见《安徽法院诉讼服务网网上立案指南》，安徽法院诉讼服务网，http：//www.ahgyss.cn/u/cms/www/202005/29012328foan.pdf，最后访问日期：2024年7月1日。

地区法院的工作压力。此外，在线庭审模式大幅缩短了案件处理周期，法官可以在更短的时间内处理更多的案件，案件积压现象得以缓解，特别是在疫情防控期间，在线庭审确保了司法工作的正常进行，有效应对了疫情带来的审判延误问题。

在线庭审系统提供了一整套完善的庭审流程，包括在线立案、证据提交、庭审记录、判决书生成等环节，实现了庭审全过程的在线化和智能化。通过流程优化和系统集成，大大提高了庭审效率和工作质量。在线平台的运用还能够高效共享和利用信息，法官、律师和当事人可以及时获取案件相关情况，进行实时互动和沟通，避免了信息传递中的延误和误差，提升了庭审效率和决策的准确性。

（三）增强信息网络安全性

庭审过程往往涉及大量敏感信息和数据，如何确保这些信息的安全传输和存储，防止信息泄露和数据篡改，是在线庭审模式成功实施的关键。安徽省各级人民法院在"5G+庭审"模式适用过程中，广泛应用了量子加密技术。量子加密技术利用量子态的不可复制性和量子纠缠的特性，确保数据在传输过程中的绝对安全。通过量子密钥分发技术，保障了密钥的安全传输和使用，防止密钥被截取和破解。

在数据传输过程中，安徽法院采用先进的加密算法对数据进行加密，确保数据在传输过程中的安全性。即使是在开放的网络环境中，数据的安全性也能得到有效保障，防止信息被窃取和篡改。在数据存储环节，则通过建立多层次的数据安全保护机制，包括数据的分类存储、加密存储和备份恢复等措施，确保数据的完整性和可用性。此外，对权限管理及访问权限进行严格管控，防止未经授权的访问导致数据泄露。

安徽法院还建立了独立的网络安全防护体系，防止网络攻击和入侵行为，包括防火墙、入侵检测系统、病毒防护软件等多种安全防护措施，确保庭审系统的网络环境安全可靠。对庭审过程中的数据传输和存储进行实时监控和审计，及时发现和处理安全威胁，通过安全审计和监控系统，确保庭审数据的安全性和完整性，保障庭审过程的公正和透明。

司法人员和当事人的信息安全意识和防护能力也是保障信息安全重中之重，安徽法院通过组织定期的安全培训和宣传，着力提升司法系统整体的信息安全认识水平，确保在线庭审模式的安全运行。

（四）拓宽庭审网络渠道

"5G+庭审"在线诉讼新模式大大拓宽了庭审的网络渠道，为当事人提供了更多元的参与庭审的方式。在线庭审模式使得远程庭审成为可能，当事人和律师无须亲自到庭，可以通过网络平台参与庭审，减少了时间和经济成本。特别是在跨区域案件和国际案件中，远程庭审的优势更加明显，极大地方便了当事人和律师。

在线庭审系统支持多种移动终端，包括智能手机、平板电脑等。通过移动终端，当事人和律师可以随时随地参与庭审，使得庭审更加灵活和高效。在线庭审系统还兼容多种操作系统和浏览器，确保用户可以在不同设备和平台上顺利参与庭审。多平台兼容提升了系统的易用性，用户的体验感更好，参加线上庭审的渠道也愈加多样化。在线庭审模式还增加了公众参与庭审旁听讨论的机会，通过网络平台直播或录播，公众可以直接旁听庭审，并且可在收看直播视频的同时参与案件的互动讨论。

总而言之，"5G+庭审"在线诉讼新模式在保障线上庭审秩序、提升审判工作效率、增强信息网络安全性和拓宽庭审网络渠道等方面取得了显著的建设成效。这一模式的实施，不仅提升了司法服务的质量和水平，也为司法工作注入了新的活力和动力，推动了智慧法院建设的进程。

四　未来展望

（一）寻求诉讼当事人的信赖

尽管科技的进步为庭审带来了诸多便利，但许多当事人对在线庭审模式

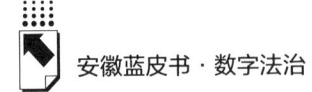

仍持怀疑态度，担心其公正性和安全性。一方面，传统庭审模式深入人心，面对面审理能够让当事人更直观地感受到法院审判的公正性和权威性。另一方面，在线庭审的虚拟化和远程化，使一些当事人担心庭审过程是否透明和公正。要攻克这一难题，需要从多个方面努力。首先，加强宣传和教育，让当事人了解在线庭审的优势和保障措施。通过案例分享、媒体宣传和开展公众讲座等方式，提高社会公众对在线庭审的认知和接受度。其次，提升在线庭审系统的透明度和公开性，通过实时直播庭审过程，让公众监督和参与庭审，增强当事人对线上诉讼的信任感。此外，司法部门需要不断完善在线庭审的操作流程和制度保障，确保庭审过程的规范和公正，增强当事人的信赖感。

就技术层面而言，在线庭审系统应当不断优化用户体验，确保当事人在使用过程中感受到便捷与高效。通过简洁友好的界面设计、简便的操作流程和稳定的系统运行，让当事人感受到在线庭审的优势和可靠。

寻求当事人的信任自然无法一蹴而就，需要通过多种手段的综合应用，逐步赢得当事人的信赖，从而推动"5G+庭审"在线诉讼新模式在实践中的广泛应用。

（二）强化各部门业务数据互认

司法系统涉及多个部门和环节，各部门之间的数据互通和业务协同对于在线庭审的顺利实施至关重要。然而，目前多数司法部门的数据系统仍然是独立运行的，各部门的数据标准和格式皆不统一，导致数据共享和业务协同困难。当前，安徽省数据资源管理局对全省数据资源进行整合，打通了全市72个市直部门、292个区县部门近200个信息系统，建立了统一的数据调取内网平台，在一定程度上实现了各部门间信息共享[1]，但由于格式和标准等各方面问题，在司法领域，各部门间的数据很难直接互通，也就无法做到直接互认。

---

[1] 参见《"最强大脑"，让城市更"聪明" 合肥加快推进数字城市建设》，合肥市人民政府网，https://www.hefei.gov.cn/ssxw/ztzl/zt/srxxxcgcddesdjs/xsdxwygzgjhffj/108946909.html，最后访问日期：2024年7月1日。

安徽省人民法院致力于建立一套统一的数据标准和规范，确保各部门之间的数据能够顺利对接和互认。通过制定统一的数据格式、接口标准和传输协议，打破数据壁垒，实现数据的高效共享和利用。积极推动各部门之间的业务协同和流程优化，利用信息化手段实现业务的自动化和智能化，提升整体工作效率。

在技术上，引入区块链技术来保障数据的安全性和不可篡改性。通过区块链技术，可以对各部门上传的历史数据进行记录，增强数据的透明度和可信度，确保数据的真实性和完整性，促进数据的互认和共享。此外，应当加强各部门之间的沟通和合作，建立定期的交流和协调机制，及时解决数据共享和业务协同中出现的问题，确保在线庭审新模式的顺利推进。

（三）提高法律职业共同体的参与度

法官、律师、公证人等法律职业共同体对在线诉讼新模式的态度会直接影响其推广与应用，然而当前部分法律职业人员对在线庭审模式持保留态度，担心技术问题可能会影响庭审的公正性和权威性。因此，需要加强对法律职业共同体的培训和引导。开展系统的培训课程，提高法律职业人员对在线庭审系统的操作技能和技术认知，使他们能够熟练运用在线庭审系统，确保能够顺畅地参与到庭审的过程中。通过培训和实践，让法律职业人员逐步了解在线庭审的优势和现有的保障措施，消除他们的疑虑和顾虑。

此外，可以适当建立激励与反馈机制，鼓励法律职业人员积极参与在线庭审。通过设置奖励和表彰制度，对积极参与在线庭审的法官和律师给予一定的奖励和认可，提升他们的积极性和参与度。同时，建立良好的反馈机制，听取法律职业人员对在线庭审系统的意见和建议，不断优化和改进系统，提升用户体验和满意度。

（四）加强互联网庭审秩序规范性

在传统的庭审模式下，法庭秩序通过现场管理和物理控制能够得以维

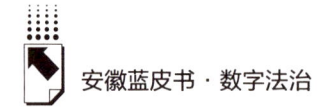

护，而在线庭审模式下，庭审过程完全依赖于网络平台，如何规范和维护庭审秩序成为一个新的挑战。

首先，需要根据《人民法院在线诉讼规则》规定的在线庭审规章制度，对庭审过程中的各个环节进行明确规定和细化要求，包括在线庭审的操作流程、行为规范、证据提交和审查等各个方面，确保庭审过程的规范化和有序进行。以详细的规章制度对法官、律师和当事人行为进行指导和约束，避免线上庭审的混乱和无序。其次，可以引入智能监控与自动化管理功能，对庭审过程进行实时监控和记录，及时发现和处理庭审过程中的违规行为和突发情况，并采取行动予以矫正。同时引入公众监督机制，通过实时直播和公开庭审记录，让公众参与和监督庭审全过程，增强庭审的透明度和权威性。最后，加强对庭审参与人员的培训和教育，提高他们的法律素养和庭审纪律意识，确保庭审过程中的行为规范和有序。

（五）拓宽量子加密技术应用领域

量子加密技术在"5G+庭审"在线诉讼模式中的应用不仅增强了庭审过程中的信息安全性，也为该技术在其他司法领域的推广和应用提供了可能性。至2023年6月，合肥市中院通过5G互联网远程开庭达3231场，其中通过5G量子加密技术远程开庭涉知识产权、商业秘密案件637场，向合肥市各看守所远程开庭及提审165场，向全国政法机关提供监狱远程开庭及提审41场。[①] 随着这一技术的不断发展和成熟，其应用领域也应当实现逐步拓展。

首先，在证据保全和存储方面，量子加密技术可以提供更高的安全保障。在传统的司法过程中，证据的保全和存储是一个关键问题，任何数据的泄露或篡改都会对案件的公正性产生重大影响。通过量子加密技术，可以对电子证据进行加密存储，确保其在传输和存储过程中的安全性和完整性。这

---

① 参见《"5G+庭审"项目入选2023年度法治蓝皮书》，合肥市人民政府网，https：//www.hefei.gov.cn/ssxw/ztzl/zt/yhyshj/gzdt/108960007.html，最后访问日期：2024年7月1日。

样一来，无论是电子邮件、电子文件还是其他形式的电子证据，都可以得到有效保护，防止数据泄露和篡改，提高司法过程的安全性和可信度。

其次，在司法文书传输方面，量子加密技术也具有重要应用价值。司法文书的传输过程涉及大量敏感信息和数据，确保这些信息的安全传输至关重要。量子加密技术能实现对司法文书进行加密传输，保障数据传输的安全，不仅可以防止传输过程中的信息泄露，还能保证司法文书的真实性和完整性，提高司法工作的效率。

此外，在司法信息系统的安全防护方面，量子加密技术同样能够发挥重要作用。随着信息技术的发展，各种网络攻击和信息泄露事件层出不穷，司法信息系统面临的安全威胁日益增加。量子加密技术以其独特的加密方式，可以有效阻止网络攻击，保障司法信息系统的安全，以此提升司法信息系统的整体安全水平，为司法工作的顺利开展提供有力保障。

最后，在司法数据的跨境传输和国际合作方面，量子加密技术亦扮演着重要角色。在全球化背景下，司法领域的跨境合作和数据传输日益频繁，量子加密技术能够切实有效地保障跨境数据的安全传输，防止数据传输过程中的泄露与篡改，能够有效促进国际合作和提高处理跨境案件的效率和公正性。

未来安徽省各级人民法院要紧抓数字化改革发展机遇，积极构建"全市覆盖、稳定高效"的数据安全保护网，以"5G+庭审"为开端，积极探索5G技术如何更高层次、更大范围、更广领域地融入司法审判工作中，多场景运用量子加密技术，打造"5G+智慧法院"生态系统，用科技赋能助推审判质效提升，实现公正与效率的有机统一，不断增强人民群众司法获得感、幸福感、安全感，助力实现更高水平的数字正义。

B.10
"云"模式助力调解速裁解纷争：
智慧诉讼服务治理新思路

余昊哲　李新怡[*]

摘　要： 智慧法院是依托现代人工智能形成的新型人民法院组织、建设、运行和管理形态，自2015年7月首次提出以来，安徽省法院积极推动信息化建设，利用信息技术手段，整合诉讼服务大厅、诉讼服务网、"12368"服务热线和移动客户端等多种渠道，打造一体化在线诉讼服务平台，在智慧诉讼服务方面取得了显著成效，实现了从案件受理、审判到执行的全流程在线服务。智慧诉讼服务从探索逐步走向成熟，形成了一套系统化、规范化的在线服务体系，为实现司法公正、高效提供了有力支撑。

关键词： 智慧诉讼服务　多元解纷　区域协同

2021年5月，最高人民法院印发的《人民法院信息化建设五年发展规划（2021—2025）》明确指出，法院业务发展必须满足人民多元化的司法需求，要积极推进一站式多元解纷和诉讼服务体系建设，构建以人民为中心的诉讼服务制度体系。同年6月，《人民法院在线诉讼规则》的通过对人民法院进行在线诉讼及提供相关诉讼服务提出了新要求。近年来，中国法院信息化发展迅猛，科学技术与司法活动的联系愈加密切，智慧诉讼服务逐步成为人民法院诉讼服务的主流样态，以科技创新为司法服务赋能，推动智慧诉讼服务从探索走向成熟、从可用能用走向好用易用。"十三五"期间，安徽

---

[*] 余昊哲，合肥工业大学文法学院讲师，法学博士，主要研究方向为数字法学、行政法学；李新怡，安徽大学法学院硕士生，主要研究方向为数字法学、行政法学。

省各级人民法院高度重视信息化工作，建设了全面覆盖、移动互联、跨界融合、深度应用、透明便民、安全可控的人民法院信息化3.0版，在此基础上，调动信息技术手段，整合诉讼服务大厅、诉讼服务网、"12368"服务热线、移动客户端等诉讼服务渠道，统筹推进一体化、一站式人民法院在线诉讼服务平台，充分发挥数据要素核心引擎作用，力求全面推进现代化诉讼服务体系建设。

一 智慧赋能诉讼服务建设背景

（一）政策背景

智慧法院是以现代信息技术为基础，支持司法审判、诉讼服务和司法管理，实现全业务网上办理、全流程依法公开、全方位智能服务的人民法院组织、建设、运行和管理形态。2016年，智慧法院的发展被纳入《国家信息化发展战略纲要》和《"十三五"国家信息化规划》。同年，最高人民法院制定并实施人民法院第五个五年改革纲要，指出要"建设现代化智慧法院应用体系"。随着科技的进步，我国法院的智慧化改造步入新的阶段，政策法规频出，顶层设计的不断完善，为人民法院智慧诉讼服务提供了全面且明确的标准规范体系。2017年发布的《最高人民法院关于加快建设智慧法院的意见》明确提出打造"互联网+"诉讼服务体系，努力实现所有诉讼服务业务网上办理，构建支持全业务流程的互联网诉讼平台以及完善电子送达系统，破解送达难题等。2019年2月，最高人民法院在"五五改革纲要"也再次提到要"推进智慧诉讼服务建设，研发智能辅助软件，为当事人提供诉讼风险评估、诉前调解建议、自助查询咨询、业务网上办理等服务，切实减轻人民群众诉累"。2021年5月，《人民法院信息化建设五年发展规划（2021—2025）》再次强调搭建人民法院诉讼服务制度体系。2022年1月，最高人民法院印发的《人民法院在线运行规则》明确提出"人民法院应当建设智慧服务、智慧审判、智慧执行、智慧管理、司法公开、司法数据中台

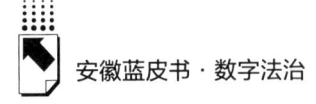

和智慧法院大脑、信息基础设施、安全保障、运维保障等智慧法院信息系统，保障人民法院在线运行"，并对智慧服务系统的运行作出了基本规定。同年12月，为贯彻落实《中华人民共和国国民经济和社会发展第十四个五年规划和2035年远景目标纲要》，最高人民法院进一步发布了《关于规范和加强人工智能司法应用的意见》，强调推动人工智能同司法工作深度融合，加强人工智能服务多元解纷和社会治理，不断拓宽人工智能司法应用场景和范围。

（二）实践背景

1. 科学技术的发展奠定技术基础

新兴数字技术的发展为人民法院的审判执行服务工作带来了前所未有的机遇与挑战。随着大数据、云计算、人工智能等技术的深入应用，人民法院正迎来数字化转型的关键时期。在这个背景下，人民法院积极拥抱新技术，不断推动诉讼服务工作智能化、信息化、现代化。当前，通过对语音库训练以及AI智能学习，机器语音识别的准确率大大提升，除针对特定人外可以实现多人语音识别，且识别范围扩展到各地方言。传感器采集、数字化处理、图像生成等数字技术的成熟，使得扫描文件内容更加清晰，搭配文字识别转化技术，提升了线上提供诉讼服务的可行性。

2. 全国法院的创新探索提供实践经验

智慧诉讼服务发展至今，离不开各级人民法院在实践中的积极探索。广州法院上线全流程线上电子诉讼服务平台，实现诉讼服务线上线下相融合，提供25类案件结果预测与解纷方式指引，同时基本事务皆可直接网上办理，网办率位居全国前列；江苏法院率先使用中国环境资源审判信息平台，平台端设置了诉讼服务、以案释法、法律资源等模块，便利公众参与到环境保护类案件中，增强司法保护；北京法院将各诉讼服务平台融合对接，实现信息互通共享，通过大数据、云计算等技术支撑，为群众提供"一账号""多渠道"的一站式诉讼服务；浙江省法院运用"数字+制度"模式全面推进"全域数字法院"改革，实现了智慧司法"从点到面"的转变，率先建成"省域一体化的现代化数字法院",以全面数字化与高度智能化为司法公平正义注入新效能。近年来,全国各地法院协同互联网科技公司不断探索智慧诉讼服务,由此形成的丰富实践经验成果为安徽法院推行智慧诉讼服务提供了丰富的参考借鉴。

3. 安徽智慧法院建设创造支撑条件

自2015年智慧法院建设这一话题首次提出以来,安徽法院一直将信息化、技术化作为助推司法改革、促进司法公正、实现科学发展的重要支撑力量。随着科技的快速发展和数字化时代的到来,安徽智慧法院建设步伐不断加快,在保持原有信息化建设成果的基础上,不断探索创新,积极引进先进技术和理念,努力提升司法效率和服务水平,基本上构建了相对可靠的法院信息化运行体系。

其一,技术创新是智慧法院建设的核心。安徽法院通过引入人工智能、大数据、区块链等前沿技术,推动法院系统智能化转型升级。这些技术的应用不仅提高了案件处理的效率和准确性,还实现了诉讼全流程的智能管理。例如,智能语音识别和自然语言处理技术在庭审记录和法律文件处理中的应用,大大减少了人工录入和审核的工作量。其二,信息化平台建设为智慧诉讼服务提供了坚实的基础。安徽智慧法院在建设过程中,建立了统一的诉讼服务平台,实现了案件信息的集中管理和共享。这一平台集成了电子卷宗、网上立案、在线庭审等功能,方便当事人和律师随时随地进行诉讼操作,提升了司法服务的便捷性和透明度。其三,数据资源的整合与应用是智慧法院建设的重要支撑。安徽通过构建司法大数据中心,汇聚了各类案件信息、法律文书、审判数据等资源。通过大数据分析和挖掘,不仅能够为法官提供决策支持,还可以实现对司法活动的全面监控和评估,提高审判质量和效率。其四,人才队伍建设是智慧诉讼服务发展的关键所在。通过引进和培养具有信息技术和法律双重背景的人才,确保了智慧法院建设的顺利推进。通过定期的培训和技能提升,增强了法院工作人员对新技术的掌握和应用能力。最后,安徽智慧法院建设中的制度创新也是智慧诉讼服务的重要保障。通过完善相关法律法规,制定信息安全和隐私保护措施，确保了智慧法院系统的合法合规运行。此外，智慧化法院建设为司法公开提供了更多可能性，增强了司法透明度和公信力，为智慧诉讼服务的发展创造了有利的条件。

二 建设成效

（一）线上线下诉服相融合

根据案件的特殊情形及秉持便利当事人的原则，人民法院以数字化转型推动现代化诉讼服务体系建设，实现诉讼服务线上线下双轨并行，充分尊重当事人的选择，做到线上线下服务无缝衔接、自由切换。安徽法院搭建了安徽法院—诉讼服务在线平台，将人民法院在线服务平台、电子诉讼平台、"12368"诉讼服务热线等平台进行整合，涵盖调解、立案、审理、结案、执行的全过程线上诉讼服务，为群众提供一站式诉讼服务（见图1）。其中，分设律师通道和当事人通道，有针对性地提供诉讼服务，并设有专门的模块公告执行信息、审判流程及开庭讯息，提供简单的诉讼服务工具如诉费计算工具、劳动争议计算工具等（见图2）。

图1 安徽法院—诉讼服务在线平台界面

"云"模式助力调解速裁解纷争:智慧诉讼服务治理新思路

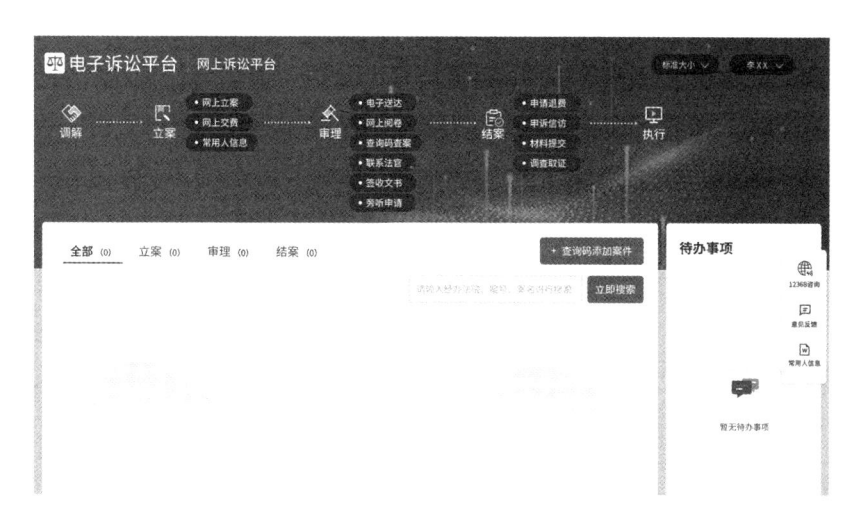

图2 当事人电子诉讼平台服务界面

随着"互联网+"的发展与运用,诉讼服务中心的服务范围更加全面,信息化服务能力不断提升。安徽省法院在实现诉讼服务中心全覆盖的同时,通过整合多元解纷、分调裁审、立案服务、审判辅助、涉诉信访五大板块,将诉前调解、立案登记、保全、送达等近50项诉讼服务事项由诉讼服务中心一站式办理,实现诉讼全程式服务。同时,诉讼服务的方式进一步向智能化转变,依托"安徽法院诉讼服务网"和"中国移动微法院(安徽)",构建一网通办各项业务的"智慧诉讼服务"新模式,可以提供远程立案、交退费、证据交换、网上调解、电子送达等诉讼服务。律师和当事人可以自行选择线上、线下、窗口、自助式智能机器或多种方式相结合来获取诉讼服务。一站式高质量智慧型诉讼服务,得以切实增强人民群众司法获得感(见图3)。

(二)创新线上解纷机制

随着互联网技术的发展,利用"云上法庭"线上调解,零接触即可解决纠纷成为现实。2018年2月最高人民法院上线人民法院调解平台(见图4),集合了法院的审判调解资源和全社会的纠纷化解资源,打通线上线

183

图3　中国移动微法院（安徽）微信小程序界面

下多种渠道，灵活组织开展调解，并且可以在线制作调解协议、在线进行司法确认，极大地提高了调解效率，截至2024年12月5日仅安徽省合肥市人民法院利用该平台受理的调解案件就已经达到59万余件。在此基础上最高院于2021年12月发布了《人民法院在线调解规则》，进一步规范了在线调解的程序规则，安徽省各地市人民法院以此为指导结合地方特色开展多元调解就地化解矛盾纠纷。

2024年6月，安徽省肥西县桃花镇人民调解委员会、桃花派出所警民联调室与肥西县人民法院桃花人民法庭通力合作，通过联合远程指导调解并运用"云法庭共享机制"成功调处两起纠纷，且在线完成司法确认，将"诉前调解+司法确认+云上共享"非诉解纷模式落到实处，加强了法院与调

"云"模式助力调解速裁解纷争：智慧诉讼服务治理新思路

图4 人民法院调解平台

解组织的联动，提升了基层矛盾纠纷化解能力。① 6月22日，蒙城县人民法院速裁快审团队依托"蒙城法院网上开庭"微信小程序对双方的微信聊天记录、录音等证据进行分析，并对支付款项进行逐笔梳理，成功调解一起公路货物运输合同纠纷案件，高效化解了矛盾纠纷，减轻当事人诉累。② 8月5日，合肥市瑶海区人民法院通过"e事庭"多元纠纷化解平台，成功对安徽某钢结构有限公司与安徽某文化科技有限公司的合同纠纷开展网上调解，解决了这场持续长达三四年的经济纠纷，解开了双方的心结，化解了矛盾。③ 9月5日，淮北市烈山区人民法院亦通过"云上法庭"平台，以视频通话的方式，让双方能够清晰地表达自己的想法和担忧，高效快速调解了一场被告远在偏远地区的保险合同纠纷。④

---

① 参见《安徽省肥西县桃花镇："多元调解+云上共享"绘就诉源治理新"枫"景》，百度网，https://baijiahao.baidu.com/s?id=1803071277075188901&wfr=spider&for=pc，最后访问日期：2024年9月30日。
② 参见《蒙城法院线上调解化纠纷》，亳州市中级人民法院网，http://bzzy.ahcourt.gov.cn/article/detail/2024/06/id/8001889.shtml，最后访问日期：2024年9月30日。
③ 参见《以"e"赋能，智慧诉讼"易"起来》，安徽省合肥市瑶海区人民法院网，http://hfyhfy.ahcourt.gov.cn/article/detail/2024/08/id/8055519.shtml，最后访问日期：2024年7月9日。
④ 参见《云上法庭显身手 便捷高效解民忧》，安徽新闻网，http://fzr.ahnews.com.cn/news/2024/09/05/c_586176.htm，最后访问日期：2024年7月9日。

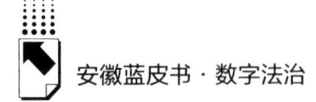

安徽省法律服务网还相应地提供"找法援""找调解"等一系列法律服务，为当事人在线寻求调解服务提供更多可能性。安徽省各地市基本实现调解平台法院应用率达100%，整合法院和社会组织调解力量，借助社会资源一站式化解纠纷。

（三）在线立案高效快捷

2019年《最高人民法院关于建设一站式多元纠纷解决机制 一站式诉讼服务中心的意见》指出，"全面实行网上立案，做到凡是能网上立案案件，应上尽上"。网上立案是推进智慧诉讼服务发展、创新诉服方式的重要举措。2022年出台的《人民法院在线运行规则》中也提到"当事人及其代理人可以通过人民法院在线服务、电子诉讼、诉讼服务网等平台在线提交立案申请"。安徽省现在的在线立案主要依托安徽移动微法院（小程序）和安徽法院诉讼服务网两个渠道开通的网上立案功能，市民首次登录时需要进行身份认证，而后可以使用相关功能，进行立案申请、上传立案材料，确认提交后则等待法院审核即可，不再需要递交纸质材料。除刑事公诉案件外所有类型的案件基本能够进行网上立案，且立案申请方便，目前线上立案已得到广泛运用，而建设的重点在于提供更为智能且便捷的辅助立案措施。

1. 诉状智能生成系统

诉状智能生成系统是在线立案过程中一项重要的辅助措施，旨在帮助当事人高效、准确地编写和提交诉状。该系统通过人工智能和自然语言处理技术，为用户提供全面的指导和自动化服务。其主要功能包括以下五个方面。一是模板选择与定制。系统提供多种类型的诉状模板，涵盖民事、刑事、行政等各类案件。当事人可以根据自身案件类型选择相应模板，并根据实际情况进行定制修改，确保诉状内容符合具体需求。二是智能引导与提示。通过问答引导的形式，逐步收集当事人提供的案件信息和材料。根据用户输入的信息，系统自动提示需要填写的内容和注意事项，避免遗漏关键信息或出现格式错误。三是自动填充与生成。基于当事人提供的信息，系统能够自动填充相关内容，生成结构完整、条理清晰的诉状文本。这包括当事人基本信息、诉讼请求、事实和理由、证据清单等关键部分，确保诉状的规范性和完整性。四是语言优化与校对。通过自然语言处理技术，系统能够对生成的诉状进行语言优化和校对，确保语言表达的准确性和逻辑性。系统还可以检查拼写和语法错误，进一步提高诉状的质量，且针对不同语言的当事人，能够生成不同语言和法律体系要求的诉状文本。五是提交与保存。生成的诉状可以直接提交至在线立案平台，并自动保存至用户账户，方便用户随时查阅和下载。系统还提供电子签名功能，确保诉状的法律效力和提交的便捷性。诉状智能生成系统能够极大地简化诉状编写过程，提高立案效率和准确性，是在线诉讼服务的重要技术支撑。

2. 二审再审及申请执行案件全面推行线上立案

当事人确定上诉或再审时，系统将自动调取原审卷宗，缴费完成以后二审法院即收到线上材料可直接立案；线上申请执行案件立案时，也无须当事人提交相应的裁判文书证明，系统可直接查取进而关联判决书内容，直接网上提交申请即可完成立案，为当事人提供快捷式线上立案服务。

3. 诉服人员线上线下皆服务

当事人能够通过小程序及网站自行扫描材料提交信息的，由诉讼服务人员在线进行答疑辅助即可；针对确存在客观情况，需要现场立案的当事人，则需要诉讼服务人员提供迎接、代办等服务，对电子材料进行扫描上传和立案；同时针对情况特殊，无法自行线下和线上立案的当事人，需要诉服人员上门提供辅助立案服务，立案后进行全流程跟踪，必要时在当事人家中搭建互联网设备，辅助人员代为实现在线诉讼。

4. 立案辅助系统越发成熟

自最高人民法院推动建设人民法院立案辅助系统以来，其在防范虚假诉讼、案件风险预警等方面发挥着重要作用，有效解决了虚假诉讼、滥诉等识别难的问题。首先，推动立案辅助系统与办案系统深度对接，在办案系统正常录入保存收案信息后，自动调用立案辅助系统进行分析，案件首页即可一键查阅相关分析报告；其次，实现智能辅助法官开展基础的立案条件分析工作。对于案件中可能存在的当事人主体不适格、重复诉讼情形、不符合受诉

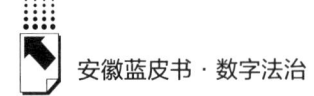

范围、不符合管辖范围等情形进行分析及提示；最后，通过整合当事人全国历史诉讼行为数据、双方当事人之间特殊关系数据、本案案情数据，对案件潜在的虚假诉讼、滥诉、涉众可能性进行分析及预警。辅助法官识别套路贷、骗保、合同及租赁、股权转让等各类虚假诉讼，行政滥诉、知识产权恶意诉讼等浪费司法资源情形及涉众类案件；同时，该系统还能调取当事人在全国范围内的各类案件基本信息和公开裁判文书，帮助法官了解该当事人过往的涉诉情况，辅助法官对案情作出进一步的判断。当然，对经法官确认不存在异常的案件不再着重提示风险，这种确认的结果亦会被用于系统分析模型的优化，不断提升分析结果的准确率。安徽省安庆市中院在2023年巡察整改情况通报中强调案管系统要深度嵌入应用人民法院立案辅助系统，利用自动检索协助立案工作人员分析比对发现虚假诉讼案件。

（四）电子卷宗应用更加深入

根据《最高人民法院关于进一步加快推进电子卷宗随案同步生成和深度应用工作的通知》（法〔2018〕21号）文件要求，安徽省法院电子卷宗随案同步生成等一系列司法应用工作深入推进。电子卷宗数据是安徽省法院审判业务的核心数据资源，目前全省法院电子卷宗数据量呈爆炸式增长。每天新增电子卷宗数据可达1TB以上。无纸化电子卷宗能够实现案件信息和资料的数字化管理和存储。这种方式不仅提高了案件处理的效率和准确性，还节省了大量的纸张和存储空间，符合环保和信息化的发展趋势。在具体操作中，由法院诉讼服务中心负责立案阶段案件材料扫描并生成电子卷宗，纸质卷宗统一交由智能中间柜集中管理。承办法官可通过审判管理与服务平台、"掌上法云"App查阅电子卷宗，发起纸质卷宗借阅归档等流程申请，智能中间柜工作人员接到申请后及时对纸质卷宗进行出库、归档等操作。

数字化存储实现所有案件相关的文件、证据、判决书等资料均以电子文件形式存储在法院的数据库中，取代了传统的纸质档案。允许法官、律师和当事人通过网络平台随时随地查阅案件资料，其提供的强大搜索功能，可以保证根据关键词、日期、案号等条件快速检索到所需文件。在协同办公方面，系统可支持多人协同工作，法官、书记员、律师等相关人员可以同时查看和编辑同一个案件的资料，极大地提高了案件处理的效率和团队合作的效果。在信息安全和保密方面，电子卷宗系统采用先进的加密技术和权限管理措施，能够确保案件资料的安全性和保密性。同时，只有经过授权的人员才能访问和操作相关数据，能防止信息泄露和未经授权的修改。同时，系统能够提供更强大的多媒体支持，除文本文件外，电子卷宗支持存储和管理图片、音频、视频等多媒体证据，为案件事实提供更为多样化证明资料形式。无纸化电子卷宗的广泛应用真正实现了让司法提速增效，提高法官干警办案效率的同时，以系统应用打通诉讼服务"最后一公里"，做到让群众少跑腿，切实减轻群众诉累。

（五）全方位运用电子送达

2021年12月24日，第十三届全国人民代表大会常务委员会第三十二次会议审议通过《关于修改〈中华人民共和国民事诉讼法〉的决定》，其中明确指出"经受送达人同意，人民法院可以采用能够确认其收悉的电子方式送达诉讼文书"，将判决书、裁定书、调解书纳入电子送达适用范围。最高人民法院印发《关于进一步加强民事送达工作的若干意见》的通知中也进一步强调，在严格遵守民事诉讼法和民事诉讼法司法解释关于电子送达适用条件的前提下，积极主动探索电子送达及送达凭证保全的有效方式、方法。当前，安徽法院电子送达服务已相当完善，各地市法院结合当地特色以多种途径开展电子送达业务。

马鞍山市花山区人民法院推广使用电子送达平台，法官通过案管系统内嵌"统一送达"程序，将诉讼文书推送至送达中心，由送达中心完成主要送达任务，集约送达中心通过电话联系被告，详细告知电子送达的程序和优势等内容，在征得被告同意的情况下，运用电子送达平台以手机短信的方式来对案件进行送达，受送达人只需点开短信中的链接即可看到法律文书等相关材料。天长市法院采用"智慧法院+邮政"集约送达新模式，集电子送达、直接送达、公告送达等方式于一体。受送达人同意电子送达后，在后台勾选电子送达方式，送达专员直接点击发送即可，2022年8月至2023年8月，该院电子送达共4586起。① 六安市裕安区法院结合该院工作实际，以规范送达行为、提高电子送达率、严格送达地址确认、送达地址推定、公告送达标准等为重点，研发制定《民事送达工作标准》，推动送达工作稳步开展，其将电话送达置于电子送达的前端，不仅能完成部分送达工作任务，还能为后续送达工作有效开展打好基础，因此该院在电子送达确认书中将电话列为必填项，并引导受送达人注册认证人民法院在线服务小程序（见图5）。② 合肥市蜀山区人民法院与安徽邮政合力打造了"综合送达中心"，打通安徽邮政专递网络系统与法院审判管理系统，结合安徽诉讼服务网、移动微法院、全国统一送达平台的失联修复、目的地集中打印邮寄等功能，完成在线协查、在线送达、在线反馈送达结果，实现多元化送达方式的整合，充分与现代信息技术接轨，真正做到了送达全流程、全在线、高效化、智能化。③

（六）诉讼缴退费便捷畅通

在诉讼费"一案一账户"管理系统和线上缴纳诉讼费的基础上，通过信息化手段和便捷的服务模式，安徽省各级人民法院为当事人提供了在线支付平台、自助缴费终端、银行柜台或网上转账、人民法院在线服务平台等多种渠道的缴费方式。2024年4月以来，安徽省各地市法院根据省高院统一部署要求，接连正式上线并运行诉讼费电子票据系统，真正做到诉讼费预收、退费、结算全流程网上办理。当事人可根据缴款通知单通过统一公共支

---

① 参见《"电子送达"怎么样？我们用数据说话》，微信公众号"马鞍山市花山区人民法院"，2022年2月14日。
② 参见《【以人民为中心】多举措提升送达质效 服务保障"疫"线办案》，六安市裕安区人民法院网，http://www.yafy.gov.cn/DocHtml/2/22/05/00003453.html，最后访问日期：2024年7月10日。
③ 参见《蜀山法院：联手安徽邮政打造集约化送达外包服务新标杆》，微信公众号"合肥市蜀山区人民法院"，2021年3月2日。

安徽省六安市裕安区人民法院送达地址确认书

案号			案由	
当事人				
告知事项	1. 为便于当事人及时收到人民法院诉讼文书，保证诉讼程序顺利进行，当事人应当如实提供送达地址或电子送达方式。委托代理人、指定代收人签署本确认书，视为所代理的当事人进行确认。委托代理人、指定代收人在送达地址栏填写自己的地址的，视为所代理当事人的送达地址。 2. 为提高送达效率，在当事人同意的情况下，人民法院将优先采用电子方式送达，判决书、裁定书、调解书可以同时线下送达。无论是否接受电子送达，均应提供联系手机号码。 3. 确认的送达地址或电子送达方式适用于一审、二审、审判监督、执行程序。如有变更，应当及时书面告知人民法院变更后的送达地址或电子送达方式。 4. 如果提供的地址或联系方式不准确，或者不及时告知变更后的地址或联系方式，使诉讼文书无法送达或未及时送达，当事人将自行承担由此可能产生的法律后果。			
送达地址及方式	收件人		与当事人关系	□本人□代理人□指定代收人
	证件类型		证件号码	
	电子送达方式（可多选）	是否接受电子送达：是□否□ 手机号码（必填）： □人民法院在线服务（请先扫码认证）： □微信号： □其他：		
	送达地址			
	手机号码（必填）		邮编	
受送达人确认	我已阅读（听明白）本确认书的告知事项、背面的法律规定节选，提供了上栏送达地址和联系方式，确认了上栏送达方式，并保证所提供的各项内容是正确的、有效的。如在诉讼过程中送达地址或联系方式发生变化，将及时通知法院。 受送达人（签名或者盖章）　年　月　日			
备注				
法院工作人员签名				

图 5　安徽省六安市裕安区人民法院送达地址确认书

资料来源：六安市裕安区人民法院网，http：//www. yafy. gov. cn/index. html，最后访问日期：2024 年 7 月 21 日。

付平台、微信、支付宝、银联云闪付、POS 支付、柜面办理、虚拟转账等方式缴纳诉讼费，完成支付后，可以直接通过电脑或手机访问安徽省财政电子票据公共服务平台网站，选择“缴款码查验”输入对应的非税缴款码、验证码后，即可浏览并下载保存电子票据（包括结算、退费票据）。

传统的诉讼费退费办法，在案件结案后，退费流程烦琐，周期长，诉讼成本高，诉讼费退费不及时问题已被列入安徽法院系统“顽瘴痼疾”整治内容。现在诉讼费退费正努力实现从“申请退”到“主动退”的转变，无须当事人到现场、无须提供一份材料，诉讼退费系统即可自行将诉讼费退回到当事人立案时所确认的银行账户中。系统会对每一个生效案件自动发起退费流程，经法官、财务人员核实确认后，退费流程完成。案件生效后15日内，当事人便会收到应退的诉讼费。如当事人想要查询退费流程进展情况，可致电"12368"热线或至退费窗口查办。

三 问题与展望

在近年来的智慧法院发展过程中，安徽省各级人民法院直面法院信息化和智慧诉讼服务发展过程中的痛点难点，取得了前所未有的成效。但将智慧信息技术运用到司法实践中，仍存在背离司法审判执行的专业性、数据安全难以得到保障、技术运用不够成熟、各地市差距过大等涉及系统搭建与实际应用两个维度需持续跟进解决的问题。

（一）存在的问题

1. 平台系统搭建有待完善

科技应用是在线诉讼服务赖以生存和发展的基本前提，系统平台是在线诉讼服务得以开展的基本载体。随着智慧诉讼服务的迅速发展，各地为支持提供在线诉讼服务，各类平台建设如雨后春笋般。由于各地经济发展存在差异，对技术保障的投入水平参差不齐，平台建设缺乏统一标准和模式，平台之间在数据共享、功能模块、系统操作等方面存在"不通、不稳、不行"等问题。同时还面临着技术在司法领域应用边界不明、技术应用标准不够统一、数据互联互通受制约、平台使用体验尚需优化、司法数据安全保障等一系列深层次问题，"数据孤岛""信息壁垒"现象仍然存在，信息系统和平台建设的总体规划性有待强化，提高产出率，司法信息技术开发及运用的规范性、整体性和协调性仍有待全面整合提升。[1] 比如在"人民法院在线服务"平台以外，安徽省各地方还存在自行搭建的在线诉讼服务平台，各平

---

[1] 参见刘峥《数字时代背景下在线诉讼的发展路径与风险挑战》，《数字法治》2023年第2期。

台存在功能上的重合且无法实现数据的互通，不仅会影响当事人的使用，也会造成各阶段司法数据混乱的局面。在线诉讼服务平台受网络速度、信号强度、设备状态等技术因素影响较大，实践中在线服务常发生中断、卡顿或者延迟，这是目前在线诉讼服务需要在技术层面加速解决的重点之一。在操作功能方面，部分平台存在账户注册、关联案件流程烦琐，界面设计不合理，无法上传视频证据，无法及时查看证据，智能化水平不高，语音识别不够灵敏等问题，这些都需要进一步实现技术优化。

2. 实际应用不均衡现象突出

一方面，虽然人民法院智慧诉讼服务的发展迅速，但闲置与失衡的问题频出。部分地市法院网上立案率偏低，不超过20%，甚至存在网上立案数为0的情况；网上交退费成功率在各地市间不平衡，些许法院网上缴费和退费数量为0；电子送达的成功率也难以得到保障。可见虽然智慧诉讼服务得到了技术方面的支持，但利用率不高的问题仍然在不同程度上存在。另一方面，部分地区的硬件设施不匹配，导致信息化工作很难开展。且大多数法院对信息化的运用还停留在基础层面，缺乏对信息化数据的深度挖掘和再运用，甚至出现一个案件信息要在不同的环节重复录入，额外增加法官工作量，变"减负"为"增负"，致使法官信息化应用热情有所减退，导致法官为了高效率结案无奈选择继续使用传统的结案方式，久而久之，对信息化设备就出现了轻运用的怪象。

3. 复合型人才短缺

对于基层法院，人才缺失的现象尤为严重，而专业的复合型的信息化人才又少之又少。实践中有些法院干警、当事人和律师对智慧诉讼服务敬而远之而导致使用不多，不仅是因为网络系统卡顿造成的重重阻碍，也存在自身观念难以适应时代的问题，人民群众对在线诉讼服务存在不同程度的疑虑，不敢用、不愿用的心理比较常见；部分法院干警行事不够积极，怠于学习新技能，在一定程度上影响了智慧诉讼服务的改革效果。

（二）未来展望

智慧诉讼服务的发展必然要完成从内部应用到跨部门多场景联动、从单一式发展到跨区域协作的转变,力求在信息时代助推互联网司法新模式的发展,以智慧服务助力更高水平的司法正义。

第一,完善诉服平台系统,促进跨部门统筹协调。根据管用、爱用、好用的标准持续完善在线诉讼服务系统。运用信息技术,保持诉服系统持续迭代升级,优化系统功能、提升用户体验,结合新兴科技,减少系统卡顿、不兼容、格式错误等一系列技术难题。重点关注基层法院的技术难题,提供相应的技术服务与支持,强化各司其职、分工协同的工作机制,完善系统配套设施。同时对平台进行系统优化,减少不必要的重复功能,并加强安全体系建设,提高诉讼服务相关系统、平台的安全保障能力和管理水平。安徽省各级人民法院积极推进与互联网技术公司合作,通过招标的方式达成技术合作,对智慧法院建设所依赖的配套设施和软件进行迭代更新。

第二,拓展参与主体,推进深度运用。智慧诉讼服务仅依靠法院是无法得到落实的,必须将上下游的参与者都动员起来。加强与律师行业的协作,提升线上立案率,从源头保障电子材料的完整性与准确性。加大智慧诉服宣传力度,鼓励动员当事人多采用便捷的线上方式,增强群众对线上诉讼的信任,使得智慧诉服运用更加广泛。涉及公诉案件,要推进政法各家业务协同平台建设,建立协同机制,减少重复性手续,办案更加准确快捷。同时,要不断推动智慧诉讼服务系统向更深层次运用,可涵盖卷宗管理、"云上法庭"、电子送达、线上执行等多个方面,将在很大程度上提高案件的办理效率。

第三,构建相应的评价指标体系。参考最高人民法院制定的《诉讼服务指导中心信息平台质效评估指标体系》,人民法院智慧诉讼服务全流程体系的搭建,从建设、应用、成效等多个维度可以探索建立一套完整、客观、数字化和可操作的评价指标体系。在硬件设施建设方面,应涵盖信息化基础设施的完备性、网络安全的保障程度、智能设备的配备率及更新速度等。在软件系统应用效能方面,应关注诉讼服务系统的稳定性、易用性、响应速度以及系统的智能化程度。比如,可以设定系统在线处理案件的能力、智能问答系统的准确率、电子卷宗归档的完整性等指标来衡量软件系统在提高诉讼服务效率、降低诉讼成本方面的作用。在成效评价方面，应综合考虑诉讼服务的便捷性、高效性、公正性以及用户满意度。例如，可以设置案件平均处理时间、当事人在线诉讼率、案件调解成功率等指标来评估智慧诉讼服务在提高司法效率、促进纠纷化解方面的效果。同时，还应通过问卷调查、满意度评价等方式，收集当事人和法官对智慧诉讼服务的反馈意见，以用户为中心，不断优化服务流程和功能设计。评价指标体系还应具有一定的灵活性和前瞻性。随着科技的不断进步和司法改革的深入推进，智慧诉讼服务的内容和功能也将不断更新和扩展。因此，指标体系应能够及时调整和完善，以适应新的发展趋势和需求，促进诉服的不断发展与完善。

第四，直面法院发展不平衡现象，打响智慧诉服"脱薄"攻坚战。根据最高人民法院印发的《关于加强全国相对薄弱基层法院建设的实施办法》，薄弱法院是指整体工作相对偏弱、在本地区综合考核中长期落后、依靠自身力量短期难以改观、需要上级法院重点帮扶指导的基层法院。2024年1月下旬，最高人民法院确定了全国首批106个薄弱法院，安徽省多个地市都存在薄弱法院。基于此，安徽省高院强调，相对薄弱基层法院必须坚持问题导向，围绕政治建设、业务建设、队伍建设、管理水平、基础保障等多个方面，梳理问题、精准整改，扎实推动脱薄争先。在人民法院智慧诉讼服务"脱薄"中，一方面薄弱法院要增强自身力量，转变思想观念，善于通过打造智慧法院提高智慧诉讼服务水平；另一方面各地市中院和安徽省高院要加大帮扶力度，推动人员、编制、培训、基础设施等资源持续向基层倾斜，助力薄弱法院智慧诉讼服务系统的搭建，真正实现将"智慧"带到基层法院。

第五，强化跨域协作力度，探索构建长三角地区诉讼服务司法协作机制。长江三角洲地区一体化作为全国区域发展的范本，以服务保障长三角区域高质量一体化发展受到最高人民法院高度重视，推动长三角地区一站式多元解纷和诉讼服务体系建设，是不断提升安徽法院服务和保障长三角一体化发展的能力和水平的重要举措。2024年6月，长三角地区四省（市）司法厅联合印发《关于建立长三角区域（毗邻地区）矛盾纠纷调解协作机制的实施意见》，明确要积极学习江浙沪法院的智慧诉讼服务发展的先进经验，通过建立联系协调机制、定期会商排查机制、应急处置机制、培训交流机制，搭建长三角区域（毗邻地区）矛盾纠纷源头防控、排查梳理、纠纷化解、应急处置的社会矛盾综合治理平台，实现毗邻地区矛盾纠纷应调尽调，共同维护长三角区域（毗邻地区）社会和谐稳定。[1] 此外，安徽省还应立足自身实际，不断提升安徽法院"一站式"建设水平，全省126个法院一体推进，稳步推动智慧诉讼服务的发展。基于此，要不断加强协作，推进长三角法院诉讼服务共商共建共享，通过缔结友好法院、签订合作协议等方式，共同推进跨域诉讼服务协作；不断融合，促进跨域诉讼服务互通共享，发挥"一网通办"平台集成效应，实现多元解纷资源真正共享，探索调解、送达、保全、鉴定等多方数据跨区域对接，充分激发一站式协同建设效能，让人民群众就近即可选择获取跨域诉讼服务。安徽省各地市两级法院在诉讼服务中心都设立了长三角地区跨域立案窗口，当事人就近在任一法院都能享受与长三角管辖法院相同的立案服务。法院工作人员对诉讼材料进行审核后，与长三角管辖法院联系，通过"中国移动微法院"系统移交诉讼材料，10分钟即可完成立案。立足智慧法院建设，需要更进一步搭建诉讼保全、调查取证、联合调解等跨区域层级联动协作平台。

现代信息技术的发展为智慧司法带来了更多可能性，人工智能技术的成熟使得智慧诉讼服务发展迎来了重要战略机遇期，在现代科技的推动下，传统意义上的立案、庭审、送达、执行等都将被技术予以新的定义，诉讼服务朝着现代化发展。安徽省各级人民法院在推进智慧诉讼服务变革方面已然取得了较大的成效，未来应随科技的发展，力求不断创新发展更加优质高效便民的智慧诉讼服务。

---

[1] 参见《长三角区域将建立矛盾纠纷调解协作机制》，安徽省司法厅官网，https://sft.ah.gov.cn/public/7061/57272071.html，最后访问日期：2024年7月20日。

B.11 集无纸化、云庭审、AI辅助于一体：
打造智慧审判安徽模式新动能

隋世锋 叶丙玉[*]

摘　要： 安徽省各级人民法院积极推行智慧审判新模式，在深入推进安徽智慧法院4.0版建设过程中，智慧审判的重点从电子工具转向各种信息化工具，促进审判工作与大数据、人工智能、物联网等前沿技术深度融合，结合人力物力要素分配调整和制度规范创新，进一步推进审判体系与审判能力现代化。但审判技术与数字技术的融合程度不深、更先进技术的推广范围不足等问题仍然存在，安徽省各级人民法院应在努力推进审判工作、提升审判效率过程中以采取的措施为着眼点，总结安徽法院推进智慧审判工作探索、创新的成效，及时抓住问题所在，促进其在服务安徽法院高质量发展发挥更大的作用。

关键词： 智慧审判　无纸化办案　数字赋能　审判质效

安徽省各级人民法院贯彻落实习近平总书记重要指示和党中央决策部署，紧紧围绕"努力让人民群众在每一个司法案件中感受到公平正义"目标，坚持司法体制改革和智慧法院建设双轮驱动，推动数字时代司法工作质量变革、效率变革、动力变革，初步实现了审判体系和审判能力现代化，促进审判质效、司法公信力、队伍素质能力全面提升。安徽各级法院坚持以科技创新赋

---

[*] 隋世锋，安徽医科大学法学院讲师，法学博士，主要研究方向为行政法学；叶丙玉，安徽大学法学院硕士生，主要研究方向为数字法学、行政法学。

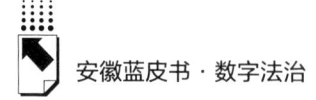

能司法审判工作,依托人工智能技术,在全省陆续试点建设一批新型数字法庭,以"智"增效,为法官及当事人提供全方位的智能辅助,有效缩短庭审时间,提升审判质效,为司法审判工作注入新活力。智慧审判方面,文书辅助制作、类案自动推送、庭审语音自动转录等智能辅助办案系统,大幅减轻了法官事务性工作;法信等平台为群众和法官提供了全面、便捷、智能的法律知识服务。

一 建设背景

(一)政策背景

数字化是颠覆性的通用技术,给人类社会的生产方式、生活方式、治理方式带来了全方位、深层次的变革。随着党中央确定的数字经济、数字政府、数字社会、数字中国、数字治理等一系列"数字+"的战略构想,数字法治的概念应运而生。2017年7月,国务院印发的《新一代人工智能发展规划》明确指出:"建设集审判、人员、数据应用、司法公开和动态监控于一体的智慧法庭数据平台,促进人工智能在证据收集、案例分析、法律文件阅读与分析中的应用,实现法院审判体系和审判能力智能化。"2019年1月16日,习近平总书记在中央政法工作会议上提出,人民法院"要深化诉讼制度改革,推进案件繁简分流、轻重分离、快慢分道,推动大数据、人工智能等科技创新成果同司法工作深度融合"[1]。《法治中国建设规划(2020—2025年)》提出了"全面建设'智慧法治',推进法治中国建设的数据化、网络化、智能化"的目标任务和工作要求。2021年,《人民法院信息化建设五年发展规划(2021—2025)》提出人民法院信息化4.0版建设方案,4.0版以知识为中心、智慧法院大脑为内核、司法数据中台为驱动,推动人民法院信息化不断升级完善。2022年12月,党的二十大报告提出"在法治轨道

---

[1] 《习近平谈治国理政》第三卷,外文出版社,2020,第354页。

上全面建设社会主义现代化国家"。① 为深入贯彻落实中央关于智慧法院建设的重大决策部署，要坚持制度改革与科技创新双轮驱动，对司法责任制改革以来法官人均办案量大幅增长的新态势作出积极应对，向科技要效能，为法官办案减负增效。在新一轮的司法体制改革中，人民法院充分运用现代科技，建设智慧法院同深化司法体制改革成为实现法治现代化的题中应有之义。

（二）时代背景

1. 数字技术的快速发展为"智慧审判"的推行奠定了技术支撑

近年来，随着大数据、云计算和人工智能等现代技术的兴起，法院系统并未被动地接受新技术对司法工作的冲击，而是以积极的态度主动迎接新技术给予司法运行的机遇和挑战，法院工作者也因此获得了更加便捷的平台，运用信息技术和数字化手段在线进行案件各个环节的流转与处理。例如，相较于几年前文字识别仅适用于印刷体的技术，现在也已经熟练且精细地能识别出手写体，准确率也大大提高。现在，人工智能、大数据等创新性技术被运用到了远程办公、视频会议、线上零售、在线教育等各个行业中，与司法业务结合的数字技术也已被大力推行。安徽法院以此为依托，紧跟数字发展步伐，积极探索数字技术能够为审判工作提供的技术依据，进一步提高审判效率。

2. 全国法院的创新探索为"智慧审判"的进步夯实了实践基础

杭州、北京、广州三地互联网法院成立后，我国各地法院因地制宜，推动"互联网+司法"审判机制创新，主要审理网上购物、借款等合同纠纷和互联网侵权纠纷等，伴随而来的是规范性文件的出台以及网上电子诉讼平台的创立，全面建设集约高效、多元解纷、便民利民的现代化诉讼服务体系。广东省深圳市盐田区人民法院率先实行无纸化办案——立案、审理、合议、裁判、结案、归档等各个环节均实行网上办理，电子卷宗材料亦随办案进程

---

① 参见《习近平强调全面依法治国，推进法治中国建设》，中国法院网，https://www.chinacourt.org/article/detail/2022/10/id/6957654.shtml，最后访问日期：2024年7月1日。

同步网上流转，案件全程网上留痕，从而助力推动办案模式朝着安全便捷、提升效率、助力减负、保真留痕和体验升级方向迈进。[①] 上海二中院打造出"智能交互庭审"新模式，强化庭审中心作用，推进庭审实质化开展，借助人工智能的语音识别、智能联想、随机算法等手段，把法官能动作用与技术辅助作用衔接，推动庭审实现动力变革、效率变革和质量变革。各地法院在实践探索中形成的经验成果为安徽省法院智慧审判提供了丰富的参考借鉴。

3. 各级法院的有效实践为"智慧审判"的落实创造了支撑条件

为深度落实智慧审判新模式的运行，安徽省各地法院开始加大技术投入，实际推行数字技术在审判工作中的应用。例如，合肥中院积极推行在线庭审系统建设，大力推动5G应用融入法院日常工作，切实解决线上开庭难题，同时首次将量子保密通信技术和储存传输技术相融合，全方位保障系统与数据安全。确保线上诉讼活动流畅、安全地进行，进一步强化了关键信息基础设施防护，增强了数据安全性，筑牢了网络安全防线。[②] 滁州中院以全市法院审判事务管理中心建设为契机，建成集扫描中心、送达中心、智能卷宗管理中心于一体的智能中间库系统，通过前台集中扫描所有纸质材料，实现电子卷宗随案生成、一键转档。同时，上线"智能电子卷宗"办案系统，积极推行无纸化办案。为深入落实"五项重点工作"，安徽省青阳县法院持续完善各平台，加快内外网站升级改造及网络设备更替，提升访问速度，为智慧法院建设提供良好的技术支撑。[③] 通过安徽省各级法院在智慧审判方面的建设积累，安徽法院在硬件支撑、核心系统建设、智能化技术应用、专业队伍素质等方面有了更多的发展条件，具备落实"智慧审判"的条件。

---

① 参见林晔晗、肖波《深圳盐田：从无纸化办案"试验田"到智慧审判"示范区"》，中国法院网，https://www.chinacourt.org/article/detail/2020/11/id/5630006.shtml，最后访问日期：2024年7月1日。

② 参见《合肥中院："5G+庭审"推进法治化营商环境"再提速"》，长三角双碳网，http://www.yrdcpcn.org.cn/c73/20230417/i2146.phtml，最后访问日期：2024年7月1日。

③ 参见《打造"智能交互庭审"新模式 推动庭审实质化落地见效》，澎湃新闻网，https://www.thepaper.cn/newsDetail_forward_16316176，最后访问日期：2024年7月1日。

(三)现实需求

1. 建成数字法院之需

精准高效的审判管理是实现公正与效率不可或缺的环节,但面对数量日益飙升的案件,传统依靠人力开展案件质量评查已越来越难以为继。同时,审判实践虽已产生了海量司法数据,但这些数据的潜在价值并未得到充分的利用,如何赋能审判管理有待挖掘。例如民事审判实践中,通过相关数据研判,以常见的房产类纠纷、物权类纠纷、合同类纠纷、侵权类纠纷等为例,对其中社会治理相关问题进行类型化分析,依托数字法院建设,提升社会治理效能,打造智慧治理共同体。数字法院建设正是充分利用审判执行过程中积累的海量司法大数据资源,运用数字建模等数据化手段进行碰撞、比对、分析,自动发现、深入挖掘并主动提示审判执行工作中的潜在漏洞和薄弱环节,智能回应、研判解决对策,有效去除审判管理中的盲点、堵点,达到提升审判质效的目的。数字法院建设通过形成发现问题、分析问题、提供对策、效果评估的闭环链条,真正激活数据价值,将数据资源转化为优化审判管理、提高司法审判质效的有力手段。

2. 深度节约司法成本之需

近年来,安徽法院受理案件数量持续增长,带来的是办不尽的案子和可能产生的敷衍办案。据调研,合肥市中院的法官每年人均办案量达 300 件以上,更遑论作为合议庭成员的其他案件,而基层法院法官所需要经手的案件只会更多。案件堆压数量过多,对法官审理案件造成不小的心理压力,在不能减少经手案件数量的前提下,能想到的有效的措施之一就是缩减法官办案时间,而缩减时间,按照目前的技术条件则是从法官办案的各种平台系统入手,设备先进了,在案件上花费的时间成本便也缩小了。为缓解法官办案压力,提升法官办案便利,安徽省法院致力推行数字赋能审判工作,通过完善法院信息化管理和科技化建设,运用"互联网+"思维,改变思想观念与审判方式,通过大数据、云计算等信息化手段,促进审判体系和审判能力现代化，以数字技术加快审判速度，减少审判耗费，进一步实现司法生产力的大解放。① 做到人工运行环节有效缩短时间，提高审判的科技含量，以数字技术手段提升审判效率，节约司法成本。

3.纾解群众急难愁盼之需

党史学习教育领导小组在《关于深入推进"我为群众办实事"实践活动的通知》明确提出，"要守初心、担使命，在持续推动解决群众身边急难愁盼问题上下功夫"。目前，社会经济在进步，利益纠纷在增多，人民对诉求实现的要求在加强，带来的是对法院审判立案的需求在增大，传统的审判模式已不能满足社会需求，因此数字技术与审判技术的结合对调和人民群众日益增长的司法需求与有限司法资源之间的矛盾有良好前景。例如，在过去，人们如果需要通过诉讼的方式来解决利益纠纷等事宜，需要线下去问、去交流、去展开，这往往需要耗费大量的时间以及人力，而数字技术的发展带来的则是线上办事、线上询问、在线审判与备案，这无论是对法官，还是对诉讼当事人，都是一种能够快速办理案件、诉讼能够快速受理解决的大进步。

二 建设成效

（一）审判全程无纸化

近年来安徽法院持续深化信息化建设和应用，全力推进无纸化办案改革，将无纸化理念贯穿于诉前调解、立案、开庭、执行、归档等阶段，形成立案网络化、流转高效化、庭审智能化、送达集约化、归档一键化、利用最大化的办公办案模式。既避免了保管纸质材料的麻烦，又保证了卷宗的完整与安全。

---

① 参见林振通《基层法院如何应对"案多人少"》，中国法院网，https：//www.chinacourt.org/article/detail/2015/09/id/1700509.shtml，最后访问日期：2024年7月1日。

集无纸化、云庭审、AI 辅助于一体：打造智慧审判安徽模式新动能

1. 电子卷宗随案生成

审判工作的强度随着人民群众对司法公正的追求而逐步加大，那么在这个过程中则要注重利用数字技术为审判工作减压，而贯穿于整个审判流程中的是案件卷宗的使用，卷宗的管理也需要耗费大量人力，因此推出电子卷宗随案生成非常有必要。深入学习贯彻最高人民法院关于进一步加快推进电子卷宗随案同步生成和深度应用工作会议精神，结合省高院《关于推进全省法院电子卷宗随案生成及深度应用工作的通知》，安徽法院开始积极推进电子卷宗随案同步生成工作。安徽天长法院作为"无纸化网上办案"试点法院，其审结的一起离婚纠纷作为该技术施行的典型代表，按照流程，当事人或律师通过"安徽移动微法院"微信小程序或"安徽法院诉讼服务网"进行网上立案，立案后直接关联进入电子卷宗系统，无须再次提交纸质材料。电子材料提交后，系统直接生成立案信息表，并一键生成制式文书，如案件受理通知书、举证通知书等。

对于智慧审判而言，其基础性工作便是将案件办理过程中的全部或者主要的诉讼文件、诉讼文书以及以此所形成的卷宗以电子化的形式从案件的立案之初同步生成，并且上传到系统平台中，实现与电子化卷宗随案同步生成，这缩减了法官审判工作中调取卷宗的时间，也有利于对当事人卷宗的保存。各类案件办理过程中收集和产生的诉讼文件能够随时电子化并上传到案件办理系统，经过文档化、数据化、结构化处理，实现案件办理、诉讼服务和司法管理中各类业务应用的自动化、智能化[1]，为全业务网络办理，全流程审判执行要素公开，面向法官、诉讼参与人和政务部门提供全方位智能服务奠定坚实基础。

为落实电子卷宗随案生成和深度应用，巢湖市人民法院结合工作实际，积极部署，实现了电子卷宗的随案生成、同步录入、同步开发，同时与审判管理系统、办公自动化系统、减刑假释系统、诉讼服务网对接，做到了网上

---

[1] 参见王军《平安法院全面推行电子卷宗随案同步生成》，澎湃新闻网，https://m.thepaper.cn/baijiahao_ 19479904，最后访问日期：2024 年 7 月 1 日。

同步阅卷，实现案件的全流程网上办理，向律师、当事人提供全方位的阅卷服务。通过按月通报电子卷宗的合格率和完成率强化检查督办，切实保障电子卷宗随案同步生成工作落地见效，为审执工作提供了强有力的技术支撑，进一步提升审判质效。

2. 电子阅卷

为打破传统审判中法官查看纸质卷宗的局面，致力于减时省力，安徽省人民法院在电子卷宗的基础上推出与大数据结合的电子阅卷新模式，满足法官携带方便、调取方便、查看方便的新诉求。同时，在审判过程中也能够实现无纸化庭审，保障纸质卷宗的安全性；办案人员不再需要拿着纸质卷宗翻找，提高审判效率；随案书记员只需要同步电子签名按印，存档一步到位。例如，安徽省芜湖市三山经开区人民法院首次尝试以线上"单轨制"无纸化办案模式，适用速裁程序当庭宣判5起诈骗案件，类案并办，效率大大提高。

立案材料经过逐一扫描后，进入案件收发系统，通过系统的自动编目功能，即可生成对应电子卷宗及材料清单二维码。立案人员登录审判系统立案模块，扫码识别进行核验后将相应电子卷宗材料关联入库，即可通过OCR识别自动抓取起诉状关键字段，回填立案信息进行网上立案。承办法官通过智能辅助系统的"智能阅卷"模块，直接进行电子阅卷，添加批注设置证据标签，准确记录批注位置，以便对全案证据进行审查判断，形成电子阅卷笔录，提升阅卷效率；运用双屏阅览模式"左看右写"，彻底解决纸质卷宗翻阅不便、查找费时的难题。[①]

安徽天长法院在电子阅卷上采取相关措施，前期材料扫描上传至系统，庭审时，几名法官轮流坐镇，双方当事人和代理人"接龙"参诉，审判席和原被告席几乎无纸质材料，电子举证、质证照常进行。开庭当日，除临时准备的证据材料外，可不带任何纸质材料。在庭审过程中，当事人或案件代

---

① 参见《全省首次将"单轨制"应用范围拓展至办理诈骗类案件》，《安徽法治报》2024年5月22日，第2版。

理人可以通过查阅电子卷宗，从而实现举证、质证同步。与运用传统纸质材料相比，当事人或案件代理人不用担心漏带材料，或者材料多而难以携带等难题。庭审结束后，当事人或案件代理人还可通过"智能审签终端"进行电子签名与捺印。[①]

3. 一键归档

2020年修订的《中华人民共和国档案法》第37条第2款规定："电子档案与传统载体档案具有同等效力，可以以电子形式作为凭证使用。"在"一键归档"模式运行以前，档案归档采用电子档、纸质档的双套制，即使开展无纸化审判、已形成完整的实时电子审理卷后，电子档案卷归档为保证与纸质档案卷一致，仍需要将纸质卷宗二次扫描，浪费大量的人力、物力、财力。该模式运行后，纸质卷宗的功能定位发生变化，仅用于保存必要的原始材料，而将电子卷宗作为唯一完整的诉讼、执行档案，不再为电子卷宗与纸质卷宗保持形式一致而强行将电子材料纸质化，纸质卷宗实现精细化归档。[②]

为解决审判结束后工作堆积过多、人力资源浪费问题，安徽法院推出一键归档功能，从立案时当事人在线上提交电子材料，立案工作人员直接导入电子卷宗系统；到审理、执行过程中，电子卷宗自动更新，保持材料的完整性、真实性，保证电子卷宗的在线性、完整性；再到最后审理完结时，直接做到所有证明材料一键归档。数字技术推动着法院审判工作的进步，技术与技术之间，环环相扣，互相促进。例如，安徽宿州埇桥区人民法院为完善此技术，运用电子信息化将材料扫描、案卷归档等辅助性事务全面实现档案数字化管理。从档案卷宗的安全监控入手，先后实现了档案自助借阅、案卷追溯监控、库房实时盘点等一体化管理系统，克服了超薄卷宗低识别率等技术难点，实现了卷宗远距识别率100%的设计目标。

[①] 参见《无纸化办案模式"让数据多跑腿 让群众少跑腿"》，微信公众号"中国审判"，2023年10月16日。

[②] 参见《卷宗数字化 归档更高效——虎丘法院全面运用电子卷宗"一键归档"模式》，澎湃新闻网，https://m.thepaper.cn/baijiahao_18888225，最后访问日期：2024年7月1日。

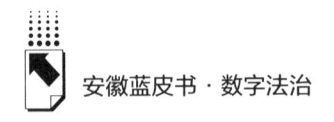

（二）庭审现场智能化

1. 云庭审模式

开庭在即，当事人无法及时赶回参加庭审，为确保审判有序进行、尽快化解纠纷、减轻双方诉累，安徽各法院着力打造线上云庭审模式有效应对多个方面新问题。从案件材料送达被告人到开庭等一系列诉讼流程，利用信息网络全面协调案件审理；借助"云庭审"平台，实现线上线下无差别审判，已成为安徽法院庭审常态化模式。庭审前，法院需向被告人送达诉讼文书；庭审时，法院采用远程视频开庭的模式进行庭审，法官、被告人、辩护人则通过"云庭审"系统在线参与庭审，四方隔空会面，打破时空壁垒，有效确保了庭审的各个环节公正、有序进行，进一步提升办案质效。例如，2024年3月，安徽淮南大通区人民法院通过"出庭"小程序中的"云上法庭"，指导与帮助身在外地的当事人隔空参与庭审，成功地让远在千里之外的当事人足不出户化解了民间借贷纠纷。

只需要一部智能手机或一台电脑，身处异地的群众足不出户就可以通过网上立案，法官、当事人、诉讼代理人可以通过远程视频"隔空"对话，人们不用亲临法院现场就能够以在线"云庭审"的方式化解矛盾纠纷、实现公平正义，节约了当事人因时空局限所产生的时间成本和经济成本，减少社会资源消耗。安徽高院推出在线诉讼平台中电子证据同步显示、庭审笔录自动撰写、音视频同步存档、远程手机签名、文书智能生成、电子卷宗自动归档等功能的出现，大幅减少了法官、法官助理及书记员的工作量，让整个庭审过程更加高效、规范、有序，法官也能够将更多的精力放在证据分析、事实认定和裁判说理上。[1]

---

[1] 参见姚建军《在线诉讼构筑司法为民"云端"法庭》，中国法院网，https：//www.chinacourt.org/article/detail/2022/01/id/6476285.shtml，最后访问日期：2024年7月1日。

2. AI 庭审助手辅助

人工智能应用于司法审判，大模型辅助法官开庭办案，既能提高审判效率，减轻法官工作负担，更能方便人民群众诉讼，促进实现司法公正。智慧法院建设要力求易用、好用、可靠，通过人工智能技术辅助法官提高工作效率，促进执法办案提质增效；要让当事人易学会用，减轻往返奔波法院的诉累，又快又好实现公平正义。2024 年 2 月，安徽省高级人民法院数字法庭依托"隐形"的 AI 庭审助手，在其引导和提醒下，实现全程感知、沉浸交互，成功办结一起合同纠纷案。

通过 AIOT 物联网技术，法庭实现了人脸识别、自动绑定人员身份、系统自动登录等功能，打造"无感"庭审现场；庭内设备由智能终端统一控制，自动切换不同庭审模式，真正实现一庭多用，有效提升法院资源利用率。为保障新技术"无障"使用，系统操作界面设置了全流程庭审智能助手——AI 法官助理，可为法官及书记员提供流程引导、操作提醒和一键操作链接，全程感知意图，同时充分实现与无纸化办案模式、无书记员模式、智能语音庭审等融合贯通，让新技术的应用更加贴合庭审场景需求。此外，依托讯飞星火认知大模型的逻辑推理和文本生成能力，实现了对庭审语音识别内容的自动规整和精简，可形成一份"类书记员"庭审笔录，极大地提升了笔录制作效率和内容质量。

3. "无书记员"庭审模式

以跨网系、多场景、云部署为目标，打造出本地庭审、远程提讯、互联网庭审相融合的新型科技法庭，同时配备了一键设备检测、电子签名、语音识别、笔录自动生成、庭审回溯、庭审直播、法条智能检索、庭改无书记员模式等功能。开庭前，法官可一键启动法庭内的所有硬件设备，软件也可自启动达到待开庭的状态，法官来到法庭后确认案件即可一键开庭。同时，法官可通过语音指令提示案件当事人快速完成身份核验、自动播报法庭纪律、调取电子卷宗、快速查询法条、控制庭审流程等。书记员可在完成庭审准备后退庭，后续依靠人工智能多角度、全方位对庭审画面同步录音录像，实现庭审活动全程留痕；语音识别技术能够在不受方言的影响下将法官、书记

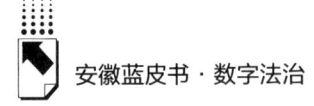

员、诉讼参与人的语音实时识别，转换为文字并录入庭审笔录，使得庭审笔录的完整性和庭审效率大幅提高。

安徽省合肥高新技术产业开发区人民法院工作人员表示，以往审理比较复杂的物业纠纷案件需要2个小时左右，在"无书记员"庭审模式下，40分钟即可完成庭审。案多人少是许多法院的现状，新型数字法庭能够减少法官事务性工作，将有更多精力投入复杂案件分析、审理中。2022年11月，歙县人民法院首次以"无书记员"庭审模式审结一起适用简易程序的民事案件，庭审过程紧凑充实，法官和当事人不再受书记员记录速度限制，从开庭到庭审结束直至当庭宣判仅用时30分钟。2023年2月，安庆市迎江区人民法院在庭审中以庭审同步录音录像替代庭审笔录，代替了传统的书记员记录的流程。在"无书记员"庭审模式下，庭审系统可对语音转写角色进行区分，自动转写出完整笔录并提供摘要笔录、全文笔录等多种笔录形式，服务不同需求，提升司法工作效率。庭审结束后，法官还能够通过数据特征检索、筛选角色数据等多种方式对庭审全程进行智能回溯。

（三）审判监督自动化

为了让人民群众在每一个司法案件中感受到公平正义，审判监督程序应运而生，肩负着人民群众对司法审判工作最后的期盼，运用数字技术实现案件全流程节点的网上监管，院庭长可充分运用信息化手段开展全方位的审判监督管理，实现以重点案件为主线的智能识别和风险提示，形成从立案到结案全过程的监督管理闭环。例如，安徽省芜湖市镜湖区人民法院在安徽省高级人民法院的指导下，全面推进审判管理信息化建设，自行研发并不断完善镜湖区法院综合服务平台，建立全链条监管机制，细化监管节点。镜湖区法院实行一周一排查工作机制对长期未结案开展动态监测，同时对未结案按照"红黄单"督办制度助力工作提质。安徽省合肥市中院内部设有一体化平台包括审判态势、审判质效、审判进度、审判敦促、绩效考核等智能化系统，整合了多个业务数据，对法院整体审判质效及个人审判质效进行有效评估。审判数据获取及时，采集效率高，助力庭审工作。

通过信息化手段深入推进大数据、人工智能、区块链等技术同审判监督工作深度融合，优化节点监督、风险揭示、瑕疵预警等功能，确保审判权行使过程可记录、可查询、可追溯，实现审判监督管理控权有据、监管到位，让审判监督工作更加信息化、智能化，有助于提高案件的质量和效率，为实现司法正义作保障。

三 挑战与展望

（一）"智慧审判"的现存挑战与反思

数字技术与审判技术的深度融合，给法官、当事人等带来的效益都是显而易见的，但目前人的现代化还无法跟上法院工作的现代化。以基层人民法院为例，难免会存在传统司法理念与计算机应用水平不能适应工作需要的现象，在办案压力与传统思维局限加持下，存在仍习惯以前的办公、办案模式的主体，对新兴办公软件使用不习惯，导致技术适用不全面。就当前司法实践而言，数字建设还存在各自为政的情形，有些技术的推行实行的是先试点再全面铺开的路径，一些技术的发展往往是需要多部门联合并进，这就会导致推动整体审判效率的预期效果削弱。

在使用智慧庭审服务时，有些情况虽已改善，但仍需加强注意，如合肥中院已经适用"5G+庭审"新模式来应对审判工作开展时遇到的网络卡顿、网速不佳、信号中断等情形，但法庭中其他智能设备在使用过程中，卡顿情况仍然存在；此外，随着各种司法数据的公开普及、在线庭审的大力推行，难免存在司法秩序的严密性、司法信息的保密性受到挑战，应当进一步加强信息技术在这一方面的保障。

安徽省行政区域范围广，市县乡镇数量多，各个法院推行的智慧审判技术不同，层级更高的法院拥有的设备、技术更先进，层级越低的法院对数字技术的应用只会越少，就会出现某些高端技术很难适用到基层，例如区块链技术的普及，可能某些法庭还存在仍沿用传统的庭审技术的现象，因此有必要加强各层级之间的学习，能够因地制宜，根据各法院的条件，产生适合自身的数字审判系统。同时，数字技术广泛运用的背景下，法院、法官仍要遵守自身职责，不能完全依靠人工智能，保持警觉。

（二）"智慧审判"的未来规划

1. 打破内外壁垒，促进技术互通

从内部层级来看，"智慧审判"建设需要坚持在安徽省高院的统一部署和引领下，结合基层法院工作特点，因地制宜地推进数字技术的信息化建设。同时，加强纵向的市、县法院层级之间的应用系统整合、资源共享，对各系统、平台进行充分协作连接，从而节约成本，减少重复建设和资源浪费。例如，各级法院通过试点实现某数字技术的成功运用时，可以和其他法院交流成果，达到技术互通。从外部层级来看，积极推进与检察院、司法局等政法机关建立数据共享平台，实现系统对接、跨部门电子卷宗流转，避免卷宗材料重复录入，提高电子卷宗利用率，减少司法成本，提高工作效率。法院内外部系统融合、数据互通，才能发挥智慧审判的最大功效。

2. 加大科技投入，深化技术应用

信息化建设是一个不断更新、不断淘汰和不断升级的过程，随着科技发展、时代进步，信息化建设一直在不断地螺旋式向前推进。今后在深化智慧审判技术时，要进一步加大对前沿技术研究的支持，重点解决促进审判质效提升和审判能力现代化发展过程中关键技术的研发与普及。第一，积极开发区块链技术在审判工作中的应用。区块链技术在司法中的运用可以有效解决传统司法审判过程中的证据保存与确认的问题，大幅提高电子证据的可信度。第二，使"5G+"技术更好地融入庭审中的其他智能应用，拓宽使用场景，为多类型案件审理带来便利，提高审判质效。结合法院工作场景，提高技术利用率，将"5G+"落实到应用加载、数据存储中，形成安徽法院5G应用的联动效应，助力审判体系和审判能力走向现代化。

3. 加强宣传培训，保障技术流通

在推进数字技术与审判技术深度融合过程中，注重大力宣传其便利性、高效性、智能性，使"智慧审判"概念深入人心，让人民群众明白审判工作效率飙升，让办案法官主动适用数字技术；对于高端技术，组织省内不同区域法院相互学习，不定时开展技术培训课程，使数字技术的运用更得心应手，提高审判效率。对于庭审中智能机器的操作，组织法官和书记员进行系统培训，持续优化庭审效率，提升对系统的熟练度，减少人为产生的操作问题；向除自身法院之外的其他法院学习，发现问题、攻克困难，积极探索适合自身的数字技术，实现技术互通。在信息化建设过程中，一线办案人员未充分参与系统建设，这就要求法院构建自身人才和技术支撑，为信息化建设提供更有力的支持。

4. 严格数据管理，实现技术防范

相较于纸质材料，电子数据的存储和管理虽然更方便，但遗失、泄露和被篡改的风险也相应加大，须加以重视和防范。一要建立完善的数据安全管理制度，采取现代化的加密技术和安全防护措施，明确各项数据安全工作的职责和流程，贯穿数据采集、存储、传输、处理和销毁的各个环节，确保审判数据的安全性和私密性，防止数据泄露和滥用。二要建立严格的数据访问权限控制机制，根据岗位职责和工作需要，限定不同人员对数据的访问权限，确保只有授权人员才能访问敏感数据。三要定期进行数据安全检查和风险评估，及时发现和处理数据安全隐患，保障数据安全；开展数据安全教育和培训，增强数据安全意识和防护技能，增强防范数据安全风险的能力。为司法审判工作赋能的同时，要注重多元的司法需求，推动法院工作高质量发展。

5. 联动长三角机制，推动一体化发展

安徽在长三角一体化发展中已从"全面参与"迈向"深度融合"。为认真贯彻习近平总书记关于"实现长三角地区更高质量一体化发展"和"政法机关要提供普惠均等、便捷高效、智能精准的公共服务"的重要指示精神，长三角地区人民法院不断加强长三角地区法院信息化建设，以司法体制

改革和智慧法院建设为"双轮",促进数据互通互享,坚持"不破行政区划、打破行政壁垒"。例如,四省(市)高法在智慧法院信息资源共享平台建设工作协商会议中提出共同推进长三角智慧法院信息数据资源共享平台建设工作,促进实现跨域立案。实现三省一市数据互联互通,加强长三角法院审判、执行等数据资源共享,打通信息壁垒,打破"数据孤岛",深化数据应用。四地法院立足审判职能,依法妥善办理各类案件尤其是跨区域案件,通过公正高效办理案件,促进优化长三角区域营商环境。合力惩治犯罪,深化诉前调解工作,共同打造长三角一体化安全稳定的发展环境。积极发挥法治"公平专业"的核心竞争力作用,加强区域知识产权联合司法保护,助力企业纾困解难,加快金融审判一体化发展,完善跨域破产司法协作机制,共同营造长三角一流的创新创业环境。

B.12
移动终端、机制联动、阳光公开：
打造智慧执行新链条

蒋 艳 叶丙玉*

摘 要： 当下，努力加强综合治理，从源头"切实解决执行难"，深化执行联动机制建设，提高人民群众对执行工作满意度，是人民法院加强执行工作的重要目标任务。① 随着智慧法院建设的快速发展和执行模式改革的逐渐深化，执行工作标准不断提高，原有工作机制已不能满足执行模式现代化要求和人民群众的多元化需求，各种问题日益凸显。为此，为了进一步破解执行难，打赢"江淮风暴"攻坚战，安徽省法院坚持以现代信息科技为支撑，将数字技术与法院执行工作深度融合，创新打造新型"智慧执行"工作模式，极大地为减轻一线法官负担，大幅提高执行工作质效，全面提升执行公信力，推进执行工作体系和执行工作能力现代化。

关键词： 智慧执行　执行质效　司法公信力

随着执行案件的越来越复杂化和被执行人规避执行的多样化，仅依靠传统执行手段难以取得理想效果。近年来，安徽法院在"江淮风暴"执行攻坚和执行长效机制建设实践中，推出"徽动执行"专项行动工作部署，大力推进现代科技与执行工作深度融合，为执行工作长期高水平运行提供有力

---

* 蒋艳，安徽建筑大学公共管理学院讲师，法学博士，主要研究方向为数字法学、行政法学；叶丙玉，安徽大学法学院硕士生，主要研究方向为数字法学、行政法学。
① 参见柴鑫《数智赋能　打造数字执行新格局》，中国法院网，https：//www.chinacourt.org/article/detail/2021/12/id/6436959.shtml，最后访问日期：2024年7月15日。

技术支撑。信息化条件下，应当大力推进大数据、云计算、人工智能等信息技术在执行领域的广泛应用，形成系统化的"智慧执行"新模式。为深入推进"切实解决执行难"工作进程，不断满足人民群众的多元司法需求，大力推行"智慧执行"应用，通过信息技术助力、网络科技融合，使执行程序的线索查控"从点到面"更精准全面、财产处置"由慢到快"更公正高效、案款发还"化堵为通"更方便快捷，全面提升执行质效。[1] 智慧执行方面，网络执行查控、联合信用惩戒、网络司法拍卖等智慧执行系统，推动执行模式发生根本性变革和重塑，成为实现"基本解决执行难"目标并向着切实解决执行难迈进的利器。[2] 本文将深度结合安徽省法院关于数字赋能法院执行工作的实际应用，分析实现高效率智慧执行工作的进步举措。

一 建设背景

2022年，适逢党的二十大胜利召开，也是全国法院实现由"基本解决执行难"向"切实解决执行难"迈进的第五年，人民法院贯彻善意文明执行理念，以集约和智能为导向不断优化执行系统，加强数据安全建设，基本建成人民法院执行信息化4.0版，初步呈现智慧执行样态[3]，也有助于探寻"智慧执行"在新时代的建设思路和路径，形成切实解决执行难的长效机制。

（一）政策背景

习近平总书记指出："要遵循司法规律，把深化司法体制改革和现代科

---

[1] 参见王银胜、姬雷《北京二中院：深化"智慧执行"提升执行质效》，中国法院网，https://www.chinacourt.org/article/detail/2022/06/id/6766839.shtml，最后访问日期：2024年7月15日。
[2] 参见周强《深入推进智慧法院和互联网司法创新发展　加快推进审判体系和审判能力现代化》，最高人民法院知识产权法庭网，https://enipc.court.gov.cn/zh-cn/news/view-2123.html，最后访问日期：2024年7月1日。
[3] 参见《迈向"切实解决执行难"智能互联加速执行现代化转型》，微信公众号"数字法院进行时"，2023年5月31日。

技应用结合起来，不断完善和发展中国特色社会主义司法制度。"① 习近平总书记的论断，为人民法院迈向现代化指出光明前景、提供强大思想武器。党的十八大以来，网络强国、大数据、"互联网+"等多项战略部署相继落实，成效显著。2013年最高人民法院提出执行工作的"一性两化"特征，信息化与强制性、规范化处于同等重要的地位，执行信息化建设在全国各级法院遍地开花，结出累累硕果。2016年7月，构建"智慧法院"被纳入国家信息化发展战略，目标是提升案件立案、审判、执行和监督各程序环节的信息化水平，促进司法公开。2016年12月，国家"十三五"信息化规划把支持"智慧法院"建设作为重要内容之一，纳入全国电子诉讼和公正司法信息化工程建设范畴。同年开始，最高人民法院连续三年将解决执行难作为一项重点工作，各地法院纷纷响应，借智慧法院建设"东风"，广泛开展智慧执行探索与创新以期解决执行难问题。2021年3月，《中华人民共和国国民经济和社会发展第十四个五年规划和2035年远景目标纲要》提出加强智慧法院建设目标。

2021年中国开启"十四五"规划和法治中国建设规划，并颁布实施了《数据安全法》，给法院的执行工作带来新的机遇。"十四五"规划纲要明确提出，"加强智慧法院建设"，全面统筹和深化建设更加符合司法规律，更加适应改革要求，更加突出智能化、一体化、协同化、泛在化和自主化特征的智慧法院。《法治中国建设规划（2020—2025年）》提出，要"深化执行体制改革，加强执行难综合治理、源头治理"。2022年，随着《人民法院在线运行规则》《最高人民法院关于规范和加强人工智能司法应用的意见》《最高人民法院关于加强区块链司法应用的意见》的出台，智慧法院制度建设进一步成熟，形成世界领先的互联网司法模式，全面开启"十四五"人民法院科技创新布局，智慧法院建设迈向更高层次。

---

① 参见秦文峰《智慧法院与未来司法》，中国法院网，https：//www.chinacourt.org/article/detail/2023/03/id/7199082.shtml，最后访问日期：2024年7月15日。

（二）现实背景

1. 解决当事人的司法诉求

坚持以人民为中心，群众的司法需求在哪里，法院的司法服务就要跟进到哪里，以实际行动增强人民群众对执行工作的获得感和满意度。立案、审判到执行，诉讼的不同阶段人民群众的关注点不尽相同，再到执行阶段人们对诉求的重心变得物质化和行为化，已从有理胜诉的体验感受转变为追求诉讼结果的获取，因而执行程序兑现胜诉权尤为重要。然而，对于有财产可供执行的而被执行人规避执行、人民法院消极执行或相关部门干预执行等执行难问题，拷问着法院、法官对司法为民宗旨的践行。根治长期以来的"痼疾"，穷尽一切执行措施，不断探索执行新模式，用猛药，出重拳，尽快实现当事人的胜诉权，提高人民群众的满意度和获得感，从而实现既定的目标和价值追求。全力破解体制机制、方法手段等难题，努力让严格公正司法在整体执法办案中得以彰显，切实让公正司法看得见、摸得着，群众更有获得感。

2. 利用互联网优势助力执行工作

"十四五"时期，人工智能、大数据、区块链、5G等现代信息技术将得到更加广泛的应用，互联网司法建设步入关键时期，迎来全新机遇。人民法院的数字执行是指用大数据、云计算、人工智能等技术，深度融合"人"与"物"，实现执行办案、财产查控、网络拍卖、案款发放、司法救助等各环节的数字化应用，实现执行事务"网上办"、执行质效"网上管"、执行风险"网上查"、执行监督"网上督"。[1] 通过数字执行，能够解决传统执行模式存在的管理不到位、流程不规范等问题，大大降低当事人的维权成本。目前，在大数据等新兴技术的助推下，神经网络技术、机器自主学习、知识图谱描绘等关键性技术纷纷取得重大突破，人民法院结合信息化技术，

---

[1] 参见郭纯、傅明《以数字司法赋能法院工作高质量发展》，中国法院网，https://www.chinacourt.org/article/detail/2023/07/id/7409124.shtml，最后访问日期：2024年7月15日。

全力打造"智慧审判"新模式,全面提升执行质效。着力解决"查人找物""财产处置""信用惩戒"等难题,推进执行信息化建设,实现执行工作的智慧化、信息化、数字化转型,提高执行工作质量效率,努力让人民群众在每一个司法案件中感受到公平正义。

3.透明化执行提高司法公信力

法院执行工作在实践中会存在群众对执行结果保持怀疑的现象,主要是传统的民事执行工作的开展是比较闭塞、不透明的,根据法院在政法队伍教育整顿中的发现,可能存在极少数人员不同程度的违法违纪现象,因为执行办案机制存在着"信息不透明"的结构性廉政风险。自从互联网介入执行后信息化程度得到大幅提升,有关执行工作的开展进程、结果可以实现在指尖轻松获取,突破了时间和空间地域的限制,颠覆了传统意义上的案件执行信息难以知悉、凡事必须多跑腿的阻碍。依托互联网技术推进开展执行工作,人民群众可以通过网络很快地获取案件执行信息和情况,法院可以在互联网平台上公开部分案件审判信息以及通过云端在线直播执行过程中的真实情况,将法院的执行工作在最大限度上置于社会公众的监督下,增强司法过程的透明度,最大可能地促进实现公平、公开、公正的价值追求,从而提升法院的社会公信力。

二 实践成效

(一)移动执行

相较于审判工作,执行案件经常需要工作人员外出办理,异地执行存在较多困难,面对被执行人新的财产线索,常因所携带的执行文书不全或格式不适用,很难进行全面核查,即使线索查实,采取了相关执行措施,执行文书也需回院后经过层层报批手续,才能将正式的执行文书送达当事人,这一过程耗时耗力,执行成本大大增加,同时增加了被执行人利用时间差转移财产的风险。

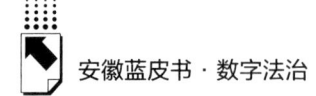

为解决执行工作耗时长、不便利，提升执行工作效率，执行办案系统不断向移动终端延伸，安徽各地法院推行"移动执行"技术，致力于提升执行质效。执行干警通过移动终端可轻松完成智能阅卷、卷宗批注、文书编写、卷宗比对、随画随搜、语音调度等日常工作，打破过去只能在固定办公区完成办案流程的限制，同时在日常外出办案时只需携带平板电脑即可查阅案件电子材料、全面掌握案件情况，不受地域限制、无须携带纸质卷宗材料，为执行干警办案提供了更高效便利的服务，拓展办案空间、节约阅卷时间和成本，促进审判执行工作更规范高效，办案质量和效率得到进一步提升。[1]

安徽省安庆中院探索出利用5G切片技术实现移动执行办案新模式——"宜执通"，助力切实解决执行难。目前，"宜执通"已为法院执行业务提供了较完备的定制服务，院庭长可以使用"宜执通"进行签发、案件管理和案件查询，方便高效统筹安排工作；执行干警可以进行移动阅卷和文书生成，减轻了在外办案压力；书记员可以进行案款管理、消息提醒和文书打印，提高了日常工作效率。[2] 南谯区法院不断探索执行办案新模式，准确把握"智慧法院"建设要求，通过数字技术与执行实践的深度融合，将5G"低时延、高安全"的技术优势与法院执行办案紧密结合，通过"法院+天翼云、一城一池"安全共享，实现优势互补、资源共享、数据共通，推出了"移动执行办案平台"，开启了智能管理、跨界融合、高效便捷的在线执行新模式。[3]

（二）数字执行

过去，执行卷宗管理、执行文书制作、材料收转等工作，都需要人工操

---

[1] 参见《和龙林区基层法院启用"移动办案"系统　开启办案新模式》，吉林省长安网，http://jlpeace.gov.cn/jlscaw/zhzl/202404/80efaca9289849368c9b047cf745cc97.shtml，最后访问日期：2024年7月15日。
[2] 参见王群《安庆法院：开发"宜执通"APP　有效破解异地执行等难题》，微信公众号"安庆市中级人民法院"，2022年9月5日。
[3] 参见《全市首家！移动办案为执行质效"数智加持"》，微信公众号"南谯区法院"，2023年12月11日。

移动终端、机制联动、阳光公开：打造智慧执行新链条

作，耗时耗力，且容易出错。在最高人民法院的推动下，无纸化办案观念已深入各级法院系统。为进一步推进信息技术在执行领域的深度应用，全面提升执行工作数字化、智能化水平，安徽省人民法院在无纸化审判改革基础上，全面推进执行运行机制改革和执行数字化转型持续探索优化"执行无纸化"办案新模式，通过大数据功能与执行工作的深度融合，提升执行质效。

安徽法院以执行办案流程高度信息化为基础，以电子卷宗随案同步生成和深度应用工作为抓手，实现立案、查控、文书制作、审批、合议、送达、归档等执行全流程智能化辅助、集约化办理、无纸化流转。执行过程中所需的执行通知书、报告财产令、冻结裁定书等法律文书，均可由执行案件流程管理系统自动生成。执行法官对文书进行审核，校正无误后，加盖电子印章，通过电子送达系统集中发起线上送达。当事人签收法律文书后，送达回证自动归入电子卷宗。执行法官外出办案时，无须携带厚厚的纸质卷宗，通过办公系统即可随时办理案件。在执行程序管理系统中，可以自动产生执行通知书、报告财产令和冻结令等。由执行法官审查并确认其无误后，在其上盖上电子公章，并通过电子送达系统进行集中的线上送达。送达回执在双方签字后，自动转为电子档案。执行法官出门办事不需要带着厚重的纸质案卷，只需在办公系统内就能处理好案件。从立案到财产查控、文书审批、文书送达、执行笔录、强制执行、结案入档等业务均在线上办理，电子卷宗随案同步生成，纸质卷宗材料不再流转，执行过程全程留痕。

安徽省合肥高新区法院针对执行环节的格式化文书，提供该文书自动生成的辅助工具，通过案件信息自动提取文书需要的关键要素，人工确认无误后回填至文书模板，实现格式化文书批量生成，提升文书制作效率。建立法官工作台，针对执行案件，法官工作台能对发布失信被执行人名单、限高情况，终本及终结案件文书制作、文书打印邮寄、财产查控等任务完成情况进行实时监控或提醒。申请执行人通过人民法院在线服务、律师服务平台等进行网上立案，上传执行申请书等材料。案件受理后，流转至执行业务单元，进行总对总、点对点线上财产查控，根据反馈的财产查控信息，法官快速掌握被执行人的银行存款、房产、车辆等财产情况。与传统办案相比节约更多

中转时间，确保执行措施快速落地，提高被执行财产可控率。[1]

在办理执行案件的过程中，在执行立案、执行通知、网络查控、财产控制、财产处置、案款发放、信用惩戒等节点采集或录入信息后，相应节点的执行程序文书可自动生成，并对接电子签章系统实现自动签章，切实提升案件办理质量和效率。在执行工作落实过程中，安徽法院深入贯彻落实习近平法治思想，坚持以人民为中心的发展理念，紧紧围绕"我为群众办实事"工作要求，深入探索智慧法院建设，不断推进体制机制改革、创新司法服务新模式、开创执行工作新格局，努力为群众提供更加优质高效的司法服务。

（三）智能执行

1. 查人找物

在传统的法院执行工作中，查人难，查物难，这是最常见的问题，被执行人为了防止自己的财产被执行，会采取隐匿行踪、躲避执行法官、暴力抗拒执行等手段，拒不履行判决。为了寻找被隐藏的财产，法院经常要花费大量的人力和物力去寻找被执行人的踪迹，尤其是当被执行人经常在全国范围内移动的时候，就给法院的执行工作带来了很大的困难。为了降低执行程序的成本，人民法院应当利用互联网的时代红利，构建多元的网络财物查控系统，用信息化的手段寻求其他执法辅助机关的帮助。自集中开展"江淮风暴"执行攻坚战以来，以网络查控系统、失信惩戒系统、执行指挥系统建设为重点，以传统执行工作模式向信息化转变助推执行工作高效化，及时有效控制被执行人及其财产。2023年以来，全省法院先后开展"惠民暖企""徽动执行"等集中执行行动，聚焦涉金融债权、10万元以下小标的额等案件加大执行力度，推进联合打击拒执犯罪，有力震慑失信被执行人。推进交叉执行工作，通过采取指定、提级执行等措施，集中攻坚执行难案积案。

---

[1] 参见《人工智能助力审判执行的"高新"实践——〈人民法院报〉整版报道合肥高新区法院智慧法院建设》，微信公众号"合肥市中级人民法院"，2023年5月23日。

移动终端、机制联动、阳光公开：打造智慧执行新链条

安徽省当涂县法院充分利用互联网技术优势促进与执行的深度融合，让"互联网+执行"成为攻坚克难的"金钥匙"。当涂县法院引入执行"天眼"系统，通过输入被执行人的电话号码，实时抓取其手机上网及 App 使用痕迹，定位其行动轨迹，在运用大数据分析出工作地、居住地、历史轨迹等信息，为查找被执行人下落提供有效线索。[①] 安徽省相山区法院积极发挥破难创新思维，依托大数据，推进执行信息化建设，对执行案件数据库展开大数据分析，逐步探索编制执行地图，即把执行案件被执行人的位置信息——标注在电子地图上，并根据辖区内历年执行数据，从被执行人姓名、住所地或户籍地、案由、结案方式等多个维度开展大数据分析，精确排查辖区内各乡镇与各行政村的被执行人分布情况，最终为执行干警提供集中执行的最优选择。

芜湖法院执行指挥中心依托"总对总"网络执行查控系统，与民政部、人民银行及商业银行等 16 家单位联网，查询失信被执行人的存款、房产、车辆、工商等相关信息，并搭载了具有本地特色的"点对点"查控系统，与本地银行、车管所、户籍以及公积金、社保等部门建立联网专线，扩大查控范围，提升查控效率。2024 年 6 月 14 日，在宣城市中级人民法院的主导下，宣州区人民法院与宣城市不动产登记中心联合建立了"点对点"网络执行查控系统。将人民法院的执行办案系统与不动产登记中心的信息系统对接联通，执行干警在办案系统中将查控文书以标准化的数据格式向不动产登记中心发送查询、查封、解封请求，不动产登记中心处理后就可以通过网络以标准化的数据格式反馈查控结果，回填到法院的办案系统。蜀山法院利用信息化技术向执行领域纵深拓展。不断优化和完善远程执行视频指挥系统，充分发挥其上传下达、实时监控、异地调度、快速反应等功能；进一步探索网络查控系统的拓展使用，继续与公安、国土、房产、税务等部门共享合作，尽早实现对被执行人财产信息的"一键查控"。

---

① 参见《安徽当涂法院："互联网+"为执行提速增效》，中国法院网，https：//www.chinacourt.org/article/detail/2018/07/id/3434178.shtml，最后访问日期：2024 年 7 月 28 日。

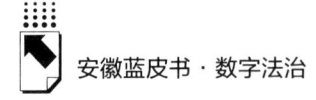

传统的执行手段难以应对人民群众的利益诉求，为此安徽各法院在互联网数字技术的基础上，和各单位积极配合，共同推出适合解决长期找人难、查物不全面的问题的平台与系统，极大地缩短了执行周期，提升了执行效率，节约了司法资源，降低了被执行人财产转移风险，更加精准高效地保障了胜诉当事人的合法权益。安徽法院将持续围绕最高人民法院"一性两化"的执行工作总体要求，积极运用互联网思维，强化部门联动，消除"数据孤岛"，加快构建"法院+公安""法院+车管所""法院+不动产登记中心"的良性互动机制，财产查控效率大幅提升，用数据跑路赋能执行提速。

2. 信用惩戒

针对执行工作中长期存在的财产查控不高效、联合惩戒不落地、节点沟通不充分等顽瘴痼疾，安徽法院积极推动与23家联动单位的网络对接与联通，切实解决失信被执行人信用惩戒机制不完善、联合惩戒不落地等问题，实现对失信被执行人的食宿、出行、旅游、招投标、政府采购、子女就读高收费私立学校等全方位的精准联合惩戒，特别是对长期不使用身份证件的失信被执行人，通过公安机关"人脸识别"大数据分析比对实现精准抓捕，有效震慑失信被执行人，极大地促进执行工作的高效开展，提升胜诉人民群众的司法获得感和满意度。[①] 力争尽快实现"全覆盖"的信用联合惩戒，解决外部不平衡问题；大力推进应急指挥调度服务平台、"一键法律文书生成、送达"智慧执行系统建设，持续提升执行管理和执行办案的信息化水平，解决内部不平衡问题。

芜湖法院通过各种途径，对失信被执行人进行了公开，并在诉讼服务中心增加了一组LED显示屏，对失信被执行人进行了集中滚动播放，每周一期，并对其进行了重点宣传。与此同时，向金融、公安、工商、社区等部门通报失信被执行人的信息，使其在出行、娱乐、购置不动产或车辆、就职等方面都会受到一定的约束，促使他们主动履行自己的义务。凤阳法院与县公安局建立了

[①] 参见《创新经验之"加强数字手段应用 深化失信联合惩戒"》，微信公众号"政法智能化建设技术装备及成果展"，2024年11月4日。

"一室三机制",解决了"一室三机制"的问题,并与县住建局、县自然资源局建立了"查人找物"的执行联动机制,对企业进行了信用惩戒。加强智能化管理,以信息化手段提高执法效能,将执行指挥中心建设成为执行管理与执行工作的"大脑中枢",聚焦执行重点指标,"集约化""扁平化""可视化"管理,使执行案件的所有信息都能被监控,所有节点都可以查询,整个过程可以被预测,可以被追踪,可以让执行案件的质量得到进一步的提高。

3. 网络拍卖

司法执行程序处于诉讼程序的末端,有"最后一公里"之称。为了解决这一问题,随着互联网的飞速发展,网络司法拍卖成为一种创新的解决方式,它是顺应时代发展、提高执行效率、落实主动司法的一项有效措施。为建立全省统一标准、统一管理的网络司法拍卖辅助工作机制,进一步提升网络司法拍卖工作质量与效率,更好地服务审判执行工作,推动网络司法拍卖依法有序健康发展,随着最高人民法院《关于人民法院网络司法拍卖若干问题的规定》、最高人民法院《关于加强对司法拍卖辅助工作管理的通知》的出台,安徽省也加紧落实相关举措。安徽法院把网络司法拍卖作为践行司法为民的重大举措和深化司法改革的重要组成部分,积极探索"司法拍卖+互联网"新模式,加强和完善网络司法拍卖制度机制建设。同时,充分利用网络司法拍卖不受地域限制、信息传播功能强、零佣金等特点,确保司法拍卖的公开公正和廉洁高效,让司法拍卖更公开透明,让申请人、被执行人以及竞买者都感到贴心与放心,有效地助力破解执行难的问题。

合肥市中级人民法院与淘宝网(阿里拍卖)签署战略合作协议,共同开启在网络拍卖、网拍服务、网辅机构管理等方面的战略合作,共同探索"互联网+司辅"本地化创新模式,旨在进一步规范和提升合肥市法院司法拍卖工作水平,促进执行质效,提高人民群众对执行工作满意度,推动市场化、法治化、平台化的良好营商环境建设。[①] 为进一步提高司法拍卖标的物

---

① 参见《合肥中院战略合作阿里拍卖 创新"互联网+司辅"本地化模式》,微信公众号"合肥市中级人民法院",2021年9月8日。

成交率，保障网络司法拍卖公开、公平、公正，提高执行工作效率，降低执行成本，定远县人民法院与杭州早哈科技有限公司签订"网络司法拍卖3.0模式合作协议"，达成网络司法拍卖服务战略合作，为网络司法拍卖服务提供全流程、多维度的助力。借助"互联网+"拓宽网络司法拍卖渠道，助力解决"执行难"问题，加速推进该院"互联网+"发展进程。

人民法院提出了一种"一免"、"双高"和"三充分"的原则。免收手续费，为客户节约费用，高成交率，溢价率高；同时，该系统还实现了信息的全面覆盖，参与方式简单，整个拍卖过程的透明度得到了充分的体现。各方当事人共同推进拍卖，有效促进涉案资产快速妥善处置变现，极大地减少平均执行天数。通过信息化、市场化的方式寻找意向买受人，最大限度地实现了处置房产的市场价值，提升执行到位率和执行完毕率。法院引进第三方网络拍卖辅助机构不但能有效节省法院网拍工作的人力、物力，提高法院司法拍卖的执行效率，还可缩短执行财产的变现周期，令被执行人节省交易成本，令申请人尽快实现债权，网络司法拍卖为破解财产执行难提供了最佳途径，已成为执行攻坚利器，并为法院"解决执行难提供有力保障"。

（四）集约执行

为提升执行案件管理精度，安徽法院梳理执行案件办理流程，将流程节点分段集约，集约化处理初次接待、调查询问、文书送达、终本管理等事务性工作，极大地推进了"繁简分流""分段集约"的执行新模式。以执行指挥中心为中枢，以团队化运作为架构，以信息化为基础，以繁简案件为区分，以分段集约为方法，以流程管理为保障，制定方案，扎实推进，实现了"简案快办，繁案精办"的效果，助力执行工作信息化、规范化、精细化建设。

为实现"切实解决执行难"工作目标，濉溪县人民法院主动作为，创新"123集约管理分段制衡+24小时快速反应精准猎赖"执行攻坚模式，健全完善执行长效工作机制，打造"三个模式"，确保执行工作提质增效。推行执行案件繁简分流工作机制以"繁简分流、简案快执、繁案精执,提速增效"为目标,对所有新收案件进行全面过滤,速查速执,促进执行工作分流减压,真正实现快慢分道、分类运行,进一步缩短办案周期,提高执行质效。[1] 2022 年 7 月,淮北市相山区法院采用集约化处理事务,执行通知、网络查控、财产线索核查等关键节点的工作做到无一超期,期限内完成率位居全省第一。为提高执行工作质效,蜀山法院调整思路、大胆创新,进一步深化执行机制改革,在原有执行团队的基础上,建立分段集约执行机制,实行精细化执行。分段集约执行的最大优势就是带来了执行效率的全面提升,通过合理的分配将执行法官进行分组,法官只需专注于一个环节中相对独立的工作,这样的办案模式使整个执行程序运作更流畅、节奏更紧凑、对接更紧密。[2]

通过建立分段执行模式,一方面在分段基础上横向分权。细化各项权力内容,建立以信息化为抓手的执行指挥中心,剥离执行处置权,单独设立资产处置部门专门负责有资产可供处置的案件。另一方面是建立在集约基础上的纵向分工,严格区分判断性工作和事务性工作,建立以法官为中心的团队办案模式。法官对于案件"主办不包办",将事务性工作适度外包以达到专业化的目的。由此防止权力过于集中产生寻租,避免因执行权配置不够明确和不合理而出现各个环节互相推诿的现象[3],以保证执行工作的专业化、精细化,提高执行效率、促进执行公正,依法保障胜诉当事人及时实现权益。

(五)阳光执行

近年来,为进一步促进司法公开、提升司法公信,安徽高院多措并举、

---

[1] 参见《打破"一人包案"靶向"急难愁盼"——濉溪县人民法院集约分段执行改革工作纪实》,微信公众号"淮北市中级人民法院",2023 年 12 月 19 日。
[2] 参见《怀远法院启动分段集约化执行工作模式》,微信公众号"怀远发布",2020 年 7 月 14 日。
[3] 参见陈莹《优化执行权配置"三车道"精准分流》,中国法院网,https://www.chinacourt.org/article/detail/2020/06/id/5306615.shtml,最后访问日期:2024 年 7 月 15 日。

标本兼治，在严格落实最高人民法院执行流程管理规定的基础上，结合安徽法院执行工作的实际情况，完成执行流程节点公开的设计，通过执行流程关键节点实质公开，切实维护胜诉当事人合法权益。[①] 安徽高院聚焦当事人关注度高、执行规范需求强的工作内容，选取了14项关键流程节点进行公开。通过短信方式进行实时公开，使执行当事人能够及时把握执行的程度与结果。通过流程化节点化公开，可以提高人民群众对执行工作的认同度和满意度，切实提升执行工作质效。

六安市叶集区人民法院扎实推进"智慧法院"全面智能化升级，启用智慧执行App（当事人公众端）方便当事人查询了解执行节点内容，能够让人民群众更深入、更直观、更全面地了解执行、参与执行、监督执行，让当事人更加便捷地获取相关执行节点信息联系执行法官、提交执行线索等，提供多元执行诉讼服务从而能够进一步实现执行公开，提高人民群众对执行工作的满意度和获得感。[②] 合肥全市法院认为执行工作节点多，当事人很多时候不能及时了解法院执行进展流程，执行公开首先要让人民群众看得见执行工作。于是合肥中院研发上线"执行节点自动提醒"执行智能辅助应用，不仅面向执行办案法官，自动及时发送节点办理结果和预警信息，更大的效用是会依据流程，自动向案件当事人手机推送相关节点信息，既让申请执行人随时了解自己案件的进展情况，又在案件立案后一个月内连续对被执行人推送催缴短信，形成威慑。积极营造社会各界理解执行、支持执行、协助执行的浓厚氛围，凝聚社会共识，让执行工作"看得见、摸得着"，不断提升人民群众的司法获得感与满意度，保障当事人的胜诉权益及时兑现。[③]

以"阳光执行"为切入点，通过便捷当事人联络相关干警和执行案件流程节点公开等具体措施，以公开促公正、以公正立公信，不断推动群众理

---

① 参见《安徽法院 打造数智执行的"安徽样本"》，微信公众号"中国审判"，2024年10月25日。
② 参见《叶集法院阳光执行 便民利民一码通》，微信公众号"叶集法院"，2021年7月16日。
③ 参见《合肥法院信息公开力促"暖心"执行》，《安徽法制报》2022年5月18日，第1版。

解、参与、支持法院执行工作，进一步加强执法司法规范化建设水平，切实维护当事人合法权益。

三　挑战与展望

（一）"智慧执行"的现存挑战与反思

跟随互联网浪潮一起前进的过程中，出现了一些信息不对称的情况，但是随着信息化社会快速传播大量的各类信息，在一定程度上缓解了这个问题。全国各地法院积极贯彻最高人民法院的重要指示，运用互联网技术推动完结案件的执行工作，因此许多法院都创建了属于自己的各式各样的执行信息平台，众多的网络平台系统之间的案件相关执行信息并没有实现互联互通，同时各个系统研发设计的页面、运行的模式、操作的方法并不一致，给用户带来了使用上的不便，也没有真正实现全国法院信息的有机结合。

目前，数字技术已被各法院普遍运用到执行工作中，但是实践中难免存在技术不赶趟的情形，例如虽然实行互联网通，各单位联动，但仍存在不全面的问题，在查人方面，目前下落不明被执行人仍较多，无法核实财产状况，更没有向法院依法报告财产。在找物方面，被执行人的财产不再局限于传统的普通动产与不动产，还出现了许多虚拟财产，这也需要日后技术的加强来破解。

大数据盛行的时代下，各地法院都由此开始打造信息数据库，接着提出了"多让数据说话、跑路"以及创建"数据法院"的蓝图。向社会大众公开失信人名单，会给失信人带来道德上的谴责以及法律上的约束，但一些法院在公开失信人名单的时候并没有保护好不应当公开的信息，致使这些被执行人的隐私被泄露公开，侵害了其在合理范围内应当享有的隐私权。同时，这些不当的信息一经发布之后就可以被媒体随意转载，但在互联网信息社会中想要彻底不留痕迹地删除却不是一件易事。因此，依托互联网而衍生出的大数据，在没有合理统一的规范下很有可能会忽视当事人的隐私，侵犯失信人依法享有的权利。

(二)"智慧执行"的未来规划与展望

1. 推进执行效率再提升

智慧执行系统正处于不断升级完善过程中，系统功能越完善越能挤压被执行人逃避执行的空间，拓宽数字技术应用范围，针对跨区域案件执行、财产查控、当事人因特殊原因无法到法院参与执行等问题，可以学习长三角地区法院围绕健全解决执行难长效机制创新探索。例如，江苏法院充分运用现代科技，优化完善"854"模式的执行实施方式，原来"一人包案到底"的传统办案模式，转变为"最强大脑"与"最强团队"相结合、线上执行与线下执行相融合的新型办案模式，执行工作的集约化、精细化、规范化水平大幅提升。[①] 以执行信息化建设为依托，结合现有的"智慧执行"系统，进一步健全完善线上执行，有效促进执行行为的规范化、执行过程的透明化，真正实现"让数据多跑路，让群众少跑腿"，助力破解"执行难"，不断提高人民群众对执行工作的满意度。

2. 提供数字技术支撑

安徽法院在数字执行工作中充分发挥积极主动性，但在技术方面可以加强利用"算法+数据"的优势，对节点管控、预警提醒、财产甄别、立案信息回填、繁简自动分流、笔录智能生成、文书智能纠错等执行全流程进行完善，积极探索人工智能与执行工作的深度融合。进一步优化技术支持电子卷宗自动分类归目、文书辅助生成、查人找物、终本核查、执行公开等应用，拓宽现代科技司法应用场景。加强区块链与人工智能的深度融合和应用，流程利用区块链技术实现安全可靠的数据共享，推动执行案件数据和操作节点的上链存证；利用人工智能技术提升分析数据和辅助决策的能力，实现司法

[①] 参见《长三角地区依托智慧法院打造执行工作一体化建设新高地》，新华网，https://www.ycnews.cn/p/504808.html，最后访问日期：2024年7月20日。

执行智能化、透明化、公开化。探索建立符合条件的执行案件自动发起查询、冻结、扣除及案款发放的智能合约机制，在合规前提下简化审批流程，减少重复工作，提升执行质效。

3. 深化异地协作执行机制

大数据时代下，执行工作也会因此收到向前或向后的推动力。在执行过程中最难的查人找物问题随着各地不同的应对措施的出现而大有改善，长三角地区作为中国经济最为活跃、司法改革前沿的区域之一，其在推进智慧执行工作方面的典型经验，我们可以在此基础上加以借鉴学习。以青浦、嘉善、吴江三地法院为例，它们通过签订执行协作备忘录，以执行协作为突破口，开启了示范区法院司法协作的新篇章。安徽法院可以借鉴长三角地区的做法，与周边省份或地区的法院建立类似的执行协作机制，明确各方在执行工作中的职责与义务，实现信息共享、资源互补、协同作战。同时，可以探索建立重大、疑难、复杂案件的跨域协同执行、交叉执行机制，相互协助办理异地财产处置，共同破解执行难题。此外，安徽法院还可以与长三角地区共同搭建"智慧执行"信息数据资源共享平台，推动建立全面共享、高效协作、规范有序、深度交流的跨区域协作常态机制，破除司法壁垒，节约司法资源。

4. 跳出执行看执行

"执行难"是一项司法难题，更是一项社会难题。要把执行破难作为一项社会系统工程，才能真正切实解决。安徽省法院应在聚焦执行工作的同时，注意以提高执行效率、解决执行需求为目标，通过科学管理，对执行案件进行智能评估，充分利用大数据分析、人工智能算法等先进技术，实现案件分类的精准化与自动化，确保资源能够根据案件的实际情况进行智能调度与优化配置。在此基础上，建立一套全面、透明且易于操作的智慧化考核平台，该平台不仅记录干警的工作量，更注重评价执行过程的效率、效果及当事人的满意度，以此激励干警不断提升专业技能和服务水平。彻底打破一人包案到底的执行模式，通过智慧执行系统实现执行裁决权、实施权及评估拍卖管理权的数字化分离与高效协同，通过相互监督，保证每个环节上的执行人员尽职尽责，并做到有据可查。

数字检察篇

B.13
数字检察牵引法律监督模式变革升级
——以数字检察法律监督平台为例

储陈城 杨琳娜[*]

摘　要： 安徽省人民检察院在新时代科技革命的背景下，增强大数据战略思维，运用大数据助力法律监督"本"的提升、"质"的转变，积极探索开展数字检察工作，建成了涵盖数据治理中心、线索研判中心、办案指挥中心、模型创新中心、学习研判中心和能力支撑中心的六大中心数字检察法律监督平台及应用，打造具有本地特色的数字监督模型。实现从被动监督到主动监督、个案办理到类案监督、片面监督到高效监督的新跨越，创新管理思路、工作模式和体系建设，建成全省统筹、专项带动和模型创新新局面，真正实现为检察监督赋能，充分发挥检察能动性。

关键词： 大数据　数字检察　法律监督平台　监督模型

---

[*] 储陈城，安徽大学法学院教授，法学博士，博士生导师，主要研究方向为刑事诉讼法学、网络刑法学等；杨琳娜，安徽大学法学院硕士生，主要研究方向为数字法学、行政法学。

安徽省人民检察院深入贯彻党的二十大精神，形成全业务智慧办案、全要素智慧管理、全方位智慧服务、全领域智慧支撑、业务主导、数据整合、技术支撑、重在应用的工作机制和架构，推动检察工作数字化转型，实现检察工作职能重塑、机构重组、机制重构，形成数字赋能"四大检察"法律监督工作新格局。当前，全国各地检察院在数字检察改革方面，普遍存在数字化办案理念欠缺、数据分析研判能力不足、数据标准体系缺失、办案团队专业化较弱等困境。为了突破这些困境，安徽省人民检察院结合本省实际情况，基于数字检察建设成果，积极探索运用大数据和信息化手段，推动法律监督业务与智能化信息技术深度融合，打造安徽省数字检察法律监督平台，形成了数字赋能检察监督的安徽经验。

一　数字检察法律监督平台建设背景

（一）政策背景

党的十九大以来，在以习近平同志为核心的党中央领导下检察机关紧紧围绕全面深化改革总目标，深化检察改革，适应人民群众更高的司法需求。《中华人民共和国国民经济和社会发展第十四个五年规划和2035年远景目标纲要》将建设"数字中国"独立成章，体现了国家层面注重数字发展的重要性。党的二十大报告对建设网络强国、数字中国和加强检察机关法律监督工作作出了科学的部署，为新时代检察工作创新发展提出了新的行动指南。

2021年8月2日，党中央印发的《中共中央关于加强新时代检察机关法律监督工作的意见》也明确要求，加强检察机关的信息化、智能化建设，运用大数据、区块链等技术推进跨部门大数据协同办案，实现案件数据和办案信息网上流转，检察机关全面提高新时代法律监督工作的能力和水平，对大数据赋能法律监督提出了新要求、新期待。2021年12月中央政法委印发《关于充分运用智能化手段推进政法系统顽瘴痼疾常治长效的指导意见》也提出探索建立检察大数据法律监督平台，畅通检察大数据归集调用渠道。

为了健全数字检察制度体系，提升新时代法律监督的质量和成效，2023

年8月，最高人民检察院印发《2023—2027年检察改革工作规划》，对今后五年检察改革作出了系统规划和部署。其中明确指出，建立健全数字检察工作计划，积极构建"业务主导、数据整合、技术支撑、重在应用"的数字检察工作模式。加强数据整合和技术支撑，整合优化数字检察基础支撑环境，实现平台融合。推进数字检察深度应用，聚焦业务办案，完善司法办案辅助系统、大数据赋能系统，推进数字时代互联网检察办案工作。在进行个案办理—类案监督—系统治理过程中，"数字"已经成为检察机关进行法律监督的核心要素之一，为满足数字时代对法律监督的新要求，大数据时代下的法律监督平台应运而生，以满足当下检察法律监督建设的各种内在要求。

（二）实践背景

近年来，安徽省人民检察院在建设"智慧检务"过程中，以问题和效果为导向，自建海量数据，融合检察业务和信息技术，积极开展数据整理和收集工作，不断涌现"小、精、专"的应用场景，建立了各种大数据监督模型，在模型创新和应用上取得了初步成效。但在实现了由个案办理向类案监督再向系统治理的全域发展过程中，由于缺少可供实现数据治理、数字检察办案省级使用的平台，市、县（区）检察院模型创新起步难、数据共享难、经验推广难，致使形成"数据孤岛"，造成低水平重复建设，不能及时实现"一域突破、全省推进"的示范效应。大数据法律监督平台是落实法律监督、数字检察的重点，结合当前数字检察法律监督的要求，在充分借鉴其他先进省份成功经验做法的基础上，安徽省检察院需要采取行之有效的手段推进和解决实践困境，根据"薄平台、轻建设、重应用、重办案"的思路，建设数字检察法律监督平台，打造安徽数字检察的"1+N"模式。

二 数字检察法律监督平台建设现状及成效

（一）建设思路

数字检察法律监督平台由安徽省三级检察机关统一使用，是能够为各级检察院提供数据接入、存储、治理服务，帮助开展全省各级检察院监督线索研判，辅助全省各级检察院进行监督模型创新的统建平台。

1. 平台建设：搭建"1+3+6+2"系统架构

安徽省人民检察院探索搭建执法司法信息共享"1+3+6+2"（"一平台""三体系""六中心""两本账"）系统架构。

"一平台"即数字检察法律监督平台，按照"薄平台、轻建设、重应用、重办案"的理念，将数字检察工作重点放在法律监督模型的创新和平台线索的发现上，利用平台促进线索成案，推进数字检察赋能案件办理。打造全省数字检察法律监督平台，实现计算资源、存储资源等共性资源的集约共享，为全省各级检察院数字检察开展业务工作提供基础资源。

"三体系"即标准规范体系、数据和网络安全管理体系和运维监控体系。标准规范体系主要包括数据安全审计和数据权限管理，提供行业的数据权限管理机制，对所有集中的数据资源进行安全管理，确保数据的完整性、保密性、备份与恢复等达到保护数据安全要求；数据和网络安全管理体系主要依靠技术支撑完善数字检察数据安全保障，完善对数字检察法律监督平台进行权限配置、强化安全审计和对平台数据的加密工作；运维监管体系注重对第三方运维人员的授权和管控，完善信息化的供应链管理。

"六中心"即数据治理中心、线索研判中心、办案指挥中心、模型创新中心、学习研究中心和能力支撑中心。数据治理中心主要负责将多渠道获取的海量数据进行有效存储和治理，以确保数据合规和安全；线索研判中心则利用人工智能技术对海量线索进行分析和研判，利用成熟的监督模型，开展10个子专项的线索分析，快速发现线索、确定关系，辅助检察官提高研判效率和准确度；办案指挥中心具有线索管理、办案督办功能，通过对平台中线索的指挥和调度，帮助数字检察专班人员掌握线索情况，指导办案，确保线索流转高效有序；模型创新中心为办案一线提供监督模型的临时搭建服务，通过轻松简便的可视化界面，使检察官专注于模型创意而非复杂代码，对于简单的法律监督模型，一线检察官只需通过拖拉拽便能快速自主构建，对于复杂的法律监督模型，通过调用多个监督模型组合适用办理案件；学习研究中心主要提供数字检察案例和能力教学，汇集了数字检察平台使用相关视频教程、学习资料及期刊论文等，旨在便于全省检察人员学习研究和交流经验；能力支撑中心是其他五个中心顺利运作的底层支撑，通过OCR识别、自然语言处理等技术提供平台计算和分析能力。

"两本账"即模型一本账、案件一本账。创新模型"一本账"主要汇聚具有一定新颖性、创新性、实用性的大数据创新应用场景；数字检察典型案件"一本账"主要汇集全省三级检察院具有比较清晰的数字检察办案预期，具有一定典型引领意义的，正在办理的数字检察案件。

2. 数据收集：从单方收集到数据联动

数据是大数据法律监督工作有效进行的底层支撑，也是检察机关开展法律监督的重中之重。数字检察法律监督平台建设的本身就是"数据+规则"的内涵集合，这些数据既有检察机关业务系统2.0等自有数据和从其他外部单位获取的各类共享数据，还有最高检、省级院集中协同共享的数据和市县检察院主动协调本地部门获取的数据，以及在开展数字检察工作中产生的各类线索、案件办理等数据。海量的数据中隐藏着各类违法犯罪活动的线索，为检察机关法律监督工作提供了巨大的空间。要深化研究运用大数据促进执法司法公正、助力国家治理，提高运用大数据的意识和能力，以"数字革命"赋能新时代法律监督。① 从目前的数字办案实践来看，绝大多数法律监督案件需要外部数据的参与，那么如何有效地获取数据，便成为数字检察法律监督工作的核心问题。②

实践中，各地检察机关开拓获取思路、创新收集方式，致力于改变检察机关单向地向其他部门要数据的方式，多层次、多途径开拓数据获取来源，实现数据联动。传统的法律监督工作中检察机关数据的收集主要采取的是"要数据"方式，通过逐个打破各职能部门，主动向外单方收集数据。传统

---

① 参见张军《加强新时代检察机关法律监督工作，助力书写法治中国建设新篇章》，《学习时报》2021年10月8日，第1版。
② 参见练节晃、刘晨雨、杨玥《数字检察之"数字"突围——从"数字"壁垒到"数字"边界》，《山西省政法管理干部学院学报》2023年第1期。

的方式不利于消除执法司法部门之间的数据壁垒，无法破解各职能部门低水平重复建设的问题，以致法律监督工作效率大大降低。数字检察法律监督平台的建设要求检察机关改变传统获取数据的方式，建立健全执法司法领域跨部门信息共享机制，加快推进执法司法数据的分类收集、汇集，及时进行交换、共享，打破执法司法部门数据壁垒，促进联动共享数据的高效运用。

3. 数字建模："自我原创+外部引进"

数字检察是检察机关通过数字化技术建立法律监督模型及配套系统，发现类案线索后进行融合式监督，对社会治理机制进行系统性完善的新模式。大数据法律监督模型主要依赖于监督模型背后算法对数据分析、收集、清洗、加工、提炼的有效程度。数据只是生产资料，监督模型是基础设施，算法类似于生产工具，三者的深度发酵才能酿出大数据时代检察监督的"佳酿"。[①] 数字检察监督模型是数字检察法律监督平台建设的关键，基层检察院办案检察人员最清楚检察业务堵点和难点所在，尤其是从个案办理中敏锐意识到类案存在的可能性，并归纳提炼成可以搜集筛选的要素，从而在平台上自行创设模型，自我运用。同时，安徽省检察院应当积极吸收外省成熟的法律监督模型应用，譬如刑事案件下行监督、民事生效裁判监督，同时结合安徽省开展的刑事立案监督、行政检察"空壳公司"治理等相关专项工作，充分考量办案检察官对数字检察监督办案创新的接受度，最终梳理各类检察业务监督模型，推动实现大数据助力"四大检察"全面协调充分发展。同时，安徽省检察院需要对这些监督模型具体的监督规则和数据进行分析，形成省、市、县三级检察院共同推动数字检察工作的局面，积极推行"各院开发——全省推广"的模式，助力数字监督成果最大化。

4. 平台安全：从技术防到全域防

数字检察法律监督平台包含了检察机关办案数据、系统研判办案线索、行政及司法机关的内部信息数据等海量的信息内容。设计平台应充分考虑安

---

① 参见浙江省湖州市人民检察院课题组《大数据法律监督平台与技术运用相关问题》，《中国检察官》2022年第23期。

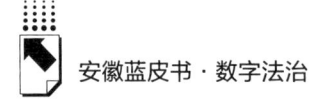

全性要求，强化数据安全，构建安全防护体系，利用数据加密、敏感数据识别、数据资产分类分级等安全技术，实现全方位平台数据安全管理。在技术防御方面，平台需要做好系统安全性、数据安全性、数据访问留痕、系统备份及恢复层面的加固和保障，提升针对非法入侵、数据泄露、恶意攻击等风险防患的防御能力，建立数据备份和灾难恢复机制，确保开展数据治理工作的安全性和保密性。除了运用技术防范以外，还需要拓展至人防、制度防等全领域防范。在人防方面，数据使用人员需要进行身份认证，数据仅在平台使用，严禁下载数据，并且对数据使用情况进行督查，以确保只有经过授权的人员才能访问敏感数据，支持颗粒度的权限控制，确保数据仅在授权范围内可被访问和操作，并且对数据使用情况进行督查，同时加强对相关人员的安全培训。在制度防方面，制定执法司法共享数据使用和管理办法等配套机制，围绕登录用户的信息及权限提供一整套管理机制，由系统管理员进行统一管理，支持按用户、角色进行权限管理，形成数据定期巡查和数据运维管理制度，从制度层面规范数据使用、管理，确保数据获取、治理和使用安全。

（二）平台体系

1. 技术支撑

数字检察法律监督平台是围绕法律监督为主轴，依托相关核心技术和技术平台，对业务办理过程中的海量数据进行存储、归纳、分析，便于检察官开展法律监督工作。数字检察法律监督平台技术能力包括数据储存技术、大数据挖掘技术、语言大模型应用技术和安全保密技术。[1] 该平台运用 OCR 数据库（Click House）技术、自然语言处理技术对文书材料进行分词、识别、提取关键要素等处理，有助于扩充法律监督数据来源及建立规则。依托低代码模型构建平台，通过"拖、拉、拽"实现法律监督模型快速构建；通过云计算技术对海量数据进行存储、计算、分析；利用数据可视化技术，

---

[1] 参见安徽检察工作现代化研究中心第五研究小组《数字检察驱动检察工作现代化的技术支撑体系研究》，《检察技术与信息化》2023 年第 4 期。

将数据源、推送线索和监督成效以图表等形式展示,辅助检察官对线索进行分析研判,实现高效决策。

2. 业务架构

本着积极构建"业务主导、数据整合、技术支撑、重在应用"的数字检察工作模式,以业务、应用、数据、技术为架构主线,通过高度整合集成平台应用功能,形成互联互通、集约高效、灵活便利的数字检察法律监督平台,实现数字赋能法律监督现代化,大数据与检察办案、监督工作深度融合,为检察监督工作提供全场景、全流程、全领域的智能线索发现和数据支撑(见图1)。

图1 安徽数字检察法律监督平台

3. 监督模型

信息化时代,数字检察是连接检察工作现代化、智能化的纽带,加强数字检察应用和检察业务的衔接融合,构建并发挥法律监督模型是创建数字检察法律监督平台的关键所在。安徽省各级检察机关自主创设模型,作为优秀重点模型在全省推广应用,助力检察机关发现监督线索、办成案件,有效推动全省相关案件的综合治理。各级检察机关开展的大数据法律监督专项行动,围绕社会治理难点、人民群众关注焦点加速推进数字检察法律监督模型

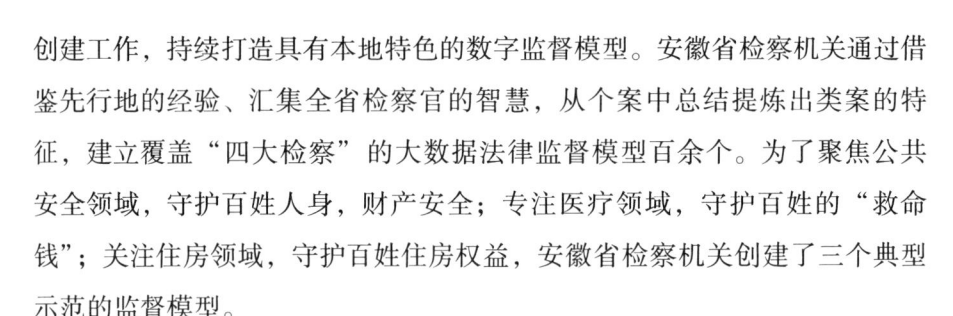

创建工作，持续打造具有本地特色的数字监督模型。安徽省检察机关通过借鉴先行地的经验、汇集全省检察官的智慧，从个案中总结提炼出类案的特征，建立覆盖"四大检察"的大数据法律监督模型百余个。为了聚焦公共安全领域，守护百姓人身、财产安全；专注医疗领域，守护百姓的"救命钱"；关注住房领域，守护百姓住房权益，安徽省检察机关创建了三个典型示范的监督模型。

（1）打造"网络销售伪劣消防灭火器危害公共安全监督模型"，消除公共安全隐患

为了解决网络销售伪劣灭火器发现难、监管难的问题，构建了"网络销售伪劣消防灭火器危害公共安全监督模型"，切实消除公共安全隐患，该模型获全国检察机关大数据法律监督模型竞赛一等奖，目前已在最高检大数据法律监督模型管理平台上架使用。

淮北市检察院在接到群众举报后，办案人员敏锐意识到，网络销售的灭火器如果普遍存在伪劣现象，将严重威胁社会公共安全。淮北市检察院及其下辖的烈山区检察院随即着手构建大数据法律监督模型（见图2）。

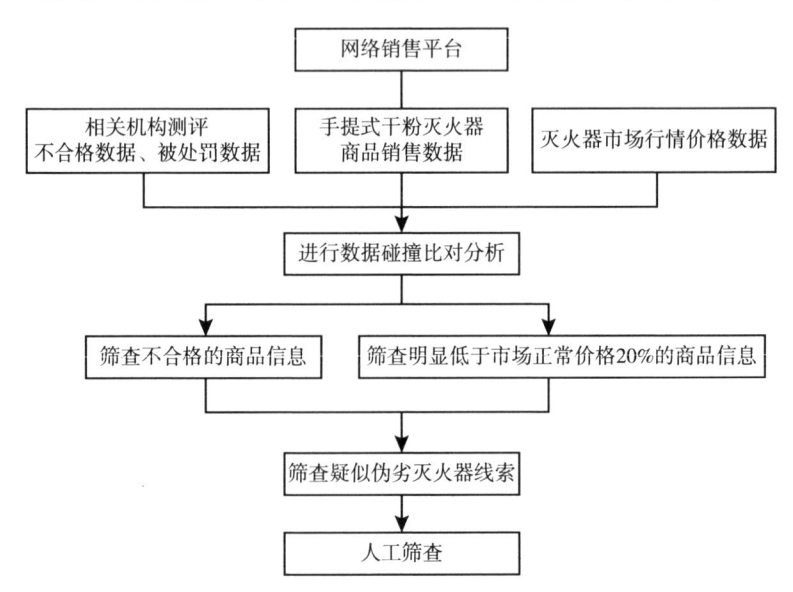

图2 网络销售伪劣消防灭火器危害公共安全监督模型框架

以淮北市为代表的检察机关从网络销售的明显低于市场价格手提式消防灭火器入手，结合行政处罚、裁判文书中明确为伪劣灭火器的型号参数等数据，利用大数据分析技术，通过数据碰撞、比对，发现生产、销售、运输、使用伪劣灭火器的线索，经研判后，立案56件，制发检察建议16件。其中，仅淮北市人民检察院就向本市公安机关移送了12条线索，并提前介入引导侦查。仅蚌埠市辖区内存在生产、储存、销售伪劣灭火器的刑事案件涉及27个省份、涉案人员63人，已采取刑事强制措施19人，查实销售伪劣灭火器450万具，涉案金额高达1.49亿元，目前已扣押涉案款899万元。[①]对于涉及外省的线索，及时向四川、贵州、浙江、江西等地区进行了移送。检察机关还联合市场监管、消防、公安等部门，构建起灭火器监督管理的长效常治协作机制，切实消除伪劣灭火器带来的公共安全隐患。

（2）结合"村卫生医保诈骗大数据监督模型"，打击欺诈骗保乱象

为了聚焦医疗领域，严厉打击欺诈骗保乱象，打造了"村卫生医保诈骗大数据监督模型"，守护住了百姓的"救命钱"，该模型在2023年安徽省第二届大数据法律监督模型大赛中荣获一等奖并作为重点模型全省推广应用。

实践中，检察官通过实地调查发现，在当地留守老人集中的农村地区，村卫生室编造理由扣留就诊群众身份证件进行虚假门诊登记、虚开处方、拆分处方等骗取医保基金现象较为普遍。经过研判后认为，可以借助大数据赋能监督，对村卫生室医保诈骗乱象进行督促根治。蒙城县检察院在总结个案特征的基础上，运用大数据思维，先由检察官分析异常就诊问题的逻辑规则，设定异常数据筛查规则，然后由技术人员对所采集的医保报销数据、死亡火化人员数据、参保人员家庭户口数据、个别卫生室药品库存数据等进行清洗、碰撞、转化，共筛查出"死亡人员幽灵报销""家庭成员同时或连续诊疗""小额诊疗处方数异常激增""药品库存异常虚增"等涉嫌套取医保基金违法违规线索157条，涉及全县10余个乡镇、100余家村卫生室。

---

① 参见《检察监督的"最强大脑"能有多强?》，《安徽日报》2023年12月11日，第11版。

在"线上数据支持+线下融合监督"的联动机制下，蒙城县检察院通过与公安、医保局、卫生健康委等多部门的联合座谈督促线索落地，监督县医保局移交涉嫌犯罪线索8件，公安机关已立案2件；将排查出的35条涉嫌行政违法线索移交给县医保局查处，针对发现的医疗保障基金监管漏洞，向县医保局等单位发出社会治理检察建议3份；向该院公益诉讼检察部门移交已死亡人员继续使用医保线索600余条，公益诉讼检察部门立案行政公益诉讼案件5件。蒙城县检察院创建的村卫生室医保诈骗大数据法律监督模型在安徽省投入应用后，全省检察机关依托模型共核查线索173条，立案25件，制发检察建议15份，督促追回医保基金损失524万元，通过与医保、民政等部门的密切配合，实现对欺诈骗保乱象的有效打击与治理。[1] 围绕对村卫生室医保诈骗乱象进行大数据法律监督中发现的"死亡人员信息共享不及时"这一监督盲点，蒙城县检察院积极拓宽监督思路，有效拓展了低保、社保领域的类案监督（见图3）。

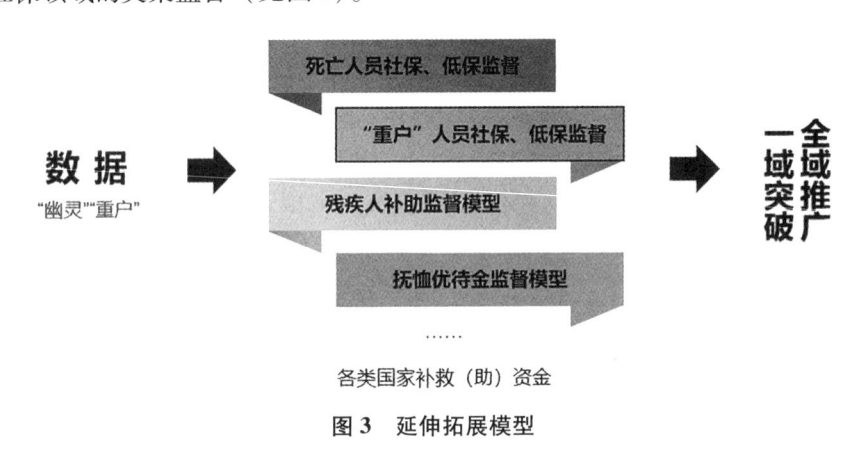

图3 延伸拓展模型

（3）开发"商品房买卖领域'霸王条款'应用类监督模型"，保护消费者合法权益

为了加强对消费者权益的保护，开发了"商品房买卖领域'霸王条款'

---

[1] 参见《数字小切口攻克民生大问题——安徽：大数据法律监督纾解群众急难愁盼》，《检察日报·数字检察》2024年2月28日，第12期。

应用类监督模型",促进房地产交易市场秩序,保障广大购房者的合法权益,该模型在2023年安徽省第二届大数据法律监督模型大赛中荣获二等奖。

安徽省芜湖市湾沚区检察院在办案中发现,在商品房买卖领域存在不少侵害不特定消费者合法权益的"霸王条款",湾沚区检察院及时总结个案经验,通过大数据进行全面排查,搭建起商品房买卖领域"霸王条款"法律监督模型,并开展商品房消费者权益保护民事生效裁判专项监督。通过该监督模型,发现芜湖市范围内相关案件线索27条,其中涉及湾沚区7条,湾沚区检察院据此依职权办理民事生效裁判监督案件3件,其他线索移送芜湖市其他县区院后,相关检察院积极调卷审查。安徽省检察机关通过发挥该监督模型作用,在全省范围内已发现92条违法线索。芜湖市湾沚区人民检察院在个案办理的同时,努力扩大办案效果,向社会治理领域发力,向相关部门发出2份社会治理类检察建议,推动商品房买卖领域"霸王条款"专项整治。这一举措有力促进了房地产交易市场秩序的规范,为维护消费者权益和提升司法公信力作出了积极贡献。

在大数据法律监督专项行动中,安徽省三级检察机关聚焦涉及民生的热点问题、焦点问题,从"小切口"入手,将大数据技术应用于法律监督,设计并投入办案实践的监督模型达395个。[1] 通过构建各类监督模型,实现办理一类案件的监督效果,形成了数字赋能检察监督的安徽经验。

三 数字检察法律监督平台应用优势及特色创新

(一)平台应用优势

监督实质上是发现问题、纠正问题、预防问题的过程。[2] 利用大数据思

---

[1] 参见《数字小切口攻克民生大问题——安徽:大数据法律监督纾解群众急难愁盼》,载《检察日报·数字检察》2024年2月28日,第12期。
[2] 参见卫跃宁、赵伟中:《监察监督职责的类型与规范路径》,《吉首大学学报》(社会科学版)2024年第1期。

维，建设数字检察法律监督平台，加快发现问题的速度，提炼纠正问题的方法以及归纳预防问题的途径，以主动、类案、高效作为代替被动、个案、片面监督，实现"个案发现—类案监督—社会治理"的法律监督新路径。

1. 实现被动监督到主动监督的新跨越

在以往的检察实务工作中，检察机关法律监督的来源主要依赖于外部移送案件以及群众的申诉等途径，接收监督线索较为被动，检察机关主动发现挖掘线索的能力被等靠要的传统思想所束缚，监督成效大大降低。依托数字检察法律监督平台，通过平台充分开发、整合、运用检察机关办案数据资源，盘活检察机关内部数据，将之运用到分析研判中，可为检察机关提供大量的法律监督信息线索；同时对于执法司法部门外部数据的壁垒，借助平台建立信息公示和共享机制，促进各部门之间信息数据的互联互通。利用平台监督模型，检察人员主动发现监督线索、启动监督程序、开展调查核实、作出监督决定等，使检察监督由被动监督转化为主动监督，达到预防的效果。数字检察法律监督平台的应用，促使被动型传统法律监督模式转变为主动型法律监督模式，形成法律监督从单维到多维的转变。检察机关利用大数据平台信息，实现从个案到类案大范围检索，打破了区域和时间的限制，覆盖执法司法流程的每个节点，呈现跨条线、跨职能、跨区域的特征，有效承接了法律监督模式变革的要求。

2. 迈向个案办理到类案监督的新路径

传统法律监督线索的发现往往来自人工审阅卷宗，监督线索呈现出零星、分散的状态，由此根据相应的监督线索展开的法律监督工作也不可避免地存在零星性的问题，监督指向单一化、同质化，难以突破从个案延伸至类案研判的困境。相较于个案监督，类案监督是数字检察的高阶状态，打造数字式"类案监督"是大数据赋能法律监督的核心任务。从数字检察法律监督平台的业务架构中可以看出，数字检察法律监督工作的重点并非研发各种智能软件和数字应用，而是以数据为底基，平台为支撑，便于检察官将算法、算力运用到法律监督工作中，系统重塑法律监督模式，借助数字空间打破传统法律监督的时域限制，迈向从个案办理到类案监督的跨越性新路径。

检察机关围绕典型个案进行解剖，依托数字检察法律监督平台，调取所需数据，创建监督模型，根据数据的对比和碰撞，整理批量监督线索。例如，五河县人民检察院对涉及企业追索劳动报酬纠纷案中存在虚假诉讼的问题，通过分析该案的特性，检察机关通过对海量文书进行研判，发现存在同一当事人关联多个案件，且这些案件具有相似特征，借助平台从中筛查出可能存在虚假诉讼的线索，利用大数据技术对企业及个人相关银行流水进行分析，对文书进行笔迹比对，核实虚假诉讼行为，最后以无权代理、未确立劳动关系等实质性要件为突破口，确定一批虚假诉讼案件，构建"逃债型"虚假诉讼法律监督模型，为虚假诉讼类型化检察监督开辟了广阔空间。检察机关借助数字检察法律监督平台，针对办案中发现的共性问题，实现促进某一类问题一并解决的精准、高效监督，最终达到"办理一案、监督一批、治理一片"的社会治理效能。

3. 达成片面监督到高效监督的新目标

传统的片面式法律监督模式在监督启动的被动性和线索发现的分散性作用下，存在法律文书流转不及时、缺乏实时性，人工审查容易存在疏漏线索、效率低下等问题，法律监督极易走向形式化道路。大数据是实现法律监督质效飞跃的关键变量。[1] 数字检察法律监督平台的应用，使得从线索的发现到线索的精准度，再到线索的运用等，都达到了重大提升的高阶状态。运用大数据分析、数据挖掘与人工智能等技术与检察业务深度融合，构建科学、专业、实用的法律监督模型，从海量数据中碰撞、对比、分析发现有价值的法律监督线索，有效拓展检察机关监督线索来源渠道，大幅提升了检察机关精准发现监督线索的能力。数字检察法律监督平台的建设，不仅丰富了监督的手段和方法，而且在一定程度上能够为法律监督提供牵引，实现大数据对法律监督从片面监督到高效监督的转型升级，有力拓展法律监督的广度和深度，促进法律监督质效的飞跃。

---

[1] 参见刘品新、翁跃强、李小东《检察大数据赋能法律监督三人谈》，《人民检察》2022年第5期。

（二）创新特色

平台设计落实最高检和省院关于加强数字检察工作的决策部署，致力于实现数字化赋能法律监督，结合数字技术和安徽检察工作的实践，为检察监督工作提供了全场景、全流程、全领域的智能线索发现和数据支持，发挥了数字助力检察的功效，在管理思路、工作模式、体系建设方面都进行了不同程度的创新，主要表现在以下三个方面。

1. 全省统筹建设

数字检察工作的有序高效推进，要遵循省级院统筹、市级院主导、基层院应用的原则。省院统筹的是标准化、规范化建设，主要负责组织领导、指导保障、培育推广等，数字检察法律监督平台要统一标准、一体推进、高效管理。由于各级检察机关数据处理能力的差异以及数据管理标准、数据处理标准、数据处理平台呈现出参差不齐的监督现状，安徽在创建监督平台时注重实现项目的集约化，将平台交由省院统筹建设，实现数据、模型、应用、线索的统一管理，达到一次投入，全省共用的目的，避免各地各自为政、浪费司法资源。

2. 专项带动全局

安徽省检开展大数据法律监督专项行动，通过运用大数据、人工智能等技术，对涉及法律监督的海量数据进行深度挖掘，发现监督线索，提高检察监督质效，实现精准监督。在专项行动中，省检利用数字检察法律监督平台，尝试一站式解决数字检察办案中存在的技术问题，明确"10+N"监督重点，平台构建诉判不一专项监督、民事裁判深层次违法行为等10个子专项监督应用[1]，解决线索发现难的问题，为全省三级检察院办案提供数据治理、分析研判等服务。以专项行动为指引，借助数字检察法律监督平台，强化类案智能监督，以专项带动全局，促进检察办案质效井喷式跃升。2023年以来，安徽省检察机关开展大数据法律监督专项行动，其成效显著且具有较

---

[1] 参见徐奥萍、李斐《以数字革命赋能法律监督》，《安徽法制报》2023年11月21日，第1版。

强的社会影响力，2024年1月8日，被评为安徽省年度"十大法治事件"。

3. 自主模型创新

针对各级检察机关开展的数字检察工作，数字检察法律监督平台提供了创新建模的能力。办案人员最清楚业务难点所在，从个案办理中发掘类案存在的线索，归纳提炼收集的线索，从而建立监督模型，对于基层检察人员而言，运用技术构建模型是其工作的难点所在。安徽数字检察法律监督平台创新性地解决了这一难点，构建了以"拖、拉、拽"方式实现"无代码"快速验证与构建监督模型的工作模式。通过对导入的结构化数据进行交叉性分析，针对不同案件所需的关键点实现多类数据运算和数据碰撞，帮助办案人员快速发现监督线索。

四 问题与展望

（一）存在问题

数字检察法律监督平台应用以来，线索发现效率猛增，创新模型迅速构建，办案数量和质量显著提高，社会治理成效凸显。平台上线运行以来，整体运行状况良好，但在实际应用过程中，除了具备监督范围的扩大、检察监督效率的提高等优势外，也不可避免地存在一些实践困境——"数据孤岛"现象突出、数据挖掘能力不足、新型数据人才短缺、已有数据应用不深和大数据与检察工作融合度较低。

1. "数据孤岛"现象突出

数据联通共享是协同办案的关键所在，如果各机关、部门之间数据不开放、不共享、不整合，那么各部门之间的数据便成为难以盘活的"死数据"。长期以来，执法司法部门"信息孤岛""数据壁垒"问题突出，成为执法司法监督体系改革和建设的瓶颈。[①] 各部门之间的数据壁垒导致"数据

---

① 参见贾宇《论数字检察》，《中国法学》2023年第1期。

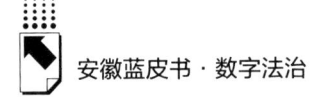

孤岛"现象突出，无法实现数字检察的融合监督。目前，平台运用中所存在的数据壁垒包括检察机关内部的数据壁垒、执法司法部门的数据壁垒和社会主体的数据壁垒，虽然中央和上级机关多次强调各部门数据共享联通，但目前检察机关获取相关监督线索数据存在一定难度，距离实现数据共享还有很长的路要走。

2. 数据挖掘能力不足

数字时代背景下，数据是法律监督的生产资料，数据的流通程度、利用程度是检察机关法律监督履职现代化程度的集中反映。数据挖掘能力不足表现为对已有数据运用不充分，数字检察法律监督平台作为检察机关的核心办案系统，在各级检察机关办案积累中，已具备海量的案件数据分析应用的巨大价值，但各类检察工作数据尚未在内部实现实时流通，仍然局限在本条线办案环节流转上，人工筛选数据、线下线索移送依然是跨条线法律监督的主要工作方式。同时，目前的数字检察法律监督平台主要功能局限于办案业务流转上，多项数据库未能有效整合，缺乏对数据的二次挖掘利用，从中发现线索、分析线索、指导办案，从而发挥数据的真正利用价值。

3. 业务与技术融合度较低

检察业务与信息技术的融合是数字检察法律监督平台建设的难点，如果平台仅将书面材料转化为电子计算机数据，将线下数据复制为线上数据，并未真正实现"大数据+检察"的实效价值，大数据赋能检察监督的效果不明显。受定式思维的影响，检察工作人员往往会孤立地看待技术与业务，传统的检察设备与信息化、"互联网+"、大数据统筹使用的意识和能力较低。实践中，由于业务与技术的融合度不够，也制约了大数据应用模型的研发应用。

基层检察院业务运行存在薄弱方面，2021年以来，安徽省检察院先后梳理出庐江县、灵璧县、蚌埠市龙子湖区、阜阳市颍泉区和霍邱县5个工作相对薄弱的基层院。造成基层检察院业务工作薄弱主要原因在检察业务与党建、技术等方面融合度不够。需要借助数字技术精准助力薄弱基层院补短板、强弱项、解难题，成为实现"脱薄"目标的关键因素。

4. 数据安全问题凸显

数字检察中强调的数据安全是数据全生命周期的安全，即数据采集、传输、存储、利用和共享等全过程的数据安全。在数字检察监督平台建设中的数据安全问题主要发生在数据采集、数据处理和数据传输、共享阶段。在数据采集阶段，采集的数据完整性和真实性会影响数据的安全，有的数据采集者没有充分采集数据或者进行造假，对技术设施的不合理规避设置，对数据不进行清洗和安全传输。在数据处理阶段，基层检察机关在数字检察建设过程中的数据处理，主要依托于第三方企业搭建的数据处理平台来实现对数据的访问和控制，数据在检察机关与其他单位之间的流动中，可能会带来合作风险和技术挟持风险，同时第三方企业技术水平参差不齐以及工作人员个人素质等问题，极易造成数据丢失、泄露。在数据传输与共享阶段，检察机关的业务办理往往需要与多个不同层级的司法行政部门有效衔接配合，但是不同部门层级对数据保密要求不同，多部门之间信息共享中面临一定程度的数据暴露安全风险。

5. 大数据新型人才短缺

数字检察以大数据和大数据技术作为客观基础，但数字检察中发挥主导作用的依然是人，大数据时代化检察人才队伍的建设关乎数字检察法律监督平台的创建。

在检察实践工作中，无论是领导干部还是普通的检察人员，都还没完全树立起大数据思维，对数字检察的认识和理解不够深入，很少主动思考用大数据去解决监督办案问题，对大数据的认识和驾驭大数据的能力不足。很大一部分检察人员在监督理念、监督意识、监督能力上不能适应数字化转型的要求，错误地将大数据等同于人工智能、辅助办案。检察人员作为法律监督的实际推动者，对于数据法律监督起到重要作用，检察人员的数据思维和数据素养直接影响数据监督平台的运行实效。大数据时代对检察人员提出了更高的要求，不再局限于法学人才而是要求具备法学基础又精通数据技术的复合型人才，目前检察队伍缺乏该类人才。

（二）未来展望

将数字技术广泛应用到检察监督办案中，全面贯彻习近平法治思想，为检察机关法律监督赋能，实现以检察工作现代化服务中国式现代化。为建设好"业务主导、数据整合、技术支撑、重在应用"的工作机制，各级检察机关必须主动跟上，顺应数据时代新要求，强化大数据战略思维，实现办案理念、模式的重塑，实现真正的大数据赋能法律监督，迈向数字化检察监督新征程。下一步，安徽省检紧紧围绕"数字检察"的工作理念，不断丰富平台的数据和功能，提高应用的深度和广度，朝更智能、更精准、更规范的方向发展。

1. 强化数据归集，打开数据通路

数据库是打造数字检察法律监督平台的基础。在全省三级院共同推动下，目前已实现13家单位数据的汇集和治理，为检察监督工作提供坚实的数据基础。其一，当前各省都在推进统一的一体化智能化公共数据平台建设，检察机关应该主动接入省级统一数据归集平台，今后各类执法、司法数据的共享更多的是通过向一体化智能公共数据平台"申请、审批、下发、使用"的模式，从而确保数据的安全性。检察机关及相关政法机关要尽快融入省级统一的一体化公共数据平台，为数字检察打开数据通路。其二，要充分利用好执法司法机关信息共享工作机制，在政法机关之间全面整合政法数据资源，推动行政执法数据与政法数据的流通互转。

破除"信息孤岛"，促进公权力部门之间信息数据的互联互通，建立信息公示和共享制度，是数字中国建设的重要内容。[1] 因此，要进一步丰富数据范围，尽可能地突破数据壁垒，对于最主要的执法司法数据，要主动争取与执法司法机关各方配合，构建全面完善的检察大数据法律监督平台数据库，汇集内部政务、业务数据，以及外部执法司法、社会数据。在对收集的

---

[1] 参见陈慧娟《聚焦政法领域全面深化改革推进会：力争每年推出一两项重大改革新举措》，光明网，https://m.gmw.cn/baijia/2019-07/21/33014383.html，最后访问日期：2024年6月20日。

基础数据进行清洗、分类后，形成刑事、民事、行政、公益诉讼等高质量主题数据库，形成集成式办案核心数据，为更好地打造智能化数字检察法律监督平台奠定基础。

2.制定模型标准，统一应用系统

数字检察建设中虽然鼓励各地自主创新监督模型，但是各模型之间"烟囱林立"系统性较弱，为了防止一些地方检察机关将数字检察等同于信息化建设、法律监督模型研发应用，导致"无节制""无系统"地开发监督模型局面的出现，需要制定大数据法律监督模型标准，接入统一的业务应用系统。要建立符合各个业务数据应用意见和适用标准的统一系统，还需要不断探索。现阶段可通过建立系统化的监督模型层，通过建立不同领域模型，获得不同领域的统一标准。系统化的监督模型层实质上是一种实体类型库，内存丰富的子模型，映射不同的业务板块，通过灵活设置权限，满足不同业务的多元化需求，适应不同的办案场景。

未来需要进一步整合各地检察机关之间的力量，从更高范畴上调动检察权，实现不同区域之间检察机关的通力合作，开展区域协作联合服务供给，探索长三角协同为主的跨区域服务供给。一方面，可以推动构建跨区域大数据法律监督模型标准，包括应用、数据、UI、安全、接口等多类标准，为后续形成模型库奠定基础。另一方面，加强类案监督协作机制，通过多场景、多案件进一步优化完善模型规则，逐步形成全面涵盖的"四大检察"的数字检察法律监督平台。

基层检察院的业务水平薄弱于省市级检察院，但基层检察院是检察机关的基础，数字检察监督的重心和为民服务的重心在基层，检察院需要加强对基层的建设，加大对基层的资源倾斜和帮扶力度，帮扶相对薄弱基层检察院实现脱薄争先。灵璧县是最高人民检察院确定的全国129个薄弱基层院之一，但其通过两年时间实现了"脱薄"的目标，在"南四湖专案"中领办专案具体工作，获得了显著的成效。安徽省其他基层薄弱检察院应当借鉴其成功经验，利用数据分析寻找基层检察院薄弱短板，定期开展业务数据分析，运用检察业务应用系统等现代信息技术，对薄弱基层检察院办理的案件进行实时、动态监督，通过问题通报、情况反馈发出提示预警，促进检察人员规范司法行为；积极推进大数据运用融入检察履职，推动各项检察业务驶上"快车道"，把"薄弱基层检察院"打造成"先进基层检察院"。

3.建构平台功能，推动检察工作

首先，要构建检察数据支撑功能系统。整合检察业务办案的数据、政法机关共享的数据、行政机关协同的数据和第三方公共数据，避免数据获取应用超越检察职权。检察数据支撑功能系统通过对大数据分析、自然语言处理技术对数据进行汇集分析，充分整合底层服务功能，为上层应用提供标准化、统一化的接口服务。其次，要构建监督模型管理功能系统。创建模型要紧扣"四大检察"法律监督重点，围绕检察职能和业务需求，创建"小模型"，通过"小切口"切开隐藏在大数据背后的同类案件。通过监督模型管理功能系统，对监督模型的可行性、可复制性进行验证，做到"一地突破、全域推广"。最后，要构建监督线索管理功能系统。数据整合和模型创建的核心目的是发现法律监督线索，但大数据监督模型碰撞出的异常数据能否构成案件，需要办案人员对异常数据进行核查，深入分析线索。监督线索管理功能系统对大数据监督法律案件的线索进行受理、侦查、立案、查询、统计等环节的系统化管理。在线索管理的过程中需要对异常数据进行分类分级预警，综合评估分析；同时因为线索涉及多类型，例如涉及违法犯罪、公益诉讼等，需要组建专业办案团队，吸纳跨层级、跨部门的相关办案人员，发挥各自的专业优势，有效解决法律监督案件中涉及跨层级跨部门的协同办案问题。

4.建立保护机制，维护数据安全

数字检察法律监督平台设计要充分考虑数据安全性要求，未来加快建立数据分类分级保护机制体系，全方位实现数据安全管理，寻找数字检察与数据安全之间的最佳平衡点。第一，检察机关内部设立数据安全监管部门。因为检察机关全程参与案件的办理，其所掌握的数据总量是其他任何机关无法比拟的，对安全问题能够进行及时处理。根据数据分类分级要求，制定重要数据目录，为机关对数据的使用和处理提供指引，同时，对数据控制者的数据使用行为进行实时监控。第二，检察机关内部建立全流程数据安全规制。数字检察建设中，仅对数据保护进行事后救济是无法满足数据安全保护的现实需要的，由此需要转变救济模式，从消极、被动的事后救济模式转变为积极、主动的全流程救济模式。在获取敏感数据时必须具有合理的使用目的，检察机关内部制定严格的审批权限和程序，对检察人员使用数据过程进行全流程记录，以及对个人信息提供者赋予相应的知情权，给予其查询信息的使用情况、更正错误信息的权利，确保监督平台存储的海量数据的完整性、真实性和安全性。第三，建立数据分类分级保护体系。《中共中央、国务院关于构建更加完善的要素市场化配置体制机制的意见》中明确提出要推动完善数据分类分级安全保护制度，加强对信息数据的保护。对数据保护最关键的是对核心数据的保护，检察机关应当制定本领域的数据安全保护体系，结合数据的分类分级标准，针对大数据司法行为对数据的干预程度，构建一整套程序宽严相当、权能强弱有别的数据调取体系。[1]

5. 培养复合人才，完善队伍建设

数字检察法律监督平台背后蕴含了依法履职、融合履职、能动履职的理念，要求检察业务与数据技术之间的深度融合，需要持续培养更多具备数字化技术、数字化思维、数字化认知和法律实践知识的专业型、复合型人才。复合型人才的系统性培养是打通业务和技术的关键，承载着全省范围内大规模开展数字检察改革。在人才招录上，检察机关在未来可以通过有意识地招录"互联网+人工智能法学"等交叉学科复合型人才，填补检察机关技术复合型人才的缺口；采用与高校联合培养、政府互派人员挂职的方式吸引专门人才；完善"大数据+法学"复合型人才引进聘用机制，吸引具有交叉学科背景的高端法治人才加入检察系统。在人才培养上，加强与高校之间的院校合作，积极落实中共中央办公厅、国务院办公厅印发的《关于加强新时代法学教育和法学理论研究的意见》，借助高校的实验室资源和检察院的司法

---

[1] 参见揭萍、孙雨晨、王攀《数字检察中的数据安全：风险、困境与保护》，《中国检察官》2022年第23期。

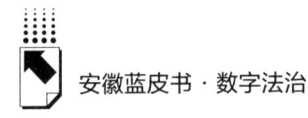

实务资源，培养跨学科法律人才；注重实训实战，设计实训项目，在各类竞赛评选中培育人才；引导在职检察人员加强对数字检察理论研究，开展各项培训活动，包括数字检察专题课程、专题培训班、微课程等活动，培养数字化思维、数字化意识、数字化技能；健全数字检察人才特色创新创造活力，为数字检察人才创造更多元化的岗位晋升渠道和激励机制。在人才交流上，要加强不同地区、级别之间跨院间的学习与交流，继续举办沪苏浙皖四地三级检察院关于长三角检察机关数字检察专题研修班，通过专题辅导、现场教学、交流研讨等环节，聚焦数字检察重点领域和重点问题，分享先进司法理念和司法经验，为推动长三角检察一体化发展凝聚起更大力量。

数字赋能监督，监督促进治理，安徽省人民检察院仍在继续深化推动数字检察法律监督平台的建设，发挥好各中心在监督办案、业务协助、模型创新等方面的集成效应，进一步扎实加强一体化办案、融合履职工作，用科技力量深层次促进检察工作提档升级。

B.14
数字检察解码公益诉讼高质量发展"工具箱"
——以黄山市为例

张 娟 杨琳娜*

摘 要： 在数字化浪潮的冲击下，科技赋能公益诉讼成为推动社会公益和法治建设的重要力量。黄山市人民检察机关积极探索数字检察与科技手段的融合，充分发挥大数据在监督纠正违法、保护国家和社会公益、促进国家治理中的作用，构建"大数据+公益诉讼"监督模式，打造"检益新安江"公益诉讼品牌，创建传统村落风貌保护大数据监督平台，建立检察公益诉讼与"12345"热线联动服务，积极探索科技赋能公益诉讼，稳步推进"数字检察"改革，响应了科技赋能公益诉讼新时代号召。

关键词： 数字检察 公益诉讼 生态检察 传统村落保护

公益诉讼检察是检察机关的一项新职能，与民事检察、刑事检察和行政检察共同组成了新时代下的"四大检察"。检察公益诉讼高质量发展的新期盼要求，促进了检察机关法律监督工作与完善公益诉讼制度之间的深度融合，让"高质效办好每一个案件"成为数字检察时代下检察履职办案的基本价值追求。检察公益诉讼的案件涉及领域范围广，具有案情复杂、专业性强等特点，检察人员一般很难完全具备相应的专业知识，决定了办案不能采

---

* 张娟，安徽大学法学院副教授，法学博士，硕士生导师，主要研究方向为行政法学等；杨琳娜，安徽大学法学院硕士生，主要研究方向为数字法学、行政法学。

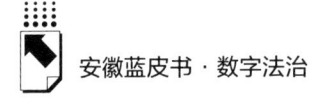

用传统的办案思维和办案模式，需要强化检察人员科技赋能意识，让数字检察解码公益诉讼高质量发展的"工具箱"，构建检察公益诉讼和数字检察技术融合发展格局。

一 数字赋能公益诉讼的背景

（一）政策背景

作为以国家力量主导的实际样态，打造"数字检察+公益诉讼"的智慧检务始终坚持在国家战略层面系统推进、稳步落地、创新发展。2021年1月，第十五次全国检察工作会议召开，明确提出要积极推进公益诉讼检察指挥中心建设，实现线索、人员、资源三者统管、统调、统配；对跨区域公益诉讼案件逐步实现派出分院、上级院指定和异地管辖。最高检发布的《"十四五"时期检察工作发展规划》中提出，探索建立"益心为公"等公益志愿者线上线索举报与评估、专业建言等机制平台；健全公益诉讼一体化办案机制等。习近平总书记在中国共产党第二十次全国代表大会工作报告中指出，严格公正司法，加强检察机关法律监督工作，完善公益诉讼制度。[1]

《深入学习贯彻党的二十大精神 为全面建设社会主义现代化国家贡献检察力量》提出，检察机关要把握数字化建设大趋，加快推进实施数字检察战略，加强"一把手"工程建设，统筹好全国检察机关大数据资源、平台、应用体系建设，各级检察机关要深入落实数字检察工作会议部署，因地制宜、各展其能、相互借鉴，共同推进数字检察战略深度实施。[2]

在2023年1月召开的全国检察长会议上，最高人民检察院党组书记、

---

[1] 习近平：《高举中国特色社会主义伟大旗帜 为全面建设社会主义现代化国家而团结奋斗——在中国共产党第二十次全国代表大会上的报告》，人民出版社，2022，第42页。
[2] 参见张军《深入学习贯彻党的二十大精神 为全面建设社会主义现代化国家贡献检察力量》，微信公众号"民主与法治"，2022年11月18日。

检察长应勇明确指出,要围绕党和国家中心任务全面履行检察职能,检察机关要主动服务和融入党和国家工作大局,充分运用法治力量服务中国式现代化。以立法为契机加强检察公益诉讼工作,以可诉性持续提升办案精准性和规范性。深入实施数字检察战略,优化检务管理,促进法律监督提质增效,全面加强检察工作自身现代化建设。

(二)实践背景

在信息化、数字化快速发展的时代背景下,数字检察以其独特的优势,正在逐步改变传统的司法办案模式,而公益诉讼作为维护社会公共利益、促进社会公正的重要法律监督方式,在众多领域中发挥着不可或缺的作用。数字检察为公益诉讼提供强大的技术支持,二者的有机结合,不仅能为公益诉讼检察工作注入新的活力,更能推动司法工作提质增效。运用大数据赋能法律监督、提升法律监督能力,已经成为新时代检察机关能动履职、主动作为的必然要求。从检察公益诉讼试点到全面开展以来,人民检察院积极主动,全面发力,积极稳妥提起诉讼,办理了一批有影响的公益保护案件,取得了良好的社会效果。但是,随着工作持续推进,案件线索发现难、调查取证难、人民群众参与难等问题日益凸显,严重制约了检察公益诉讼的深入开展。检察机关逐渐认识到现代科技对推动人民检察院工作发展的重大意义,更新观念,勇于探索,深度融合检察公益诉讼工作与现代科技深度融合,积极助力检察公益诉讼工作长远发展。

二 数字赋能公益诉讼的应用成效

近年来,安徽省黄山市检察机关以《中共中央关于加强新时代检察机关法律监督工作的意见》《安徽省人民代表大会常务委员会关于加强检察公益诉讼工作的决定》为指导,结合本地实际情况,落实中央及省、市重大决策部署,牢固树立数字赋能检察公益诉讼理念,深入推进智慧检务建设,充分发挥大数据在履行法律监督职能、惩治违法犯罪、促进社会治理的作用，充分发挥公益诉讼职能保卫蓝天绿水净土，以检察为民增进民生福祉，以数字赋能检察公益诉讼事业更高质量发展。

（一）打造"检益新安江"公益诉讼品牌

歙县检察院打造了"检益新安江"公益诉讼品牌，联合相邻地区检察机关聚焦"一江一山"（新安江、清凉峰）保护，积极运用卫星遥感大数据监督模型的优势，精准打击破坏生态环境资源的违法犯罪行为。以"守护绿色江淮美好家园"专项检察监督活动为契机，黄山市人民检察院携屯溪区检察院、徽州区检察院、歙县检察院、休宁县检察院、绩溪县检察院与浙江淳安县检察院、建德市检察院为共同治理新安江—千岛湖流域、保护流域生态资源和环境，会签《关于建立"新安江·千岛湖"一体化保护检察公益诉讼协作机制的意见》，依托信息资源互通互享、跨区域案件协同办理、联合巡查和异地协作普法等手段，同时借鉴"南四湖"专案成功运用遥感技术解决跨流域治理难题的经验，通过数字赋能跨区域生态检察[1]，为浙皖两省开展跨区域协作提供新机遇，以此服务皖南文化旅游示范区建设。新安江将安徽歙县和浙江淳安县串联起来，近年来，两地以党建联建为指引，通过执法互助、检测互动、信息互通、奖补互挂、江湖联保、应急联动、示范互联，开启了上下游"四互三联"保护模式，共同制定了《新安江流域生态环境共同保护规划》并推动其落地实施，在"共饮一江水"的基础上，逐步实现了"共护一江水"，构建生态保护的共赢样板。

数字新安江建设，通过公开化实现水数据的共享。借助数字技术，推进新安江流域的数字化，过去河道治理靠河长，依靠人治，未来则可以通过数字化的技术实现数字管理，大大减轻河长的工作强度，提高河道治理的工作效率。例如，在2024年新安江水库首次九孔全开，全力泄洪，从结果来看，泄洪极大地缓解了上游洪灾的隐患，但是对泄洪时机存在较大的争议。过去

---

[1] 参见《歙县人民检察院：检益新安江》，安徽省歙县人民检察网，http：//www.ahshexian.jcy.gov.cn/jcyw/202207/t20220704_3735011.shtml，最后访问日期：2024年7月8日。

泄洪全靠人的经验，误判不可避免地存在，但是随着数字技术的应用，可以大大地提升泄洪的及时性，可以帮助新安江上下游提升水库的管理效率。

自 2024 年 6 月 1 日起，《生态保护补偿条例》正式施行，目前，我国在安徽、浙江、江苏等 21 个省份已经建立 20 个跨省流域补偿机制，黄山政法系统坚定护航"新安江—千岛湖"生态保护补偿试验区建设。在新安江生态补偿机制作用下，两省开展流域断面数据联合监测，通过设立跨界断面水质考核指标，汇总多个数据，对上下游地区的水质进行定期监测和评估。如果上游地区的水质达标，下游地区将给予一定的经济补偿；反之，如果上游地区水质不达标，则需要给下游地区支付一定的赔偿金。为了实现交界断面水质检测的长期性和科学性，在浙皖交界口断面共同布设了 9 个环境监测点位，采用统一的监测方法、统一的监测标准和统一的质控要求，获取上下游双方都认可的跨界断面水质监测数据，并每半年对双方上报国家的数据进行交换，真正实现监测数据互惠共享。2023 年 6 月，浙皖交界水质自动监测超级站启动，极大地推动了新安江—千岛湖生态补偿样板区建设，通过监测仪器定时监测，将所有数据自动传输至数据平台，并通过数据模型等技术流程分析新安江 2021 年以来水质变化。从新安江水质标准数据可知，新安江跨省入境断面的水质多年保持优良，国、省控断面和饮用水水源地水质达标率均稳定在 100%。通过跨界断面水质考核，安徽和浙江两省建立了严格的生态环境保护责任体系，皖浙两省联合监测数据表明，目前新安江是全国水质最好的河流之一，跨省界断面水质连续 12 年达到皖浙两省协定的生态保护补偿考核要求，并带动新安江流域水质稳定向好。

同时，为了积极回应群众对生态保护的期盼，歙县人民检察院招募了社会志愿者提供案件线索和专业帮助；召开"益心为公"检察云平台公益诉讼志愿者培训暨座谈会。落实"林（河）长+检察长"工作机制，共同构建高效有序的司法行政保护网；在深渡、街口镇分别设立"新安江生态公益保护检察官联络站"，畅通行政、民事公益诉讼案件线索移送渠道，利用强大的数据运算、数据存储管理和遥感技术，从刑事和民事层面上对辖区内的非法捕捞、非法狩猎、危害珍贵濒危野生动物、盗（滥）伐林木等违法犯罪，收集更加真实合法有效的案件办理的证据链条，极大地提高了案件办理的效率。2022年以来办理该类案件61件70人；积极推进恢复性司法实践，对非法捕捞水产品等涉案15名被告人提起附带民事公益诉讼，判令承担生态修复费60余万元、修复受损生态。同时，歙县检察院运用卫星遥感大数据监督模型，筛查出违规占用土地的线索19条，经与县自然资源和规划局的对比确认，发现3处需要检察公益诉讼介入推动整改的线索，现均已整改到位。①

（二）歙县传统村落风貌保护大数据监督平台上线

安徽省黄山市歙县作为徽文化的主要发源地和集中展示地，徽派建筑分布广泛，现有中国传统村落167处，县级占有量位居全国第一。歙县杞梓里镇滩培村是第四批中国传统村落，然而近年来徽派建筑却因为缺乏管护出现部分古民居裂缝破损、濒临倒塌，新建房屋破坏村落整体风貌，雕刻精美的构筑物被盗遗失等问题。为更好地保护这些徽派建筑，歙县检察院将数字检察工作与守护徽派建筑任务相结合，在办案过程中为了解决数据问题，与相关科技公司共同研发，寻找更为清晰的卫星遥感数据包并积极搭建数字检察平台，并于2023年8月成功上线歙县传统村落风貌保护大数据监督平台。该平台综合卫星图片数据整合、对比筛查、定位导航、图片上传以及报告生成等多个功能，利用该线上监督平台，办案检察人员可以精准定位案件线索发生点，上传现场照片，利用平台生成的报告作为客观案件证据使用。运用卫星遥感技术对歙县辖域所有传统村落徽派古建筑进行不同时间段的卫星图片采集、比对，从而发现房屋倒塌、风貌改变、牌坊破坏等情形，筛查出传统村落挂牌后新建、改造房屋及构筑物的状况，发现疑似传统村落整体风貌受破坏的900多条案件线索，进一步对县域内167个传统村落建立了数字检察监督模型。②

---

① 参见《歙县：依法能动检察 助力乡村振兴》，微信公众号"歙县检察"，2023年6月21日。
② 参见《安徽歙县：探路公益诉讼，守护文物风华》，《光明日报》2024年1月20日，第5版。

运用传统村落风貌保护大数据监督平台生成全县传统村落的《传统村落疑似风貌变化线索报告》，并向各乡镇及住建部门随行政公益诉讼检察建议书一同送达。这份报告既是对建议书中案件事实的佐证材料，也是乡镇政府和县相关部门后续开展摸底的辅助性材料。借助该平台成果，推动歙县争取传统村落保护专项资金1.45亿元，助力县住建局对120余栋古民居开展修缮和风貌整治工作，向住建部报送159个传统村落古民居进行修缮和风貌整治，完善了正在送审的《歙县传统村落保护利用近中期纲要（2023—2035）》，并推动县住建局和27个乡镇政府针对检察机关提供的《线索报告》进行"清单+闭环式"管理。[1] 依托数字检察赋能，2023年歙县检察院共发现相关徽派古建筑损害线索25条，立案25件，发出检察建议25件。[2] 歙县检察院向黄山市人大常委会提交《关于制定〈黄山市传统村落保护利用条例〉的立法建议》，已被纳入2024年度市人大立法计划，促进传统村落保护驶入法治快车道。在非遗保护领域，黄山市县（区）两级检察机关联动开展非遗保护检察专项监督活动，探索引入数字检察监督新模式，依法启动公益诉讼程序立案73件，向主管部门发出检察建议73份，推动相关职能部门成立非遗工作专班3个，助力13项非遗项目申报，推动政府投入资金140万元。在徽派建筑保护领域立案51件，发出检察建议50件，促进落实专项保护资金2.58亿元。[3]

同时，歙县检察院贯彻传统村落保护不仅是建筑本身，还要关注周边自然环境的理念，继续深挖大数据监督模型的效能，在原有筛查房屋风貌变化的基础上，拓展调查传统村落内部及周边土地、河道被占用的案件线索，建立数字检察监督模型，对全县传统村落的风貌变化、固体废弃物排

---

[1] 参见《从无到有，歙县首个传统村落保护大数据检察监督模型诞生记》，安徽省歙县人民检察网，http://www.ahshexian.jcy.gov.cn/jcyw/gyss/202312/t20231225_6129367.shtml，最后访问日期：2024年7月11日。
[2] 参见《检察公益诉讼守护"粉墙黛瓦马头墙"》，微信公众号"黄山市人民检察院"，2023年10月25日。
[3] 参见《黄山检察：弹好"四重奏"唱响黄山"徽韵"传承曲》，微信公众号"黄山日报"，2024年12月9日。

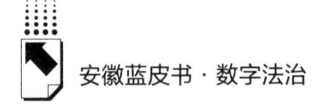

放、土地违规占用情况进行对比监测,并通过制发检察建议书的方式推动整改,出台规定加强对传统村落内部新建、改建房屋风貌统一性的审批管控;同时,补充消防器材、监控设备,设立古民居危房警示标志,纳入环境卫生整治项目长期监管,借助数字监督模型,促使从事后惩治转变为事前预防。传统村落是记载徽文化的珍贵载体,歙县检察院通过运用大数据、人工智能算法等功能有力地保护了歙县古村落,通过实施数字检察高科技来弥补公益诉讼职能的短板,同时也在保护传统古村落与推进乡村振兴上齐头并进,推动歙县传统徽州古村落保护水平的提升,守护"烟雨徽州"优秀传统文化的根与魂。

数字赋能公益诉讼促使将检察数字技术融入检察公益诉讼办案的工作流程中,为检察公益诉讼办案提供坚实有力的技术后盾。公益诉讼与检察技术之间建立协作配合机制,有利于协调配置办案资源,凝聚检察合力,更好地履行检察监督职能。

(三)"检察公益诉讼+12345热线"联动服务

为了充分发挥"12345"政务服务热线工作职能与检察机关法律监督职能的通力合作,黄山市人民检察院与黄山市人民政府办公室、黄山市数字资源管理局签订了"公益诉讼检察+12345热线"信息共享协作机制,"12345热线"在受理群众诉求后及时将可能涉及损害国家利益、公共利益的案件线索推送给检察机关,检察机关建立"12345热线"数据筛查工作台账,据此线索处理相关的公益诉讼案件。自联动机制建立以来,"12345热线"平台共向黄山市检察机关推送相关公益诉讼线索100余条,检察机关受理有价值线索21件,立案19件,向相关行政单位发出检察建议7件。[①]通过"公益诉讼检察+12345热线"协作机制,促进解决民生问题,开展"检察蓝"协助根治欠薪专项行动,支持农民工起诉107件,帮

[①] 参见《黄山:检察公益诉讼+"12345"联动服务解锁群众"幸福密码"》,《安徽法制报》2023年10月13日,第3版。

助讨薪183.8万元。① 黄山市检察院将会与"12345热线"建立更加密切的联动机制，充分运用大数据赋能检察监督，聚焦解决人民群众身边的热点难点问题，致力于解决基层治理难的问题，努力构建多方参与、共治共享的公益保护大格局。

（四）黟县公益诉讼大数据应用平台上线

为了贯彻落实大数据赋能检察公益诉讼政策要求，黟县检察院成功上线运行了全市首家公益诉讼大数据应用平台——"公益卫士"数字检察云平台，开启数字赋能法律监督新局面。该平台最大的优势就是与黟县县域治理大数据指挥中心实现底层互联，共享后者平台上所有事件线索，包括96个基础网格445个微网格800多名网格员、专干、管理员、志愿者队伍每天上报的事件线索、行政执法人员录入的执法线索以及县域市民和来黟游客通过"黟家人"App上随手拍功能推送的线索。检察机关可以对线索情况进行图文查看，实时掌握线索分配情况以及办理进度，从而对线索进行持续监督。平台试运行以来，已收到各渠道推送的事件线索8000余条，初步核查有效线索100余条，② 真正破解了长期以来面临的公益诉讼"线索发现难、监督碎片化"的难题。

三 数字赋能公益诉讼办案存在的问题

随着数字化、大数据等新兴技术的迅速发展，公益诉讼检察必须要紧跟数字化发展的脚步，加强大数据法律监督运用，充分发挥数字检察优势，切实提升社会治理的综合效能。由于公益诉讼作为一项新的职能，从试点到立

---

① 参见《黄山检察：党建业务深融合 品牌辐射增质效》，《安徽法治报》2024年8月23日，第3版。
② 参见《黄山黟县："公益诉讼大数据应用平台"正式上线》，http://www.ah.jcy.gov.cn/jcyewu/gyssjc/202210/t20221014_3855198.shtml，安徽省人民检察网，最后访问日期：2024年7月15日。

法，再到全面推开的时间不长，在数字赋能公益诉讼借助检察技术支持公益诉讼办案过程中存在"五难"问题，包括线索发现难、调查取证难、数据共享难、长效治理难和技术融合难。

（一）线索发现难

线索是公益诉讼案件的来源，发现线索是公益诉讼办案的起点和基础，收集、分析、初查等一系列围绕线索展开的工作是后续公益诉讼案件办理的基础，缺乏公益诉讼案件线索是困扰公益诉讼办案部门的难题。公益诉讼办案对大数据、人工智能的运用存在滞后性。传统的发现线索的渠道主要是通过检察机关内部各部门移送、检察人员通过走访摸排、媒体报道、群众举报以及查询行政执法部门执法登记档案进行搜集，比如从污染环境、破坏资源类的刑事案件中发现生态环境和资源保护领域的案件线索，关注舆论舆情等方式从外部渠道获取公益诉讼案源信息。多是通过人工收集线索，缺乏利用大数据智能筛查线索，没有利用互联网方便群众举报线索，没有利用两法衔接平台自主预警线索等。传统方式发掘的线索数据量大，从而挖掘有价值的线索少之又少，且效率低，耗时耗力，办案效果也难以保证。同时，公众宣传力度不够，公众、政协委员、人大代表知晓度低，缺乏相关便捷的公益诉讼举报平台，群众无法借助平台随时随地上传相关举报信息，对公益诉讼检察提供切实线索渠道窄。有些公益诉讼案件，例如环境类的违法犯罪作案方式较为隐蔽，仅靠传统实地调查走访形式的办案方式，难以发现犯罪、固定证据，更难以转化为类案监督线索，整体成案率较低。

（二）调查取证难

调查取证是提起公益诉讼的必要前提和保障，受限于人力物力，在线索初步鉴定、办案中的事实认定，长期困扰办案检察人员。其一，专业鉴定机构稀缺且收费昂贵，而破坏生态环境和资源保护领域的公益诉讼案件对专业化程度要求极高，对专业鉴定依赖度强，在一定程度上阻滞了案件的办理。其二，相关的调查制度不完善，相关行政单位抵触、不配合，证据收集影响线索及案件调查。一些地方执法机关出于对部门利益或地方利益的保护，极度抵触检察机关的调查，甚至存在拒绝配合调查的情形，导致检察机关无法及时准确核实相关执法机关的法定职责及在履行职责过程中适用的内部规则、操作指南、流程指引等。检察机关的调查取证权在程序性保障上缺失相关救济性保障措施，一旦相关机关不配合，检察机关便无法采取有效应对措施，以致在公益诉讼中检察机关难以通过发送检察建议的方式要求相关执法机关予以配合。其三，传统调查取证方式存在"瓶颈"，检察机关使用执法记录仪和相机拍摄取证的传统方式存在视角局限、效率低下、前后对比不明显等问题①，无法有效保证案件证据取得的时效性，提高了办案的成本。

（三）数据共享难

大数据时代背景下，检察业务提质增效离不开与现代信息技术的深度融合，公益诉讼要实现跨越式发展更需要借助大数据的力量。公益诉讼工作涉及多个领域、数据分散在各地区各部门，大数据在公益诉讼领域的全面应用存在"数据孤岛"和沟通不畅等实际困难，导致数字检察在跨部门协作方面存在一定的障碍。检察机关与相关行政部门之间未建立数据对接共享机制，同时二者之间认识不一、理念差异，数据开放程度不高，导致检察机关与行政机关之间存在数据壁垒，获取难、交互利用难，存在信息不对称、数据不集成、部门分割等问题。在检察机关与行政机关之间缺乏数据互联互通共享机制的情况下，检察机关通常通过调查函方式获取相关数据，行政机关也多以纸质打印方式提供相关数据，此类人工汇集的数据存在不完整、不精准等缺点，直接影响公益诉讼检察的工作质量和效率。同时，上级检察院对各地方的情况掌握不全，无法进行统筹协调、管理和指导。公益诉讼业务涉及行政机关数据较多，在工作中需要实现跨地

---

① 参见李自华《浅析行政公益诉讼调查取证的现实困境与解决途径》，微信公众号"公益诉讼研究"，2018年9月29日。

域、跨层级，多部门的协作和信息共享，例如在新安江—千岛湖流域的生态环境保护需要安徽省、浙江省人民检察院公益诉讼部门之间围绕跨区域生态公益诉讼协作，如若缺乏统一的数据共享对接机制，数据共享开放困难。

（四）长效治理难

对重大案件、重点保护对象，重点专项行动，未形成检察机关上下级协同以及与当地的生态环境、自然资源等行政单位协同建立常态化、制度化的线索双向移送，导致各自对对方办理的案件信息掌握不及时、不全面，影响检察公益诉讼与相关制度之间的衔接和转换，根治问题和长效治理效果差。同时已办理案件，办理效果难以保证，存在复发、案结事不了的情况。例如在涉水领域由于违法犯罪成本较低、分布较散，行政机关缺少动态监管抓手，对涉水领域违法犯罪行为人作出行政处罚后往往缺少后续的跟踪"回头看"[1]，这种缺乏后续的监管，客观上加剧了违法犯罪的反复性，不利于实现长效治理。

（五）技术融合难

公益诉讼作为"四大检察"体系的新成员，涉及新业务新领域，试点至今不足十年，与民事检察、行政检察、刑事检察几十年的人才培养相比，公益诉讼检察人员在办案思维、线索发现、调查取证、业务技能等方面难以适应公益诉讼的现实需求，专业化、专门化人才队伍建设尚未形成。尽管数字检察技术在公益诉讼中具有广阔的应用前景，但目前存在技术应用与司法实践融合不够密切的现实问题。因为公益诉讼在事实认定、线索发现等方面具有很强的专业性，而公益诉讼检察官大多是出身于法律专业的，对生态环境等专业领域的知识储备相对缺乏，部分检察人员对数字检察技术的理解和

---

[1] 参见桑涛、屠亦真《检察大数据思维下涉水领域公益诉讼案件办理》，《中国检察官》2022年第23期。

应用程度不够透彻，对数据的质量和精确性把握存在问题，以致技术应用效果不明显，甚至在实践办案中由于取证人员缺乏相关技术操作知识，造成环境检测数据不准确，直接影响数字检察与公益诉讼的效果。且部分检察院不够重视数字检察技术工作，尚未根据公益诉讼办案需要配备无人机、卫星遥感等技术装备，或虽然部分检察院配备了相关技术装备，但使用率不高，存在设备闲置不用的现象。① 造成这些现象最主要的原因就是检察机关的技术应用与司法实践融合度不够，检察办案人员数字素养和技术能力不足。

四 数字赋能公益诉讼高质量发展的路径

以数字检察助力智慧监督，构建"大数据+检察监督+公益诉讼"监督模式，注重科技赋能。公益诉讼检察工作面临的线索发现难、调查取证难、数据共享难、长效治理难以及技术融合难等瓶颈问题，仅依靠传统办案手段不能有效解决问题，大数据的应用是公益诉讼工作高质量发展的突破口，抓住这一机遇，为这些问题的解决带来了可能性，构建全链条闭环数字检察体系，探索数字赋能运用之路是公益诉讼业务实践的迫切需求。

构建全链条闭环数字检察体系，需要将公益诉讼与数字检察充分融合，建设公益诉讼大数据应用平台，坚持需求导向，围绕线索发现、调查取证等重要业务环节，研发大数据监督模型，将数字检察与公益诉讼检察监督二者深度融合，形成对案件事前、事中、事后全流程监督应用，持续赋能公益诉讼数字法律监督。

（一）事前发现："数据汇集+线索发现"

整合利用数据，提高办案质效。在数字赋能公益诉讼模式下，主动对数据进行汇集整合，通过实时数据获取和动态系统对接等手段，全面汇集多元

---

① 参见郭超、吕俊岗《检察公益诉讼+技术融合办案新模式探索——以南四湖专案办理为例》，《人民检察》2022年第12期。

异构数据，包括互联网舆情数据、行政单位数据、检察内生数据和其他数据，并根据业务需要对数据进行分类建库，编制数据资源目录，例如案件数据、行政处罚、投诉举报等办案数据；法律法规、权力清单、司法案例等知识数据；河流信息、排污检测信息、企业信息等资源数据等。将汇集的全部数据按照检察数据标准进行统一的采集、治理、赋能，形成数字检察可用的数据资产，以支撑业务模型的应用。让数据归集代替原先的实地调查，改变以往"走一步看一步"的线索收集模式，转而采用"数据先导+实地印证"的办案模式。例如在新安江流域生态环境保护方面，借鉴浙江淳安县先进经验，打造源头污染监测大数据平台，采取"智慧管理平台+自动监测站点+取样监测点相结合"的方式，为面源污染溯源追因、治理成效评估、下游水质保护提供数据支撑。通过收集的数据之间碰撞，筛除无效线索、缩小排查范围，降低办案人员实地走访的强度，实现"让数据多跑腿，让人少跑腿"，显著提高办案的质效率。

打造智能数据库，保证全时段数据支持。通过利用卫星遥感云技术进行时间、空间精准化定位，获取办理公益诉讼案件所需的卫星遥感影像数据，为全时段检测发现公益诉讼案件线索提供证据链数据信息与技术支持。例如在办理农用耕地被违法占用案件时，面对缺乏相关社会性鉴定机构、证据获取难的问题，相关技术人员借助智能数据库调取了历年以来涉案地块在各个不同时间节点上的多张卫星遥感影像图，分析可疑区域，将相关数据交由专业人员进行精准分析，形成详细问题数据报告移交给办案人员。办案人员将获取的数据报告与自然资源、林业等相关行政部门的大数据进行对比碰撞，最终确定可疑的区域的土地性质和存在的违法行为的性质。在传统村落保护方面，要逐步完善传统村落数据库，借鉴星图地球数据云技术，依托国土空间基础信息平台，搭建全省传统村落一体化数据云服务平台，形成"一张图"，[①] 在面对破坏传统村落的公益诉讼案件时，检察人员通过监测智能数

---

① 参见安徽省政协专题调研组《关于传统村落保护利用情况的调研报告（摘登）》，微信公众号"安徽省乡村振兴局"，2023年8月21日。

据库，形成办案线索后，综合利用无人机等现代技术，联合行政机关深入开展专项调查，确保了公益诉讼调查取证的准确性、便捷性、高效性，助力公益诉讼办案部门向职能部门精准发出检察建议，依法监督整改，保证检察权依法正确行使，增强检察监督执法的公信力。

主动筛查发现线索，被动监督转为主动监督。由于公益诉讼案件具备专业化、链条化、跨区域等特点，原先的检察机关获取线索方式有所被动，多数线索来源于投诉举报、人工查找以及检察办案中发现移送等，线索具有不确定性和不稳定性，缺少主动的线索发现手段。在数字赋能公益诉讼模式下，检察机关要主动建立信息共享机制，从内外部两条路径打通数据渠道、建立共享平台、运用数字技术，充分获取与公益诉讼有关的各类线索数据；围绕公益诉讼办案领域，充分利用互联网、微信、微博等新媒体，通过媒体曝光的热点事件聚焦案件线索，对可能损害公共利益的相关领域新闻事件，主动介入、及时调查，不断增强信息获取的时效性；以宣讲、咨询、答疑等多元形式走进群众进行宣传，提高群众对公益诉讼的参与，拓宽群众提供线索的渠道；利用对外联络平台摸排案件线索，建立与公益组织的常态化联络机制，互通案件线索；建立科学的评估机制，用科学化、规范化的线索研判方法取代以往海量型、随意性的线索筛选方式，对线索实行分类评估和处理。动态采集的各类数据通过大数据平台运算和筛选后，获取公益诉讼案件线索，及时推送特定的检察办案人员予以重点关注，发挥办案线索"放大镜"作用，并且要保证实时推送案件相关监督要点、权力清单、法律法规、典型案例等，提供成案思路和办案建议，让公益诉讼检察监督能由"繁"变"简"。

（二）事中智辅："协同办案+智辅助力"

办案线索在线传输，加强部门间协同办案。传统的跨区域公益诉讼案件办理与行政部门、政府间多靠电话、信息等沟通手段，线索全流程无法管控，跨部门衔接配合成效低。在数字赋能下，以案件协同办理为核心，建立线上和其他检察机关、行政单位间的任务协同工具，满足线上任务移送、接收、反馈的任务协同管理，具体内容包括证据提供、材料反馈、整改结果、处理意见、协查任务和文书上传，公益诉讼检察机关事中办案形成了线上协助、线下调查、数据跑路、效率提升、闭环跟踪的全流程协同办案模式。检察机关主动加强与本区域生态环境、自然资源、水利、农业农村等政府职能部门工作衔接，实现污染防治水质检测和资源保护等信息资源共享。例如，检察机关加强与公安、市场监管、行政执法、环保等部门合作，形成联动机制，将"污水零直排区"工作进行数据化智能化精细化闭环管理；与县住建局、自然资源、文物、旅游、公安等职能部门密切配合，加大执法力度，严厉打击乱拆乱建和倒卖古民居等违法行为，借助数字技术加强对传统古村落的日常保护和管理工作，形成县乡村三级保护网络。

建立跨区域协作机制，完善跨区域间协同办案。通过搭建数字检察平台，在新安江流域生态环境治理中建立跨区域案件管辖移送机制、检察协作机制、日常沟通联络机制、普法宣传协作机制等方面的内容，运用音视频、移动服务实现检察机关跨区域跨部门协同指挥，联合巡查，实现跨区域不同部门之间的数据共享、信息交流和合作配合，为有效促进跨界流域生态环境和资源保护公益诉讼检察案件的办理，共同保护新安江—千岛湖流域生态环境提供技术保障，将使得公益诉讼工作更加全面、系统。

创新运用科技成果，完善检察辅助办案指挥工具箱。加强智能化建设，利用现代信息技术，充分运用大数据赋能公益诉讼检察已成为公益诉讼检察实现中国式现代化发展的必要条件。[①] 检察机关需积极探索数字技术的突破，创新多元技术手段运用，主动发挥检察技术在办理公益诉讼案件中的重要作用，促进检察技术与公益诉讼工作的深度融合，有效支持保障公益诉讼检察办案。积极探索"现场勘查+无人机+卫星遥感+后台联动指挥"技术支持办案模式，增强发现公益诉讼线索和调查取证能力，实现科技与公

---

① 参见田鑫《乡村振兴视角下传统村落保护领域检察公益诉讼的适用》，《法律研究》集刊——（中国式现代化公益诉讼制度研究文集），2023年第1卷。

益诉讼工作深度融合。利用现有技术，积极探索、利用无人机集远程摄影、摄像对重点证据固定的能力。例如在办理环境污染等公益诉讼案件中，利用科技赋能突破周边复杂环境限制，借助无人机巡航拍摄精准定位、数据信息实时传输等先进技术，多角度呈现出污染面积和污染程度，促进了案件的成功办理。综合运用无人机、卫星遥感等技术，确定案发区域地点、土地红线及地物变化等信息，动态分析侵害成因，形成完整证据链，高效满足公益诉讼办案中发现线索和调查取证的工作需求。运用"现场勘查+无人机+卫星遥感"等技术，共同协助办理生态环境领域和资源保护领域案件，实现了更精准、更精细、更智能的公益诉讼检察监督。通过电子数据取证、视频监控等手段，检察机关可以获取到更加全面、客观的证据材料。同时，大数据技术辅助检察机关实现案件相关信息的自动化录入、对证据材料的智能分类和审查，同时可以整合内外部信息资源，减轻办案人员的工作负担，提高办案效率。将公益诉讼工作与先进检察技术深度融合，创新运用多元科技成果强化检察力量，为检察公益诉讼插上"腾飞的翅膀"。

未来，数字检察在公益诉讼工作中还将不断推动技术的更新迭代，随着云计算、区块链等技术的不断发展，数字检察将实现更加高效、安全的数据存储和处理方式。

（三）事后跟踪："持续监督+系统治理"

环境公益诉讼案件中，生态保护工作存在长期性、艰巨性、反复性等特点，对于需要生态修复的案件缺乏持续监管手段。数字赋能下，破解长效治理的难题需要通过数据共享、线索移送、专项行动等形式，不断深化"检察公益诉讼+生态保护行政执法"协作模式，构建"林长+检察长""河长+检察长"联合巡查模式，将联合巡查记录、责任区域、资源修复情况进行展示，提高双长协同的监督质量和治理效果，全力释放公益诉讼在生态环境保护领域"办理一案、警示一片、治理一域"的警示、督促、治理效能。持续跟踪问效完善"数治"闭环，以数据动态更新、实时预警的方式实现

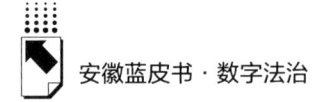

对行政机关履职情况"跟踪问效",定期汇总统计场景生成线索情况,汇集出生态环境破坏高发区域、高发时段、高发企业、高发类型预警信息[1],借助线索数据进行趋势分析,构建不同程度分类监管机制,实现公益诉讼监督从短期监督向持续监督转化,更有力地保护生态资源,维护国家和社会公共利益。

个案监督转为类案监督,实现系统社会治理。数字检察观念下,检察机关不仅要解决个案问题,还要从个案出发,追本溯源,以防止类案发生为逻辑起点,将办理一系列个案代入数据思维,构建个性化办案模型,助力类案的办理,形成"个案办理—类案办理—系统治理"的公益诉讼办案新格局。从能动履职的方式以及维护公共利益、推动社会治理的角度来说,公益诉讼检察与大数据法律监督的价值取向基本一致,在公益诉讼办案中强化大数据法律监督的思维,深化运用大数据法律监督的手段,可以进一步释放叠加效应,最大限度地释放法律监督的效能。例如检察机关在办理刑事附带民事案件中,对于某一非法占用农地的案件,环保机构出具的复绿验收报告存在较多疑点,检察机关通过利用卫星遥感技术,调取涉案林地卫星图片,对比不同年份遥感影像,发现了虚假复绿的线索,再通过大数据搜索相关案件信息,比对出一批存在相同情形的案件,从而推动类案监督,使受损的生态环境有效治理恢复,实现监督办案从个案监督到类案监督再到综合社会治理的升级。加强预防性措施,与行政机关等第三方合作的方式构建行检共治协作机制,以当前社会治理中面临的难点、痛点和堵点为切入口,紧盯盲点、雷区和黑灰地带,通过研判大量各类大数据发现批量监督线索,帮助解决行政机关难以发现的问题,通过实现数据共享等数字途径,对违法行为进行常态化监管,以案促治发挥公益诉讼检察监督最大效能,从而达成系统治理的"共治"愿景。

建立专家辅助人员制度,提供"外脑"支持。针对跨区域公益诉讼案

---

[1] 参见桑涛、屠亦真《检察大数据思维下涉水领域公益诉讼案件办理》,《中国检察官》2022年第23期。

件鉴定难、鉴定贵等问题，可设立跨区域共享专家库，成立"专家咨询委员会"，聘请相关领域具有行业资质的专家，例如科研单位研究人员、高校知名学者、企业高端技术人员等，根据案件和证明内容出具专家意见，证明社会公共利益受损的事实。检察公益诉讼专家人才队伍将参与公益诉讼案件线索摸排报送、专业咨询、辅助办案、公开听证、检察建议公开送达、公益诉讼案件回头看等重要办案环节，将成为检察机关公益诉讼工作一支重要的专业化力量，协助解决公益诉讼案件的专业性问题。

加强人才队伍建设，提升检察队伍的数字技术能力。数字检察开拓了办案思维、更新了办案流程、重塑了办案模式，在案件办理的过程中检察人员的办案思维也被潜移默化。数字检察赋能公益诉讼最有效的路径便是培养检察人员的数字技能，提高办案人员数据运用、模型建构和类案分析的能力，成为既精通检察业务又善于运用数字的复合型人才。在数字化浪潮中，检察机关不仅要重视技术手段的引入，还要注重人才培养和组织机制的创新。从检察机关内部择选精通公益诉讼检察业务和技术的优秀人才，组建公益诉讼办案专业队伍，业务人员注重从法律层面对案件进行调查分析，有相应资质的技术人员则根据检察人员的要求依法依规获取线索、调查取证、提取相应数据，确保所取证据符合证据要求，能为案件办理所用。通过建立数字检察团队，培养了一批具备数字技术和法律专业知识的人才，为数字化检察提供了坚实的人力资源支持。

B.15
智能技术助力检察业务提质增效

——以检察智能辅助系统为例

李敏瑞　刘乐沛[*]

摘　要： 随着人工智能技术的发展，智能技术与检察工作相结合开发出的智能辅助系统成为检察机关办案的重要工具。安徽省各级检察机关以检察业务系统2.0为蓝本，结合地方检察业务现实需求，建立了包括刑案办理、量刑建议、轻罪治理等多种类的检察智能辅助系统，在提升办案效率、增强监督质量等方面取得了显著成效，但在办案需求即时反馈、新型犯罪针对性、智能应用培训等方面依然存在一定的不足，应当及时针对应用实践中出现的问题，参考学习其他地区智能辅助系统的优势，继续拓宽人工智能技术在检察业务中的作用范围，增强检察机关履职能力，进一步实现数字化智能化技术赋能检察工作提质增效的目标。

关键词： 人工智能　检察智能辅助系统　数字检察

智能辅助系统的应用是智慧检务的建设成果，也是数字检察战略的基础工具和必然要求。数字检察作为一场法律监督的重塑性制度变革，旨在构建全流程的智能辅助办案系统，以"数字赋能监督，监督促进治理"，由传统的"数量驱动"向"数据赋能"转变，实现由个案办理向

---

[*] 李敏瑞，中共安徽省直属机关工作委员会党校讲师，法学博士，主要研究方向为数字法学、行政法学；刘乐沛，安徽大学法学院硕士生，主要研究方向为数字法学、行政法学。

类案监督、社会治理的转型。[①] 安徽省智能辅助系统应用于司法检察领域的实践开展较早，省内以已有信息化基础设施为支撑，按照省级主导、市级补充、基层为网络节点的全省共建、共用、共享的建设模式，开发了多种功能的检察智能辅助系统，在提升检察工作质效方面取得了一定成绩。

一 安徽省检察智能辅助系统建设背景

（一）贯彻数字检察发展方略

2021年最高检《"十四五"时期检察工作发展规划》中指出，要推进智慧检务工程建设，加强大数据、人工智能、区块链等新技术应用；加快推进智慧检务创新平台、视频云平台、融媒体平台等建设，提升检察工作智能化水平。[②] 2021年6月《中共中央关于加强新时代检察机关法律监督工作的意见》发布，提出了加强检察机关信息化智能化建设以提升检察质效的要求。[③] 同年，检察业务系统2.0上线投入使用，作为前代检察系统的迭代更新，信息化水平提升显著，集成了60余款智能化办案辅助工具，有效提升了检察机关工作效率。2023年8月，最高检印发《2023—2027年检察改革工作规划》，提到要健全数字检察制度体系，提升新时代法律监督质效，并详细提出"推进数字检察深度应用。聚焦业务办案，完善司法办案辅助系统、大数据赋能系统，推进数字时代互联网检察办案工作。协同研究稳妥推

[①] 参见丁霞敏《数字检察赋能法律监督工作高质量发展》，最高人民检察院网，https://www.spp.gov.cn/spp/llyj/202207/t20220727_568264.shtml，最后访问日期：2024年9月4日。

[②] 参见《最高检发布〈"十四五"时期检察工作发展规划〉》，最高人民检察院网，https://www.spp.gov.cn/spp/xwfbh/wsfbt/202104/t20210416_515886.shtml#1，最后访问日期：2024年9月4日。

[③] 参见《中共中央关于加强新时代检察机关法律监督工作的意见》，中青在线网，https://news.cyol.com/gb/articles/2021-08/02/content_7Ld9aseEN.html，最后访问日期：2024年9月4日。

行刑事案件在线审理机制,加强对在线审理案件的法律监督。推进检察管理和检察宣传的数字运用"的发展目标。① 2023年最高检发布的《数字检察建设规划》指出,要聚焦公平正义,深化技术运用。积极借助人工智能、大数据等技术,强化知识服务,建设、完善辅助办案平台,实现指导性案例、典型案例和相关案件的匹配筛选,为检察办案提供全方位参考。拓展智能化量刑工具研发、应用,支持检察官更加精准、公正定罪量刑,最大可能实现"同'案'同判"。因此,检察办案智能化是最高检提出的检察工作发展方向,也是检察业务提质增效的发展战略。

（二）适应检察办案现实需求

目前,安徽省各基层检察院面临案多人少的困境,检察官办理刑事案件不仅需要分析案情,而且从受理、办理、审判到案件核查等全流程过程中的各节点都存在大量事务性工作。目前,检察机关面临的业务难题主要包括以下三个方面。一是事务性工作耗费时间较多,占用办案时间。传统方式通知讯问、文书送达、开庭等工作要求办案人员实地进行,且易受交通条件等因素影响,占用案情分析时间。二是检察院部分工作线上化程度有限,办案效率受限。例如部分远程办理事项（换押、预约、提讯、义务告知、认罪认罚具结、庭审及示证）在办理时仍然需要线上、线下人员多环节参与。在案件核查工作方面,检察业务应用系统2.0尚无法进行自动数据校验,检察官需要对案卡内容的完整性、准确性和逻辑性进行核查校验,人工核查工作的效率及准确性都难以提高。三是某些工作对办案结果合法性有影响。例如个案不同阶段的文书制作在程序法上地位重要;《人民检察院办理认罪认罚案件听取意见同步录音录像规定》中对认罪认罚案件程序合法性要求较高,此类案件中办理程序和影像留存等工作有可能影响涉案人员认罪认罚结果的法律合规性,进而影响后续审判流程中认罪认罚办理的正常进行。

---

① 参见鲁建武《深入实施数字检察战略推进全面深化检察改革》,最高人民检察院网,https://www.spp.gov.cn/spp/llyj/202409/t20240925_667047.shtml,最后访问日期:2024年9月4日。

（三）结合省内智能应用经验

安徽省各级检察院对人工智能技术在检察业务的应用已有先例。自2017年起，安徽省在各基层检察机关先行先试，鼓励研发并应用各类智能辅助系统（见表1）。例如，各级检察院积极引入并使用"刑事案件智能辅助办案系统"（"206系统"），通过该系统实现检察监督智能化并强化府检、检法的跨部门高效合作；2018年5月，省检察院和科大讯飞公司共同成立了智能语音与人工智能联合实验室（安徽），面向检务领域重大需求，开展智能语音识别、语音分析、大数据分析等方面的基础性、关键性和实用性的技术研究及相关实际应用与推广。目前，全省检察系统已实现了检法互联、检看互联、检监互联部分信息和监控图像的共享。[①] 最高检智慧检务创新研究院首个挂牌的智能语音与人工智能联合实验室（安徽）研究并运用了"移动办案智能辅助系统"，设计开发了面向智慧检务的智能阅卷、智能编目、案情摘要、出庭预案、文书生成、移动阅卷以及语音示证等功能模块[②]，公诉人可以便利完成从审查起诉到出庭支持公诉全流程工作，有效克服传统纸质卷宗、传统审查起诉阅卷模式和传统举证方式等三个方面的弊端。[③] 安徽省检察机关对各类数字化的智能检察辅助系统具有一定的运用经验，检察业务数字化、智能化建设开展较早，检察业务应用系统、档案管理系统等办公智能化平台已经完成升级，远程提审系统、律师互联网阅卷系统等办案辅助平台也已经完成建立。

[①] 参见《提升办案效率，检察机关有"神器"》，安徽省人民检察院网，http://www.ah.jcy.gov.cn/kjqj/201902/t20190218_2489068.shtml，最后访问日期：2024年7月1日。
[②] 参见吴贻伙《安徽：移动办案智能辅助系统为公诉人"减负增能"》，安徽省人民检察院网，https://www.spp.gov.cn/spp/dfjcdt/201901/t20190129_406686.shtml，最后访问日期：2024年7月1日。
[③] 参见吴贻伙《安徽：移动办案智能辅助系统为公诉人"减负增能"》，安徽省人民检察院网，https://www.spp.gov.cn/spp/dfjcdt/201901/t20190129_406686.shtml，最后访问日期：2024年7月1日。

表1　安徽省检察智能辅助系统应用

年份\类型	案件办理	量刑辅助	社会治理
2017	刑事案件智能辅助办案系统（206系统） 安徽省检察机关智能辅助支持平台		
2018	移动办案智能辅助系统	"小包公"量刑辅助系统（试点）	
2019		高新区检察量刑建议智能辅助系统	
2020		包河区智慧量刑辅助系统	
2021	危险驾驶案件文书自动生成应用		
2022			
2023	高新区刑事检察办案全流程智能化辅助系统		
2024	合肥市AI认知大模型办案助手		安徽省优化法治营商环境检查监督系统 黟县"回心转益"轻罪治理平台

二　举措与成效

（一）加强政法数据流动

在省委政法委牵头下，检察机关同公安机关及法院共同应用"206系统"，实现涉案文书的高效率流转，降低了政法单位间数据共享联通难度，促进科技对检察办案的技术支撑。目前，省内"206系统"的持续应用为检察机关与政法机关、行政部门密切配合提供了技术基础，安徽省检察院协同公安、法院、司法行政机关畅通数据共享渠道，促进司法机关在案件办理中协同高效。依托政法跨部门一体化协同办案平台，全省检察机关线上接收审查逮捕案件69960余件，审查起诉案件223170余件。[1]

（二）提升检察办案效率

合肥市高新区检察院研发运用刑事检察办案全流程智能化辅助系统，通过人工智能技术与检察工作相结合，对刑事检察办案流程中的事务性难题进行逐项破解，通过OCR等智能技术实现远程提换押、文书智能生成、案卡自动填录等工作，减少检察官事务性工作量，入选智慧检务成功案例并形成了积极的省内影响；其中案卡填录系统已在合肥全市投入使用。[2] 案管部门在刑事案件受理阶段需要填录的案卡项约180项，检察官在审查起诉阶段还需再填录约220个案卡项[3]，因此要适应高质效办案要求，充分考虑办案实际所需和一线办案人员实际感受，简化填录项目、优化填录流程、提高填录质效。[4] 该系统通过前置审核帮助承办检察官准确校对和纠正问题，提高业务数据准确性，该系统应用以来发现问题案件数20000件次，问题数65000余个，有效提升了案管工作质量。在省内推广应用案卡回填技术应用以来，安徽省检察机关累计自动填录案卡3.3万余次，其中，单个案件在基层检察院案管部门受理案件阶段回填率达90%以上[5]，大幅降低了一线检察官手工填录案卡的工作量。

在简易案件办理方面，安徽省检察机关应用远程方式快速办理，采用线上提审、线上取证、线上信息交流等方式实现快速办结，同时，利用智能语

---

[1] 参见李昂《省检察院召开"数字赋能法律监督　更高质效服务大局"新闻发布会》，安徽省人民检察院网，http：//www.ah.jcy.gov.cn/jcyw/202311/t20231120_6069712.shtml，最后访问日期：2024年8月27日。

[2] 参见《创新案例之"刑事检察办案全流程智能化辅助系统"》，法安网，https://m.faanw.com/anlizhengji/16040.html，最后访问日期：2024年7月1日。

[3] 参见鲁建武《大数据战略背景下检察监督能力提升路径探索》，《科技与法律》（中英文）2023年第1期。

[4] 参见巩宸宇《最高检调研组在安徽检察机关调研》，最高人民检察院网，https://www.spp.gov.cn/tt/202312/t20231222_637959.shtml，最后访问日期：2024年7月1日。

[5] 参见鲁建武《安徽：数字化应用场景一处破冰多点开花》，安徽省人民检察院，http://www.ah.jcy.gov.cn/jcyw/202308/t20230804_5874402.shtml，最后访问日期：2024年7月1日。

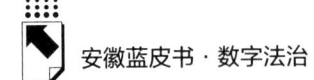

音识别技术实现语音同步转化为文字并生成笔录，推进诉讼档案电子化，引导当事人、律师等提交电子诉讼材料，运用电子卷宗移送方式，推动案件信息共享及案卷无纸化流转，实现程序简化、文书瘦身、效率提升、公正提速，促进案件办理的提质增效。省检察院在2021年开始投入使用的危险驾驶案件文书自动生成应用，将200页左右的危险驾驶案件在10分钟内完成从电子卷宗录入审查报告生成全过程，相较于之前检察官自己阅卷、摘录、撰写审查报告，可以节省约80%的时间；推进醉驾类案件"单轨制"刑事案件办案模式中，安徽省检察机关积极配合开展试点应用，按期完成应用数据迁移、电子卷宗扫描质量技术监管、确定数据共享标准、建设签章互信互认体系等基础性系统建设，依托平台办理醉驾类案件8000余件，全省运用"单轨制"拓展办案比例达到50%，办案效率明显提升。[1]

（三）促进企业规范经营

法治营商环境的建设需要检察机关积极参与，运用大数据进行监督治理。安徽省检察院在开展"检察护企"大数据专项法律监督行动的同时，运用AI智能技术建立安徽省优化法治营商环境检察监督系统，汇聚数据400多万条、涉企模型65个、推送线索522条、成案471件。该系统通过整合涉企案件、模型及企业信息等业务数据资源，内置超过20个涉企法律监督模型，提供企业档案及法律法规查询、对企服务窗口、可视化数据分析等多项服务。

在该系统中，检察官只需用自然语言对话轻松完成数据分析和法律监督模型建立，辅助决策及快速发现疑似线索。该系统首次创新性结合AI法律行业大模型技术，以自然语言对话交互，提供便捷的"零代码"涉企数据分析与建模服务，彻底打破了业务与技术壁垒，减轻检察官建模负担，更聚焦监督办案。现已在全省统筹应用。[2]

---

[1] 参见《推进检察改革的安徽实践》，安徽省人民检察院网，https://www.ah.jcy.gov.cn/jcyw/202409/t20240906_6640533.shtml，最后访问日期：2024年9月2日。

[2] 参见《首次结合AI法律行业大模型技术，安徽怎么做?》，微信公众号"检务科技新动态"，2024年8月13日。

（四）改善轻罪治理成效

近年来，我国刑事犯罪结构发生显著变化，法定最高刑为三年以下有期徒刑的轻罪案件占比增加。适应落实少捕慎诉慎押刑事司法政策要求，强化轻罪案件相对不起诉的适用，可以有效推进繁简分流、节约司法资源，促进社会和谐，助力实现社会治理现代化[1]，轻罪治理已经成为社会治理格局的重要组成部分。智能技术的应用对轻罪治理有积极作用，能够合理分配司法资源。黄山市黟县检察院为提高轻微刑事案件办理质效，与县公安局、县法院不断强化协作配合，依托刑事案件线上单轨制流转"206系统"，建立了"集中送案、集中起诉、集中宣判"的"三集中"轻罪案件快速办理机制，并加大刑事诉讼速裁程序适用比例，形成高效运转工作合力。2023年7月份以来，该院依托"206系统"对57件危险驾驶案件进行了单轨制流转，2024年以来适用速裁程序办理案件适用率达40%以上，缩短了办案周期，提高了办事效率。[2]

2024年6月，黄山市黟县"回心转益"轻罪治理平台正式上线。该平台项目是2024年3月黟县检察院在全省检察科技创新工作座谈会上提出的科技创新应用"金点子"，并在随后的3个月中完成了"金点子"向科技成果转化，系全省检察机关首个轻罪涉案人员公益服务考察的数字化平台。[3]该平台通过分类轻罪涉案人员所涉罪名，同时设计"交通劝导""环境整治"等不同板块的公益服务类型，对轻罪涉案人员进行公益志愿服务的有效率与打卡率进行统计与分析，并引入交警等第三方监督者对涉案人员进行

---

[1] 参见《黄山黟县："回心转益"轻罪治理平台正式上线》，安徽省人民检察院网，http://www.ah.jcy.gov.cn/dwjs/dfdt/202406/t20240617_6514946.shtml，最后访问日期：2024年9月1日。

[2] 参见石峻升、邱瑞琳《积极推动轻罪案件充分适用相对不起诉》，最高人民检察院网，https://www.spp.gov.cn//llyj/202303/t20230320_608924.shtml，最后访问日期：2024年9月3日。

[3] 参见《黄山黟县："回心转益"轻罪治理平台正式上线》，安徽省人民检察院网，http://www.ah.jcy.gov.cn/dwjs/dfdt/202406/t20240617_6514946.shtml，最后访问日期：2024年9月1日。

实地全程监督。该平台通过创新运用数字技术、智能系统，加强对非羁押人员动态监管，降低审前羁押率。

运用数字化手段在对轻罪涉案人员公益服务考察的同时也是对轻罪刑事案件数据归集和分析的有效途径。平台可以对公益服务考察的涉案人员和活动内容以图文数据方式分类展现，能够为检察机关制发高质量社会治理检察建议提供全面客观的数据基础，利用轻罪案件与数字检察互通互融机制，对轻罪案件进行分析研判，从中发现漏罪漏犯，补充新的犯罪事实，实现侦查监督、审判监督同步监督，不断提升案件审查能力和处理能力[①]，通过数字化手段促进实现轻罪从"治罪"走向"治理"，形成可复制、可推广的数字检察轻罪治理实践经验。

（五）提升量刑建议质量

智能辅助量刑建议系统主要由定罪量刑情节分析、法律法规检索以及类案推送比较等关键模块构成。定罪量刑情节分析模块分为定罪基准、从重情节、从轻情节和司法大数据中影响量刑的情节四大类，通过精确的法律法规检索与类案推送比较，输出一份详尽的量刑预测报告。该报告不仅包括简要案情描述，还涵盖理论量刑预测、实际量刑分析等关键部分。理论量刑预测部分深入分析刑期预测结果，并提供相应的分析表格及定罪量刑的法律依据；实际量刑分析部分则详细展示推送类案、类案刑期适用范围、刑罚种类适用情况、刑罚执行方式、类案分布区域等信息，并运用智能化分析技术，推送与案情高度匹配的类案判决文书，为量刑提供科学、精准的参考。

在智能系统开发先行先试的背景下，怀宁县检察院2018年在全省率先投入使用"小包公"智能量刑辅助系统，目前该系统包括110个常用常见罪名，可以实现数罪并罚的量刑预测，基本上能够满足基层院办案需要。作为全省办理捕诉刑事案件最多、人案比矛盾相对突出的基层检察院，合肥市

---

① 参见姚晓滨《创新简单刑案办理机制 提升轻罪治理质效》，最高人民检察院网站，https://www.spp.gov.cn/spp/llyj/202404/t20240412_651475.shtml，最后访问日期：2024年9月2日。

包河区检察院自行开发应用了智慧量刑辅助系统。该系统针对区域内高发类型案件，依据法律及最高检、最高法及安徽省的量刑标准，针对具体的犯罪情节确定刑期范围，结合本区法院近3年的类案判决，比对分析。计算出各类案件量刑结果，并将各量刑要素进行量化，只需将量刑情节按照相应指标进行录入，即可快速、准确地将刑事案件量刑情节转换成量刑结果。系统上线运行以来，该院使用该系统辅助办理认罪认罚案件2373人，认罪认罚适用率达96%，确定量刑建议提出率98%，法院量刑建议采纳率100%[1]，量刑建议精准率显著提升。该类系统的运用加强了检察官对案件证据的审查、判断，强化了对法律法规和司法解释的运用与学习。同时，对案件的判决结果进行类案对比，促进审判监督。[2] 目前，安徽省各级检察院为了与法院、公安系统接轨，提高量刑建议质量，已经普遍应用"小包公"智能量刑辅助系统。法官判决前可综合系统计算所得量刑结果、检察院量刑建议及自身量刑处理意见结果进行比对判断和审查权衡，使得与标准化量刑规范不符的情形都能被及时提醒和发现，从判决源头实现了检法在量刑环节的口径同源同步、同案同诉同判。有效防止了同案不同判等司法乱象的出现，对统一司法量刑尺度、构建法律共同体有着积极意义。

（六）保障办案程序法治

《人民检察院案件流程监控工作规定》中指出，办案流程监控是规范司法办案行为、促进公正高效司法的保障，人民检察院正在受理或者办理的案件，应当对办理案件程序是否合法、规范、及时、完备进行实时、动态的监督、提示、防控，检察办案流程监控要求掌握案件的办理动态。目前传统"人盯案"式的监控方式需要大量的人力成本与司法资源投入，在实际运行

---

[1] 参见《促进自身高质量发展｜大数据助力检察官"智慧量刑"》，安徽省人民检察院网，http://www.ah.jcy.gov.cn/jczt/jjslhqikjc2023/lhyw2023/202301/t20230117_3967005.shtml，最后访问日期：2024年9月1日。

[2] 参见《促进自身高质量发展｜大数据助力检察官"智慧量刑"》，安徽省人民检察院网，http://www.ah.jcy.gov.cn/kjqj/202301/t20230117_3967005.shtml，最后访问日期：2024年7月1日。

中存在一定的困难。因此，迫切需要依靠信息化智能化技术转变"人盯案"式的传统监控方式，利用智能流程监控系统，及时发现问题并提醒办案人员，以此弥补人力资源配备的不足，做到全天候、全流程监控好每一个案件。[1]借助机器的精准分析和程序的适时监控，促进检察官依法高效履职、提高办案效率，结合技术赋能和制度支撑，力求实现系统提示问题的全时监管、动态清零，逐渐将辅助技术融入办案和日常管理。通过系统将人员从重复性事务中解放出来，从而促进检察人员对提讯、证据核实等亲历性办案活动投入更多精力，更高效地解决退查率偏高、退查效果不理想等长期困扰检察机关办案的问题。即将系统对案件的处理化为对案件与对检察官的双重督促。

三 挑战与展望

（一）推进跨单位合作，畅通数据信息流动

目前，智能化应用尚存规划时效性不足、数据标准不统一、检察数据资源共享推进难等问题[2]，仍需要持续加强政法单位间的数据互联互通，构建和完善数据共享机制，以促进不同部门间数据的顺畅流动。这不仅涵盖安徽省政法机关之间的数据共享，还包括跨区域的应用经验交流与协作。

一方面，安徽省数据共享基础较好，未来要进一步实现纵横信息资源共享。加强与公安机关、法院以及各部门之间的协作、配合、联络，并结合各自工作职能，围绕程序适用范围、协作配合机制、证据认定标准、程序衔接方法、文书传送形式、各环节办案时限等具体问题进行网上无缝对接、实时信息共享，更好地发挥法律监督整体效能。检法数据共享能够使司法机关在

---

[1] 参见《依托技术优势 释放数字检察新动能》，最高人民检察院网，https://www.spp.gov.cn/spp/zdgz/202404/t20240424_652530.shtml，最后访问日期：2024年12月14日。
[2] 参见包来友等《数字检察驱动检察工作现代化的技术支撑体系研究》，安徽省人民检察院网，http://www.ah.jcy.gov.cn/jcyw/202405/t20240523_6479296.shtml，最后访问日期：2024年7月1日。

办理基本事实、争议焦点、法律适用等方面对相同或者类似的案件时形成统一的裁判标准、裁判尺度；检察机关与行政部门的数据共享促进智慧监管等社会治理职能，参考相关业务主管以及数据管理等部门的数据统计，通过跨部门合作实现共同监管，只有打破部门间数据壁垒，才能建立实用性更强、功能导向更精准的智能系统。例如亳州市利用的"亳安码"实现非羁押人员智能化精细化管理，是由亳州市检察院牵头、市数据资源管理局会同市委政法委、市公安局、市检察院等单位进行司法智慧监管的成功实践，成功入选首届全国首批数字化监管典型案例。

另一方面，要加强跨区域交流，吸收学习先进地区建设经验。法治是长三角一体化发展的重要领域。2021年长三角地区党委政法委书记就推进长三角一体化发展签署会议纪要，提到"探索数据资源融合先行先试，对接区域内政法信息数据标准，研究建设区域政法系统信息数据资源共享平台，推动共建共享、互联互通、开放兼容。充分依托现代信息技术，推进案件智能辅助办案系统建设，探索创新长三角政法大数据实战应用工作机制"[①]。在检察工作方面，2023年7月长三角检察机关数字检察专题研修班在浙江举行，四省检察机关聚焦数字检察重点领域和重点问题，分享先进司法理念和司法经验[②]；2023年12月长三角数字检察工作研讨会在安徽芜湖召开，会议上对"从有到优"推进数字检察工作战略提出了建议，强调要细化协作机制，加强资源共享力度，丰富协作形式。会议上指出要提高数字办案能力，激励建立数据平台和模型推广，以办案实践检验模型实效。[③] 目前，长三角地区已经形成了较为稳定的司法合作机制，因此需要在数字检察理念的指引下及时开展智能辅助系统办案应用交流互鉴，促进技术引领跨区域检察进一步合作。

---

① 参见《打造共建共治共享平安长三角法治长三角》，法治网，http：//epaper.legaldaily.com.cn/fzrb/content/20210930/Articel06002GN.htm#:~，最后访问日期：2024年9月17日。
② 参见《长三角检察机关区域联合培训 聚焦数字检察重点领域和重点问题》，凤凰网，https：//i.ifeng.com/c/8RWlLYLH86S，最后访问日期：2024年10月6日。
③ 参见吴贻伙《沪苏浙皖四地检察机关共商数字检察创新发展》，最高人民检察院网，https：//www.spp.gov.cn/spp/dfjcdt/202312/t20231217_637055.shtml#:~:text，最后访问日期：2024年9月17日。

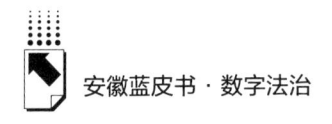

（二）增强大模型训练，促进智能辅助办案

目前，检察智能辅助系统以个案办理为主要功能导向，检察官在承办过程中只能被动应用系统，对应用智能系统办案时出现的疑问和建议无法及时反馈。究其原因，一是缺乏相应的意见反馈渠道，二是受限于系统建设周期无法及时针对收集的意见进行改善与升级。

这一系统应用痛点要求安徽省检察机关应进一步开展大模型办案场景的探索实践。大模型技术能够在检察办案人机交互中拓展自然语言的适用，使人机沟通交流更加充分有效；同时进一步提升案件承载模式的信息化水平，促进案卷移送向模型移送转型[1]，从而在移送过程中形成完整无损的案件全貌。目前，安徽省人民检察院已经指导合肥高新区检察院和亳州蒙城县检察院运用认知大模型技术探索人工智能在办案场景的应用，从案件案情摘要、犯罪事实经过分析和刑事案件案情图谱分析场景入手，计划扩展至证据链分析等多场景，以提升检察机关智能化水平。通过逻辑推理自动抽取关键要素，深度分析学习法律文书，展示犯罪事实经过，并生成案情图谱，提升检察官办案效率。针对复杂刑事案件的案情关键信息自动提取，帮助检察人员快速理解案情，提高刑事案件办理质效，缩短1~2天案件审理周期；构建案件案情图谱，便于检察官对全案审查情况进行了解与综合分析，提高案件审查效率，缩短3~5天案件审理周期等。[2] 增强了案件管理的透明度和可追溯性，进一步助力提升司法公正性。该技术的进步有利于对公安案卷、法院文书要点进行精确提炼，进一步降低检察官分析案情难度。

在进一步应用智能辅助系统过程中，一是要主动针对法律监督应用场景提供需求分析设计、数据模型设计等技术支撑服务。由以往的被动型运行转

---

[1] 参见蔡欣《强化大语言模型检察应用　推动检察工作现代化》，最高人民检察院网站，https：//www.spp.gov.cn/spp/llyj/202307/t20230708_621080.shtml#，最后访问日期：2024年9月2日。

[2] 参见《首次结合AI法律行业大模型技术，安徽怎么做?》，微信公众号"检务科技新动态"，2024年8月13日。

变为基于大数据的即需即供、主动服务、个性服务等新模式的技术支撑服务，帮助检察机关高效率地形成大数据法律监督能力，进而实现数据技术支撑推动检察业务，更好地为检察工作现代化赋能。[1] 二是要通过技术升级拓展人工智能在检察办案中的作用范围。目前应用于检察办案辅助系统的大模型技术已具备了一定的语义理解能力，在卷宗和文书内容的理解等场景中有效发挥作用，能够查看文书内容是否有错漏、检查用语不当等情况，但在案情分析、具体情节等多个方面依赖办案人员手动输入。在技术应用后续的迭代升级方面，可以依托大模型技术对法律法规、案例等展开学习，进一步提高智能水平，优化系统功能，从而能够应用于发现法条引用错误、上下文描述矛盾等场景，培育智能系统在简单案件中的法律判断能力，推进适用人工智能办理简单案件。三是要注重技术更新，增强案件数据安全保护，提高系统保密性与稳定性。刑事诉讼活动中运用网络技术面临证据真伪及保密性的问题。在非现场办案中可能存在各种风险，例如远程实时讯问存在证据虚假或被非法获取的风险，远程庭审中可能存在滥用AI、虚拟成像等信息技术引入虚假诉讼参与人形象，或诱骗被告人作出虚假供述等问题。因此需要通过技术革新确保数据传输安全，确保检察办案有序进行。

（三）重视数据库建设，加强数据深度应用

智能辅助系统在办案中收集和形成的数据为大数据法律监督平台提供了数据基础，这些数据既是法律监督平台进行社会治理的依据，也是检察机关挖掘内部数据价值的重要资源。检察机关既需要基于现有系统的应用经验和数据资源进一步深化数据归集、返还及交换的实践探索，通过构建和分析案件数据库，根据人工智能系统收集的办案数据进行数据碰撞，在个案办理中总结类案办理经验；又要同步使用关联规则挖掘、回归分析、聚类分析、时

---

[1] 参见包来友等《数字检察驱动检察工作现代化的技术支撑体系研究》，安徽省人民检察院网站，http://www.ah.jcy.gov.cn/jcyw/202405/t20240523_6479296.shtml，最后访问日期：2024年7月1日。

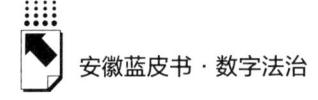

序分析、异常检测等方法，开展对法律文书进行自然语言处理、文本挖掘等内源性挖掘应用。因此需要加速建设统一的司法数据库，汇集各类案件信息及裁判文书，促进数据的深度挖掘和应用。

一方面，要汇集案件信息，丰富数据库中案件种类，为新型犯罪治理、轻罪治理等刑事案件的办理提供决策依据。随着科技的进步和互联网经济的发展，新型犯罪形态案件量逐渐上升，案件规模呈现出规模化、科技化的态势，例如电信诈骗、互联网金融犯罪、新型传销等犯罪。对比传统犯罪，新型犯罪具有隐蔽化、手段网络化、案情复杂化等特点，证据形态以电子数据为主，在身份核实、数据调取、证据收集等方面为办案人员带来了新挑战。目前在省内广泛应用的刑案检察智能辅助系统中，在办案、量刑辅助等方面关注的罪名多数为传统犯罪，覆盖范围有限，缺乏对新型犯罪形态的归纳与分析，多地先行试点建设的辅助系统视角集中于传统类型犯罪。例如，包河区智能量刑辅助系统主要针对区域内高发的危险驾驶、交通肇事、盗窃、诈骗、抢夺、强奸等 10 余个常见类型案件开展[1]，在类案推送和量刑情节等方面缺少对新型犯罪案件数据的匹配。针对该问题应当综合办案实践经验，针对电信诈骗、网络金融犯罪等非传统类型的犯罪案情进行更精确的分析，从而实现有效的新型犯罪案件的预防与办理；此外，还需要综合分析轻罪数据，建立完备的轻罪预防与治理机制，针对危险驾驶罪、盗窃罪等轻罪案件，根据案件时间、地点、行为等要素制定高效的快速办案流程，进一步推进建立完备的简案快办机制。

另一方面，要进一步收集文书资源，通过深度分析法院文书中各项影响判决的因素，使智能量刑辅助的依据更为充分。完善司法数据库能够提高数据质量，对上传数据进行标准化、规范化、标签化处理，便于办案人员运用智能系统识别与检索，为提升类案推送精准度，可以对办案人员需要的信息进行采集，尤其是案件类别和争议领域等信息，根据具体检索要求进行有针

---

[1] 参见《促进自身高质量发展 | 大数据助力检察官"智慧量刑"》，安徽省人民检察院网，http://www.ah.jcy.gov.cn/jczt/jjslhqikjc2023/lhyw2023/202301/t20230117_3967005.shtml，最后访问日期：2024 年 9 月 1 日。

对性的推送,形成个性化的检索服务模型。最高人民检察院第二检察厅于2022年12月至2023年6月在全国9个检察院试点运行的刑事审判监督智能辅助办案系统,就是通过获取、提炼刑事裁判文书相关数据,依照"规则预设+数据建模+智能检索+碰撞比对"的模式,针对裁判文书中的问题提出检察监督。该系统解决当前刑事审判监督线索狭窄的问题,拓展了抗诉案源;同时还促进了诉前调解。[1] 建立囊括各项数据的数据库将帮助检察机关高效率地形成大数据法律监督能力,进而实现数据技术支撑推动检察业务,更好地为检察工作现代化赋能。[2]

(四)集成多系统功能,满足多种业务需求

目前,安徽省智能辅助系统都是以满足个案办理功能为指向,各地建设的信息化应用系统各自为政,数据信息整合功能相对不足。数字检察工作需要总览检察机关所有运行业务的指挥分析系统,各地在先行先试建立各类检察智能辅助系统的过程中不可避免地出现了重复建设。多个智能系统并存的应用环境不仅对系统间数据流动提出一定的挑战,也不利于在省内统一推广运用,可能对数据收集与分析工作产生负面影响,并最终对数字检察战略的实现产生消极影响。

需要在现有系统运行基础上逐步对各系统进行一体化革新,将办案、智能量刑、智能监管等辅助系统的功能进行统一整合,实现一系统、多模块通办的运行模式,降低承办检察官的操作难度和学习周期;此外,应当拓展智能系统应用环节,针对不同案情设置不同的办案模式,从而满足不同案件类型或诉讼类型的需求。例如湖北智慧刑检辅助系统,该系统推动了系统向批捕环节延伸,实现"捕"和"诉"的紧密衔接,同样具备与运用OCR电子

---

[1] 参见崔晓丽《全国9个检察院试点刑事审判监督智能辅助办案系统取得积极成效》,最高人民检察院网站,https://www.spp.gov.cn/spp/2024zgjtzft/202402/t20240201_642178.shtml,最后访问日期:2024年8月30日。

[2] 参见包来友等《数字检察驱动检察工作现代化的技术支撑体系研究》,安徽省人民检察院网,http://www.ah.jcy.gov.cn/jcyw/202405/t20240523_6479296.shtml,最后访问日期:2024年7月1日。

卷宗自动识别、法律文书自动生成、量刑辅助等实用性功能，实现了刑事检察捕诉办案全流程、诉讼监督办案、刑事犯罪全罪名、常用办案辅助工具四个方面的全面覆盖，提供了简案快办、繁案精办两种针对不同案件的办案模式，能够满足速裁、简易、普通三种不同诉讼程序办案需求①；广东省在智能辅助办案系统实践中，建立了从受案到结案全流程覆盖的"一站式"办案辅助系统，该系统自动对证据进行挖掘并标注犯罪事实，精准识别犯罪、结果、主体、犯罪嫌疑人的主观心态、量刑因素等多个要素，辅助完成证据合法性、客观性和关联性审查，预警并指引材料的完整性、规范性，同步生成审查报告、认罪认罚具结书、量刑建议书和起诉书。② 上述两者都是高度集成智能系统功能的案例。

系统功能的进一步集成有利于该系统在省内的推广应用，也有利于加快与省大数据法律监督平台的业务对接，推进各级数字系统交会，真正实现检察智能化、一体化。在未来智能系统的进一步发展中，需要促进不同层级、不同类型的检察智能系统与数据资源库的对接，推动建成具有总览省内检察数据效能的省级应用平台，避免各地重复建设造成资源浪费。对各地已完成建设的智能系统，可以综合其优势功能与特色功能，通过技术手段统一纳入省级数字检察系统，在全省范围内推广适用，以提升检察办案能力，避免系统间相互冲突。

（五）重视检察官体验，建立应用互动机制

安徽省检察院以举办数字检察工作推进会与视频会商会贯彻数字检察理念。2023年9月18日至22日，安徽省检察院在绩溪县举办全省检察机关数字检察专题培训班，邀请了网安工作人员及科研人员围绕大数据分析工具使用、网络安

---

① 参见蒋长顺、曾琼《湖北：最新版智慧刑检辅助办案系统正式上线》，最高人民检察院网，https：//www.spp.gov.cn/spp/dfjcdt/201910/t20191023_435548.shtml，最后访问日期：2024年7月1日。
② 参见杜思《8个应用场景：人工智能与检察办案交互推进》，微信公众号"数字检察"，2024年6月26日。

全防护、人工智能认知大模型等方面进行授课。① 检察机关在开展智能系统建设先行先试的同时，需要注重开展新系统的应用互动形式。一方面需要对检察官开展常态化智能设备应用指导，聚焦实务疑难问题，创新多元培训方式。例如，2024年5月陕西省检察机关数字培训班展示和介绍了情报分析研判、数据应用管理和检察办案的先进经验；在创新形式方面，安排参观见学和集体研讨交流活动。安徽省检察机关未来可以通过定期开展智能检察技术授课、智能系统应用竞赛等创新形式提高检察官数字应用能力。另一方面需要重视检察人员的应用感受，发挥检察人员能动性。安徽省检察院于2024年3月8日开展工作科技创新座谈会征集和研判了一系列信息化智能化赋能检察中心工作的"金点子"，为推进智慧检务、数字检察工作提供了"需求场景库"和"应用工具箱"，提出加强检察科技创新需要紧贴办案需求，把握科技创新的重点任务和发展方向。② 在检察智能系统未来建设中，应聚焦承办人员实际感受，以工作需求为中心，结合省内不同地域、不同层级的检察办案实践经验，建立囊括受案数、办结数、办理效率、办案人员意见等多元指标在内的完备体系。

检察智能辅助系统作为人工智能技术深度应用于司法的代表，其运用既可以减轻检察官负担、节约司法资源，又能够督促检察机关积极履职，是数字检察工作布局的重要部分，对检察机关参与社会治理系统工程有着重要意义。综合安徽省检察智能辅助系统的开发与应用现状，可以发现在数字检察战略指引下，智能辅助系统从传统定位于解决事务性工作的办案工具逐渐具有了社会治理的功能。针对人工智能技术应用的不足之处，需要在现有的智能系统应用基础上继续探索、开发人工智能与司法结合的工作新场景，借助人工智能技术实现检察工作信息化、数字化、智能化的跨越发展，提升整体办案和管理效能，达到为检察工作提质增效的目标。

---

① 参见《省检察院在绩溪县举办全省检察机关数字检察专题培训班》，安徽省人民检察院网，http://www.ah.jcy.gov.cn/kjqj/202309/t20230927_5963979.shtml，最后访问日期：2024年9月2日。

② 参见《安徽：碰撞检察科技创新应用"金点子"》，微信公众号"安徽检察"，2024年3月10日。

典型经验篇

B.16
以数字化改革为引领推进合肥知识产权强市建设

汪迎兵[*]

摘　要： 合肥市深入实施知识产权强国战略，贯彻新发展理念，积极适应数字化转型要求，不断提升"用数据说话、用数据管理、用数据决策、用数据创新"的现代化治理能力。通过不断完善政策和法规，保障数字化转型在法治化轨道上运行，用数据赋能知识产权强市建设；在知识产权的创造、运用、保护、管理、服务全链条实现了数字化支撑，促进了知识产权事业发展新格局的形成，大力推进了知识产权强市建设。

关键词： 知识产权　数字化　数据赋能

---

[*] 汪迎兵，安徽省法学会知识产权法研究会秘书长，安徽大学法学院讲师，法学博士，硕士生导师，主要研究方向为知识产权法、行政法学等。

以数字化改革为引领推进合肥知识产权强市建设

数字化是当今时代推动发展最为活跃、最具创新，乃至最具革命性的重要因素，近年来，合肥市深入实施知识产权强国战略，贯彻新发展理念，紧扣高质量发展，以建设合肥综合性国家科学中心为契机，以国家产业创新中心为抓手，以创新驱动发展为主线，积极适应数字化转型要求，与时俱进、革故鼎新，不断提升"用数据说话、用数据管理、用数据决策、用数据创新"的现代化治理能力，着力构建创造、运用、保护、管理和服务全链条融合、全方位联动的知识产权事业发展新格局，大力推进国家知识产权强市建设示范城市建设，取得了显著成效。

一 以"法"护"数"，保障数据赋能知产

数字化改革作为推动社会发展的重要引擎，其快速推进离不开法治的有力保障，法治为数字化改革提供了规范框架和行为准则。合肥市通过制定地方性法规和相关政策，对数字化改革进行专门规定，在出台的系列重要文件中，均涉及知识产权领域数字化改革的内容，确保改革在合法合规的轨道上稳步前行。

一是出台《合肥市知识产权保护与促进条例》。合肥市于2024年出台《合肥市知识产权保护与促进条例》，对数字化建设进行了较为明确的规定，该条例第三十九条第二款规定："鼓励和支持专利代理机构拓展服务领域，开发信息服务产品，加大标准化数据供给，提供集成化专利转化运用解决方案。"第四十一条明确："市、县（市）区人民政府应当建立一体化知识产权信息公共服务体系，建设知识产权大数据平台，实行知识产权信息开放共享，依法保护数据隐私权，为创新主体提供证据保全、确权存证、维权应用、交易等服务。市、县（市）区知识产权主管部门、有关部门应当建立知识产权交易相关基础数据统计发布、各类数据集成和监测机制。"《合肥市知识产权保护与促进条例》关于知识产权数字化建设的规定，是合肥市知识产权领域长期的数字化改革经验的总结升华，也将为以后的数字化建设进行了明确和规范。

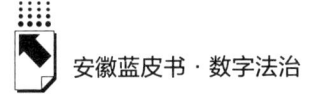

二是制定促进数字化改革的相关政策。为了促进数据资源的利用，并服务于合肥市的数字化建设，合肥市市场监督管理局（知识产权局）出台了相关文件，制定了有关工作方案，采取了具体的工作措施，进一步工作具体化。如：出台了《合肥市市场监督管理局数据资源管理暂行办法》，推进市场监管（知识产权）领域数据资源"聚、通、用"。总结提炼首席数据官试点经验，结合实际，印发《合肥市市场监督管理局首席数据官工作方案》，创新提出符合市场监管工作和知识产权工作实际的"首席数据官、数据执行官、数据专员、业务专员"四级组织架构及工作机制，着力打造"懂业务、懂技术、懂管理"的复合型市场监管数字化管理人才队伍。全面摸清现有基础设施和信息系统，统筹业务线条建设需求，"以场景为中心"的理念，紧贴市场监管近两年重点工作方向，编制并印发《合肥市市场监督管理局2024—2025年信息化整体设计报告》。

二 以"数"增"创"，激发科技创新活力

合肥市利用数据帮助专利挖掘，利用专利导航打造高价值专利，实现了量质齐升，激发了整个城市的科技创新活力。截至2024年9月，全市拥有有效发明专利78979件，位列全国第一方阵。每万人口发明专利拥有量达82件，跃升至全国省会城市第五。全市拥有高价值发明专利27367件，占全省总量的44%。累计获中国专利金奖7项、银奖8项。登记数据知识产权登记49项，占全省登记总量近90%。

一是强化专利挖掘。在"合肥市知识产权公共服务平台"设置"智能决策"专栏进行专利挖掘，从创新成果中提炼出具有专利申请和保护价值的技术创新点和方案，通过"专利撰写助手"来提高专利的撰写质量，提高专利授权率，提升专利的价值。"专利撰写助手"从电子信息、机械、化工、医药四大领域，按照专利撰写的基本要求，从发明名称、技术领域、背景技术、发明目的、技术方案、有益效果、具体实施方式、独立权利要求、从属权利要求、摘要等多个内容，提供了多个撰写模块（电子信息领域设

置了21种模板、机械领域设置了17种模板、化工领域设置了16种模板、医药领域设置了5种模板），帮助专利的撰写，提高专利的撰写效率和撰写质量，从源头上加强高价值专利的创造。

二是注重高价值专利打造。利用"合肥知识产权运营服务平台"建立了"高价值库"和"产业库"，涵括智能装备制造、生物医药、新材料、新能源汽车（智能网联汽车）、创意文化、集成电路、量子、人工智能、网络与信息安全、新型显示、节能环保等13个领域。利用"高价值库"，可以对该领域的产业态势进行分析，对申请人分布及专利强度进行查看，对专利IPC构成进行剖析，对发明人研究情况进行排名，对法律状态和技术转移情况进行展示，还可以对该领域专利总值、专利数量、专利强度、发明人数量、被引证数量、独权数量进行全方位的统计和显示。"高价值库"的建立，一方面可以帮助行业和产业准确把握该领域的总体发展态势以及自身的定位，科学进行专利规划，不断提高专利的质量。另一方面可以帮助创新主体掌握该领域的技术现状，追踪竞争对手和合作伙伴，不断提高技术创新的质量。

三 以"数"推"用"，促进科技产业发展

利用"合肥知识产权运营服务平台"，建立了知识产权价值评估系统、知识产权交易系统，以数字化和智能化的平台，减少了知识产权运用的成本，提高了知识产权运用的效率。截至2024年9月，该年度已助力创新主体融资37.3亿元，近三年专利商标权质押融资近100亿元，年均增长率达112%；推进专利转化运用专项行动，专利转让许可11783件，同比增长47.7%，其中本源量子入选国家知识产权局专利产业化典型案例。[①]

一是利用数字化平台进行专利价值评估。专利价值评估对于企业而言至

---

① 参见《合肥市全链发力推动知识产权快速发展》，安徽省市场监督管理局（知识产权局）网，https://amr.ah.gov.cn/xwdt/dszc/149618371.html，最后访问时间：2024年11月10日。

关重要，它不仅可以帮助企业量化其知识产权的商业价值，还能为企业的决策提供重要依据。通过对专利价值的评估，企业可以更合理地规划研发投入，优化专利组合，并在技术转移、授权或许可交易中确定合理的价格。在金融领域，专利价值评估是企业利用专利资产进行融资、质押贷款的重要前提，有助于企业获取资金支持，推动创新发展。"合肥知识产权运营服务平台"设置了"专利价值评估"专栏，该评估系统以大数据为基础，坚持以数据分析为基础的评价理念，高度整合文、审查、诉讼等8类专利信息，客观公正评估专利价值；坚持走专业化的道路，利用大数据建立了科学的评价体系，综合数十类指标，全面考虑专利法律、技术、市场等多个方面价值；该系统坚持走智能化之路，全自动的专利价值评估，实时的专利价值变化监控，在线生成自动评估报告。

二是数字化服务知识产权交易。知识产权交易平台的建设能够优化知识产权的资源配置，提高知识产权的利用效率，是推动知识产权事业发展、促进科技创新和经济发展的重要举措，对于完善知识产权市场体系、提高知识产权运用效率具有深远影响。"合肥知识产权运营服务平台"专设"知识产权交易服务"项目，依托全国知识产权开放许可平台，建立了上下联动的知识产权转化运用信息受理、发布、推送主平台，推动合肥市知识产权保护中心、合肥市知识产权运用促进中心、知识产权运营中心、TISC服务网点、技术转移机构、工程技术研究中心等，以网页链接、接口调用等数据共享方式，构建多元化知识产权转化运用信息发布渠道。依托该平台，还可以进行线上知识产权金融服务，包括基金、贷款、保险、担保、评估、评价、风险补偿、融资等服务，促进知识产权的运用和运营。

四 以"数"强"保"，营造良好营商环境

以"一站式"知识产权保护综合服务平台建设为牵引，创新知识产权保护应用场景，加强知识产权行政保护、司法保护和协同保护，助力营造一流营商环境。

一是构建"一站式"知识产权保护综合服务平台（见图5）。合肥市市场监督管理局（知识产权局），以数据汇聚为"基石"，夯实"一体统筹"，遵循"科学归集、应归尽归、开放共享、互联互通"的原则，建立了合肥"城市大脑"数据底座四大基础数据库之一"合肥市企业法人基础数据库"，汇聚167万余户市场主体信息，归集企业登记、行政许可、行政处罚、信用信息等数千万余条数据，包含字段2000多个，为全省50余个政务部门提供数据支撑，包括涉及各类主体知识产权保护的数字化支持。此外，还结合法务区建设和合肥知识产权大厦建设，构建了集高价值专利培育、商标注册、集成电路布图设计登记、地理标志专用标志使用核准和司法、行政、调解、仲裁等维权援助于一体的"一窗受理"和"一站式"综合服务平台。

二是搭建知识产权保护创新应用场景。具体包括：其一，建立线上存证平台，面向认证期间的知识产权提供存证服务，保障待申请知识产权的个人或单位的合法权益；其二，建立在线固证平台，针对互联网环境下的侵权行为进行及时固证，为后续的知识产权保护提供证据基础；其三，打通知识产权司法保护与行政保护各类事项，实现流程再造，推进知识产权保护"一件事、一窗办、一处跑、一次办"，全面缩减广大创新主体的维权成本，提高知识产权保护事项的办理效率；其四，建设合肥知识产权大数据平台，统一行政执法与司法审判中区块链证据采信标准，免费为创新主体提供证据保全、确权存证、维权应用、知识产权交易等服务。

三是注重法治平台建设。为了规范行政执法，提高执法效率，合肥市不断坚持数字赋能，加强法治平台建设，确保在法治化轨道上提升治理能力。其一，规范权力运行。在合肥市人民政府信息公开中，专设"权力运行过程"栏目，包括权责清单与动态调整、行政审批、行政处罚、行政强制、行政确认、行政裁决等，使权力运行公开化、透明化。其二，设立行政执法信息公示平台。该平台能够集中展示行政执法的依据、程序、结果等信息，为公众提供便捷的查询服务，公众同时可以实时跟踪行政执法动态，监督执法行为,有效预防和减少行政执法过程中的不规范现象确保行政权力在阳光下运行。其三,创立两法衔接平台。在全省率先创建"两法衔接"平台,通过信息共享平台,行政执法机关和司法机关可实现案件的网上移送、网上办理、执法动态的交流和业务研讨、案件信息流程跟踪和监控,建立网上衔接、信息共享、沟通便捷、防范有力、查处及时的打击违法犯罪的协作机制。其四,提升行政执法人员能力。构建线上、线下相结合的培训模式,开发行政执法人员在线学习测试系统和线下培训小程序,实现测试数据与执法人员年审数据联通,达到以考促学、以学促进的效果,纵深推进执法队伍规范化、专业化建设。

五 以"数"助"管",不断提升管理效能

合肥市高度重视知识产权的数字化建设,合肥市市场监督管理局(知识产权局)着力提升"识数""统数""用数""管数"水平,不断完善"标准开放、资源共享、平台兼容、业务联动"的市场监管数据资源体系建设,建成"合肥市知识产权数据监测平台",全面监测各项知识产权,不断提升管理效能。

一是监测自身数据及相关对比数据。其一,设置"业务运行管理体检项目",对专利申请量和专利授权量进行实时体检,从合肥市均值、安徽省均值、合肥市同比增长三个方面体现结果,最后得出"正常"和"预警"的结论,以便管理部门决策参照。其二,设置主要城市对比栏目,对北京、广州、深圳、上海、杭州、南京、苏州、无锡、南通、宁波、武汉、西安、成都、长沙、郑州、济南、青岛、福州、泉州、合肥、东莞、重庆、天津、佛山、常州、烟台等26个城市进行数据对比,数据包括专利授权量、发明专利授权量、有效发明专利拥有量、每万人口有效发明专利拥有量、知识产权质押融资笔数、转入专利件数、转出专利件数、许可专利件数等。通过自身数据的监测和与相关城市的数据比较,实时做到知己知彼,寻找自己的不足与差距,辅助决策,提升管理的质量和成效。

二是加强对科技园和重点产业的数据监测。其一，设置科技园区专栏，可以对专利的基本面进行监测，从入驻企业数、入驻机构专利公开量、入驻机构专利授权量、专利授权技术领域分布情况、专利授权国民经济行业分布情况、专利授权量机构排名等多维度进行统计，全面展示科技园区的知识产权基本情况。其二，设置重点产业专栏，对创意文化产业、量子产业、人工智能、集成电路、网络与信息安全、新型显示、智能家电、新材料、新能源、节能环保、高端装备、新能源汽车、生物医药等重点产业，从近五年专利授权趋势、近五年专利运营趋势、分区域专利授权情况、专利授权量机构排名等多层面进行监测。通过对科技园和重大产业数据的实时监测，能准确把握各领域的发展动态，如果园区建设和产业发展出现预警或者偏离轨道的情况，以便及时纠偏。

六 以"数"优"服"，提升公共服务能力

为加快构建和完善合肥市知识产权运营服务体系，促进知识产权市场化运营，引领和支撑产业转型和创新发展，合肥市积极探索利用互联网大数据技术，构建"互联网+知识产权"的智慧化服务模式，打通知识产权运营服务全链条。目前，获批国家级专利导航服务基地2个，国家级知识产权公共服务重要网点7家，位列全国省会城市前列。建设省级公共服务网点16家，县区级知识产权公共服务机构覆盖率达100%。

一是"合肥知识产权运营服务平台"投入运行。该平台基于大数据技术，通过数据的汇聚、智能化处理、可视化展现和图像检索等关键技术的应用，将各类知识产权信息进行整合加工和有效管理，为企业和服务机构提供全方位的知识产权服务。目前，该平台主要功能包括知识产权数据检索系统、区域知识产权大数据分析系统、合肥市主导产业专利导航系统、辅助决策系统、知识产权培训系统等5个业务系统和1个运营体系，打造集知识产权在线业务管理、数据、社会化服务、维权于一体的全市知识产权政务服务平台、全要素的知识产权运营生态圈。合肥知识产权运营服务平台汇聚了包

括全球103个国家地区和组织的1.5亿条专利数据，中国、美国、英国、马德里8351万条商标数据，9885条地理标志数据，5.5万条集成电路布图设计，114万条司法数据。[1]依托这些数据，可以为合肥市科技创新和产业发展提供良好的知识产权信息支撑。

二是建成国家知识产权信息公共服务网点。国家知识产权信息公共服务网点的主要职责是利用知识产权基础信息资源，为市场主体和社会公众提供知识产权信息公共服务，包括信息查询、信息检索、事务咨询、公益培训、政策宣传等基本信息公共服务，并结合自身特点和优势，在商标、专利、地理标志等知识产权领域提供特色化、个性化、差异化服务，2024年，合肥市知识产权保护中心获批国家知识产权信息公共服务网点。合肥市知识产权保护中心运行以来，持续探索知识产权公共服务路径、丰富服务内容，不断提升知识产权信息公共服务能力和水平，2023年度，合肥市知识产权保护中心报送的"一站式"服务赋能量子计算产业创新发展案例获批年度全国知识产权信息服务优秀案例，该案例以知识产权信息公共服务形式，助力合肥市量子计算产业加速走向市场化、国际化，对于服务地方经济、促进量子计算研发和产业化等方面具有推广意义。

数字化改革浪潮的推动下，合肥市的知识产权强市建设取得了显著的成效，同时也站在了新的起点。通过实施数字化改革，合肥市不仅提升了知识产权的创造、保护和运用效率，也在管理和服务方面提升了水平和能力，为城市的创新发展注入了新的动力。展望未来，合肥市应该继续深化数字化改革，加强知识产权的国际合作，推动知识产权与产业发展的深度融合，打造更加开放、公平、高效的知识产权保护环境。通过不懈努力，合肥市将能够充分发挥知识产权在促进科技创新、文化繁荣和经济发展中的重要作用，为建设知识产权强国贡献合肥智慧和合肥力量。期待合肥市在数字化改革的道路上不断前行，开启合肥知识产权强市建设的新篇章。

---

[1] 参见《大数据赋能 打通知识产权运营 服务全链条》，江淮晨报网，https://newspaper.hf365.com/jhcb/pc/content/202304/25/content_394399.html，最后访问时间：2024年11月10日。

B.17
数字驱动滁州法治政府建设：
顶层设计、规范标准与具体策略

戴雯 陈冀敏*

摘 要： 随着数字技术发展，滁州市将数字驱动作为法治政府建设重要引擎，通过顶层设计、规范标准和具体策略提升政务服务效能与法治化营商环境。在规范标准构建方面，制定政务服务标准化体系，涵盖多类标准且具地方特色，服务方法规范化，在企业开办、工程建设、不动产登记等方面取得进展，同时夯实平台基础推动数据赋能应用。具体策略实施上，强化标准制度执行，编印手册规范行为并建立监管机制；推动政务服务一体化发展，县（市、区）稳步推进标准化建设，构建综合服务体系；注重改革实效与效率提升，精简办事环节，在法治化营商环境测评中连续两年位居全省前列。展望未来，滁州市将继续秉持创新发展的理念，依托数字技术的持续进步，深化数字法治政府建设，不断探索治理理念和方式创新，向着实现政府治理体系和治理能力现代化的更高目标稳步迈进。

关键词： 法治政府 数字驱动 政务服务标准化 营商环境

随着数字技术的迅猛发展，数字化转型已成为推动政府治理现代化的关键力量。滁州市将数字驱动作为法治政府建设的重要引擎，通过精心设计的顶层设计、严谨规范的标准化体系以及切实可行的具体策略的

---

* 戴雯，滁州市委全面依法治市委员会办公室秘书科科长，主要研究方向为法治政府；陈冀敏，安徽大学法学院博士生，主要研究方向为数字法学、行政法学。

综合运用，成功实现政务服务效能的显著提升与法治化营商环境的不断优化。近年来，滁州市委、市政府深入践行习近平法治思想，高度重视"数字政府"建设及政务服务标准化的推进工作，将其作为全面深化"放管服"改革、强化营商环境法治化保障的战略性要务。2018年9月，滁州市凭借出色的表现，以95.5分的高分顺利通过国家市场监管总局组织的社会管理和公共服务综合标准化终期验收，并在此后的时间里，相继荣获国家级政务服务标准化单位、全国"百优"政务大厅、"中国'互联网+政务服务'创新奖"、"2019年中国政府信息化管理创新奖"、"全国数字政务建设先进单位"、2020年政府信息化管理创新奖、2020年度智慧政府奖以及"全省政务服务系统最佳服务大厅"等一系列称号或奖项。尤为值得一提的是，滁州市的"政务服务标准化体系建设"项目还被评为安徽省首批法治政府建设示范项目，这不仅是对滁州市在数字政府建设与法治政府推进方面所取得成就的充分认可，也为其他地区提供了宝贵的经验与示范。

一 谋深做实顶层设计

滁州市委、市政府围绕加快建设法治政府的战略目标，把建设"数字政府"，实施政务服务标准化作为进一步规范优化政务服务工作的重要抓手，连续多年将加快"数字政府"建设，深入推进国家级政务服务标准化试点工作列入市委年度改革重点任务。邀请国家、省专家开展授课辅导，赴高校开展专题培训。制定实施工作方案，赴基层社区、生产企业、窗口一线开展调研活动，收集汇总各类意见建议，为统筹推进相关工作打下良好的基础。

二 细化量化规范标准

第一，制定政务服务标准化体系。发布了《市县（区）、乡（镇）、村

（社区）政务服务体系建设指南》《行政审批事项办事指南编写规范》等地方标准，以"恪守标准、合法规范、廉洁高效、务实创新"为建设方针，在减环节、减材料、减时间上做文章，充分体现滁州市"互联网+政务服务"发展成果，共制修订标准726项，其中借鉴引用国标、地标108项，制订或修订各类基础标准7项、服务提供标准495项、服务保障标准116项。结合将党支部建在窗口的举措，制定窗口党建工作标准，符合滁州实际、具有滁州特色。

第二，服务方法规范化，进一步优化服务行为。首先，企业开办"零成本"。推进企业开办"一窗受理、一网通办、一次采集、一套材料、一档管理、一日办结"，依托"皖事通办"平台，实现企业设立登记、公章刻制、申领发票和税控设备、员工参保登记、住房公积金缴存登记、银行预约开户等事项"一网填报、合并申请、一次办理"，将企业开办时间压缩至1个工作日，新设立企业实现五枚印章和税务Ukey全免费、零成本，每年为节约成本约1000万元。在全省率先完成"皖企通"滁州分厅与省"皖企通"平台、财政涉企系统、财政预算管理一体化系统全链路"四网融合"。在全省率先实行365天"不打烊"服务，政务服务事项"一门办理率"达100%、全程网办率达99.8%，173个高频事项全程网上"跨省通办"。其次，工程建设"全网办"。大力推进工程建设行政审批制度改革，实现政府投资项目房屋建筑类、政府投资项目线性工程类、一般社会投资类、工业类、带方案出让社会投资类等五类项目"全覆盖"，立项用地规划许可阶段、工程建设规划许可阶段、施工许可阶段和竣工验收"全流程"，一套审批管理系统按照横向到边、纵向到底"全平台"。完成开办运输企业、水电气网联合报装等22个"高效办成一件事"在本地的复制推广。最后，不动产登记"综合办"。依托"皖事通办"政务服务平台开发建设滁州市不动产登记网上办事大厅，实现4种不动产登记场景5事项"一网办理"，整合汇聚不动产、住建、税务等部门数据及业务系统，将申请材料由15份减少至9份，47个必填的表单字段中，43个字段由系统自动带出，申请人选定合同编号后只需填写4个字段，表单预填率达到91%，办理时限由单件事项6

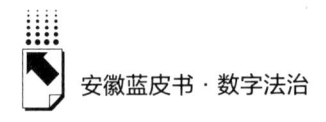

天办结减少至1天集成办结。

第三,夯实平台基础,进一步推动数据赋能应用。首先,提升数字平台支撑能力。依托城市大脑数字底座,在全省率先建成省一体化数据基础平台滁州市级节点,上架各类资源、服务168个,汇聚全市60家单位258亿条政务数据,累计调用次数达4205万余次,支撑一网统管等36个信息化项目建设,累计节约财政资金4000余万元。建成"1+8"政务信创云计算中心,云资源达标准机架1100个,位居全省前列。完成157家单位226个系统纳管至云管平台,政务系统上云率达80%。在全省率先建成市县两级政务外网"一网双平面",完成全市电子政务外网、市政务信创云IPv6升级改造。其次,打造"一网统管"应用场景。推动市网格化平台向基层下沉、向城市治理应用延伸,累计处置各类事件37.4万件,处置率达99%。构建全科网格体系,整合党建、综治、民政等6个部门网格,实现多网合一,按照300~500户标准全市划分网格8703个,接入10.4万路公共视频,实现人、地、房、物数字化管理。梳理城市管理社会综治等方面共计56大类780小类事项清单,实现事项"上报、分派、流转、处置、反馈"全流程闭环处置,对多渠道上报的基层治理事件实现"秒"级响应。开发建设"企业走访功能""饮用水源地保护"等6大特色场景,实现安全隐患"早发现、早处置"。最后,延伸"一网通办"服务模式。依托"皖事通·慧滁州"App上线361项便民服务,惠及全市355万个个人用户,2024年服务2272万人次。清理整合各部门的政务应用程序,打造政务移动品牌"皖政通",覆盖全市4.21万政务工作人员,部署上线"网格化平台""协商亭好""交易中心业务受理掌上办"等19个应用场景,应用场景数位居全省第二,服务点击量位居全省第二。不断完善"皖企通"滁州分厅,推进"免申即享"助企纾困,2024年,上线政策服务84项,在线兑付奖补资金2.84亿元,惠及企业904家。深入推进"无证明城市"建设,梳理涉及交通运输、文旅、林业等25个部门共计1231项证明事项实施清单,开发滁州市"无证明城市"系统,对接省大数据平台、省"电子证照库"、滁州"城市大脑"和"亭美拍一照多用"平台,开发无证明事项管理、证明开具、线上告知承诺、证明查询核验及证明事项投诉监管等功能,探索运用大数据、云计算、人工智能技术,支持面部识别、刷身份证、扫安徽码、扫社保码等多种身份核验方式,实现"证明"材料免提交。完成开办运输企业、水电气网联合报装等26个"高效办成一件事"在本地的复制推广。

三 深入践行具体策略

第一,强化标准制度执行力度。为规范政务服务行为,滁州市精心编印"数字政府"政务服务标准化手册,该手册涵盖窗口服务要素、服务行为规范、首问负责制、一次性告知制度、缺席(超时)默认等核心制度,旨在将这些标准行为内化为工作人员的职业习惯。此外,所有窗口工作人员均统一着装、佩戴胸牌、使用桌卡及标识,以展现良好的服务礼仪和文明用语,进一步塑造窗口的专业形象。为确保标准制度的有效执行,滁州市还建立窗口主任管理规范、窗口工作人员管理规范、目标绩效考核规范以及红旗窗口评选规范,通过实施日巡查、周通报、月反馈的监管机制,确保窗口接待、服务礼仪、服务流程等各个环节均有标可依、有章可循。

第二,推动政务服务一体化发展。为深化政务服务标准化进程,滁州市相继印发《政务服务乡镇为民服务中心建设与服务规范》和《政务服务村级综合服务中心建设与服务规范》,旨在统筹推进县(市、区)政务服务标准化建设。目前,明光市已成功通过国家级政务服务标准化试点验收,其他县(市、区)也在稳步推进中。至此,全市116个乡镇(街道)已全面建成为民服务中心,1224个行政村(社区)也建立了综合服务中心或为民服务代理点,形成了一个以市中心为引领、县中心为纽带、乡镇中心及村代理点为补充的全方位、多层次的综合服务体系。

第三,注重改革实效与效率提升。为进一步优化政务服务环境,滁州市大幅精简办事环节、材料和时间,努力降低企业和群众的办事成本。据统计,全市11.04万项政务服务事项的平均审批环节已从2.86个减少至2.15个,压缩幅度达24.8%;同时,直接取消或实施证明事项告知承诺制的事

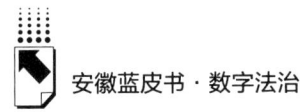

项达到 5903 项,提交材料减少 63.23%;审批服务效率也显著提升,从 4.2 天缩短至 2.56 天,压缩比例高达 39%。这些改革举措不仅极大地提升了政务服务的便捷性和高效性,还有力推动法治化营商环境的持续优化。因此,在连续两年的法治化营商环境测评中,滁州市均位居全省榜首。

展望未来,随着数字技术日新月异的进步和应用场景的无限拓展,滁州市将秉持初心,继续深化数字政府建设,不断创新治理理念和方式,以更加坚定的步伐迈向政府治理体系和治理能力现代化的新高度。

B.18
法治与数智"双向奔赴"
合肥首善庐阳构建最强"城市大脑"

韩 艳 余瑶瑶*

摘 要： 庐阳区作为合肥中心城区，在面临发展中的诸多问题下，依据国家政策积极打造智慧庐阳平台以构建"城市大脑"。从基层治理痛点出发，以信息化平台建设和数据汇聚共享入手开展智慧社区试点并逐步升级为智慧庐阳项目。通过搭建数据中台构建数字政府数据体系，发挥数据支撑协同服务作用，构建三级联动和量化网格清单提升治理效能。智慧庐阳在治理模式上重塑，建立多元治理社区体系、重构传统管理流程、培育共治生态圈，以数字技术创新助推效率变革，包括打造用户体验、精准治理业务、贯穿闭环评价等。智慧庐阳建设，推动了基层治理法治化和数字化的深度融合，为其他地区提供了可借鉴的经验。

关键词： 智慧庐阳 数字政府 基层治理 数据中台

中心城区是城市文化的策源地和现代化的先行者，也是区域协调发展的核心，中国式现代化的最新实践最新成果最早通过中心城区创造出来，面临的问题也往往最先集中反映在中心城区。庐阳区是合肥市中心城区，也是合肥的政治、文化、金融、商业中心，"十三五"以来跻身长三角千亿中心城

---

* 韩艳，合肥市庐阳区委宣传部部长，主要研究方向为政府管理；余瑶瑶，安徽大学法学院博士研究生，主要研究方向为行政法学。

区之列，包揽全国综合实力、投资潜力、新型城镇化质量、绿色发展、科技创新五个"百强区"称号，是安徽省县（市、区）中唯一获评"中国智慧领军城区"的区，先发优势和城区首位度明显。与此同时，随着城市规模扩大和人流、物流、信息流的快速涌入，庐阳区与先发城市中心城区相似，早期高强度开发、高密度紧凑型城市功能集聚，不可避免地带来基础设施老化、教育和医疗等优质公共服务资源"紧平衡"、老龄化程度加剧等问题，基层社会治理任务较为繁重。

2021年8月，中共中央、国务院印发的《法治政府建设实施纲要（2021—2025年）》明确指出"健全法治政府建设科技保障体系，全面建设数字法治政府"。2022年6月，《国务院关于加强数字政府建设的指导意见》明确提出"以数字化改革助力政府职能转变，促进政府治理各方面改革创新，推动政府治理法治化与数字化深度融合"。合肥市庐阳区紧跟国家政策要求和形势变化，围绕数字政府建设，倾力打造智慧庐阳平台，探索营造高效政务环境的有效路径。充分运用大数据、云计算、互联网技术，把集聚整合政务资源、开放优化政务生态作为深化"放管服"改革的重要手段之一，通过智能化技术手段和协同化服务平台，构建最强"城市大脑"，努力为企业和群众提供优质的制度、政策和服务供给，维护公平开放透明的市场规则和法治化营商环境，打造更加有能、有为、有效、有温度的政府服务。

一 小切口大文章 试点带动全局

《法治政府建设实施纲要》提出，坚持运用互联网、大数据、人工智能等技术手段促进依法行政，着力实现政府治理信息化与法治化深度融合，优化革新政府治理流程和方式，大力提升法治政府建设数字化水平。近年来，庐阳区从信息化平台建设、政务数据汇聚共享入手，利用数字技术补短板、强弱项，探索为实现基层治理法治化、现代化赋能增效的有效路径。

2018年，通过深度调研发现，全区社区治理和政务服务方面存在平台系统过多、区级数据量少、数据采集难、数据利用率低；信息重复录入、共享应用堵；社区工作事项多、人员少、工作繁杂；社区居民与社区"两委"沟通难；社区没有建立数据信息库；社区网格化服务不足、方式单一等诸多难点和痛点问题。因此，为更好地提升政府信息化智能化管理水平，提高社区管理服务综合水平，切实满足居民群众服务需求，推进基层治理数字化转型，庐阳区从基层小单元入手，启动智慧社区试点建设。以基层治理任务较为繁重的老城区三孝口街道为试点，在街道网格化管理平台的基础上，成体系地建立网格服务与管理的综合性平台。通过边建设边探索，2019年底完成网格化管理平台的基础功能建设，初步改变社区管理和服务条块分割的状态，有力推进了社区信息系统和数据整合。试点项目基本完成后，2020年5月将智慧社区项目升级为智慧庐阳项目，并逐步整合其他区级应用平台，经过一年多的探索创新，智慧庐阳2.0版本也于2021年4月推出，并完成智慧庐阳政务管理平台、为企服务平台、为民服务平台的基本框架搭建；2022年6月升级为智慧庐阳2.1版本，并进行全区推广。

二 数据聚沙成塔 汇集共治合力

智慧庐阳通过搭建集数据汇聚接入、数据加工治理、数据共享交换、数据资产管理、数据服务体系、数据运营体系于一体的数据中台，构建包含贴源数据层、统一数仓层、标签数据层、应用数据层在内的多层次数字政府数据体系，发挥政务大数据支撑多部门多层级协同服务作用，建立健全联动共治体系，助力基层治理效能提升。

汇聚海量数据。"智慧庐阳"平台深度整合智慧社区、智慧监控、智慧工地、智慧河长、重大项目督办、庐阳政务、智慧养老、智慧街区、智慧党建、智慧城管、智慧环保、数据庐阳等区级业务系统平台和人口、法人、监控等基础数据3.8亿余条，建立"全区一张图"，实现全区街道、社区、网格、小区以及78万余条人口数据、近35万条房屋数据、15万余条企业数据（含个体户）、700余路监控等重要节点数据关联上图，将全区各业务部门系统分层整合、集中管理，完成全区15个业务平台的接入融合，实现电

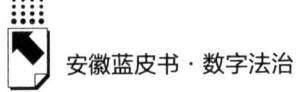

脑端、移动端一键登录,形成全区统一的业务办公入口、资源共享利用入口,为政府决策和政策推行提供智能支持。

构建三级联动。从2019年起,庐阳区就着手细化分区、挤压缝隙,构建起区、乡镇(街道)、村(居)三级网格化管理体系,"全区一张图"实现全区11个街道、79个社区、1081个网格、1140个小区、近千名网格员关联上图,形成横到边、纵到底、全区域覆盖的"云网格"。在此基础上,完善"乡街吹哨、部门报到"三级联动机制,由社区网格员"单兵作战"转向三级"联合作战",形成了全员在格、互联互通、高效运转的三级联动处置机制,实现事件上报、调度处置、反馈评价、绩效考核的闭环管理。截至目前,"智慧庐阳"平台已收集社区问题77万余件,记录民情日记60万余条,巡查任务下派571万余条,部门任务下派7.1万余条;每日网格员同时在线人数达到300人,网格员通过系统巡查时间超过104万小时,巡查里程超过172万公里。

量化网格清单。网格员是打通联系基层、服务群众"最后一公里"的关键纽带。近年来,庐阳区不断探索基层治理数字化新路径,拟定《网格员职责清单暨考核办法》,建立以明确职责任务为依据,社区治理服务实效为重点的考核评价体制,采用"线上+线下"打分,"定量考核+定性评价"相结合的方式对网格员进行"精准画像",乡镇(街道)根据网格员考核综合得分情况发放网格员绩效,有效推动社区网格化管理智能化、规范化、高效化。

三 治理模式重塑 赋能管理创新

推进地方政府治理创新,是推进国家治理体系和治理能力现代化的基础性工程。智慧庐阳的建设不仅体现在信息基础设施建设和新技术运用的创新上,重要的是管理理念和服务理念的创新。这种创新应用模式是涵盖新一代信息技术各个领域的综合应用体系,是先进技术在社区管理中的优化和体现。智慧庐阳信息化的应用服务功能已经朝系统化、综合性、多层面拓展深化,实现了更加精细化的全方位管理,即在管理对象、过程和评价三个数字化的基础上，进一步拓展信息化应用的覆盖面和管理体系的完整性，推进基层精细化管理与服务。

建立多元治理社区体系。智慧革命影响着人们的生活和交往方式，倒逼社区传统管理理念的变革，迫使行政型社区向共治型社区转变。行政社区是以任务为导向的，主要通过行政手段来连接对应社区的居民。原先居委会的任务就是向居民提供服务，不关心居民之间的交流和互动，因此居民之间的交流、关爱和互助很少。社区治理的现代概念要求建立一个具有认同感和归属感的社会群体。智慧庐阳为社区建设提供了机会，各种"虚拟社区"的大规模发展有助于扩大居民互动空间。降低沟通成本，消除陌生感，为社区提供跨越时间和空间的虚拟平台，支持互助，互通，民主协商和平等交流。智慧庐阳平台搭建以来，全区数千名网格员手持智能手机，装载智慧社区客户端，在网格内巡查隐患、在企业里宣传政策、在入户时关心民情，特别是走访时记录民情需求、调解矛盾纠纷、开展志愿服务，这是网格员的工作常态，也是贴近群众的剪影。

重构传统社区管理流程。基层社区行政化原因之一是上级政府通过定量化的考核对社区实施管理，社区因为忙于应付上级交办的各种繁杂工作，而忽略了社区居民的情感、心理需求和切身利益。智慧城市中现代高科技和信息化手段的运用，通过业务流程再造、建立高效、便捷的综合平台，提高工作效率，并从复杂的工作中释放社区工作人员的活力。各个子系统的整合使社区干部从上级的任务中解放出来，全身心投入居民需求、社区自治性的公共事务。例如在社区巡查过程中，有别于人工巡查的被动处置，智慧庐阳平台持续升级打造更先进智能的"城市大脑"，可利用AI算法实现智能巡查，实现"一屏识别"乱堆物堆料、非法摆摊、店外经营等情况，大幅降低人员精力投入，利用视频数据快速研判，智能生成事件到系统指挥中心，形成事件"智能发现—派单—治理—问效"的全流程闭环管理。

培育多元共治生态圈。多主体共同治理是现代社会治理的理想状态。作为合作体系的一个组成部分，政府不再支配社会组织，而是作为整体情况的指南。政府和社会组织是平等的合作伙伴。既可以是政府公共服务与社会志愿服务、市场服务之间的合作，也可以是政府行政管理和社区自治管理之间的合作。合作治理的过程中，信任是关系，服务是目的。智慧城市视角下的智慧庐阳是高层次信息集成和资源共享管辖下的企业、社区组织、政府和公民之间的合作管理。随着"人民城市人民建，人民城市为人民"理念更加深入人心，为更好地赋能城市精细化管理，"智慧庐阳"为民为企小程序成为"智慧庐阳"平台的功能延伸，面向居民、企业开发的便捷式服务端，小程序包含党群服务、社区社工、随手拍、学区查询、一键找物业等10个为民服务功能模块及政策查询、政策申报、金融产品、预约办事及招商展示五大为企服务功能模块，精准便民助企，不断提升企业群众的获得感和满意度。同时，居民、企业一旦发现身边的安全隐患、市容市貌等各类民生问题，可以随时随地通过"智慧庐阳"里各个模块上报身边的问题，表达诉求，实现便捷，迅速发现问题、处置问题。目前，平台访问次数突破60万次，522家企业从政策申报模块申报年度高质量发展政策资金7619.92万元。

四　数字技术演进　助推效率变革

"智慧庐阳"平台的建设更贴近技术前沿新手段的应用，综合考虑国家战略、法治政府建设、政府数字化转型及政府规划、建设和持续运营等各个方面发展要求或需求，通过新一代信息技术为支撑，以互联网思维打造用户新体验、以新技术发展驱动平台新升级、以数据化演进精准治理全业务、以流程治理促进可落地规范化、以闭环化评价贯穿项目全生命周期、以多元化管运协同共创数字政府发展新模式，通过进一步优化调整政府内部的组织架构、运作程序和管理模式，全面提升政府运作效率、市民公共服务体验、企业创新能力，推动"高效率、新体验、共创新"的现代化治理模式建设。

以互联网思维打造用户新体验。"智慧庐阳"平台建设，始终坚持"以人为本"的服务理念，借鉴互联网思维，以标准前台的智慧社区应用门户、智慧社区城市通为载体，无论是向内部的政务工作人员，还是外部的市民、企业，都提供了一体化的服务入口，不断完善服务渠道、丰富服务类别、重塑用户体验。充分利用"不见面、网上办、指尖办、移动办"等服务新模式，将重点领域中覆盖范围广、应用频率高的政府服务事项向移动端延伸，使之不断优化，真正做到让用户的产品体验不断提升，互联网思维无处不在。

以数据化演进精准治理全业务。数据资源已成为核心竞争力，做强数据中台，是数字政府的核心任务，不管是当下热门的"一网通办""只跑一次"，还是"一网统管""一屏总览"，"智慧庐阳"平台依赖于对数据的进一步开发利用，其本质就是数据由"静态"到"动态"的演进过程。其中，数据中台的建设需要接近一线业务，主动满足前台应用数据需求，在数字政府各类应用场景上，以数据驱动，分析各类业务场景中的业务数据流动状态，根据实际业务需求进行精准治理，破解应用建设的痛点难点，最终不断优化业务流程、创新技术应用。

以闭环评价贯穿项目全周期。在"智慧庐阳"平台建设过程中，为确保在数字应用建设过程中与数字政府整体框架的架构统一、思路一致，需要建立"闭环化评价制度"来贯穿所有信息化项目，从多个角度来保障信息化项目可落地、可追溯、可保障。一是在管理层面发布项目管理办法，明确责任分工，形成工作闭环；二是依托先进的评价制度体系及其评价工具，实现评价指标标准化、服务功能全评价、评价数据全归集、评价结果全公开、评价意见全整改。建立完善项目闭环评价体系，形成面向政府和群众的无缝隙整体服务。

五 先行示范应用 推动整体智治

智慧庐阳并不是简单的技术革新，而是内核理念的更迭所引发的业务形态的改变，为基层治理法治化带来了示范作用。围绕"重服务、优治理、惠民生"，以信息技术为手段，以资源整合和服务应用为重点，以进一步提高社会管理服务综合水平、提升居民幸福感为目标，智慧庐阳将基层社会管理、基本公共服务、智能化社会服务等有机结合，构建覆盖城乡社区的系统集约化、管理信息化、服务智能化、运作高效化的综合立体的社会综合管理服务信息网络，让庐阳成为"智慧社区"建设的先行区和示范区，努力提升整体智治能力和水平。

夯实数据基础，完善信息化架构。目前，"智慧庐阳"平台先后完成系统登录整合、监控集成、不同系统的事件处置流程整合，实现了庐阳区数字系统的统一门户、庐阳区监控设备集中整合、数据资源共享，不同角色、不同业务统一在智慧庐阳中处理。

整合数据资源，消除"信息孤岛"。整合智慧城管、庐阳政务、河长制等多个业务系统平台，通过视频云平台整合接入智慧社区、智慧工地等监控项目设备703路，有效实现各类应用互联互通、数据共享。同时，开发了智慧庐阳人房企"一张图"，庐阳区基层治理信息的大屏展示，智慧庐阳中人口、房屋、企业的维护功能，实现了庐阳区基础数据资源建设、庐阳区各类信息的整合展示、人房企整合信息的基础运用。

优化任务流程，构建联动体系。依托"智慧庐阳"平台，上线"街道吹哨、部门报到"和区直部门任务下派流程，开发完成"吹哨"事件业务处理流程、管理功能及联动评分功能，确定联动处置31项事件清单。社区网格员通过"智慧庐阳"手机App巡查上报问题，经街道指挥中心研判上报至区指挥中心，再派单至区受理部门。部门办结后由社区、街道、区中心分别对办理成效进行打分评价，形成事件办理闭环，促进问题解决。区指挥中心接到吹哨上报后，平均30分钟内完成任务派单，区直受理部门根据规定在1~7个工作日内完成问题处置。同时，通过与电力、供水、通信、网络等民生保障单位建立常态化议事协调机制，实现高效处置居民生活诉求。截至2024年10月，区直部门共受理处置街道上报吹哨事件13486件，办结13397件，办结率99.1%，有效化解了多个基层长期积压的疑难问题。通过构建全域化网格管理联动体系、高效的联动机制实现快速响应基层诉求、高效解决基层问题。同时，有效的监管手段保证了高质量的服务，基础数据的灵活应用和区直部门向下通道的打通也带来了管理方式的高度优化。

聚焦智慧应用，创建服务端口。建设"智慧庐阳"为民端和为企端，上线社区社工、通知公告等九大板块，实现事件上报、处理、反馈闭环流程，满足民生服务需求；通过企业端整合"政策云"、政策申报等为企服务模板，提供精准服务和治理应用。实现了政策的高效梳理、为企业提供申报通知、政策的智能推送服务、辖区居民与基层工作人员的联系互通、辖区居民参与辖区建设、发现问题报送问题、智慧庐阳为民端的惠民应用整合。

六　影响力和取得的荣誉

庐阳区建设打造"智慧庐阳"平台，把这一项系统工程根植于基层、实践于队伍、受益于群众，是加强基层治理机制创新，推动基层治理法治化的重要举措，是"首善庐阳"向新型智慧化城区改革迈进的关键一步，是加快城区转型升级、培育发展新质生产力、推动经济社会高质量发展的最好注脚。平台建设完成后，在全省范围内引起了重大反响，省内部分县（市、区）多次到庐阳参观考察并学习借鉴。

"智慧庐阳"先后获得国家和省市级多项荣誉，2021年6月成为安徽省县区级唯一成功入选第25届"安徽省信息化十件大事"的信息化项目；荣获2021数字政务发展年会"政务服务科技成果奖""2021年度中国十大社会治理创新典型"；2022年入选合肥市智慧城市十佳案例，市民网络支持投票数居全市第一；2022年受邀参加第五届数字中国建设成果展。庐阳区上榜"2021中国智慧城市百佳县市"，荣膺"2022中国领军智慧城区奖"。

B.19 黄山黟县以"数"促"治"解锁千年古县"善治密码"

江松雪*

摘　要： 安徽省黟县近年来在县域社会治理现代化方面取得显著成就。为打赢"三项试点"攻坚战，将建设县域"e治理"系统纳入"三项试点"总盘子；为高位推动"e治理"系统平台建设，把握发展"大方向"；为加快系统集成、数据融合、技术提升及力量整合工作，按照"1+4+N"模式推进"e治理"系统建设。针对"e治理"系统建设难点、堵点和痛点问题，黟县坚持"走出去"与"请进来"并行，"面上学"和"深入学"同步，构建集14大应用场景于一体的数字化、信息化、智能化县域"e治理"指挥调度系统。自主开发多个具有黟县特色的应用平台，力求将散落在各个部门的力量进行整合、下沉使用。黟县科学划分网格体系，优化网格流程，规范网格运行，并建立完善的培训体系。通过实行实绩考核，进一步激发网格员的工作积极性和责任心。黟县还推行"清单制"、"分类管"和"交办制"等制度，明确网格化管理事项的责任部门、办理时限和结案标准。成功经验表明，高阶推动、共建共治和普惠共享是县域社会治理现代化的关键。

关键词： 平台建设　网格化管理　共建共治

安徽省黟县，是徽商和徽文化的重要发祥地之一，总面积857平方公

---

* 江松雪，黄山市黟县县委政法委基层社会治理室主任，主要研究方向为基层治理。

里，辖5个镇、3个乡、66个村、4个社区，常住人口7.6万人，是典型的江南小县。黟县又是千年古县、文化名县、旅游大县，先后荣获世界文化遗产地、中国旅游强县、国家生态示范区、全国休闲农业与乡村旅游示范县、全国文化旅游示范县、全国十大县域旅游之星、中国最具文化魅力旅游名县、中国最具幸福感休闲城市、国家历史文化名城等称号。

2023年，仅世界文化遗产地——西递、宏村景区接待游客就突破了450万人，创历史新高。虽然每年都有近百倍于当地人口游客的涌入，但黟县"桃花源里人家""中国画里乡村"两块"金字招牌"却始终熠熠生辉：全县连续多年"无命案"，连续13年未发生重大恶性案件、重大治安案件、重大群体性事件和重大安全责任事故，群众安全感、满意度指数连续12年处于全省"第一梯队"，是安徽省平安建设优秀县、无邪教示范县。

数据无声，却是黟县社会治理现代化实践的最佳注脚，更是平安黟县建设的最强音符。如此好的社会治安环境，到底隐藏着怎样的"善治密码"？概括来说，主要得益于黟县县委、县政府近年来始终坚持以人民为中心，以科技为支撑，深入贯彻落实中央加强和创新社会治理的战略部署，围绕打造县域社会治理现代化"黟县样本"，构建起了"一网感知、一站指挥、一体联动、一次办结"的"e治理"信息化指挥调度系统，探索出一条具有黟县特点的县域社会治理现代化建设新路径。2022年，黟县"e治理"系统成功获评安徽省委网信办"数字乡村"典型案例；2023年，荣获第三届智慧长三角数字化转型优秀案例一等奖。自"e治理"系统建成运营以来，黟县已接受中央、省、市各级领导调研108次。

一 高位阶推动，开辟县域智治"主战场"

一是纳入"总盘子"。2019年底黟县被列为全国乡村治理体系建设试点示范县、2020年初黄山市被列为全国市域社会治理现代化试点市、2021年黟县又被列入安徽省首批数字乡村试点县。为打赢"三项试点"攻坚战，黟县县委、县政府在深入调查研究、征求各方意见基础上，经县政府常务会议、县委常委会审议，印发了县域社会治理现代化建设工作有关实施意见、工作方案及运行机制等，并瞄准"全省一流、全市领先"定位，将建设县域"e治理"系统纳入"三项试点"总盘子，一体研究、整体推进。

二是把握"大方向"。为高位推动"e治理"系统平台建设，县委、县政府成立了由县委主要领导任组长，县委副书记任常委副组长，县委常委、政法委书记和副县长、公安局局长任副组长，县相关职能部门、各乡镇主要负责人为成员的"e治理"系统建设工作领导小组及办公室，负责系统建设的统筹协调、整体推进和督促落实；下设7个工作小组、两个专班，在办公室协调下分工负责、统筹协作，协同推进"e治理"系统平台建设。用3年时间，促成县域社会治理信息化系统全面联通，一批新的社会治理场景应用得到巩固，乡村数字治理体系日趋完善，生态宜居的美丽乡村基本实现，县域社会治理现代化体系和机制建设取得长足进展。

三是找准"发力点"。为加快系统集成、数据融合、技术提升及力量整合工作，黟县按照"1+4+N"模式推进"e治理"系统建设，即以社会治理综合指挥服务中心为依托，构建"社会动态感知系统、数据集成分析系统、实时指挥调度系统、社会事件处置系统"四大系统，联通各乡镇、各部门分平台，推动综治中心、旅游综合执法、市场监管、数字城管、应急指挥、"12345"热线等社会治理资源向中心集成，建立健全应急指挥、信息汇聚、流转交办、联勤联动、跟踪督办、考核评估等工作机制，形成"一网感知、一站指挥、一体联动、一次办结"的社会治理工作格局，以智能化手段推动政治、自治、法治、德治、智治"五治"融合，不断提升社会治理现代化水平。每月，县委书记、县长或县委副书记都要牵头召集工作专班、综治中心召开工作推进会、调度会，听取"e治理"系统建设工作汇报，帮助解决困难和实际问题。

二 高起点建设，建优县域智治"主系统"

一是系统建设"学先进"。针对"e治理"系统建设难点、堵点和痛点问题，黟县坚持"走出去"与"请进来"并行，"面上学"和"深入学"

同步,在2020年7月,抽调精干力量组建两个工作专班,分两批赴浙江德清、嘉兴及上海长宁等地学习考察、跟班学习,全方位借鉴先进经验;同年8月,由县委办牵头,全方位展开县域"e治理"系统模块搭建、数据集成、资源归集等各环节工作;投资8000万元,建成运营县域治理大数据指挥中心暨智慧旅游运营中心。县级层面,同步成立"e治理"系统建设工作专班及县社会治理综合服务指挥中心;乡镇层面,制定下发《黟县智慧社区建设试点工作实施方案》,鼓励各乡镇积极争当"基层治理创新行动"排头兵,扎实开展社会治理"一乡(镇)一品"创建、打造一批新时代"枫桥经验"示范基地活动,确定宏村镇、西递镇、深冲村、碧山村等为争创市级十佳示范乡镇综治中心、"作退一步想"调解工作示范点候选单位。

二是场景配置"讲实用"。"e治理"系统建设过程中,黟县积极与黄山市首家软件、大数据行业规模以上企业——黄山徽扬物联科技有限公司展开密切合作,不仅打通了全县"雪亮工程"、气象、智慧旅游等社会治理资源,还将县域逾亿条人口、房屋、社保、市场主体等基础信息进行全面汇聚,依托物联网、大数据、人工智能等先进技术,构建起了集"数据集成、小微治理、公益诉讼、数字乡村、智慧交通、智慧林场、指挥调度"等14大应用场景于一体的数字化、信息化、智能化县域"e治理"指挥调度系统。系统通过实时数据感知、数据支撑、指挥运用功能,对网格事件按照事件类型、区域、类别、同比分析、热力图对大数据进行清洗、比对和分析,推动社会治理从被动"堵风险"向主动"查漏洞"转变,从用数据说话变成让数据说话,为领导科学决策提供智力支持。

三是力量整合"强底座"。在加快汇聚基础资源,建强"e治理"指挥调度系统数据底座的同时,黟县还自主开发了多个具有黟县特色的应用平台,力求将散落在各个部门的力量进行整合、下沉使用,推动社会治理重心向基层下移。如该县新开发的"行政执法"平台就打破了县直部门、乡镇间壁垒,将公安、司法、市监、住建、文旅体、生态环境等6家单位的41名执法人员下沉、28项执法事项清单予以公示,通过融合乡镇常态化巡查、县直专业化巡查,形成发现问题及时报告、中心响应调度、执法单位"网上办""马上办"工作新模式。该平台运行以来，已生成巡查记录33748条，发现问题2247个；巡查案件2628件（含事件），现场办结2555件。新开发的与"e治理"互联互通的"黟家人""解纷码"等小程序，则进一步畅通了群众上报矛盾纠纷和事件信息渠道，两个小程序上线以来，已接收群众上报有效网格事件1397件，办结1389件，办结率99.43%。"e治理"系统还新建了积分商城，群众通过实名注册"黟家人"等小程序或上报网格事件获取积分，积分达到一定数额即可到商城兑换礼品。截至目前，黟县"黟家人"小程序已实名注册30444人，占全县总人口的39.95%；小程序积分商城抽奖次数9480多人次，中奖达2400多人次。2021年6月，黟县还在市直有关部门技术的支持下，以西递村为试点，开展了"数字乡村治理一张图"工作，该图通过三维形式将西递村所有人户、房屋、古建筑、景区参观点、民宿客栈、经营户、资源资产、党组织、低保五保及独居老人等各个方面信息及公安二维码门牌、"e治理"平台相关事件、"黟执法"巡查检查执法等信息进行立体、直观展现。

三 高效能整合，建强县域智治"主网格"

一是重构网格体系。科学划网格，按照"大稳定小调整"的思路，对县域主网格进行调整，调整后全县主网格96个，其中农村66个，社区30个。网格内配备网格长（农村由村党组织书记、社区由"两委"干部担任）、专职网格员（农村由村"两委"成员领岗兼任、社区按照补贴标准自主招聘）。配优"微网格"，按照农村和社区不同实际，在每个主网格精细划分微网格，其中农村以村民组或自然村为单元划分，社区按楼栋或片区划分，景区、小区、园区、大型企业、医院、学校等根据需求单独划分。配强"格力量"。每个主网格按照"1+1+N"（1名网格长+1名专职网格员+N名微网格员）模式配备网格力量，原则从党员志愿者、黟路平安志愿者、"乡贤"人士、物业管理公司等择优选定，目前县域共选聘有网格长96名、专职网格员96名、微网格员603名。

二是优化网格流程。总体流程见图1。

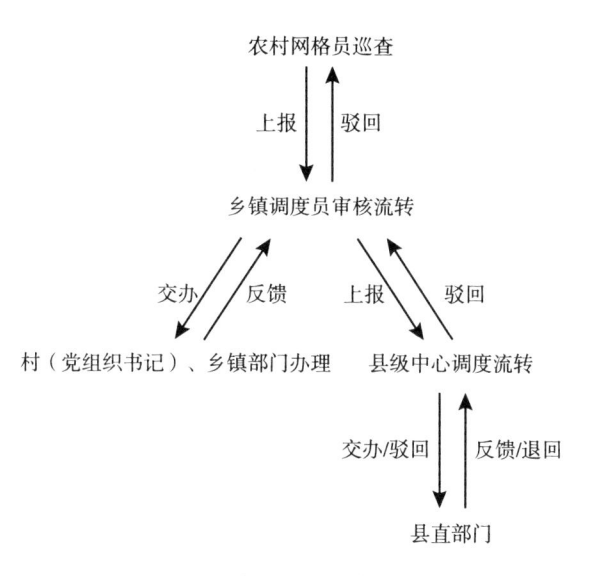

黄山黟县以"数"促"治"解锁千年古县"善治密码"

```
              农村网格员巡查
                 ↑↓
              上报 驳回
                 ↓↑
            乡镇调度员审核流转
         ↙ ↖           ↘ ↖
      交办 反馈        上报 驳回
         ↓ ↑           ↓ ↑
  村（党组织书记）、乡镇部门办理   县级中心调度流转
                         ↑↓
                    交办/驳回 反馈/退回
                         ↓↑
                      县直部门
```

图1　黟县网格总体流程

在县、乡镇两级综治中心分别设立网格事件调度员，职责由专职网格员承担。有社区的乡镇，增加社区调度员，社区调度员负责审核并选择本级办理或上报乡镇解决。

三是规范网格运行。完善机制，结合县域实际，出台了《中共黟县县委办公室黟县人民政府办公室关于全面优化提升网格化建设的工作意见》《关于深化推进县直机关企事业单位与社区结对共建工作的通知》《黟县乡镇"三三制"工作法实施意见（试行）》《黟县网格化管理工作考核实施意见》《黟县专职网格员考核指导意见》《黟县网格事件管理分级、分类及分色预警工作细则（暂行）》等10余个网格管理文件。化繁为简，将事件办结与问题解决相剥离，确定每一类事件的办结标准，建立续报机制，实现事件快速处理结案与问题长期解决的统筹兼顾。定性定量，对专职网格员日常工作提出定性和定量的要求，主要是每天巡查时间1.5~2小时、巡查里程3公里以上（系统自动记录网格员巡查情况）；同时树立"质量优先"的鲜明导向，将网格员每月报送有效事件的最低任务量降低至10件，确保网格事件的质量和数量的统一。

四是健全培训体系。每月，县综治中心都要以乡镇为单位，巡回开展网格事件上报、调度、处置业务培训，对各乡镇、县直单位事件办理情况进行分析总结、通报；每季度，组织乡镇调度员、县直部门事件办理员，集中开展业务培训、优秀事件案例评选、经验心得交流等工作。2024年以来，全县96名网格长、96名网格员、603名"微网格"信息员共上报网格事件10828件，有效事件10812件，事件有效率高达99.85%，累计办结10667件，结案率98.66%。

五是实行实绩考核。对乡镇，采取网格整体考核方式进行，考核内容以工作实绩为主，重点考核有效事件占比、数量、流转和办理成效，每个乡镇考核抽取20%的村开展延伸考核，增强考核指向性。对村居，将网格员的考核交给乡镇，但考核指导意见、主要指标由县里确定，实行按月考核，并与绩效挂钩，着力增强激励作用。对网格，在乡镇调度中心设置了网格员轨迹查询功能，可随时查看网格员的巡查轨迹和巡查时长。县调度中心则可查看全县网格员的巡查轨迹、巡查时间及网格员实时在线情况，并能直接和网格员进行线上视频、工作调度。同时，坚持日常考评、月打分和年度考核相结合，每年开展优秀网格员和调度员评选活动。

四 高标准明责，畅通县域智治"主动脉"

一是推行"清单制"。对县域纳入网格化管理的事项进行重新梳理，形成9大项、43小项、143门类的"黟县网格化管理事件工作清单"，该清单对事件呈现形式、结案标准、牵头单位、责任部门、办理时限进行了明确。同时，为了防止县直有关部门工作随意性，还建立了《黟县网格事件准入实施办法》，明确入格事件标准、责任部门、办结要求和处置时限。

二是实行"分类管"。建立《黟县网格化事件管理分级、分类、分色预警工作细则》，即在"e治理"系统内，对所有网格事件实行"三级、三类、三色"办理。其中，三级是指按照工作职责划分一般级（乡镇级）、重要级（县级）、重大级（市级），乡镇无法办理的就上报县指挥中心处置，县指挥中心不能处置的，向市级反映，由市协调处理。三类是指按照事件的轻重缓急和处置期限进行分类：一类为重大紧急突发事件，要求处理部门第一时间赶赴现场，5个小时内报告初步核查情况，8小时内拿出具体解决意见，24小时内反馈办理结果；二类为一般突发性事件，牵头处理单位必须在1个工作日内受理核查，3个工作日内反馈办理结果；三类为一般性事件，牵头处理单位必须在3个工作日内赶赴现场，7个工作日内办结。"三色"是指按照事件处置期限划分蓝、黄、红三色标注预警。蓝色为正常待办处置事件、黄色表示临近办结时限催办事件、红色表示超时限督办事件，通过亮灯机制及时督促责任部门在规定期限内办结。在此基础上，联合县纪委推出《纪检监察监督保障促进县域社会治理现代化工作机制》，对出现红灯超时较多、拒不受理、处置工作不力、重要事件应办未办、经县指挥中心催办督办未整改的单位，启动纪检监察监督效能问责保障机制，通过系统将问题事件直接推送至县纪委监委，由县纪委监委对问题事件处置过程进行全流程效能问责，确保上报受理的网格问题全部得到有效及时处置。

三是规范"交办制"。制定《关于建立完善黟县社会治理综合指挥调度体系落实"乡镇吹哨、中心调度、部门报到"联勤联动工作机制实施意见》《黟县县直及驻黟有关单位网格化管理工作考核意见》，建立月分析报告制、副县长周值班制、月调度制、月晾赛制和半年会商等制度。其中，一般事件或职责清晰的事项，由县、乡镇综治中心调度员按照标准化调度流程，明确处置规范和办理时限。对各类疑难复杂事件，则通过月分析报告制、副县长周值班制、月调度制、月晾赛制和半年会商等制度推动解决。如月分析报告制，是指每月由县综治中心对"e治理"系统平台运行情况进行深入的分析，对疑难复杂事件处置中存在的问题提出具体的举措。副县长周值班制，则是指县政府值班县长每月到县综治中心坐班，对"e治理"系统内盲区盲点、疑难的事件进行现场调度处置，后期通过月调度会、半年会商会等方式，明确责任部门，并形成会议纪要，作为常态化调度依据。如针对油烟污染、弱电处置、生态环境等责任不清的问题，通过县常委会会议进行研究会商，并形成会议纪要，明确责任分工和处置标准，确保"黟"治理平台交办事项"事事有结果、件件有着落"。

四是增加"他功能"。为确保"e治理"系统运行顺畅高效，在后期工作中，黟县还不断增加、完善了现场办结事件再审核、请示领导、任务协办、临时任务交办、短信提醒、延期申请、事件动态续报等功能。其中，现场办结事件再审核功能是指对网格员现场办结事件，由调度中心进行审核，认为事件有效、办理到位的审核通过，认为事件有效、办理不达标的重新流转交办到相应部门办理，认为事件无效的，直接删除记录，不作为无效事件，不影响网格员考核。请示领导功能是指对调度员难以判断的复杂问题，增设了请示领导功能，由相应领导予以批示，强化复杂事件的交办依据。协办任务通知功能是指对涉及多部门办理事件，除交办牵头部门外，另外通过系统直接以协办任务同时向其他部门交办，为部门联勤联动打好基础。退回及限制功能是指在调度中心交办任务时，部门有一次退回权限，比如对不属于自己本部门职责的任务，可以退回调度中心重新交办到其他部门；但退回权限只有一次，若退回理由不充分，调度中心将予以驳回，驳回后即不能再次退回，必须办理。任务交办功能是指调度中心可以根据党委政府要求，直接通过平台向具体的网格员或部门交办工作任务，强化平台调度指挥作用。短信提醒功能是指调度中心在派转和交办任务时，绑定短信提醒，一类紧急事件自动短信提醒承办单位分管领导和经办人，二类事件自动短信提醒经办人，三类事件可自主选择是否提醒分管领导及经办人；同时正在完善网格员上报事件的短信提醒功能，在发现上报紧急事件时，可以同步短信提醒调度员及时审核调度。延期功能是指处置的事件天气原因、零部件采购等原因，不能在规定期限办结的，责任部门可以通过系统申请延期。待续报功能是指如果处置事件是需要申报项目、大量资金的事件，可以申请转为待续报，责任部门要定期对事件进展情况进行反馈，直至全部办结。

五 工作启示

一是高阶推动是黟县善治的"致胜招"。黟县"e治理"系统建设初获成功，最重要的是黟县历届县委高度重视、善作善成的结果，每届县委领导都注重系统思维，将大数据建设与县域治理同步推进，探索形成了具有黟县县域特色的"数治""智治"之路。

二是共建共治是黟县善治的"方法论"。黟县"e治理"系统通过加强部门配合、协作联动，打破各自为政的现状，突破数据传递的壁垒，由传统治理的盲目性、无序性向现代治理的精准性、靶向性转变，做到"事先预防""事前发现"的"快"与"准"，推动了县域社会治理数据更鲜活、管理更精细、治理更精准，实现数据治理效益最大化。

三是普惠共享是黟县善治的"落脚点"。进入新时代，人民群众对美好生活的向往日益迫切，黟县"e治理"系统建设则突出了以人民为中心的发展思想，通过一系列举措有效实现了资源下倾、权力下放、力量下沉，为县域群众提供更多多样化、便捷化服务，让群众生活更放心、更安心、更舒心。

后　记

建设数字中国是数字时代推动中国式现代化的重要引擎，全面建设数字法治作为数字中国建设和法治中国建设的重要组成部分，已成为中国式现代化的必然要求。近年来，从中央到地方，在立法、执法、司法等各环节，积极促进数字技术与法治建设的深度融合，推动治理模式的系统性变革，逐步形成了数字化与法治化相结合的新型治理形态。在这场波澜壮阔的数字法治建设画卷中，必有安徽数字法治发展浓墨重彩的一笔。

本皮书是首部以"数字法治发展"命名的蓝皮书，具有多重价值。首先，从数字法治角度系统梳理安徽的发展进程，开省域数字法治研究之先河，以期为同类研究提供参考与借鉴。其次，展示安徽省在数字法治领域的积极探索，为其他省份提供可复制和可推广的经验模式，发挥其示范引领效应。最后，紧密贴合安徽实际，深入地剖析地方数字法治建设的现状与挑战，不仅为未来的安徽数字法治建设提供了理论支撑和决策参考，也为全国数字法治建设提供"安徽智慧"和"安徽方案"。

本皮书力求呈现三个特点。其一，采用"总报告+分报告+典型经验篇"的结构，深度融合宏观视角与微观分析、理论探讨与实践案例，全方位、多层次地展现出安徽省数字法治建设的整体风貌与亮点，并将其纳入长三角一体化发展战略的实施，体现编写思路上的创新。其二，首次系统性地梳理、总结安徽省在数字法治领域的创新实践成果与成功经验，特别是数字技术如何有效赋能法治建设的路径探索，为法学理论研究提供丰富而生动的实践资源库。其三，既总结成就，又分析不足，探究数字时代法治创新的深层次逻辑与未来趋势，提出具有可行性的政策建议，为推动数字法治建设的理论创

后　记

新与制度完善提供智力支撑，体现应用性与前瞻性并重。

本皮书得到来自多方的关心与支持，特别是安徽省法学会、安徽省人民检察院、安徽省司法厅、安徽省数据资源管理局、合肥市中级人民法院、合肥市数据资源管理局、合肥市政务服务管理局、合肥市知识产权局、黄山市司法局、滁州市司法局、黄山市黟县县委政法委、合肥市庐阳区数据资源管理局等相关部门和单位所给予的各种支持。安徽互联智库有限公司为皮书的前期研究提供合作项目，在数据分析和案例挖掘方面提供了必要的技术支持。安徽大学法学院为皮书的出版提供了有力的支持和全方位的保障。安徽省高校智库安徽法治与社会安全研究中心为皮书的创作提供了平台支持。感谢以上相关单位的领导和同志们，正是你们的理解、支持和帮助，使我们在咨政育人、服务社会等方面有了新的探索，使安徽大学法学学科在智库建设方面有了新的突破。

十分感谢以中国政法大学马怀德校长为主任的皮书学术委员会、以安徽大学汪海燕副校长为主任的皮书编委会，给予我们继续探索数字时代法治发展新领域的勇气和力量。本皮书有幸被列入社会科学文献出版社重要出版工程《中国式现代化研究丛书·智库系列》，在皮书即将付梓之际，由衷感谢出版社的鼎力扶持。非常感谢冀祥德社长的关怀和高度重视、法治分社刘骁军总编辑的悉心指导。特别要感谢编辑刘芳老师的精心编排和辛苦付出。出版社领导和老师们的鼓励和无私帮助是我们续写皮书的动力和底气。

本皮书是我们科研团队的积极探索与有益尝试，期盼皮书能够成为读者了解安徽数字法治发展的重要窗口。诚然，皮书的探索还是初步的，尚有诸多不足之处，恳请读者们批评指正为荷。

程雁雷

2025 年 2 月 28 日

Abstract

Digital technology has comprehensively penetrated all areas of social life, exerting profound impacts on the construction of the rule of law. The year 2023 marked the beginning of fully implementing the spirit of the 20th National Congress of the Communist Party of China and a critical year for advancing the Digital China strategy. Positioned as a pivotal year for Digital China construction, 2024 signifies that its development will enter a new phase of quality enhancement and accelerated growth, aiming to further promote high-quality legal system development through higher-level digital transformation. Anhui Province has actively responded to national policies, deeply integrating the spirit of the 20th Party Congress and treating digitization and legalization as dual drivers that complement each other. Through innovative measures and practical explorations, Anhui has achieved remarkable progress in high-quality legislation, digital government construction, smart court systems, digital prosecutorial reforms, and next-generation digital infrastructure deployment. However, challenges persist, including limited empowerment of digital technology in law-based governance, uneven development of smart court systems, potential risks in "technology-tool" applications within digital prosecutorial work, and gaps in digital infrastructure integration within the Yangtze River Delta region. To address these, targeted strategies such as optimizing institutional frameworks, developing integrated law enforcement platforms, exploring data authorization mechanisms, and advancing cross-regional collaboration are proposed.

In the chapter on digital law enforcement, Anhui's public policy implementation and government compliance actions leverage digital technology to transform technical potential into legal momentum, enhancing the business environment through standardized, intelligent law enforcement processes. Smart administrative penalty systems improve regulatory precision, supporting a fair and efficient enforcement framework.

In the chapter on digital government affairs, by synergizing online and offline platforms, Anhui promotes institutionalized and standardized government transparency. The "12348 Anhui Legal Service Network" exemplifies digital public legal services, yet faces challenges like the "digital divide" and regulatory gaps. Solutions include strengthening data governance, accelerating public data openness, and piloting a government Chief Data Officer system.

In the chapter on digital judiciary, Anhui's courts have pioneered "5G+ court trials" online litigation services, and AI-assisted smart adjudication models, alleviating caseload pressures while ensuring judicial efficiency and transparency. Mobile terminals and blockchain technologies offer new approaches to resolving enforcement difficulties.

In the chapter on digital prosecutorial work, the digital prosecutorial supervision platform enables proactive, case-type oversight across six functional centers. Huangshan City's toolkit for public interest litigation demonstrates how digital tools enhance evidence collection and case quality. Intelligent auxiliary systems further boost prosecutorial effectiveness.

In the chapter on typical practices, case studies include Hefei's digital reforms in intellectual property protection, Chuzhou's top-down strategies for digital government, and Huangshan's ancient county governance modernization. These exemplify Anhui's innovative integration of technology and governance.

Keywords: Digital Rule of Law; Digital Law Enforcement; Digital Government; Digital Justice; Public Data

Contents

I General Report

B.1 Construction of Digital Rule of Law in Anhui from 2023 to 2024:
Achievements, Challenges, and Initiatives
Cheng Yanlei, Ma Jintao / 001

Abstract: The construction of digital rule of law represents a contemporary theme within the broader context of modernizing the Chinese path to the rule of law. The year 2023 marks the beginning of fully implementing the guiding principles of the 20th National Congress of the Communist Party of China (CPC) and serves as a pivotal year for advancing the Digital China strategy. The CPC Central Committee, with Comrade Xi Jinping at its core, has profoundly discerned the trends in digitalization, actively responded to the call of the times, and, with forward-looking strategic vision and firm political resolve, continuously refined top-down planning and strengthened overall coordination. The aim is to deeply integrate the innovative achievements of digital technology with the construction of the rule of law. Anhui Province has diligently studied and implemented the guiding principles of the 20th CPC National Congress, leveraging the synergies between digitalization and legalization to substantially enhance the level of digital rule of law construction in the province. In recent years, Anhui's digital rule of law construction has achieved remarkable results in various aspects, including high-quality legislation and institutional supply, administration according to law and the construction of a digital and law-based government, the development of smart courts, the advancement of digital procuratorate, and the layout promotion of next-generation digital information infrastructure. While maintaining strong momentum, the construction of digital rule of law in Anhui still faces several practical challenges. These include significant untapped potential for digital technology to empower the construction of a law-based government, limited overall progress in the informatization system of smart courts, potential "technology-as-a-tool" risks in digital procuratorate, the need for further enhancement of digital information infrastructure, and constraints in integrating into the Yangtze River Delta integration development strategy. To address these challenges and ensure the steady, orderly, and continuous advancement of digital rule of law construction in Anhui, measures should be taken to precisely optimize institutional supply, develop an integrated administrative law enforcement platform, explore data authorization operations, innovate smart court trial applications, deepen the implementation of the digital procuratorate strategy, establish a smart legal service district in Anhui, promote Yangtze River Delta integration, strengthen core technology research, and foster government-enterprise cooperation mechanisms.

Keywords: Digital Rule of Law; Digital Legislation; Digital and Law-Based Government; Digital Justice; Public Data

II Digital law enforcement

B.2 Digital Empowerment for Optimizing the Rule-of-Law Business Environment
—*A Case Study of Policy Fulfillment and Government Commitment Implementation in Anhui Province*
Cheng Yanlei, Zhang Xingjian / 042

Abstract: Digital empowerment is an important means of optimising the business environment under the rule of law. In Anhui Province, for example, public policy delivery and government performance and commitment special action, Anhui Province will benefit enterprise policy "granularity" into the application-free enjoyment platform, through the big data model to actively compare the information of suitable enterprises, to achieve the "policy to find people" automated payment administration Transformation. The Anhui Provincial High Court and the Provincial Credit Office have made use of the provincial credit platform to achieve real-time sharing of information on the failure of State organs to prosecute and the conclusion of cases, and to promote the conclusion of cases against executors. The Provincial Procuratorate independently developed a model for supervising the implementation of public policies and the fulfilment of government promises, which supervises the fulfilment of promises in the form of procuratorial recommendations. As a result, a digitised closed-loop management mechanism has been formed for the entire process of compliance, from the implementation of policies to the enforcement of unsuccessful cases. The practice and application of the concept of digitally-enabled business environment under the rule of law can help transform the technical potential of digital technology into the kinetic energy of the rule of law to optimise the business environment.

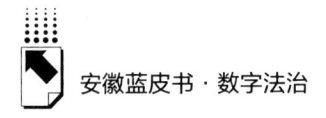

Keywords: Digital Empowerment; Business Environment; Honest Government; Fulfilment of Promises; Automated Administration

B.3 Digital Transformation of Integrated Enforcement at the Grassroots Level　　　　*Zhong Fang*, *Zhang Wenjie* / 058

Abstract: In the era of rapid information technology development, digitalization has been fully integrated into the comprehensive law enforcement reform at the grassroots level. Anhui Province actively embraced the tide of digital reform, from precise regulation of delegated authority from the upper level to innovation in the construction model of the team, from the research and reshaping of new intelligent law enforcement terminals to the construction of law enforcement platforms, achieving remarkable achievements in the digitalization of comprehensive law enforcement at the grassroots level. Although the digitalization construction has achieved significant results, the problems of lack of legislative protection, constraints of digital formalism, insufficient openness of law enforcement information, and low utilization rate of digital technology in law enforcement activities have always been obstacles on the road of deepening reform. In the future, Anhui Province can break through the reform difficulties by strengthening specialized field legislation, combating formality in multiple channels, strengthening the digitalization of administrative law enforcement oversight, and vigorously promoting non-site law enforcement. This will push the comprehensive law enforcement reform at the grassroots level in Anhui to continue to deepen.

Keywords: Comprehensive Law Enforcement Reform; Grassroots Governance; Digital Platform

B.4 Intelligent Innovation and Practice of Administrative Penalties
—Taking Market Supervision Departments as an Example

Bi Jinping, Zhang Wenjie / 075

Abstract: Administrative punishment, as an important means of social governance, provides strong support for the maintenance of market order and public interests. In the current context where market supervision work is increasingly characterized by "grassrootsization" and "integrated management," the traditional punishment model is facing numerous challenges, including frequent updates to laws and regulations, increasingly concealed illegal activities, unsmooth cross-regional cooperation in law enforcement, and heavy regulatory tasks. Digital empowerment has become a key strategy for the transformation and upgrading of administrative punishment. In response to the national call, the market supervision departments of Anhui Province have taken the lead in innovation with science and technology as the guide, actively exploring the intelligent transformation of administrative punishment. By innovating regulatory means to strengthen front-end governance, relying on digital platforms to reshape the enforcement process, promoting the "three-standardized" supervision model, and seizing the opportunities provided by the national market supervision system "two-standardization" project and the integration of the Yangtze River Delta region, Anhui has achieved intelligent upgrading of administrative punishment, effectively enhancing regulatory effectiveness and precision. Looking to the future, Anhui's market supervision departments can promote the construction of an efficient, intelligent, and coordinated market supervision system by further improving the digital law enforcement platform, increasing investment in intelligent construction, and improving cross-department, cross-regional coordinated governance mechanisms, thus providing strong support for sustainable and healthy economic and social development.

Keywords: Market Supervision; Administrative Punishment; Intelligent Supervision; Integration Of the Yangtze River Delta Region

Ⅲ Digital Government

B.5 Digital-driven Institutionalization and Standardization of Open Government Affairs

——*A Case Study of Hefei*   *Yin Quan, Xu Ansheng* / 092

Abstract: The institutionalization, standardization, and informatization of open government affairs is an integral part of the construction of a digital rule of law government. Following the spiritual guidance of the central government, Anhui has created an open chain management model for government affairs; give full play to the effect of open government affairs for the benefit of enterprises and the convenience of the people; build "7×24 hours" digital government affairs map and promote the disclosure of Party affairs information. However, combined with the new requirements of the Third Plenary Session of the 20th Central Committee of the Communist Party of China, Anhui Province still need to give full play to the synergy of online and offline government service platforms ; build a system of open standards for grassroots government affairs; use platforms and evaluations to promote the disclosure of party affairs information, so as to provide Anhui wisdom and Anhui solutions for further deepening reform in an all-round way and promoting Chinese-style modernization.

Keywords: Open Government Affairs; Government Services; Digital Rule of Law Government

B.6 Smart Rule of Law: The Internal Logic and External Path of the Construction of "12348 Anhui Legal Service Network"

Cheng Yanlei, Xu Ansheng / 111

Abstract: Since the founding of the People's Republic of China, the construction of the public legal service system has gone through the stages of "concept", "quantitative change" and "qualitative change". As a representative achievement of the construction of a digital public legal service system in Anhui Province, the "12348 Anhui Legal Service Network" has internal logic such as flattening the governance model, digitizing products, legalizing rules, and precise effects. Focusing on the people's growing demand for legal services, however, it is also facing challenges such as the limitations of the integration of technology and law, the deepening of the "digital divide", and the lack of relevant institutional norms. In this regard, it is necessary to start from the dimensions of digital governance capacity, substantive equality, and digital system norms to develop a digital construction path for the public legal service system with a high degree of intelligence, coverage, and sound institutional norms.

Keywords: Administration of Justice; Public Legal Services; Digitization

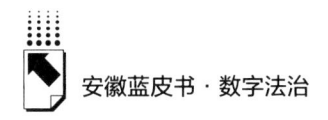

B.7 Anhui Practice of Public Data Opening, Sharing and Utilization

Guo Yaguang, Zhang Linxuan / 128

Abstract: The orderly opening, sharing and utilization of public data is an important link in the construction of digital government ruled by law. In recent years, China has accelerated the construction of Digital China, promoted the integration and open sharing of data resources, ensured data security, and better served China's economic and social development and the improvement of people's lives. Focusing on the action logic of "Prefecture and city first, demand-oriented", "provincial unified construction, prefecture and city access", "authorized operation, enabling industry", Anhui Province has promoted the continuous improvement of system specifications, platform carriers, authorized operation and other aspects, forming a relatively complete ecological system of public data opening, sharing and utilization. In the future, Anhui Province should strengthen public data governance and high-quality supply by strengthening the construction of open platform data resource system, accelerating the opening of public data to market players, and promoting the pilot work of the government chief data officer system, in order to promote the construction of an efficient operation mechanism for public data open sharing and development and utilization.

Keywords: Public Data; Data Opening; Data Sharing; Data Utilization; Open Platform

B.8 The Practice and Legal Path of Face Recognition Technology Embeddedin Anhui Government Governance

Wang Yingbing, Zhang Linxuan / 148

Abstract: With the development of information technology, face recognition has become one of the most widely used artificial intelligence technologies, shaping the governance mode and operation mode of the whole society in an all-round way. Anhui Province widely uses face recognition technology in the fields of public security, transportation, taxation, health and so on, which improves the governance efficiency of digital government construction, and is of great significance to promote the modernization of national governance system and governance capacity. In the future, Anhui Province should improve the legal path of face recognition technology in the following aspects: first, improve the risk assessment mechanism and make targeted design for key scenes; Second, move forward the regulatory governance gateway, strengthen the filing review system and the dynamic review mechanism of "manual review+algorithm review"; The third is to build a responsibility closed-loop system to clarify the responsibilities of all parties in the collection, storage and application of face recognition information; Fourth, carefully grasp the reasonable limit of technology application, and avoid its excessive or unnecessary expansion in government governance.

Keywords: Face Recognition; Artificial Intelligence; Government Governance; Face Data

Ⅳ Digital Court

B.9 Anhui Province Promotes the Development Path of the
"5G + Trial" Online Litigation Model

Cheng Yanlei, Li Xinyi / 161

Abstract: The national policy attaches great importance to the construction of judicial informatization, and Anhui Province takes advantage of the high speed and low latency features of 5G technology, combined with quantum encryption technology, to build an online trial system, which enables remote trials and ensures the security and stability of the trial process. Under the new model of "5G+trial" online litigation, the Anhui Provincial People's Court has gradually improved its trial work efficiency, alleviated the contradiction of "more cases and fewer judges", reduced litigation costs, and enhanced the trust of parties in the online litigation mode. And it has achieved the goal of maintaining trial order and ensuring the standardization and orderly conduct of the trial process through technological means and institutional guarantees. Anhui Province will continue to promote the development of the "5G+trial" model and explore the extensive application of 5G technology in the judicial field. It will actively promote the construction of the 4.0 version of the smart court and continuously improve the quality and level of judicial services.

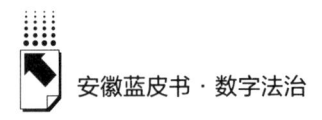

Keywords: Online Trial; 5G Technology; Quantum Encryption Technology; Smart Court

B.10 The "Cloud" Model Helps Mediation to Quickly Resolve Disputes: A New Idea for Smart Litigation Service Governance

Yu Haozhe, Li Xinyi / 178

Abstract: Smart Courts are a new type of court organization, construction, operation, and management model based on modern artificial intelligence. Since it was first proposed in July 2015, the Anhui Provincial Court has actively promoted the construction of informationization, utilizing information technology means to integrate various channels such as litigation service halls, litigation service websites, 12368 service hotlines, and mobile client endpoints to build an integrated online litigation service platform. In the field of smart litigation services, significant achievements have been made, achieving full-process online services from case acceptance to trial and execution. The exploration of smart litigation services has gradually matured, forming a systematic and standardized online service system, providing powerful support for achieving judicial justice and efficiency.

Keywords: Smart Litigation Services; Diversified Dispute Resolution; Regional Coordination

Contents

B.11 Integrating Paperless Processing, Cloud Trials, and AI Assistance:
Creating a New Momentum for the Anhui Model of
Smart Adjudication　　　　　　　　　　*Sui Shifeng, Ye Bingyu* / 197

Abstract: The people's courts at all levels in Anhui Province are actively promoting a new model of intelligent trial. In the process of promoting construction of Anhui's intelligent court version 4.0, the focus of intelligent trial has shifted from electronic tools to various information tools, promoting the deep of trial work with big data, artificial intelligence, the Internet of Things and other cutting-edge technologies. Combined with the adjustment of human and material resources and the of institutional norms, further promoting the modernization of the trial system and trial capabilities. However, problems such as the lack of depth in the integration of trial technology digital technology, and the insufficient scope of more advanced technology promotion still exist. The people's courts at all levels in Anhui Province should focus on the measures in the process of promoting trial work and improving trial efficiency, summarize the achievements of Anhui courts in promoting intelligent trial work and innovation, timely identify the problems and promote their greater role in serving the high-quality development of Anhui courts.

Keywords: Smart Adjudication; Paperless Case Handling; Digital Empowerment; Adjudication Quality and Efficiency

B.12 Mobile Terminals, Mechanism Linkage, Sunshine Disclosure:
Building a New Chain of Smart Execution
　　　　　　　　　　　　　　　　　　Jiang Yan, Ye Bingyu / 213

Abstract: At present, it is an important task for the people's courts to strengthen the comprehensive management, "effectively solve the problem of enforcement from the source", deepen the construction of the execution linkage mechanism, improve the satisfaction of the people with the execution work, and strengthen the execution work of the people's courts. With the rapid development of the construction of smart courts and the gradual deepening of the reform of the execution mode, the standard of the execution work is constantly improved, and the original working mechanism can no longer meet the requirements of the modernization of the execution mode and the diversified needs of the people, and various problems are increasingly prominent. In order to further solve the problem of enforcement and win the battle of "Jiangsu and Anhui Storm", the courts in Anhui Province adhere to the support of modern information technology, deeply integrate digital technology with the execution work of the court, innovatively create a new "smart execution" work mode, greatly reduce the burden of front-line judges, greatly improve the efficiency and effectiveness of the execution work, comprehensively enhance the credibility of the execution work, and promote the modernization of the execution work system and the execution work ability.

Keywords: Intelligent Execution; Execution Quality and Efficiency; Judicial Credibility

V Digital Prosecution

B.13 Digital Prosecutorial Traction Legal Supervision Mode Reform and Upgrading

—*Take Digital Procuratorial Legal Supervision Platform as an Example*

Chu Chencheng, Yang Linna / 230

Abstract: In the context of the scientific and technological revolution in the new era, the People's Procuratorate of Anhui Province strengthened the strategic thinking of big data, used big data to help legal supervision to improve the "basic" and "quality" change, and actively explored the digital prosecution work. Six central digital procuratorial legal supervision platforms and applications, including data governance center, lead research and judgment center, case handling command center, model innovation center, learning research and judgment center and capability support center, have been built to create a digital supervision model with local characteristics. To achieve a new leapfrog from passive supervision to active supervision, case management to case-class supervision, one-sided supervision to efficient supervision, innovative management ideas, work mode and system construction, to build a new situation of overall planning, special driving and model innovation across the province, and truly enable procuratorial supervision and give full play to procuratorial activity.

Keywords: Big Data; Digital Inspection; Legal Supervision Platform; Supervisory Model

B.14 "Toolbox" for High-quality Development of Digital Procuratorial Decoding Public Interest Litigation
—Taking Huangshan City as an Example
Zhang Juan, Yang Linna / 253

Abstract: Under the impact of the digital wave, technology enables public interest litigation to become an important force to promote the construction of social welfare and the rule of law. The people's procuratorate of Huangshan City actively explores the integration of digital prosecution and scientific and technological means, gives full play to the role of big data in supervising and correcting violations, protecting national and social public welfare, and promoting national governance, builds the supervision model of "big data + public interest litigation", builds the brand of public interest litigation of "Jianyi New Anjiang", and creates a big data supervision platform for protecting traditional village features. The joint service of inspection public interest litigation and the "12345" hotline has been established, actively exploring technology-enabled public interest litigation, steadily advancing the reform of "digital prosecution", and responding to the call of a new era of technology-enabled public interest litigation.

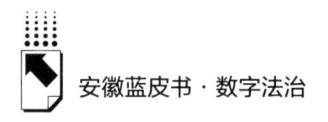

Keywords: Digital Inspection; Public Interest Litigation; Ecological Inspection; Traditional Village Protection

B.15 Intelligent Technology Helps Improve the Quality and Efficiency of Procuratorial Operations
—*Taking the Procuratorial Intelligent Assistance System as an Example*
Li Minrui, Liu Lepei / 272

Abstract: With the development of artificial intelligence technology, the intelligent assistance system developed by combining intelligent technology with procuratorial work has become an important tool for procuratorial organs to handle cases. Procuratorial organs at all levels in Anhui Province have established various types of procuratorial intelligent assistance systems, including criminal case handling, sentencing recommendations, and misdemeanor governance, based on the procuratorial business system 2.0 and combined with the actual needs of local procuratorial operations, and have achieved remarkable results in improving the efficiency of case handling and enhancing the quality of supervision, but there are still certain deficiencies in the real-time feedback of case-handling needs, the pertinence of new crimes, and intelligent application trainingWe will continue to broaden the scope of the role of artificial intelligence technology in procuratorial operations, enhance the ability of procuratorial organs to perform their duties, and further achieve the goal of improving the quality and efficiency of procuratorial work empowered by digital and intelligent technology.

Keywords: Artificial Intelligence; Auxiliary Systems; Digital Prosecution

Ⅵ Typical Experience

B.16 Promoting the Construction of Hefei as A Strong City with
Intellectual Property Rights under the Guidance of
Digital Reform　　　　　　　　　　　　　*Wang Yingbing / 290*

Abstract: Hefei has comprehensively implemented the strategy of strengthening intellectual property rights, embraced new development concepts, actively adapted to the demands of digital transformation, and continuously enhanced its modern governance capabilities in "speaking with data, managing with data, making decisions with data, and innovating with data". By continuously refining policies and regulations, Hefei ensures that digital transformation operates within the legal framework, leveraging data to empower the construction of a strong city with intellectual property rights. Digital support has been achieved throughout the entire chain of intellectual property rights, including creation, utilization, protection, management, and service, fostering the emergence of a new paradigm in intellectual property development and vigorously advancing the construction of a strong city with intellectual property rights.

Keywords: Intellectual Property; Digitalization; Data Empowerment

B.17 Digital Driven Construction of the Rule of Law
Government in Chuzhou: Top Level Design,
Standards and Specific Strategies　　*Dai Wen*, *Chen Jimin / 299*

Abstract: With the development of digital technology, Chuzhou takes digital drive as an important engine for the construction of the rule of law government, and improves the efficiency of government services and the rule of law business environment through top-level design, normative standards and specific strategies. In terms of standard construction, the government service standardization system has been formulated, which covers a variety of standards and has local characteristics. The service methods have been standardized, and progress has been made in enterprise start-up, engineering construction, real estate registration, etc. at the same time, the platform foundation has been consolidated to promote the application of data empowerment. In the implementation of specific strategies, we should strengthen the implementation of standards and systems, compile and print manuals to regulate behavior and establish a regulatory mechanism; Promote the integrated development of government services, steadily promote the standardization construction of counties (cities, districts) and build a comprehensive service system; Focusing on the effectiveness of reform and efficiency improvement, streamlining work links, it has been ranked in the forefront of the province for two consecutive years in the evaluation of the legalized business environment. Looking forward to the future, Chuzhou will continue to uphold the concept of innovative development, rely on the continuous progress of digital technology, deepen the construction of digital rule of law government, constantly explore the innovation of governance concepts and methods, and make steady progress towards the higher goal of realizing the modernization of government governance system and Governance capacity.

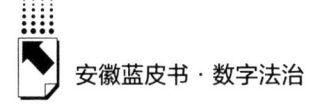

Keywords: Government by Law; Digital Drive; Standardization of Government Services; Business Environment

B.18　Rule of Law and Digital Intelligence Hefei Shoushan Luyang Constructs the Strongest "Urban Brain"

Han Yan, Yu Yaoyao / 305

Abstract: as the central urban area of Hefei, Luyang District is facing many problems in development, and actively building a smart Luyang platform to build a "city brain" according to national policies. Starting from the pain point of grass-roots governance, the smart community pilot was carried out with the construction of information platform and data aggregation and sharing, and gradually upgraded to the smart Luyang project. Build a digital government data system by building a data center, give play to the role of data support and collaborative services, and build a three-level linkage and quantitative grid list to improve governance efficiency. Smart Luyang reshapes its governance model, establishes a diversified governance community system, reconstructs traditional management processes, cultivates a co governance ecosystem, and promotes efficiency change with digital technology innovation, including creating user experience, precise governance business, and through closed-loop evaluation. The construction of smart Luyang has promoted the deep integration of legalization and digitalization of grass-roots governance, and provided reference for other regions.

Keywords: Wisdom Luyang; Digital Government; Grassroots Governance; Data Middle Desk

B.19 Yixian County of Huangshan Unlocks the "Code of Good Governance" of the Millennium Old County by Promoting "Governance" with "Number"   *Jiang Songxue / 314*

Abstract: Yixian County in Anhui Province has made remarkable achievements in the modernization of county-level social governance in recent years. In order to win the battle of the "three pilots", the construction of the county-level "e-governance" system will be included in the "three pilots" general plate; In order to promote the construction of the "e-governance" system platform at a high level, grasp the "general direction" of development; In order to speed up system integration, data fusion, technology improvement and force integration, the construction of "e-governance" system is promoted in accordance with the "1+4+N" model. In view of the difficulties, blockages and pain points in the construction of the "e-governance" system, Yixian County adheres to the parallel of "going out" and "inviting in", and the synchronization of "face-to-face learning" and "in-depth learning", and builds a digital, information-based and intelligent county-level "e-governance" command and dispatch system integrating 14 major application scenarios. Independently develop a number of application platforms with Yixian characteristics, and strive to integrate and sink the forces scattered in various departments. Yixian County scientifically divides the grid system, optimizes the grid process, standardizes the grid operation, and establishes a perfect training system. Through the implementation of performance appraisal, the enthusiasm and sense of responsibility of grid members are further stimulated. Yixian County has also implemented systems such as "list system", "classified management" and "assignment system" to clarify the responsible departments, time limits and case closure standards for grid management matters. Successful experience shows that high-level promotion, co-construction and co-governance, and inclusive sharing are the keys to the modernization of social governance at the county level.

Keywords: Platform Construction; Grid Management; Co-construction and Co-governance

社会科学文献出版社

皮 书
智库成果出版与传播平台

❖ 皮书定义 ❖

皮书是对中国与世界发展状况和热点问题进行年度监测，以专业的角度、专家的视野和实证研究方法，针对某一领域或区域现状与发展态势展开分析和预测，具备前沿性、原创性、实证性、连续性、时效性等特点的公开出版物，由一系列权威研究报告组成。

❖ 皮书作者 ❖

皮书系列报告作者以国内外一流研究机构、知名高校等重点智库的研究人员为主，多为相关领域一流专家学者，他们的观点代表了当下学界对中国与世界的现实和未来最高水平的解读与分析。

❖ 皮书荣誉 ❖

皮书作为中国社会科学院基础理论研究与应用对策研究融合发展的代表性成果，不仅是哲学社会科学工作者服务中国特色社会主义现代化建设的重要成果，更是助力中国特色新型智库建设、构建中国特色哲学社会科学"三大体系"的重要平台。皮书系列先后被列入"十二五""十三五""十四五"时期国家重点出版物出版专项规划项目；自2013年起，重点皮书被列入中国社会科学院国家哲学社会科学创新工程项目。

皮书网

（网址：www.pishu.cn）

发布皮书研创资讯，传播皮书精彩内容
引领皮书出版潮流，打造皮书服务平台

栏目设置

◆ 关于皮书
何谓皮书、皮书分类、皮书大事记、
皮书荣誉、皮书出版第一人、皮书编辑部

◆ 最新资讯
通知公告、新闻动态、媒体聚焦、
网站专题、视频直播、下载专区

◆ 皮书研创
皮书规范、皮书出版、
皮书研究、研创团队

◆ 皮书评奖评价
指标体系、皮书评价、皮书评奖

所获荣誉

◆ 2008年、2011年、2014年，皮书网均在全国新闻出版业网站荣誉评选中获得"最具商业价值网站"称号；

◆ 2012年，获得"出版业网站百强"称号。

网库合一

2014年，皮书网与皮书数据库端口合一，实现资源共享，搭建智库成果融合创新平台。

皮书网

"皮书说"
微信公众号

权威报告·连续出版·独家资源

皮书数据库
ANNUAL REPORT(YEARBOOK) DATABASE

分析解读当下中国发展变迁的高端智库平台

所获荣誉

- 2022年，入选技术赋能"新闻+"推荐案例
- 2020年，入选全国新闻出版深度融合发展创新案例
- 2019年，入选国家新闻出版署数字出版精品遴选推荐计划
- 2016年，入选"十三五"国家重点电子出版物出版规划骨干工程
- 2013年，荣获"中国出版政府奖·网络出版物奖"提名奖

皮书数据库　　"社科数托邦"微信公众号

成为用户

登录网址www.pishu.com.cn访问皮书数据库网站或下载皮书数据库APP，通过手机号码验证或邮箱验证即可成为皮书数据库用户。

用户福利

- 已注册用户购书后可免费获赠100元皮书数据库充值卡。刮开充值卡涂层获取充值密码，登录并进入"会员中心"—"在线充值"—"充值卡充值"，充值成功即可购买和查看数据库内容。
- 用户福利最终解释权归社会科学文献出版社所有。

数据库服务热线：010-59367265
数据库服务QQ：2475522410
数据库服务邮箱：database@ssap.cn
图书销售热线：010-59367070/7028
图书服务QQ：1265056568
图书服务邮箱：duzhe@ssap.cn

社会科学文献出版社　皮书系列
SOCIAL SCIENCES ACADEMIC PRESS (CHINA)

卡号：838214433427
密码：

基本子库
SUB DATABASE

中国社会发展数据库（下设 12 个专题子库）

紧扣人口、政治、外交、法律、教育、医疗卫生、资源环境等 12 个社会发展领域的前沿和热点，全面整合专业著作、智库报告、学术资讯、调研数据等类型资源，帮助用户追踪中国社会发展动态、研究社会发展战略与政策、了解社会热点问题、分析社会发展趋势。

中国经济发展数据库（下设 12 专题子库）

内容涵盖宏观经济、产业经济、工业经济、农业经济、财政金融、房地产经济、城市经济、商业贸易等 12 个重点经济领域，为把握经济运行态势、洞察经济发展规律、研判经济发展趋势、进行经济调控决策提供参考和依据。

中国行业发展数据库（下设 17 个专题子库）

以中国国民经济行业分类为依据，覆盖金融业、旅游业、交通运输业、能源矿产业、制造业等 100 多个行业，跟踪分析国民经济相关行业市场运行状况和政策导向，汇集行业发展前沿资讯，为投资、从业及各种经济决策提供理论支撑和实践指导。

中国区域发展数据库（下设 4 个专题子库）

对中国特定区域内的经济、社会、文化等领域现状与发展情况进行深度分析和预测，涉及省级行政区、城市群、城市、农村等不同维度，研究层级至县及县以下行政区，为学者研究地方经济社会宏观态势、经验模式、发展案例提供支撑，为地方政府决策提供参考。

中国文化传媒数据库（下设 18 个专题子库）

内容覆盖文化产业、新闻传播、电影娱乐、文学艺术、群众文化、图书情报等 18 个重点研究领域，聚焦文化传媒领域发展前沿、热点话题、行业实践，服务用户的教学科研、文化投资、企业规划等需要。

世界经济与国际关系数据库（下设 6 个专题子库）

整合世界经济、国际政治、世界文化与科技、全球性问题、国际组织与国际法、区域研究 6 大领域研究成果，对世界经济形势、国际形势进行连续性深度分析，对年度热点问题进行专题解读，为研判全球发展趋势提供事实和数据支持。

法律声明

"皮书系列"(含蓝皮书、绿皮书、黄皮书)之品牌由社会科学文献出版社最早使用并持续至今,现已被中国图书行业所熟知。"皮书系列"的相关商标已在国家商标管理部门商标局注册,包括但不限于LOGO( )、皮书、Pishu、经济蓝皮书、社会蓝皮书等。"皮书系列"图书的注册商标专用权及封面设计、版式设计的著作权均为社会科学文献出版社所有。未经社会科学文献出版社书面授权许可,任何使用与"皮书系列"图书注册商标、封面设计、版式设计相同或者近似的文字、图形或其组合的行为均系侵权行为。

经作者授权,本书的专有出版权及信息网络传播权等为社会科学文献出版社享有。未经社会科学文献出版社书面授权许可,任何就本书内容的复制、发行或以数字形式进行网络传播的行为均系侵权行为。

社会科学文献出版社将通过法律途径追究上述侵权行为的法律责任,维护自身合法权益。

欢迎社会各界人士对侵犯社会科学文献出版社上述权利的侵权行为进行举报。电话:010-59367121,电子邮箱:fawubu@ssap.cn。

社会科学文献出版社